书山有路勤为径,优质资源伴你行
注册世纪波学院会员,享精品图书增值服务

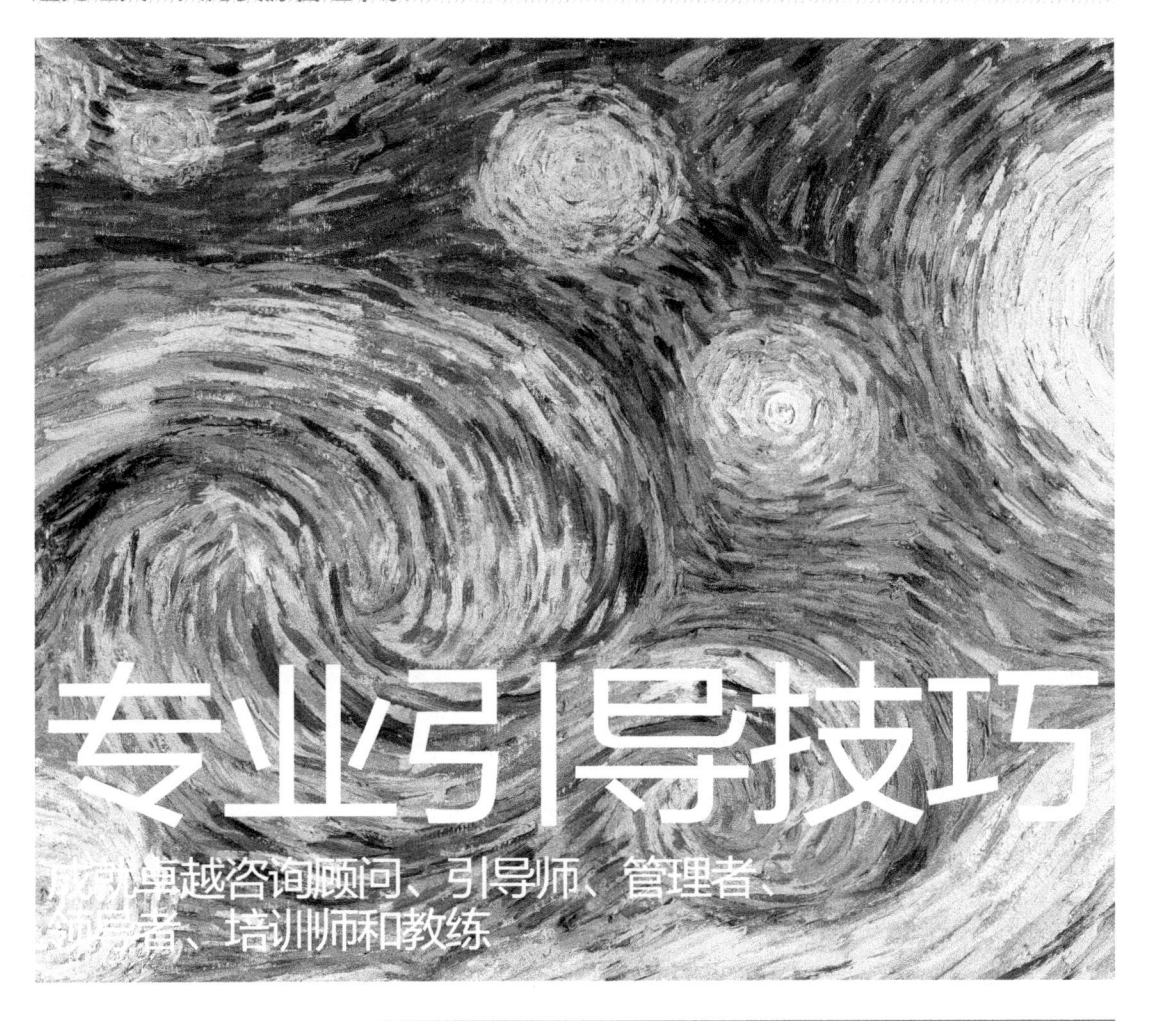

遇见经典·人力资源管理书系

专业引导技巧

成就卓越咨询顾问、引导师、管理者、
领导者、培训师和教练

THE SKILLED FACILITATOR

A Comprehensive Resource
for Consultants, Facilitators, Coaches, and Trainers, Third Edition

（第3版）

经典版

[美] 罗杰·施瓦茨（Roger Schwarz） 著
吴凤荣 刘滨 骆超 译

电子工业出版社
Publishing House of Electronics Industry
北京·BEIJING

The Skilled Facilitator: A Comprehensive Resource for Consultants, Facilitators, Coaches, and Trainers, Third Edition by Roger Schwarz
ISBN: 9781119064398
Copyright © 2017 by Roger Schwarz.
All Rights Reserved. This translation published under license with the original publisher John Wiley & Sons, Inc. Copies of this book sold without a Wiley sticker on the cover are unauthorized and illegal.
Simplified Chinese translation edition copyrights © 2023 by Publishing House of Electronics Industry Co., Ltd.

本书中文简体字版经由 John Wiley & Sons, Inc.授权电子工业出版社独家出版发行。未经书面许可，不得以任何方式抄袭、复制或节录本书中的任何内容。若此书出售时封面没有 Wiley 的标签，则此书是未经授权且非法的。

版权贸易合同登记号　图字：01-2017-1071

图书在版编目（CIP）数据

专业引导技巧：成就卓越咨询顾问、引导师、管理者、领导者、培训师和教练：第 3 版：经典版 / （美）罗杰·施瓦茨（Roger Schwarz）著；吴凤荣，刘滨，骆超译. —北京：电子工业出版社，2024.4
（遇见经典．人力资源管理书系）
书名原文：The Skilled Facilitator: A Comprehensive Resource for Consultants, Facilitators, Coaches, and Trainers, Third Edition
ISBN 978-7-121-47594-8

Ⅰ．①专⋯ Ⅱ．①罗⋯ ②吴⋯ ③刘⋯ ④骆⋯ Ⅲ．①组织管理—研究 Ⅳ．①C936

中国国家版本馆 CIP 数据核字（2024）第 072176 号

责任编辑：杨洪军
印　　刷：北京虎彩文化传播有限公司
装　　订：北京虎彩文化传播有限公司
出版发行：电子工业出版社
　　　　　北京市海淀区万寿路 173 信箱　邮编 100036
开　　本：787×1092　1/16　印张：20　字数：448 千字
版　　次：2024 年 4 月第 1 版（原书第 3 版）
印　　次：2024 年 12 月第 3 次印刷
定　　价：108.00 元

凡所购买电子工业出版社图书有缺损问题，请向购买书店调换。若书店售缺，请与本社发行部联系，联系及邮购电话：（010）88254888，88258888。
质量投诉请发邮件至 zlts@phei.com.cn，盗版侵权举报请发邮件至 dbqq@phei.com.cn。
本书咨询联系方式：（010）88254199，sjb@phei.com.cn。

译者序

本书的价值在于，它谈的是引导，却又不仅仅是引导。这就是我选择翻译本书的原因。

翻译这本书，既想将我在成长为引导师路上深受裨益的好东西拿来与大家分享，也希望对引导工具有了一些认识和实践的引导者能突破工具的限制，从中寻获新的天地。因为，这也是我个人在这本书中所收获的。

成为行动学习引导师之前，我曾有不同专业、不同管理层级及不同行业的跨界经历，以及40岁时在中山大学参加了管理哲学博士研修班的学习。哲学讲求抽象与概括，从森罗万象中把握事物的本质与规律。百战归来再读书，让我证悟到了一种"万物相通"的观念，这一观念在许多管理实践中都得到了印证。就像我在机缘巧合之下进入行动学习领域，恍然发现自己跨学科的近20年管理及项目实践中所运用的模糊问题解决套路，恰恰是目前行动学习领域中我们专有开发的技术路线所关注的解决问题的方法论，只是后者更清晰和专业而已。

在进一步学习引导的过程中，我在王志刚老师的推荐下接触到了诸如阿基里斯等对于引导的心智模式形成和交互过程具有深入研究的管理大师。他们的研究实证既源于丰富的管理实践，又在管理应用中得到证实，对实践具有较强的指导作用。遗憾的是，许多同类图书中有较多组织行为学、心理学等方面的专业术语，对于非专业读者而言未免晦涩难懂。相比之下，本书作者罗杰·施瓦茨（Roger Schwarz）所写的引导实践技巧则站在了巨人的肩膀上，既总结了阿基里斯在引导技巧上的核心观点，又采用了丰富和细致的案例解析，用浅显易懂的方式授人以渔。

为什么说是授人以渔呢？为了便于初学者的学习和使用，国内市场上关于引导工具的图书不胜枚举，而这些图书也恰恰是最容易令初入门者迷惑的地方：难道这些就是引导的全部了吗？稍有认识的人都知道，答案当然是否定的。引导工具不过是浮在水面上的冰山一角（也就是"鱼"），学会使用工具能让初学者组织一场简单的会议，却无法对会议的成效起到显著的推进作用。因为真正令引导做到"激发团队潜力，促进团队成长，实现问题解决"的，是冰山下层影响团队的心智模式和思维方式。只有熟悉和掌握了引导的核心技能，才能让引导者在会议中从容应对团队的争议和冲突，并能让引导有效地促进学员内观自我，反思觉察，改善心智模式和优化思维方式，以达到无论面对何类议题，都能够摆脱工具与技巧的束缚，定制恰当的流程，这就是"渔"。

这一切都需要引导者在持续的摸索实践中提升个人的洞察力、共情力等，并最终以观察和对话的方式呈现出来。也就是说，引导者真正的"铁饭碗"从表层看是聆听、观察和对话，从底层看其实是心智模式、思维方式。因此，本书作者耗时耗力讲了两种不同的心智模式及其对应的对话方式。从狭义上看，它可以只是一本引导技能教材；从广义上看，游刃有余的读者也可将场景迁移到与孩子沟通、与下属沟通、与家人沟通上来，因为对话本身是无处不在的。正如我前面所提到的，万物相通，运用跨学科的多元思维，在千变万化的万象之中抓住本质，便能融会贯通，以"不变"应万变。

在此，感谢在本书的翻译及校译过程中倾注了大量心血并给予许多建议和支持的刘滨老师，感谢与我共同翻译、学习和探讨行动学习和引导方法的骆超老师，也感谢团队成员童静顾问的支持与帮助。

吴凤荣

第 3 版前言

自从我在 1994 年出版了《专业引导技巧》一书之后，该书已经成为引导领域的标准参考书。很多读者告诉我，这本书从根本上改变了他们所服务的团队的工作方式。当面临挑战或新的局面时，他们会一遍又一遍地重新阅读此书。我非常高兴看到来自不同行业、担任不同角色的人们认同这本书的价值。我希望你也是其中的一员。

《专业引导技巧》是一本什么样的书

《专业引导技巧》告诉你如何帮助团队变得更有效，无论你担任的是咨询顾问、引导师、教练、培训师还是调解员。当我撰写第 1 版时，引导技巧被认为专属于引导师的某些技巧。现在，这些技巧已经被公认为与团队共事的每位人士具备的核心技能。

本书讲述了引导的一种方式——专业引导技巧。这是一个相对全面的综合性方式，当你与团队一起工作时，你可以学习并且使用这一技巧。这一方式基于我在本书中所引用的研究和理论之上。

专业引导技巧有数个主要特征。它基于一套核心价值观、假设（我称为心智模式）和原则之上。无论你是引导师、咨询顾问、教练、培训师还是调解员，都可以借助本书所介绍的核心价值观、假设和原则的指导找到相应的问题解决之道。

专业引导技巧将理论和实践结合起来。在本书中，我回答了这样三个提问："我做些什么？我如何做？我为何那么做？"通过回答第一个提问，你将知道在所有场合中需要使用的工具、技巧或方法。对于如何在上述情境中做出应对，你也有了大体的了解。

通过回答第二个提问，你将知道在特定场合中你具体需要说些什么。回答前两个提问虽然必要，但还不足够。通过回答第三个提问，你将了解工具、技巧、方法及你的具体行为背后的理论和原则。在你知道这三个提问的答案后，不管你身处怎样的环境，你都不必拘泥于工具或方法，你可以调整工具或方法并设计出自己的工具和方法来帮助团队。

专业引导技巧是帮助团队的系统方法。这一方法的各个部分珠联璧合并且相得益彰，因为它们基于同样的核心价值观、假设和原则。这一方法背后的逻辑是公开透明的，你可以与共事的团队一起分享，使该方法更加有力、实用。

在专业引导技巧之中，你用于帮助团队的心智模式和行为也是团队用于提升有效性的心智模式和行为。这不是一套专属于你的秘密原则、技巧或方法，当你转身面对团队时你会采用另一套方法。当你行事有效时，你向团队示范高效的行为。这样你可以更容易地帮助团队提升他们的有效性。我曾撰写了《聪明的领导，更为聪明的团队》（*Smart Leader，Smarter Teams*）一书。该书使用了我在本书中所介绍的相同方式（包括相同的模型和行为）来帮助团队打造心智模式、提升技巧和设计团队来实现更好的业绩。如果你认为专业引导技巧有所帮助，并且希望帮助团队学习如何将其运用到他们的领导角色之中，《聪明的领导，更为聪明的团队》一书将告诉他们如何去做到这点。

专业引导技巧的核心是基于这样一个假设：你的思维方式决定了你的引导方式（或你的咨询、教练、培训或调解方式）。研究显示，在面临挑战的情境中，几乎所有人都会采用一种心智模式，而这种心智模式让我们所表现出的方式降低了我们帮助团队的能力。专业引导技巧向你传授了如何对自己的思维方式和感受进行有力的反思，这样你就能够更始终如一地采用高效的心智模式。这将让你和你所服务的团队得到三个结果：更好的业绩、更为紧密的工作关系及更高的个人幸福感。

本书为谁而写

大多数需要运用引导技巧的人并不是引导师。如果你需要使用引导技巧来帮助团队（但你不是其中的一员），那么这本书就是为你而写的。专业引导技巧可以使你更为有效地帮助团队，以取得更好的业绩。如果你担任以下任一角色，这本书将对你有所帮助：

- 你是一位帮助工作团队（董事会、高管团队、管理层团队、工作团队、特别行动小组、委员会、工会—管理层团队、跨组织委员会或社区团队等）的引导师，也包括那些擅长精益（Lean）改进、六西格玛或其他流程改进的引导师。
- 你是一位与团队开展合作的咨询顾问，你在某一内容领域（可能是战略、营销、运营、流程改进或任何其他领域）有专长。
- 你担任组织发展咨询顾问，你需要使用引导技巧来帮助团队和组织管理变革。
- 你是一位人事咨询顾问，你担任你所支持的领导团队的业务合作伙伴并且经常参与有关员工绩效或行为的艰难对话。
- 你是一位与团队或个人合作的教练。
- 你是一位培训师，作为培训工作的一部分你需要引导对话。
- 你是一位调解员，希望培养你的引导技巧或者需要与团队一起合作。
- 你是一位教师，作为应用型学者，教授有关团队、引导、咨询、教练、组织发展或冲突管理的课程；你从事的领域包括管理、医疗、工程、公共管理、规划、心理学、社会工作、教育、公共卫生或其他应用领域。

如果你是团队的领导者或成员，我建议你阅读我撰写的另一本书《聪明的领导，更为聪明的团队》。该书运用了我在本书中所介绍的方法，但更为契合你在团队中所担任的具体角色。如果有人建议你阅读《专业引导技巧》，你可能发现《聪明的领导，更为聪明的团队》更适合你。

本书的结构

本书包括四部分。以下是这四部分的章节介绍。

第1部分　基石

在第1部分，我介绍了专业引导技巧的基石。

第1章　专业引导技巧。在这章，我对专业引导技巧做了整体介绍，包括它将帮助你完成什么样的任务以及我在本书中所回答的提问。

第2章　引导师和其他引导角色。当我与团队合作时，我如何知道我应该承担什么样的角色？如果我需要承担多个角色，我该怎么办？在本章中，我介绍了你在承担任何角色时，你将如何运用专业引导技巧，无论你承担的角色是引导师、咨询顾问、教练、培训师还是调解员。我介绍了每个角色，解释什么时候选用哪个角色，讨论了与团队合作时，你该如何承担多个角色。

第 3 章　你的思维方式决定你的引导方式。在你提供引导、咨询、教练或培训中，最富有挑战的部分就是采用高效的心智模式。本章讲述了当我们面对挑战时，几乎所有人都会采用低效的心智模式行事，这就是单边控制模式。我介绍了单边控制模式是如何让你的思维和行动方式降低了团队的有效性以及你帮助团队的能力的。

第 4 章　引导时采用交互学习模式。交互学习模式是专业引导技巧的基石。在本章中，我讲述了交互学习的心智模式是如何让你的思维和行动方式能够有效地帮助你以及与你共事的团队的，这一模式所取得的业绩不是单边控制模式所能媲美的。我介绍了交互学习模式的价值观、假设和行为。

第 5 章　交互学习模式的八种行为。本章讲述了将交互学习模式付诸行动的八种行为以及如何运用这些行为来提升你的有效性，并且帮助团队来提升有效性。我介绍了每种行为是如何带来好的结果的，以及你可以在何时展现这些行为，如何展现这些行为等。

第 6 章　设计和打造有效团队。如果你正在帮助团队取得更好的业绩，了解团队需要做些什么来取得好的业绩颇为重要。基于交互学习模式，本章介绍了团队有效性模型，该模型解释了如何设计有效小组，如何帮助现有团队改进绩效。

↗ 第 2 部分　对团队做出诊断并实施干预

在第 2 部分，我介绍了如何观察一个团队，找出限制团队有效性的因素，并且实施干预来帮助团队变得更为有效。

第 7 章　使用六步骤交互学习模式循环实施诊断和干预。我如何发现团队中正在发生的什么降低了团队的有效性？当我发现后，我该对团队说些什么？在本章中，我引入了交互学习循环，你可以运用这一循环来回答上述问题，并且对团队做出诊断并实施干预。

第 8 章　如何对团队做出诊断。在一个团队中会有很多事情值得关注，我如何决定需要关注些什么呢？在本章中，我将告诉你如何运用交互学习循环来寻找团队中发生的重要事件，发现其含义并且决定如何对团队实施干预。

第 9 章　如何对团队实施干预。当我决定对团队说些什么的时候，我具体该说些什么呢？我该说给谁听？何时说？在本章中，我将告诉你如何实施干预，这样你就可以决定团队的所见是否与你的所见一致，并共同决定团队或你需要采取哪些不同的做法。

第 10 章　诊断并干预交互学习模式行为。在本章中，我提供了翔实的案例来说明当团队成员的行为与八种交互学习行为不相符时，你该如何实施干预。

第 11 章　使用交互学习模式来改善其他流程与技巧。本章介绍了如何运用专业引导技巧来帮助团队改善其使用的任何流程或技巧的方法，如精益改进、六西格玛、绩效管理流程、战略规划或问题解决等。

第 12 章　诊断并干预你和团队的情绪。如果大家开始变得情绪化，我该怎么办？如果我变得情绪化，我该怎么办？在本章中，我介绍了你和团队的情绪是如何产生的，以及你如何帮助团队成员和你自己去表达情绪，从而可以让对话和问题解决变得更为高效。

↗ 第 3 部分　同意一起工作

在第 3 部分，我介绍了如何就你与团队的合作达成协议，如何决定是否与合作伙伴联袂引导，如果是的话，如何合作；以及如何在你的组织内承担引导角色。

第 13 章　订立合约。你与团队就如何合作订立的合约将为你们的合作关系奠定基石。订立糟糕的合约会导致整个合作过程问题层出不穷。在本章中，我介绍了如何采用具体的五步骤来帮助你和团队营造健康的工作关系并且满足你们双方的需求。

第 14 章　联袂引导。如果你和合作伙伴配合良好，那么与合作伙伴联袂引导能给团队带来更大价值。在本章中，我介绍了与合作伙伴联袂引导的优势和劣势，你该如何决定是否与合作伙伴联袂引导，如何有效地划分与协调引导工作。

第 15 章　在自己的组织中担任引导角色。如果你是内部引导师、咨询顾问或教练，相对于外部的同人来说，你将面临不同的挑战。在本章中，我介绍了你的内部引导角色是如何演变而来的、承担内部引导角色所面对的潜在优势和劣势、让你的角色变得更加高效的具体策略（如与你的经理订立协议）等。

↗ 第 4 部分　与技术同行

在第 4 部分我介绍了如何通过虚拟技术与团队进行合作。

第 16 章　使用虚拟会议技术。越来越多的团队在虚拟空间开会而不采用面对面开会的形式。在本章中，我介绍了何时使用虚拟会议，如何在不同的虚拟会议技术中做出选择，如何识别虚拟技术的特殊挑战，如何有效解决这些挑战。

本书的特点

本书所具有的几个特点可以帮助你浏览并学习专业引导技巧。
- 专业引导技巧的主要原则用黑体字标出。
- 书是无法取代工作坊中的技能练习的（这就是我们提供专业引导技巧深度工作坊的原因）。但是，在本书中我提供了翔实的案例来告诉你如何将原则付诸实践，包括团队成员行事低效以及你将如何实施干预的真实案例。
- 我分享了自己的故事和同事的故事来说明如何使用专业引导技巧，以及没有使用专业引导技巧的情况是什么样的。有些例子来自我自己的低效引导，我从中学到了很多，希望你也能从中有所收获。在所有的案例和故事中，我隐藏了组织的名称和类型，以及个别成员的姓名。有时我会将几个故事糅合在一起以便快速阐述某个要点。

第3版有何不同

如果你阅读过第2版，也许你希望知道这一版有何不同。以下是几个主要区别。
- 我更加关注咨询顾问、教练和培训师这些角色。在本书中，我一直在解释不同的引导角色该如何采用不同的方式来应对某一局面。
- 增加了引导虚拟会议相关内容。
- 所有模型全部被修改过。单边控制模式和交互学习模式拥有新的核心价值观、假设、行为和结果。团队有效性模型也有了新的核心价值观和结果。
- 交互学习模式和团队有效性模型完全整合了。交互学习模式完全嵌入团队有效性模型之中。

目　　录

第 1 部分　基石

第 1 章　专业引导技巧 2
需要团队引导 2
绝大部分需要引导技巧的人并不是引导师 2
这本书为谁而写 3
何谓专业引导技巧 6
体验专业引导技巧 9
让专业引导技巧变成你的一部分 10
小结 11

第 2 章　引导师和其他引导角色 12
选择引导角色 12
担任多种引导角色 22
何时适合放弃引导师角色 23
整个团队是你的客户 26
对于团队结果，你所肩负的职责是什么 26
小结 30

第3章　你的思维方式决定你的引导方式……31

你的思维方式：你的心智模式就如同操作系统那样……31
两套心智模式：单边控制模式与交互学习模式……33
你的思维方式不是你所认为的那样……33
调研反馈案例……34
单边控制模式……36
单边控制模式的核心价值观……38
单边控制模式的假设……40
单边控制模式的行为……42
单边控制模式的结果……45
放弃——控制模式……49
单边控制模式如何强化其自身……50
我们如何学习单边控制模式……51
从单边控制模式转为交互学习模式……52
小结……53

第4章　引导时采用交互学习模式……54

交互学习模式……54
交互学习模式的核心价值观……61
交互学习模式的假设……70
交互学习模式的行为……72
交互学习模式的结果……75
交互学习模式的强化循环圈……78
是否有的时候单边控制模式效果更好……78
小结……79

第5章　交互学习模式的八种行为……80

展现八种行为……80
行为1：陈述观点并真诚发问……82
行为2：分享所有相关信息……86
行为3：使用具体例子并就重要词汇的含义达成一致……88

行为 4：解释你的推理与意图 90
　　　行为 5：聚焦利益而非立场 92
　　　行为 6：检验假设和推论 94
　　　行为 7：共同谋划下一步 104
　　　行为 8：讨论不便讨论的话题 107
　　　学习如何展现这些行为 109
　　　小结 110

第 6 章　**设计和打造有效团队** 111
　　　团队有效性模型是如何帮助你及你所服务的团队的 111
　　　工作团队和团队的区别 112
　　　打造团队的要素是什么 112
　　　互相协助将如何影响你和团队及工作团队之间的合作 117
　　　团队有效性模型 117
　　　你设计团队时的心智模式是什么 120
　　　团队结构、团队流程和团队情境 123
　　　团队结构 123
　　　团队流程 128
　　　团队情境 132
　　　跨组织的团队和工作团队 137
　　　帮助设计或重新设计团队或工作团队 137
　　　帮助重新设计现有团队 139
　　　小结 140

第 2 部分　对团队做出诊断并实施干预

第 7 章　**使用六步骤交互学习模式循环实施诊断和干预** 142
　　　你需要诊断什么 143
　　　你需要干预什么 145
　　　交互学习模式循环 145
　　　小结 148

第 8 章　如何对团队做出诊断 149
步骤 1：观察并做出选择 149
步骤 2：赋予意义 155
步骤 3：选择如何做出回应 161
诊断行为中的挑战以及如何管理这些挑战 168
小结 173

第 9 章　如何对团队实施干预 174
实施干预步骤的关键要素 174
使用交互学习模式循环实施干预的例子 176
步骤 4：检验观察 178
步骤 5：检验意义 180
步骤 6：共同谋划下一步 183
如何从一个干预步骤前往另一个干预步骤 185
仔细斟酌你的用词 188
小结 192

第 10 章　诊断并干预交互学习模式行为 193
交互学习模式行为与其他基本规则有何区别 193
就干预交互学习模式行为订立合约 194
对交互学习模式行为实施干预 197
行为 1：陈述观点并真诚发问 198
行为 2：分享所有相关信息 199
行为 3：使用具体例子并就重要词汇达成一致 199
行为 4：解释你的推理与意图 200
行为 5：聚焦利益而非立场 201
行为 6：检验假设和推论 202
行为 7：共同谋划下一步 203
行为 8：讨论不便讨论的话题 205
小结 205

第 11 章　使用交互学习模式来改善其他流程与技巧 206
使用交互学习模式来诊断并干预其他流程 206
当团队未能有效使用流程时做出诊断与实施干预 209
诊断并干预那些与交互学习模式不一致的流程 210
诊断并干预支持交互学习模式的流程：精益与其他持续改善流程的方式 215
小结 218

第 12 章　诊断并干预你和团队的情绪 219
挑战 219
人们的情绪是如何产生的 220
团队如何表达情绪 222
管理你自己的情绪 223
决定如何干预 225
对情绪实施干预 227
帮助团队成员有效地表达情绪 228
帮助人们减少防御性思维 230
帮助团队表达积极情绪 233
当人们对你生气时 234
吸取教训 235
小结 235

第 3 部分　同意一起工作

第 13 章　订立合约 238
为何订立合约 238
订立合约的五个阶段 239
阶段一：与主要客户团队成员进行最初的接触 241
阶段二：规划引导 248
阶段三：与整个主要客户团队达成一致 257
阶段四：在引导中重新订立合约 259
阶段五：完成引导并做出评估 260

小结 261

第 14 章　联袂引导 262
　　决定是否联袂引导 262
　　分工与协作 268
　　在分工中分配角色 271
　　与合作伙伴建立健康关系 272
　　与合作伙伴的总结 276
　　小结 276

第 15 章　在自己的组织中担任引导角色 278
　　内部引导角色的优势和劣势 278
　　如何塑造你的内部引导角色 280
　　塑造你的引导角色 282
　　由外到内改变你的引导角色 288
　　小结 290

第 4 部分　与技术同行

第 16 章　使用虚拟会议技术 292
　　选择使用何种虚拟会议技术 292
　　虚拟会议所带来的挑战 295
　　设计和引导虚拟会议来迎接这些挑战 297
　　小结 301

后记 302

第 1 部分

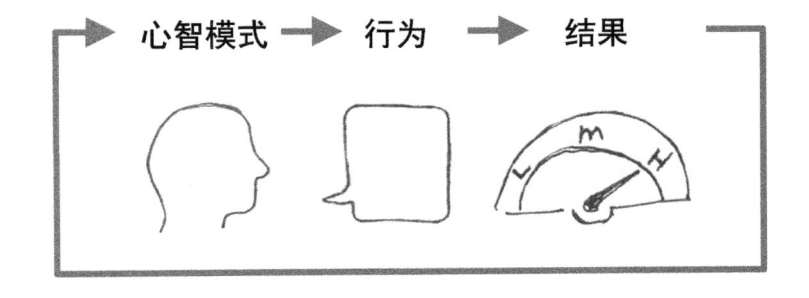

基　石

心智模式 ➡ 行为 ➡ 结果

第 1 章
专业引导技巧

本书撰写的目的是帮助你取得更好的结果。当阅读此书时，你可能正在探讨如何与团队共事或已经与团队共事。你可能担任引导师、咨询顾问、教练或培训师。无论何种情形，你希望学习引导技巧，从而帮助团队变得更为有效。

需要团队引导

对于许多组织来说，团队是基本的工作单位。对于个人而言，如果仅仅为了收集生产产品或提供服务所需要的信息，或者为了避免所做出的关键决策带来不曾预想的后果，那么组织显得太过复杂。所以，组织建立了团队，目的是希望能在同一屋檐下收集到所需要的所有信息，协调不同或互为冲突的观点，并就共同的行动方案做出承诺。团队需要在一起有效地开展工作。但是，只要与团队一起共事过，你就知道团队的总体效能往往低于各个部分相加之和：做出糟糕的决策，彼此产生隔阂，没有承诺，大家陷入沮丧与压力之中。团队本不应该是这个样子的。本书将向你展示如何帮助团队达成本该达成的结果。

绝大部分需要引导技巧的人并不是引导师

只要你开始与团队一起共事，你就需要引导技巧。大部分与团队一起共事的人并不认为他们是以引导师的身份出现的,至少从技术角度而言,他们不是引导师。就其本质来说,团队引导师是实质中立的第三方,他们可以帮助团队改善一起共事的方式从而取得更好的结果。**但即便你不是引导师,你依然可以使用引导师所使用的相同方式如心智模式、技能来帮助团队取得更好的结果。**就其核心而言,引导只不过是与团队一起思考和共事的方式,这一方式可增加提高团队业绩、建立良好的工作关系、维持或改善团队成员幸福感的机会。对于任何值得你投入时间的关系而言,这都是非常宝贵的。无论你承担的角色是什么,你都将受益于引导技巧。

- **你担任内部或外部咨询顾问,为组织提供专业建议。**你可能是战略、金融、财务、IT、人事、物流、组织变革等领域的专家。你的目的不是引导团队,但你需要与团队一起工作,以便理解你的客户所面对的挑战与需求,提出改进方案并付诸实施。
- **你担任内部或外部咨询顾问,目的是通过改进流程来提升业绩。**你可能在流程改进领域如精益、六西格玛、价值工程、质量提高或其他相关领域有所专长。当你处理团队之中的那些软性因素所带来的问题(如抵触变革)时,你将面临挑战。或者你可能正专注于打造有效团队的某些要素,如有效管理冲突、建立信任、增加差异性或展现领导力等。
- **你担任教练并与团队一起共事。**你通常服务于个人,但你发现自己与团队共事的情况越来越多。你意识到相比于个人,帮助团队需要更多技巧。
- **你担任培训师,帮助大家在团队中增加知识与技能。**为了满足他们的学习需求,你需要与他们积极互动,与此同时,要确保自己能完成任务并恪守时间表。

作为希望改善绩效的团队成员之一或团队的正式领导者,引导技巧对于你的工作而言,必不可少。我所撰写的《聪明的领导,更为聪明的团队》一书,就是为了满足你的角色所需。该书介绍的心智模式或技能模式与本书所介绍的相关内容是一样的,该书还提供了具体例子来帮助你履行正式或非正式领导角色。

这本书为谁而写

任何人,只要与团队一起共事并希望达成更好的结果,都可以阅读本书。本书对于适用于多个角色所需的引导方式均有广泛介绍。阅读本书后,你将找到有关与团队有效共事的五个问题的答案。

↗ 我应当担任团队的引导师、咨询顾问、教练还是培训师

我如何决定我该承担什么角色？如果我在帮助团队时需要承担多个角色，我该怎么办？你可以凭借引导师、咨询顾问、教练或培训师的身份来帮助团队。选择合适的引导角色非常重要。在每个角色中，你采用不同的方式来帮助团队。你所选择的角色取决于团队需要什么样的帮助。如果选择的角色合适，你将帮助团队达成目标。如果选择的角色不合适，你将妨碍团队或影响你与团队的工作关系。

专业引导技巧界定了六种帮助性角色，介绍了你将如何使用其中的角色来帮助团队，基于何种条件你来选择最为合适的角色（第 2 章）。本书还解释了什么时候在不同角色之间进行切换以及如何切换。

↗ 当帮助团队时，我该关注什么

我该关注谁对谁说了些什么以及他们是怎么说的吗？团队中每个成员应承担什么角色？人们是如何陈述他们的观点或如何提问的？不同个性的团队成员彼此是如何互动的？当你与团队一起共事时，你需要关注这么多事项并找出团队的哪些做事方式有效，哪些无效。你无法关注所有的事项，那么你将如何决定哪些是你需要关注的重点，哪些不是呢？你如何在实时发生的情况下做到这些，以便可以马上做出回应，而不是在会议结束之后思忖该做些什么？

当询问自己这些问题时，你正在寻找诊断模型来指导你该关注哪些地方以及如何对其做出解读。专业引导技巧使用多个因素的诊断模型来帮助你去识别团队中哪些因素有助于提升或降低团队的有效性。第 5 章与第 10 章介绍了八种行为，只要团队成员发言，你可以依据这些行为分析大家究竟说了些什么可以提升对话有效性或降低对话有效性。第 3 章与第 4 章介绍了团队成员所使用的两种心智模式，一种模式有效，另一种模式无效，你可从中推断团队成员的哪些思考方式导致他们行事无效。

最后，专业引导技巧介绍了团队有效性模型（第 6 章），这一模型介绍了团队的构建方式，如团队的结构与流程是如何影响其结果的。结构包括团队的任务与目标，在完成任务时，团队成员是如何依赖彼此的，当他们一起共事时，他们是如何履行其角色的。流程则包括团队成员是如何解决问题的、做出决策的，以及如何管理冲突的。通过分析团队的内在结构与流程，你可以识别那些影响团队的举足轻重但不为人知的力量。

专业引导技巧的诊断模型可以让你去关注大量的因素如心智模式、行为、结构与流程是如何给团队所希望达成的三个结果带来巨大的影响的。这三个结果是更好的业绩、

更为紧密的工作关系及更高的个人幸福感。

↗ 当团队工作低效时，我该说些什么

我该何时干预团队？我究竟该说些什么？我该对谁说？当你对团队中所发生的事项做出诊断时，你将决定是否做出干预，也就是说，是否分享你的所见——你认为这对于团队的含义是什么，了解团队是否愿意做出改变。一旦看到团队中发生了一些事情可能降低团队的有效性时你就上前干预，你不能这么做；如果你真这么做的话，团队将无法完成工作；他们只能把你排除在外。

当你决定做出干预时，你需要决定采取哪些干预措施，具体说些什么，对谁说，等等。为了达成这一点，专业引导技巧介绍了六步流程，我称之为交互学习循环（第 7 章与第 9 章）。这一循环是结构化的简便方式，可帮助你去思考团队中发生了些什么，以及随后如何有效做出干预。这可以让你对团队中发生的任何事情做出干预，其中包括判断团队成员的行为是否有效（第 10 章）、应对团队成员无法有效使用流程（第 11 章）、团队之中出现情绪问题（第 12 章）。

↗ 我该如何与团队达成共识

我如何发现我的客户是谁？他们需要什么样的帮助？我需要达成什么样的合约来提升成功的机会？合约之中需要涉及哪些团队成员？如果团队成员告诉我需要保密之事，我该怎么做？回答这些提问以及相关提问有助于你就是否与团队一起共事或如何一起共事达成共识。你如何管理订立合约的流程将影响你与团队之间的工作进程。如果能有效地管理这个流程，你和团队将为建立有效的工作关系创造条件；如果不能有效管理这个流程，未曾解决的问题将持续影响你和团队之间的工作关系。

专业引导技巧提供了订立合约的五阶段流程。该流程介绍了每个阶段的目的与任务、需获得的信息、与团队分享信息的方式、你和团队需做出的决策，以及每个阶段需要哪些人参与其中。

↗ 当团队难以应对时，我该做些什么

如果团队成员没有参与讨论，我该做些什么？如果他们彼此表现出公开的敌意呢？对我表现出抵触呢？如果团队领导试图控制引导，我该怎么做？如果团队真的让我感到

沮丧，我该怎么做？能够有效地应对这些挑战性局面，这是专业引导师、咨询顾问、教练或培训师的标志之一。在上述局面中，涉及重大的利害关系，大家情绪激动，而且彼此观点严重对立。挑战性的局面也包括这样的情况：对你而言，利害关系重大，你认为你理解了其中的情况，但团队并不认为，这让你情绪激动。

专业引导技巧的核心是一套基本但强大的原则，这一原则认为你的思考方式就是你的引导方式或咨询、教练与培训方式。虽然本书中所提及的工具、技巧与行为不可或缺且非常重要，但最终的有效性源自掌控你行为的心智模式、价值观与假设，这最终体现在你获得的结果上。哪怕拥有有效的工具、技巧与行为，你也会给自己或你帮助的团队带来糟糕的结果，因为你在使用时采用了低效的心智模式。

遗憾的是，当我们发现自己身陷挑战性局面时，几乎所有人都会采用相同的低效心智模式——单边控制模式（第3章）。虽然具体行为有别，可一旦我们在心理上感到受威胁或窘迫时，研究表明，98%的人会采用这一心智模式。正如单边控制模式所表明的那样，其核心价值观与假设的目的是强化我们对于局面实施单边控制，意在得到我们希望的结果。让人感到讽刺的是，单边控制的心智模式会让你的行事方式得到你极力避免出现的结果：决策质量更低、信任度降低、出现无效的冲突、产生防御性反应、缺乏承诺、关系紧张、动力下降、压力上升。

专业引导技巧基于不同的心智模式——交互学习模式。研究表明，这一模式更为有效（第4章）。交互学习模式的核心价值观包括保持透明、心怀好奇、知情的选择、担责与同理心。当你采用交互学习模式时，与其假定你的理解是正确的，而有别于你的观点的人没有理解或是错误的，不如假定我们中的每一方都有可能错失一些信息，而差异是学习的机会。你会发现正是你本人造成你所抱怨不已的问题。

在本书中，当你采用单边控制模式时，我将帮助你认识到这一点并向你展示如何转为采用交互学习模式。我的客户不断告诉我，这是专业引导技巧之中最为强大的部分，当然，也是最为挑战的部分。你越能践行这一模式，你就越能更好地帮助团队，哪怕是面对最为挑战的局面。

何谓专业引导技巧

专业引导技巧是引导的方式之一。我从1980年开始打造这一方式，那时，我开始向他人教授引导技巧。专业引导技巧是基于团队引导的理论，其来源可追溯到有关团队的研究之中，其要素被长达 35 年的学术研究所证实，以下是这一方式的主要特征。

↗ 回答了这些提问：我做些什么？我如何做？我为何那么做

这是通过将理论与实践相结合得以实现的。知道做些什么以及如何做，如具体行为、工具、技巧，这虽必不可少但尚不足够。如果你缺乏对底层逻辑的理解，即为何那么做，那么当遇到新的情况时，你就无法灵活地调整自己的行为。只有掌握了底层原则，你才能从亦步亦趋照搬菜谱的烹饪新手转变为烹饪大师，你才能做到淋漓尽致地发挥你的厨艺并将手中的食材用到极致，献上一桌富有创意的菜品。

↗ 系统方式

引导师经常告诉我这样的经历，在面对挑战时，哪怕他们竭尽所能，但局面依然有可能变得不可收拾。这一局面的出现与引导师没有采用系统思考或系统行事方式有关。

例如，在你的引导角色中，如果你私下冷落某位团队成员，因为你假定他在控制团队的讨论，从短期来说，这可能改进团队的讨论成果，但从长期来说，也可能带来不曾预想的不良后果。那位被冷落的团队成员可能感到你对他心怀偏见，他可能在团队成员面前贬低你的可信度。如果大家认为这位团队成员并没有控制对话，那么你采取的单边行动与团队需求有违，而这会削弱你与团队之间的关系。哪怕你只是反映其他团队成员的观点，但是你与团队成员的私下沟通会把整个团队的担责转移到你的肩上，这会不恰当地增加团队对你的依赖，他们寄希望于你来分享他们的观点并解决他们的问题。

当采用系统思考的方式时，你把团队看成一个社会系统，这是一个不同部分彼此互相影响并且作为一个整体发挥作用的集合。你注意到虽然每个团队是不一样的，但因为所有团队是一个系统，所以基于相同的系统条件可产生可预测的系统结果，诸如实施时间拖延、信任度恶化或过于依赖领导等。基于团队的结构及团队成员之间的互动方式，你可以预测在团队之中会发生些什么。

当你帮助团队时，你进入系统之中。你的挑战是理解团队可发挥作用与不能发挥作用的动态因素，并帮助团队变得更为有效，而不会受到系统的影响，导致你行事无效。当采用系统的行事方式时，你会发现你所采取的任何行动都将以多种方式影响团队和你本人并带来短期和长期的结果。你的干预对团队更具帮助作用，你可以避免或减少给团队或你本人带来负面后果。

↗ 所有部分可拼装在一起

因为专业引导技巧是一种系统方式，你可以从多个方面入手来帮助团队，而这些部分是可以拼装在一起的。许多引导师从多个渠道收集工具或技巧来打造自己的引导方式。就其本质而言，这没有什么不对，但是，如果不同的工具或技巧是基于互为冲突的价值观或假设的话，这些工具或技巧就会削弱你的有效性以及你所帮助的团队的有效性。例如，如果你告诉大家你的客户是整个团队，但你随即同意团队领导者提出的个人请求，那么你会马上发现自己身陷团队与其领导者的冲突之中，而没有把注意力放在引导整个团队上。

专业引导技巧的出发点基于内部一致的一套交互学习的核心价值观与假设。这套价值观与假设一起打造了心智模式，并在此基础之上得以建立专业引导的工具、技巧与行为。其结果是，当使用这一方式时，你的所为与你的所思保持一致。你不会向团队发出含糊不清的信号或给整个团队带来另外的问题。

↗ 对你以及团队成员而言，这是相同的方式

专业引导技巧具备如此威力的原因之一是，除了你的引导角色让你与团队成员区分开来之外，这一方式与你所帮助的团队所使用的方式以及你本人所使用的方式是一样的。**专业引导技巧认为，有效的引导师、咨询顾问、教练、培训师以及团队成员基于一套相同的交互学习模式行事并展现出相同的一套行为。**

世界上并不存在所谓的一套秘密引导工具、技巧或策略。我撰写《聪明的领导，更为聪明的团队》的目的就是希望领导者及其团队可受益于同样的一套交互学习模式与技能，这套心智模式与技能也为引导师、咨询顾问、教练与培训师所使用。如果你希望与你共事的团队能理解如何通过培养交互学习模式与技能来取得更好的结果，你可以要求他们阅读《聪明的领导，更为聪明的团队》一书。这不仅有助于你打造更为有效的团队，而且可帮助你理解如何使用相同的一套交互学习模式来帮助他们。

这意味着大家共享一套共同的心智模式与技能，无论你扮演的角色是什么。当你能有效履行你的角色时，你可以在整个团队与领导面前示范有效行为。这可以更好地实现从你到团队之间的迁移。其结果正如图1.1所示，你可以用三种方式来使用交互学习模式：① 你可将交互学习模式与技能作为你思考与行动的基础；② 团队可以使用交互学习模式与技能作为他们思考与行动的基础；③ 你可以使用交互学习模式与技能来诊断并干预团队，让其使用交互学习模式来取得更好的结果。

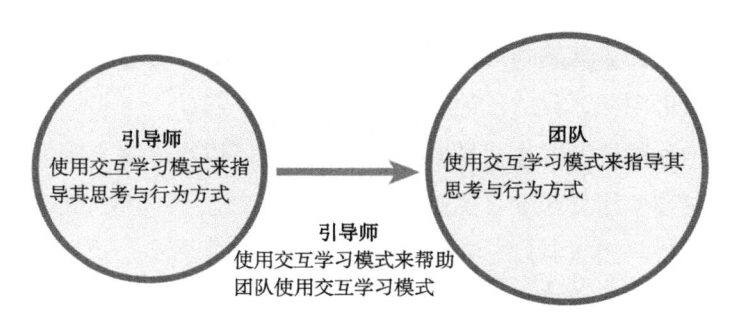

```
           引导师                            团队
      使用交互学习模式来指              使用交互学习模式来指导其
       导其思考与行为方式                  思考与行为方式
                          引导师
                     使用交互学习模式来帮助
                     团队使用交互学习模式
```

图 1.1　使用交互学习模式的三种方式

你几乎可以在任何地方使用交互学习模式

虽然本书介绍的是如何帮助工作团队更加有效，但是我的许多客户告诉我，他们也可以在工作之外（如他们的家庭、朋友或社区）的场合中使用交互学习模式与行为并看到了积极的成果。你几乎可以在所有场合使用这一模式，或者在任何角色中使用这一模式，因为这一模式基于有效的人际互动的原则。对于我而言，专业引导技巧所基于的原则只不过是我希望在这个世界中所扮演的角色，无论我是作为引导师、咨询顾问、配偶、父亲、朋友还是其他角色。

体验专业引导技巧

我的客户不断告诉我，专业引导技巧的概念与工具理解起来并不困难。可是当他们践行这一方式时，他们会加上一句"但是这比看上去难多了"。当你阅读我在此书中分享的实例时，你可能认为，这看上去并不难。这种想法合情合理。毕竟，我所使用的例子不过是生活之中的语言，而你早已熟练掌握，哪怕你从未采用我的表述方式那样遣词造句。这不是你在一旁观看我表演魔术并私下琢磨"他是怎么做到的"。

但是，这远比看起来要更为困难。原因有三：其一，你需要同时关注团队的许多方面。其二，你需要很快理解你所看到的事情。为了有效做到这一点而不会感到被各种事项所淹没，你需要不断参考诊断模型。其三，你需要快速决定对团队采取什么样的干预措施。从认知角度来说，这非常有挑战性！

但这才是最为挑战之处：当你开始面对真正的团队使用这一方式时，你会发现，你有时难以用书中的词汇来表述你的观点，即便你能倒背如流。这不是因为你没有努力学习这些表达方式，而是因为你在应对挑战性局面时，这一局面会触发你的单边控制模式。

你可能对团队成员的表现感到沮丧或恼怒不已，对团队中出现的冲突感到焦灼不安，担心你是否能够帮助团队，你的各种复杂情绪交织在一起。

另外，因为你的思考方式就是你的引导方式，所以当你基于单边控制模式行事时，这一方式将抑制你使用交互学习模式的能力。简而言之，最为挑战的局面不是团队本身，而是你的心智模式与团队对你心智模式的影响。

我告诉你这些信息的目的不是想阻拦你阅读此书，而是希望告诉你这很正常。所有使用交互学习模式的人都会发现他们的心智模式是最大的挑战，其中也包括我本人。

现在，我可以给你分享一些好消息。如果你经常实践这一方式并得到有力的反馈，你将变得更为有效。你可以更为经常地采用交互学习模式。当你滑入单边控制模式时，你可以马上意识到这一点并更快地回到交互学习模式上。无论是从我教授的学员还是阅读《专业引导技巧》的读者那里经常听到的话语之一就是他们比以前更为有效，他们的同事或客户告诉他们这一点。他们告诉我这一有效性还延伸到他们在生活中的其他角色之中，因为他们在更多场合使用交互学习模式。

让专业引导技巧变成你的一部分

学习专业引导技巧的一部分是将其与你自己的风格整合在一起，让其变成你自己的方式。在本书中，当阅读到我在不同场景中所提及的例子时，有时你会认为这听上去比较自然，比较靠谱；但有时你会对自己说"这有些拗口，我无法想象自己会这么开口讲话"。当你与团队共事时尝试使用这一方式的话，你会有相同的体验。这一尴尬的体验非常常见，部分原因是你在尝试新的方式。

但是，这也可能来自你试图强迫把我的风格变成你自己的方式。你无法变成我（我假定你也没有这样的想法）。当我第一次尝试在引导中使用交互学习模式时，我努力试图模仿阿基里斯，因为我是在求学哈佛时从他那里学习这一方式的（他称其为模式Ⅱ）。虽然我极为尊重阿基里斯，但我们的风格是不一样的。当时，我无法做到既能如他那样做出一模一样的干预又依然保留我的风格。直到我在使用这一方式时找到自己的声音，我才将这一方式变成我自己的。我假定，这种情况也适用于你。使用核心价值观与行为是一次探索之旅；这次旅程的一部分是找到自己的声音。欢迎你加入这次旅程。

小结

大部分使用引导技巧的人并不是引导师。专业引导技巧的方式可用于帮助团队，无论你作为引导师、咨询顾问、教练还是培训师。这一系统方式建立在几十年研究所支撑的理论之上。这一方式从交互学习模式的核心价值观与假设开始（被称为心智模式），并由此建立了工具、技巧与行为，所有这些可拼装在一起。交互学习模式、团队有效性模型、八种交互学习行为以及其他工具可提升有效性。这一方式可以让你去探讨并改变你的心智模式，提升你帮助团队的能力，哪怕在非常具有挑战性的局面之中。

第 2 章
引导师和其他引导角色

在本章中,我首先介绍六种引导角色:引导师、引导型咨询顾问、引导型教练、引导型培训师、引导型调解人、引导型领导,然后解释在何种情况下选择何种角色。我还会说明这些角色与其他角色有何相似与不同之处,如团队教练与小组教练等。接下来,我会介绍如何选择合适的引导角色以及在不同的引导角色中如何发挥作用。最后,我会说明在承担这些角色时,如何做到与交互学习模式的核心价值观保持一致。

选择引导角色

正如我在第 1 章中所介绍的,**绝大部分使用引导技巧的人并不需要成为引导师**。无论你在其中承担何种角色,你都可以使用本书介绍的交互学习模式和行为。

请留意我使用的术语:除非我特意区分引导师角色和其他引导角色,否则我会选用"引导型"(facilitative)这一术语来称呼任何以非团队成员身份使用交互学习模式这一方式的人。如果出现需要引导师采用其他引导角色来应对这一局面时,我将介绍其中的差异。

了解每种引导角色的目的以及其中的相似之处和不同之处,这非常重要。这将有助于你选择合适的引导角色,也就是你与客户所认同的最能满足其需求的角色。如果客户认为你选择的引导角色恰如其分,他们会尊重你的专业度并且认为你值得信任,那么你就能更好地帮助客户。如果客户认为你选择的引导角色不合适或者你的行事范围超出了你所承担的角色,那么你在帮助他们时将遇到更多挑战。表 2.1 总结了我在这一部分所介绍的六种引导角色。

表2.1　六种引导角色

	引导师	引导型咨询顾问	引导型教练	引导型培训师	引导型调解人	引导型领导
目的	帮助团队使用有效的流程来做出决策并且提高有效性	就客户的问题提供专业性建议	帮助个人、团队达成目标并提升有效性	帮助客户掌握知识和技能	帮助两个或更多的人解决冲突	影响团队以便达成目标并提升有效性
团队成员	不是	不是	可以是	可以是	不是	是
内容上的参与程度	实质性中立	内容专家	可能参与	内容专家	实质性中立	参与到内容中
内容上决策的参与程度	不参与	可能参与	不参与	可能参与	不参与	参与

↗ 引导师角色

近年来，要想做到清晰定义引导师的角色变得越来越困难，因为现在组织会采用引导师这一说法来代表众多不同的角色。人力资源专家、组织变革顾问、培训师、教练甚至经理有时都会被称为引导师。

定义引导师角色。如果将我在第1章中的简短定义予以扩充，那么团队引导师是指：① 不是团队成员；② 实质性中立；③ 没有实质性决策权或建议权；④ 被所有团队成员接受；⑤ 在团队中做出诊断并实施干预；⑥ 通过识别和解决问题并做出决策来帮助团队改善流程，进而帮助团队提高有效性。

这个定义包含的许多要素是为了确保所有的团队成员而不仅仅是团队领导者或与引导师联络的人，都能将引导师看作值得信赖与可靠的人。除非引导师获得所有团队成员的信任，否则他无法有效地履行其角色并为团队提供帮助。下面让我们对定义的每个要素予以澄清。

不是团队成员。引导师不能是团队成员之一，因为你很难以完全中立的身份在自己的团队中工作。即使你所引导的议题并不会直接影响你，但你的团队成员这一身份会间接地影响你的中立性。如果你是团队成员或领导者，大家会自然地期待你也参与到团队有关内容的讨论之中并且在决策中扮演一定角色。

引导师应该是第三方。但第三方这个术语有多种解读。哪怕你不是寻求引导帮助的团队的直属成员，大家依然有可能认为你不是第三方。这种情况是有可能出现的，例如，某个团队希望借助引导来解决该团队与上级部门之间的磕磕绊绊，而你恰好在上级部门中担任内部引导师，在这种情况下，显然团队会把你当作上级部门的成员而不是第三方。作为引导师，当团队寻求帮助时，他们需要把你看成第三方。

实质性中立。所谓实质性中立，并不是指你对团队讨论的话题没有自己的观点，那不太现实。我的意思是，当你引导团队讨论时，你没有分享自己的观点。其结果是，团队成员没法辨识出你对团队讨论的话题所持的立场。这样，你没有直接或间接地影响团队的决策。团队成员经常会被一位打着中立旗号但在引导时没有保持中立的引导师所激怒，这情有可原。

例如，你帮助团队就进入哪个新兴市场做出决策，而你并没有分享你认为哪个市场更加有利可图的观点，也没有举例说明其他组织进入了哪些市场，更没有指出与此话题相关的调研结果。你既没有赞同也没有反对其他团队成员的观点。例如，对某位团队成员的表述做出这样的回应"说得好"，这就打破了你作为引导师的中立性。只有做到实质性中立，你才能让所有团队成员把你看成值得信赖的人，无论你对于这个话题所持观点为何。另外，实质性中立也可以确保团队自行担责来解决问题并做出决策。只有在一种情况下引导师无须保持实质性中立，在接下来的部分我将介绍这一点。

为保持中立，你需要聆听团队成员的观点并且心怀好奇，了解他们的推理与其他人有何不同（包括与你的个人观点有何不同），这样你才可以帮助团队成员参与到富有成果的对话中。如果你牺牲了好奇心来换取这样一种看法，即有些成员是对的，而另一些成员是错的，或者整个团队都在奔向错误的方向，那么你就放弃了自己的引导师角色去帮助团队发现他们自己的观点及差异，取而代之的是，你按照自己的愿望去影响内容的讨论。如果你发现自己对某个话题心有所系或希望团队达成某项特定结果，或者说，如果你发觉自己在某个主题上颇有专长，这让你难以继续保持中立，那么你可以考虑选择承担其他引导角色。

没有实质性决策权或建议权。这是引导师保持实质性中立的延伸。实质性决策权和建议权指的是不管团队讨论的话题为何，你都可以做出决策或者参与到决策之中，哪怕你还没有就某个话题表达你的观点。引导师角色不仅让你无法参与到团队讨论话题的投票之中，而且你也无法参与到团队话题的决策之中。

被所有团队成员接受。你被所有团队成员接受，这是为了确保你达到每个团队成员所期盼的另一种方式。这样，大家才愿意接受你的引导。

在团队中做出诊断并实施干预。团队引导师的合作对象是整个团队。有时，你可能和部分团队成员会面，包括个别团队成员，但团队是你工作的基本场所。你观察团队的一举一动，诊断发生了什么并且实施干预，以便帮助团队更为有效地使用解决问题与做出决策的流程。

改善流程。流程指的是团队如何共事，包括团队如何识别和解决问题以及如何处理冲突。与此相对应的是内容，指团队讨论的话题。团队讨论的内容也许是是否进入一个新兴市场，如何提供高质量的客户服务，或者每位团队成员的职责是什么。每当团队开会时，你都能同时观察到内容和流程。例如，在讨论如何提供高质量的服务时，建议给忠诚客户提供特殊服务或给客户服务人员提供更多的权限等，这反映了有关内容的讨论；而团队成员对特定同事意见的回应方式或者无法识别他们的假设，这反映了团队的流程。

一位引导师在内容上保持中立，但必须是流程的专家和倡导者。作为流程专家，你知道哪些心智模式（价值观和假设）、行为、流程和底层结构有助于高质量的问题解决和决策制定，并且体现了高效团队的三个要素：绩效、工作关系及个人体验。当你要求团队使用某种基本规则或当你指出团队中存在某些无效行为时，这都是基于你作为流程专家的专长。

作为流程专家，你会大力推崇团队采用有助于改善其有效性的心智模式和行为，至少在你积极引导团队的这段时间里。但是作为流程的拥护者，这并不意味着你可以替团队做出决策。你可以要求与你共事的团队看一下你所设计的引导是否有问题，其中包括你推崇的流程。有关引导流程的任何决定都是由你和团队共同做出的。

有关引导师绝对中立的神话：当流程就是内容时。引导师对于团队讨论的内容总是保持实质性中立，这是一个神话。请记住，"实质性中立"意味着引导师对于团队所考虑的任何解决方案没有任何偏好。如果讨论的内容事关团队流程，那么引导师就无法保持中立。他们不仅有自己的观点，而且他们是流程专家，也应该是专家。作为专业的引导师，你知道哪些行为和流程可以有效解决问题或者产生重要的团队结果，并且你会运用这些知识来引导团队。这是团队聘请你来做引导师的原因。

你采取的每个行动以及实施的每次干预都显示出你对于如何打造有效流程的信念。当你要求团队成员展现某种行为或采用某一团队规则时，或者当你采取干预措施确保团队成员的行事方式与这些行为始终保持一致时，你在间接地阐述你的看法，因为你认为这些行为和相关的流程可以打造更为高效的团队。

如果你使用交互学习模式，对于如何打造有效的团队流程，你对自己的看法保持透明。你告诉客户，你将示范交互学习模式和行为，如果他们认为你的言行未能与此保持一致，你要求客户向你指出这一点。当你做出干预时，你会解释你为何做出干预。所有这些行为都再清晰不过地表明你对于有效团队流程的观点。

所以，当团队的讨论内容转换到团队有效工作方法时，你不仅在这个议题上持有自己的观点，而且你已经亮明你的观点并率先示范。在这种情况下，你作为引导师（或引导型咨询顾问）的职责是询问团队是否需要你介绍交互学习模式是如何帮助提升团队有效性的。如果团队做出了这个选择，你就可以转换成引导型咨询顾问这一角色，帮助团队学习如何在这种情况下使用交互学习模式。

若非必要，不要选择引导师角色。在选择你的角色时，最为常见的错误就是在以下三种情况下选择了应保持实质性中立的引导师：你是团队的成员之一，或者你对于讨论的议题有重大利益，或者你具备可用于分享的专长。在这些情况下，你将难以高效工作，虽然这并不是完全不可能。

人力资源业务合作伙伴及引导型领导经常犯这类错误。假设你是组织内部的人力资源业务合作伙伴，负责给组织中的某些部门提供支持。作为你角色的一部分，你应邀在你提供支持的领导团队会议中担任引导师。这些会议议题可能与人事话题直接相关（如管理继任者发展计划），有些议题可能与人事间接相关（如业务策略），或与人事无关（如生产上的技术挑战）。如果你在直接、间接与人事相关的议题上担任引导师，那么你有可能尝试借用你的专长来巧妙地影响团队。当你看到团队成员的观点与你不一致时，如你认为他们的意见与现实的人力资源实践不一致时，你可能提出一些引导性问题以便隐晦地影响团队成员，当然你也可能直接指出他们的建议所存在的问题。这时，你就偏离了引导师角色。团队成员开始感到被你算计了，认为你承担了本不应当承担的角色。同时，你也可能感到沮丧，因为作为引导师，你无法公开影响团队成员的观点。相比而言，作为引导型顾问或引导型领导可以让你分享你在这一议题上的专长并参与到决策之中，但你依然可以使用引导技巧。

原则是只有当你不是团队成员之一，或者你对于所讨论的议题没有重大利益，或者你并不拥有议题上的专长而且这一专长在团队成员之中是独一无二并且能给客户带来价值时，你才选择担任引导师角色。

↗ 引导型咨询顾问角色

与引导师不同，引导型咨询顾问不必保持实质性中立。如果你担任引导型咨询顾问，那么组织需要利用你在某一特定领域方面的专长。引导型咨询顾问是第三方专家，其目的是帮助客户做出知情的决策。这些咨询顾问运用自己在某一领域的专长（市场营销、信息管理系统、组织变革、质量管理等），针对客户的特定情况，推荐行动方案，在某些情况下还需帮助客户付诸实践。

咨询顾问所拥有的任何实质性决策权力不是源自其角色本身，而是源自客户的授权。在担任某一特定内容方面的专家时，引导型咨询顾问可使用引导技巧。和引导师一样，引导型咨询顾问可以来自组织之外，也可以来自组织之内。人力资源、组织发展、精益或六西格玛方面的咨询顾问经常担当内部或外部的引导型咨询顾问。

引导技巧对于专业咨询顾问非常必要，即使你的客户不是一个团队，你也有可能发现你必须和一个或多个团队合作。也许团队并没有要求你去协助改进问题解决和决策流程，但你与团队的合作关系以及团队自身解决问题和做出决策的能力将影响你能否有效地帮助团队。

那些需要专业咨询顾问提供协助之处往往也是团队成员各持己见、互不相让之处。其结果是，你帮助团队解决问题的能力取决于你有效管理对话的能力。在这里请允许我转述我的一位客户，同时也是一位专业咨询顾问的话："当我与客户分享我的发现并推荐我提出的建议时，客户的数位成员却当着我的面出现了争执，我该怎么办呢？"如果出现这样的情况，引导型咨询顾问可以引导对话并依然以团队成员和专家的身份参与到内容的讨论之中。将引导技巧和其专长结合起来，引导型咨询顾问可给客户提供更多的附加值。

↗ 引导型教练角色

近年来，很多组织为其高管、经理甚至团队配备了教练。引导型教练的核心是使用交互学习模式的心智模式与技能来帮助他们通过深刻反思自己的行为和思维来提高自身的有效性并做出更好的选择。**作为基本型引导教练，你不是简单地回答客户的提问，你可以帮助客户自行找到答案。作为发展型引导教练，除帮助客户找到答案外，你还需要帮助他们学习如何发现疑惑之处并提问。**基于你的背景，你可以将你在某一领域的专业知识带入教练过程中，并且在教练过程中履行教师的职责。

作为团队引导型教练，你在教练的过程中需与多人合作。每个人都有自己的特定目标，这些目标也许一样，也许不一样。无论你是提供基本引导还是发展引导，团队教练的目的和个人教练的目的一样。无论是何种教练，团队教练都需帮助团队培养相互反馈和相互教练的能力。这是发展型团队教练中的一个重要方面。

虽然团队教练的对象也许是同一个工作团队的成员，但团队教练的目的不是让大家作为团队的成员共同提升团队有效性，这是发展型引导师的任务。

当我给客户提供教练服务时，不管他们是引导型领导、咨询顾问、引导师、教练或培训师，我们将一起探讨他们面临的艰难挑战，他们寻求的解决之道以及造成问题的根源。运用本书介绍的核心价值观和基本原则，我帮助他们了解自己的思维模式和行为（或过去的思维模式和行为）如何造成了现在的结果并带来了不曾预料的负面后果。经过不断历练，客户可培养出自行分析问题的能力并产生其所期盼的结果，而不曾预料的后果也会越来越少。

作为引导型教练，你和客户共同设计学习流程，而不是假定你已知晓客户的最佳学习方式。通过与客户一起探讨你的教练方式是提升还是阻碍了客户的学习能力，你可以示范如何践行交互学习模式。你和客户共同探讨如何将教练式关系作为你与客户共同学习的来源。

最后，我们需要了解发展型引导师的角色与日益增多的团队教练的角色类似。近年来，个人教练的领域为团队教练的发展奠定基础。**我认为团队教练和发展型引导师非常类似**。作为一个全新的领域，团队教练的定义还没有达成共识。但是，团队教练领域中的著述者们总是认为团队教练与发展型引导师有着本质的不同。例如，克拉克·巴克（Clutter Buck）将团队教练定义为"通过反馈和对话，帮助团队改善绩效以及实现绩效的流程"。霍金（Hawkins）将系统的团队教练定义为"这是一个团队教练与整个团队一起合作的流程，无论团队成员是在一起还是分开，目的是帮助他们改善团队绩效、合作方式并培养他们的团队领导力，以便更为有效地与主要的利益相关者团队一起在更为广泛的业务范围中实施变革"。以上两位著述者都介绍了团队教练与引导师之间的明显差异，这里的引导师指的是基本型引导师。但是，他们对于团队教练的定义也适用于发展型引导师。如果你对团队教练感兴趣，发展型引导师这个角色可以为你提供一个系统的方法来帮助团队达成他们的目标。

如果你想了解此书以外的交互学习模式的教练工具和技巧，你可以阅读《发展型教练：拓宽你的技能储备并达成长久绩效的工具套装》（*Facilitative Coaching: A Toolkit For Expanding Your Repertoire and Achieving Lasting Results*, Jossey-Bass, 2009），由戴尔·舒瓦茨（Dale Schwarz）和安·戴维森（Anne Davidson）撰写。

引导型培训师角色

培训师学有所长，可与客户分享他们在特定领域的知识与技能。引导型咨询顾问和引导型培训师的不同之处在于他们的关注点有差别。作为引导型咨询顾问，你的重点在于解决客户所需面对的具体问题或帮助客户解决具体问题，也可以是抓住某个具体商机。作为培训师，你的重点在于如何帮助客户掌握一套知识和技能，这样客户可以将其运用到解决某个问题或抓住某个商机上。在实践中，好的咨询顾问可提供即兴的非正式培训，而好的培训师可设计培训项目来帮助客户不断练习如何将学到的新知识和新技能运用于解决真实问题与捕捉商机上。

作为引导型培训师，你运用交互学习模式与技能来设计并交付培训项目。你与参与者一起设计或对培训做出调整来满足他们的需求。在培训中，你会经常询问培训是否满足大家的需求。如果没有满足的话，你不仅技艺高超，而且善于灵活应对，可在现场修改设计。你把培训视作你本人的学习良机。你对改变自己的观点保持开放心态，并且鼓励学员挑战你的假设。你使用引导技巧去增加学员之间的互动与学习。

近年来，有些培训师将他们的头衔改变为引导师。在某种程度上，这意味着培训师的态度发生转变，他们越来越认同引导技巧的价值并将其结合到工作中，对此我深感欣慰。但是称呼一名培训师为引导师，这模糊了培训师是某一领域中的专家以及他们所肩负的责任是去教授某一特定知识或技能的事实。我使用"引导型培训师"这个术语就是为了认可他们在培训和引导两方面的职责与技能。

引导型调解人角色

按照克里斯托弗·摩尔（Christopher Moore）的定义：调解是一个冲突解决流程。在这一流程中，一个被所有相关方共同认可的第三方扮演了重要的角色。虽然这个第三方并不具备对冲突进行约束性决策的权力，但其会对冲突和争执实施干预，以便帮助所涉及的各方改善他们的关系、加强沟通并且运用有效的问题解决和协商流程就有争议的话题达成自愿的、双方可接受的理解或协议。调解和调解人帮助冲突各方：① 开启或改善他们之间的沟通；② 建立相互尊重和有效的工作关系；③ 更好地发现、理解和考虑对方的需求、利益和关注点；④ 提出或实施更加有效的问题解决和协商流程；⑤ 承认或达成双方所接受的协议。

引导和调解在几个方面有着共同点。它们都是由中立的第三方实施干预，这些人被委托人所接受同时没有实质性决策权力。他们都在寻求帮助人们做出的决策能为各方所接受。引导师和调解人都会用到一些相同的技能与技巧。

引导和调解也有若干不同。寻求调解帮助的各方所面临的冲突是他们无法凭借一己之力可以解决的，所以从习惯上来说，调解的目标是帮助人们就某个特定的冲突达成一致，所以只有当冲突发生后，调解人才会被牵涉进来。有些团队也有可能寻求引导师的帮助来解决冲突，但冲突不是所有引导的关注点。哪怕需要引导师出面来帮助团队解决冲突，他们通常会在僵局出现之前就已介入其中，这往往是因为某个团队或数个团队发现他们并不具备能力就某个重要且富有冲突的话题开展有效对话。

总而言之，调解更像基本型引导，而不是发展型引导。调解人运用他们的技能来帮助冲突所涉各方解决某个特定问题，而不是教授他们如何自行解决他们可能遇到的问题。但是，变革性调解（transformative mediation）超越了普通调解，它不仅关注如何找到当下冲突的解决方案，而且寻求转变冲突所涉及的各方之间的关系。

我介绍了传统意义上的调解和引导之间的差异，但我并不认为每位调解人需要运用相同的技巧或者邀请你出面调解的潜在客户期待传统的调解方式。你可以要求客户澄清他们对于调解的定义是什么。

如果你是一位引导型调解人，你会将交互学习模式和技巧运用到调解中。与我合作的调解人发现这是一个比较容易实现的转换。有些调解人觉得转换中比较有挑战的地方在于交互学习模式采用了不同的方式在人们之间传递信息。调解人通常单独和冲突各方沟通，帮助其中的一方理解争议中的另一方的处境，以及另一方愿意接受的条件是什么。这一中间人的角色（"调解"一词来源于拉丁文"中间人"）与交互学习模式并不相符，因为这将信息传递的责任从源头（处于争议中的一方）转移到调解人自己的身上。在交互学习模式中，每个人负责与那些需要信息的人直接分享。换而言之，每个人都需肩负自己的责任。

↗ 引导型领导角色

引导型领导使用专业引导技巧的心智模式与技能来提升自身的有效性并帮助员工和团队提升他们的有效性。这包括创造条件让团队成员学习使用交互学习模式的方式。**与其他引导角色不同的是，当你扮演引导型领导这一角色时，你不再是独立的第三方。引导型领导可以是团队的正式领导、团队成员之一或个体贡献者。**

无论是何种情形，担任引导型领导都是最为困难的角色，因为你需要在使用引导技巧的同时，积极参与到内容的讨论与决策流程之中。你在议题的讨论之中参与得越多，你就越难在关注与管理对话流程上做到并重。你在内容上参与得越深,并在内容上所持的观点越强,你就越难做到对他人的观点心怀好奇并且鼓励其他人去辨识或发现你的推理中所存在的差距与问题。我在《聪明的领导,更为聪明的团队》一书中介绍了领导和团队如何使用交互学习模式来达成更好的结果。

↗ 各个角色的基本型和发展型

我将引导、咨询、教练和调解都分为两个类型——基本型和发展型(见表2.2)。在基本型角色中,你授人以"鱼";在发展型角色中,你授人以"渔"。

表 2.2　各个角色的基本型和发展型

	基本型角色	发展型角色
客户目标	解决实际问题或利用某个机会	解决实质性问题或利用某个机会,并同时培养交互学习模式和技巧,以便在其他场合中运用
引导角色	帮助团队改善流程,在管理团队流程上承担主要责任	帮助团队培养他们自己的流程技巧以及交互学习模式和技巧;就团队流程共同担责
客户的流程结果	在将来的场合中,依然依靠引导型角色来解决问题	在将来的场合中,减少对引导角色的依赖

在**基本型引导**中,无论你是担任咨询顾问、教练还是调解人,团队寻求你的帮助来解决问题或抓住某个机会,如减少响应客户所需要的时间、改善工作关系或制定新产品的推广策略等。你使用引导技巧来帮助团队暂时改善其用于问题解决或利用机会的流程。当团队解决了问题或创造了机会后,他们就达成了目标。但团队并没有学会如何自行处理这些你为他们所做的事——如何使用交互学习模式来反思和改善流程并且得到更好的结果。所以,当其他问题和机会出现时,团队会再次需要你的引导技巧来提供帮助。

在**发展型引导**中,无论你是担任咨询顾问、教练还是调解人,团队寻求你的帮助来解决问题或发现机会,并且学会交互学习模式和技巧。将来,他们可以自行解决问题和发现机会。也就是说,发展型引导师、咨询顾问、教练或调解人旨在帮助团队实现自我引导、自我咨询、自我教练和自我调解。发展型引导要求团队反思和改变他们的心智模式和行为。就这个意义而言,发展型引导更加系统化,可比基本型引导带来更为深刻的学习效果。在实践中,在纯粹的基本型为一端及纯粹的发展型为另一端的引导连续体上,变化出现在其中,而不是发生在两个互为隔离或纯粹的引导类型之中。

但是,对于每个客户而言,选择发展型引导师、咨询顾问、教练或调解人并不一定是划算的投资。虽然这减少了客户对于你的依赖,但这也需要个人或团队明显投入更多的时间并接受更多的培训。

如果需要团队在一段时间内紧密合作来解决难度高、利害关系重大的问题，但大家各持己见时，选择发展型引导将是更为划算的投资。对于某些特征的团队而言，发展型引导是必选项。例如，某个真正自我指导的工作团队肯定是一个自我引导的团队；某个致力于成为学习型组织的团队必须让他们的团队成员学会反思自己的心智模式和行为，其方式必须与发展型引导保持一致。

最后，如同提供高水平的基本型引导、咨询、教练和调解所遇到的挑战一样，发展型引导需要具备更多技巧。例如，发展型引导要求你在现场能从多个层面和维度同时考虑团队中发生了什么及如何更好地帮助团队。在本书中，我将继续介绍如何针对不同场合采取不同的应对方式，这取决于你使用的是基本型引导还是发展型引导。

担任多种引导角色

有时，你需要担任两种或多种引导角色。你需要在不同的场合中承担不同的角色，或者需要在相同的会议中承担不同角色。你可能在自己团队里担任引导型领导，或者在组织中的其他部门里担任引导师或引导型咨询顾问，也有可能是引导型培训师。我曾和一位在企业内部支持高管团队的人力资源业务伙伴沟通，其中，她需要扮演引导师、引导型咨询顾问、引导型培训师、引导型教练和引导型领导等多个角色。她既是领导团队的成员之一，又是享有决策权的项目经理。如果你是外部的咨询顾问，你也许需要在引导型咨询顾问、引导型培训师和引导型教练这几种角色中切换。因为所有这六种引导角色都基于相同的交互学习模式。使用专业引导技巧，秉持诚信原则，你可以在这六种角色中自如切换。

如果在会议中，你认为转换角色对团队有利，你也适合承担新的角色，你可以采取以下步骤：

1. 识别你希望转换的新的合适角色。
2. 向团队清晰地解释你希望转换的引导角色并且解释你的理由。
3. 与团队就新的角色达成共识。
4. 依据达成的共识承担新的角色。
5. 当你再次需要转换角色时，回到步骤1。

何时适合放弃引导师角色

我强调过，厘清你的引导角色并采取与角色保持一致行动的重要性。但有时暂时放弃引导角色，转为扮演其他角色也是合适的，这也能提供帮助。放弃引导师或引导型调解人的角色最具挑战性，因为这意味着你需要放弃这一角色中所包括的实质性中立或其他要素，而团队正是基于这些要素视你为客观和值得信赖的人。这部分将介绍何时适合从引导师角色转为其他引导角色，这么做所面临的风险是什么。如果你决定放弃引导师角色而转为其他引导角色，请记住使用上面介绍的五个步骤。

转为引导型调解人

当出现以下三种常见情形时，某些客户有可能要求你去担任调解人。他们或要求与你单独会面和/或要求你将信息传递给另一个团队或子团队：① 在引导之初，当子团队对于你作为引导师与他们合作或他们与另一个子团队合作心存疑虑时；② 在引导过程中，当某个团队成员希望分享某些信息或采取某些行动却不想让人知道这一信息或行动源自他们时；③处于冲突中，当引导被数次打断并且一个或多个子团队不愿意继续下去时。

如果在这三种情形下你去担任调解人，你将至少面临违反两项交互学习模式核心价值观的风险：① 分享信息但你不是信息的来源而你却需要为此担责；② 基于你从团队之外所获取的信息采取行动却没有对这一做法保持透明。

当团队成员在团队之外与你分享信息时，他们通常希望你利用这些信息对整个团队实施干预。但因为这些团队成员并不希望整个团队知道信息源于他们（甚至不想让人知道信息已经为你所知），他们要求你代表他们来分享信息或者依据他们的信息采取行动却不解释你这么做的缘由。如果你或明确或含糊地赞同这一做法时，你就无法解释你实施干预的动机。这样，你没有对团队保持透明并担责。另外，如果与你分享信息的人不愿在整个团队面前亮明身份，团队和你都无法判定信息是否有效。但是，如果你没有分享这些提供给你的信息或就此采取行动，团队和你可能错失让大家坐在一起提出重要问题或让团队避免分崩离析的机会。

在这种情况下，你可以暂时转换为引导型调解人的角色而无须减少你作为引导师的诚信度。首先，你可先尝试担任引导型教练，帮助一个或多个团队成员在整个团队面前提出他们对于其他成员的疑虑或疑问（我将在随后的部分讨论如何避免合谋的嫌疑）。

这一角色仍然与引导师的角色保持一致，因为你在帮助团队成员如何自行提出他们的问题，而不是替他们提出这些问题。

当你开始与团队合作时，如果有一个或多个子团队对于你能否做到公正无私及敏锐地识别他们的需求而心存疑虑时，你也可以与子团队开会沟通。一开始，你可以询问那些不愿意在团队中分享信息的成员，他们的顾虑和原因是什么，然后向他们解释分享信息的好处，并询问你可以做些什么；让他们感到在团队中分享信息是安全的、有益的。如果他们仍然不愿意在整个团队面前分享他们的信息，你可以与他们单独会面以便了解他们的疑虑。如果他们的疑虑与其他子团队有关，你可以帮助他们找出在整个团队面前分享这些信息的方法。

如果子团队之间的冲突有可能威胁到整个沟通时，你也可以暂时担任引导型调解人。我曾经在某工会与公司管理层的协商会中担任引导师，其间，公司管理层委员会的七位工会委员在会议中同时起立，走出了会议室。气氛马上变得剑拔弩张起来，工会委员认为管理层试图破坏这一协商流程，因此他们感到非常沮丧。作为引导师，我面前有两个选择：我可以依然留在房间里，任凭工会委员离开，眼睁睁地看着会议进程及该委员会之前所取得的进展付之东流；当然我也可以暂时充当起引导型调解人的角色，先与工会委员沟通，试图找到让工会和管理层重新合作的方法。我选择了后者。我花了六小时召开会议并用电话居中斡旋。第二天早上，工会委员和管理层代表重新回到房间里一起讨论为什么会出现流程中断并寻求避免类似事件再次发生的方式。

当你和某个子团队会面时，特别是当你决定在不同子团队之间借助信息传递来实现居中调解时，明确宣布你将担任的引导型调解人的角色，这非常重要。对于你将与其他子团队分享的信息内容，如果有必要的话，务必与每个子团队都订立清晰的协议。如果没有这一协议，该子团队会轻易地以为你没有做到行事中立并破坏了保密协议，或者你与其他子团队在合谋对付他们。

转为引导型咨询顾问

在本章之前的部分中，我已经讨论过何时适合担任引导型咨询顾问而不是引导师。但是，即使你担任引导师，客户依然有可能把你当成引导型咨询顾问，向你请教你所擅长的专业领域中的话题（如市场营销、绩效管理系统、财务等）。

有时，发挥你的专长对于团队来说不仅合适而且会有帮助。当你以内容专家的身份出现时，团队可以迅速获得宝贵信息并减少决策时间，但这样做也有风险。第一个风险，团队也许开始把你看成一个并非中立的第三方，这会降低你的可信度并最终损害你的有效性。第二个风险，团队开始依赖你。团队成员对于你是否赞同他们的决策开始变得敏感，这样会影响他们自行做出决策。

在这种情况下，你可以采取几个步骤来降低风险，避免因分享专业信息对你之后的引导师角色带来负面影响。首先，当团队提出请求并且只有当团队做出一致决定时，你才可答应担任内容专家。这样可以减少只是满足部分团队成员需求的机会。其次，刚开始与团队合作时，不要担任内容专家，这样可以减少团队对你依赖的概率。

如果你在所在组织中开展引导，你有可能经常被要求担任专家的角色。在第 15 章中，我将讨论一位内部引导师如何在有效做好引导的同时提供专家信息。

↗ 引导师担任评估人

评估人不是引导角色。作为引导师，当组织中有人要求你对团队中的某个人或多个人的绩效做出评估时，你会面临角色冲突。例如，引导团队之外的某个经理也许对某个团队成员的表现表示关注。她也许会让你对该成员做出评估，以便决定是否需要采取纠正性行动。或者，也许她正在考虑提拔某个团队成员并且让你对该成员做出评估，以便帮助她做出晋升的决策。

在这种情况下，你将面临角色冲突，因为评估团队成员的表现会破坏该成员对你的信任。成员信任你的原因之一是引导师没有任何权力并且恪守这一原则：**引导师不会利用他在引导之中获得的信息来影响引导之外做出的事关某个团队成员的决策，除非得到团队的许可**。评估团队成员的表现会增加你在团队中的权力，但这减少了团队成员公开讨论信息的概率，因为他们担心这样会对他们不利。

经理从你这里获得这些信息的方式可与交互学习模式的核心价值观保持一致，这就让被评估的团队成员同意你可以与经理分享你所观察到的信息。在这种情况下，你可以提供有关这位团队成员行为的具体例子。你在这位团队成员面前分享你的观察结果，最好当着所有团队成员面分享这些例子，并且询问这位被评估的团队成员（以及其他团队成员）他们的评估是否与你的评估不一样。让所有的团队成员了解你所获得的信息，这样他们可以确认或反对，这一做法可让团队成员就你是否与经理分享了有效信息做出知情的选择。这可以降低团队成员对你能否分享有效信息方面的疑虑。在引导过程中，如果你与团队分享了所有相关信息，那么你在评估环节需要分享的信息其实早就和团队成员讨论过了。

整个团队是你的客户

在团队引导中,交互学习模式的一个重要原则是**整个团队是你的客户**。当你选择团队作为你的客户时,你会告诉团队你的责任是帮助整个团队,而不是某位团队领导或团队的一部分成员,甚至团队之外的某个人。这个选择虽然简单却意味深长。在实践中,这意味着就他们是否选择与你合作,你给团队提供了知情的选择。这意味着你不会仅仅因为要求是领导提出来的而自动同意领导提出的这个要求(如采用某项议程或流程)。

引导师经常对于将整个团队视为客户抱有疑虑。团队领导相对其他团队成员享有更多权力。你或许会担心,如果你试图去满足团队成员的需求,你也许就无法完全满足团队领导的要求,这或许会让领导疏远你并威胁到你与团队未来的合作甚至给所在组织带来影响。但是,如果你以牺牲其他成员的需求为代价来满足团队领导的需求,你就会在团队成员面前丧失信任度并损害你的引导能力。采用非此即彼的视角,你会发现你处于一个两难选择之中,任何一个选择都会带来问题。我们面临的挑战在于承认领导在团队中的角色是不同的,但你应仍然将整个团队视为你的客户。我将在第 13 章讨论这个问题。

对于团队结果,你所肩负的职责是什么

引导师的挑战之一就是决定你在团队结果中所需肩负的职责。作为基本型引导师,你的职责是:① 与团队一起设计一个有效的流程来完成工作;② 当团队成员的行事方式与有效团队行为的原则保持一致或相违之时,指出这点;③ 让团队在你实施干预的基础之上做出知情的选择。另外,作为发展型引导师,你帮助团队学会:① 当他们的言行与交互学习模式和行为不一致时,能够察觉出来;② 探讨这一问题的成因;③ 改变这些成因以便达成更好的结果。

虽然你对于团队做出的决策并不直接负责,但你有责任帮助团队了解他们的流程是如何影响他们的结果的。如果某个团队正在考虑需要运用哪些信息来预测某种服务的市场容量时,作为引导师,你不会就使用哪些信息来提供建议(而作为在此领域有专长的引导型咨询顾问,你可以提供你的建议)。但是,你会帮助团队考虑采用哪些标准来做出决策。如果团队就哪些是可资利用的最好信息达成一致,你可帮助他们设计检验分歧的方法。

考虑到流程和结果之间的差异，有些引导师认为他们不需要为客户的结果担责。这些引导师认为他们的职责是关注团队的流程。如果客户没有使用这些流程来达成结果，那么引导师无须担责。

其他的引导师认为他们需要为客户的结果担责。这些引导师认为客户聘请他们的目的就是达成业务目标。如果客户失败了，那么他们也失败了。如果你是内部引导师，你甚至会直接从经理那里听到这样的论调"我需要你让这个团队做……"，这些经理会将团队需要实现的结果作为你的职责来补充这段对话。

如果过于依赖特定的方式或策略来推动团队结果，可能会忽视其他潜在的影响因素和结果的多样性。所以，对于团队是否达成结果以及你作为引导师是否做事有方，他们无法看到其中的四种可能关系：① 由于引导师采取行动，团队达成结果；② 虽然引导师没有采取行动，团队依然达成结果；③ 虽然引导师采取行动，团队却没有达成结果；④ 由于引导师采取的行动而使团队没有达成结果。

专业引导技巧认为以上四种可能都有可能出现。它认为客户达成了结果，你在其中的贡献不过是因为你作为引导师做事有方。它也认为如果客户没有达成结果，你在其中的负面作用也仅仅是你作为引导师的工作不够高效。作为引导师，有效开展工作意味着在引导师的角色范围内，你采用交互学习模式和行为对团队做出诊断并实施干预。这个假设同样适用于引导型咨询顾问、引导型教练和引导型培训师。

在一个案例中，你需要对团队的负面结果承担责任：你所引导的高管团队就是否需要向员工公布调研结果陷入僵局之中。这一调研结果表明员工对于管理层存在诸多疑虑。你不仅没有帮助团队理解团队成员的不同观点以便确定冲突的根源，反而让团队列出公布信息的利弊，这种做法加剧了矛盾。（我在第 4 章和第 5 章中会介绍这个案例。）如果团队基于你的利弊分析而做出错误的决定，在一定程度上你需要对团队的结果承担责任。

如果你好奇为何客户在你的有效引导之下依然没有达成目标，这可能有数个原因。首先，团队可能是基于并非完整的信息做出决策的。作为引导师，你负责让团队提供并讨论所有相关信息。但如果团队不知道他们漏掉了一些相关信息，并且你在这个话题上储备不够难以发现错失的信息并询问这些信息是否相关，那么团队就会做出低质量的决策。

其次，即便团队拥有所有相关信息，而你的引导也颇为高效，但团队成员依然有可能做出低质量的决策。哪怕你指出他们的推理过程存在的漏洞，他们依然有可能基于错误的推理做出决策。也许团队对于当前局面的看法背后的价值观和假设与你不同，或者认为有些需求更加重要。看到团队做出了在你看来质量不高的决策也许是践行交互学习模式核心价值观和履行引导师角色最为困难的一部分。

↗ 不以团队结果来评估你的表现

因为专业引导技巧将你的引导有效性与客户的结果做出区分，你需要一个客观并且独立于客户结果的评估方法来评估你的表现。在专业引导技巧中，你可以将你实施的团队干预与几个具体标准予以比较。

↗ 与团队合谋

合谋指的是双方之间的合作或秘密协议会给其他人带来负面影响。当你与团队合谋时，有人会或明或暗（或你要求其他人）地要求你采取特定的行事方式，却没有告知你这么做或这么做的原因。合谋与任何一个引导角色都不相符。它要求你不要保持透明，并且让你单方面地将一些团队成员的利益置于其他成员之上，这样整个团队无从做出知情的选择。

你可能采用以下几种合谋方式：① 同一个或多个成员对抗其他一个或多个成员；② 同一个或多个团队成员对抗非团队成员；③ 同一个非团队成员对抗一个或多个团队成员。以下是这三种合谋形式的例子。

1. 作为团队成员之一的杰克在会议前找到你。杰克说他想要在会议中提出某个议题，但不想让团队知道这是他提出来的。他的担心是，如果团队知道这个议题是他提出来的，就不会对该议题给予足够的重视。杰克希望你在"合适的时间"提出这个议题，但不要告诉团队这个议题的来源。你同意了。

2. 你所引导的一个项目团队马上要与艾利卡开会了。艾利卡是这个项目的主责人，但不是团队成员之一。每个人都同意由你来引导这个会议。项目团队担心艾利卡会过多关注细节并开始插手团队的工作，但他们不想与艾利卡沟通这个担忧。所以，他们要求你在艾利卡过度关注细节时巧妙地将艾利卡拽回来。你同意了。

3. 经理斯温告诉你向他汇报的一个团队（他不是这个团队的成员）花费了太多时间在一个议题上。斯温特别担心团队在不属于他们负责的议题上花费太多时间。他邀请你参加团队会议并且希望你在引导时将团队带离这些议题。你回答说："好吧，我看看我能够做些什么。"

与团队成员合谋会造成新的问题并且通常会让情况变得更糟。为了帮助团队，如果采用合谋的方式，那么你的行为与你所标榜的核心价值观不一致，这将降低你的有效性和可信度以及团队的有效性。将提出话题的责任从团队成员身上转移到你身上，团队将错失培养其自行处理难题的能力，并且你强化了低效的团队行为。一段时间后，你会感到困惑，为什么团队依然对你如此依赖而他们却没有意识到正是你的行为造成了你想极力避免的后果。

在上述描述的三种情境中，你会感受到众多情绪的出现。当你认为团队成员要求你与他们合谋时，你可能感到生气。如果面对这样的两难选择：是迁就某个位高权重人物的要求（他可能支付你的薪酬或费用），还是与你的角色相违而不去帮助团队，你会感到非常纠结。如果团队成员因为担心他们自行提出问题会带来不良的后果从而让你帮忙提问时，你会对此感到遗憾并且想要出面保护他们。在这些情境中，你还会自然地流露出更多同情之色。你的挑战在于这虽然不是你的即刻反应，但你依然基于同理心做出回应。你这么做并没有因为你考虑到自身或他人的感受而将团队成员的职责转移到你的肩上。我们将在第12章和第13章中讨论这个话题。

应对合谋

避免合谋的方法之一是和团队订立合约。当你们讨论你在帮助团队过程中所扮演的角色时，你可以介绍你的角色应该做些什么，不应该做些什么，并解释合谋为何会对团队和你带来负面影响。你可以举例说明哪些要求你无法达成，因为这会带来合谋。

如果你接到要求你与团队合谋的请求，你可以再次解释接受这一请求所带来的负面影响。你可以询问这个人对此的看法是否与你不同。这样，你可以和他一起合作并共同找到方法让他直接向相关人提出这个议题。你可以这么开场："我认为让团队了解你的担忧非常重要，由你出面在团队面前提出这个问题比较合适，因为这是你的担心所在。大家所提出的疑问可能只有你才能回答。另外，如果我以引导师的身份出面提出这个问题，大家也许会认为我在引导对话的方向并认为这超出了我的职责范围。这会减少团队对我的信任，我也难以继续帮助团队了。我无法帮你提出这个问题。一旦你提出了这个问题，我会积极引导并尽可能地帮助你和其他团队成员进行富有成效的沟通。你对此有什么看法？"

小结

在本章中，我介绍了使用交互学习模式的六种引导型角色：引导师、引导型咨询顾问、引导型教练、引导型培训师、引导型调解人和引导型领导。你所选择的角色取决于团队的需求是什么。如果团队需要多种帮助，你会发现自己需要在几个引导角色之间切换。你可以选用基本型或发展型角色来扮演其中的大部分角色。在基本型角色中，你可以运用你的技巧来帮助团队解决一个或多个问题或发现机会。在发展型角色中，除帮助团队解决一个或多个问题或者发现机会之外，你还可帮助团队学会如何自行处理问题。所有引导角色的共同原则是团队是你的客户，而不仅是团队领导、子团队或者团队之外的赞助人。虽然有时暂时放弃你的引导师角色是合适的，但这可能损害团队和你的能力，让你们难以做到与交互学习模式的核心价值观保持一致并且会削弱你帮助团队的能力。最后，如果团队的议题是改善团队流程，即便你是引导师，你也无法保持实质性中立。在所有的引导型角色中，你都必须以身作则并以使用交互学习模式的有效流程的倡导者示人。

在第3章中，我将解释你的思维方式就是你的引导、咨询、教练、培训的方式。我还会解释单边控制模式是如何降低你帮助团队的能力的。

第 3 章
你的思维方式决定你的引导方式
单边控制模式是如何削弱你帮助团队的能力的

本章以及第 4 章将讨论你引导角色中最为根本的部分：你的心智模式。我对比了两种心智模式以及这两种心智模式所带来的引导方式：单边控制模式与交互学习模式。简而言之，单边控制模式削弱了你的有效性，而交互学习模式则提升了你的有效性。

在本章中，我将主要讨论单边控制模式。我将介绍构成单边控制模式的价值观与假设以及由此带来的必然行为和这些行为所造成的糟糕结果。为此，我将这些心智模式、行为以及结果统称为单边控制模式。

在本章中，我将重点讨论当你使用单边控制模式时，你的有效性是如何降低的，而不是你所服务的团队因采用单边控制模式，他们的有效性是如何降低的。当然，当你的有效性降低后，你所服务的团队也将蒙受损失。请记住，单边控制模式会削弱你的有效性。同样，单边控制模式也会削弱你所服务团队的有效性。有关单边控制模式对于团队影响的详细介绍，请参考《聪明的领导，更为聪明的团队》一书。当你帮助团队了解到他们的单边控制模式的心智模式并转为采用交互学习的心智模式时，你在帮助团队改变其自身。但在帮助团队从单边控制模式的困境中解脱出来之前，请先解决你自身的问题。

你的思维方式：你的心智模式就如同操作系统那样

本书的核心是基于这个前提：你的思维方式就是你的引导方式，或者是你的咨询、教练、培训与调解方式。你所做的一切源自你的思维方式。而你的思维方式是你看待事物的方式，这决定了你的思维、情感与行为。**你的心智模式就是驱动你行为的一套核心价值观与假设。**你的思维方式将最终决定你给自己及你所服务的团队带来的结果。

你的心智模式就如同电脑的操作系统一样。每台电脑都需要一套操作系统才可以正常运行，无论摆在你面前的是台式机、笔记本电脑，还是平板电脑或智能手机。无论电脑操作系统采用视窗系统还是 Macintosh 系统或别的系统，这些操作系统可以将你电脑中的硬盘与软件有机地组织在一起并加以控制，这样，你的电脑不仅可以做到运行自如，而且其运行方式也是可以预测的。如果没有操作系统，这台电脑将一事无成。

与之类似，你的心智模式将决定你的行事方式以及由此所带来的结果。你的心智模式控制了你做出的决策、你做出的陈述和你所给出的提问。就如同好的操作系统一样，你的心智模式将让你行动快速、毫不费力且相当熟练。之所以能做到这些，是因为它使用了核心价值观与假设来指导你的行为。它会使用诸如"当我处于情境 X 的时候，如果 Y 发生，我应说或做 Z"。例如，"当我在引导某个团队时，如果某人喋喋不休，我应对此进行干预，让大家都有发言机会"。如同电脑的操作系统一样，你的心智模式工作敏捷，这样你可马上评估现状并在毫秒之间做出决策，而无须花费太多时间思忖如何采取行动。

除非出现问题，你很少考虑电脑的操作系统，同样，你通常也不会察觉到你的心智模式在工作。当你采取干预措施阻止某人喋喋不休时，你并未觉察到你的这些思考：这家伙不像话，他压根儿没看到自己独霸全场对话。你只是据此做出回应，看似未经太多思索。你的心智模式在运作时不为你所察觉，这是一件好事，这一局面一直持续到你的心智模式变成你的问题之源。

让我们继续借用电脑的比喻。如果你的心智模式是操作系统，那么你的行为就如同帮助你完成某个具体任务的应用软件。请考虑一下你电脑中的不同软件，如微软的 Office、谷歌的搜索软件或苹果的 iTunes 等。

你的应用软件运行如何，这取决于你电脑中操作系统所使用的版本。当你尝试新的软件程序如某款最新的电子游戏而你的操作系统无法支持时，你就会意识到这点。如果你使用最新版本的操作系统来运行最新版本的 iTunes 或你心爱的电子游戏，你的应用软件可能运行自如。但是，如果你在过时的操作系统如视窗 95 上运行新的程序，那你的运气就没有那么好了。

你的心智模式和你的行为也一样。**如果你希望适应新的行为，那么你的心智模式必须与这些行为保持一致。**如果你的心智模式不能支持这些新的行为，最终你的心智模式将干扰你的行为，而你也无法获得你所期望的结果或你所期望的改变。

两套心智模式：单边控制模式与交互学习模式

在整本书中，我会讨论两套基本心智模式：单边控制模式，它会削弱你的有效性；交互学习模式，它会提升你的有效性。如果你在引导中采用了单边控制模式，你会削弱你所服务团队的有效性并损害你与他们之间的关系，而你的幸福感也会降低。如果你在引导中采用交互学习模式，你将帮助团队取得更好的结果并与他们建立更为紧密的关系，而你的幸福感也会提升。

采用交互学习模式比你想象得要困难。当你发现自己身处挑战性的局面中时，研究表明，98%的人会使用无效的单边控制模式。挑战性局面涉及重大利益、个人强烈观点或情绪，以及可能的心理威胁、沮丧或尴尬。在你的引导角色中，有许多常见的挑战性局面会让你采用单边控制模式。这可能发生在你为某个重要的客户团队提供服务时，或者发生在你第一次与该团队合作时，或者你认为你需要为团队达成目标担责时。你可能发现自己无法就帮助团队的最好方式与客户达成一致。你可能发现自己陷入窘境之中：一边是团队领导期望你去做的事情，而另一边是团队成员期望你去做的事情。不可避免的情况是，你将与按下你的热点按钮的团队或团队成员一起工作。所有这些局面都有可能激活你的单边控制模式。

你的思维方式不是你所认为的那样

难以采用交互学习模式的第二个因素是你并不了解你的心智模式。心理学与经济学的研究表明，我们难以准确描述我们是如何就所采取的行动做出决策的。虽然我们声称我们所使用的是一套指导我们行为的价值观与假设，但当心理学家深挖下去后就会发现我们其实使用的是另一套价值观与假设。这并不是说我们知道自己有一套价值观与假设却秘而不示人，而是说我们并不了解那些驱动我们行为的价值观与假设。

如果你不了解指导自己行为的价值观与假设，当你的行事方式与你所希望遵循的一套价值观与假设不相符时，你就无法识别出来。这让你难以改变自己的心智模式。幸运的是，其他人可以看到你未能与你所标榜的心智模式保持一致，并帮助你了解当下所发生的一切。

在我的经历中，引导师认为他们使用的心智模式就好像一本非常好的团队流程教科书。他们经常标榜需要让团队成员基于共享的信息池来做出判断，理解、包容不同的视角并使用可对团队决策产生承诺的决策流程。另外，他们还标榜团队自身知道正确的答案。但是，在分析了数千个引导师面对挑战性局面的案例后，我发现几乎所有的引导师采用的心智模式与他们所标榜的心智模式或他们自认为使用的心智模式不一致。

调研反馈案例

为了便于大家了解我们的引导方式，请参考一个真实案例。芭芭拉是外部咨询团队的成员之一，其任务是帮助新任首席信息官（Chief Information Office，CIO）与其高管团队解决办公室里久拖未决的管理与绩效问题。CIO 要求芭芭拉的咨询团队主持访谈与焦点小组对话，以便收集与问题有关的信息。在随后介绍的会议中，咨询团队将向大家报告他们的发现结果。咨询团队的一个主要发现就是员工正在静待新的 CIO 团队是否会公布访谈结果和焦点小组的对话内容。鉴于 CIO 团队内部出现的冲突，芭芭拉认为这对其而言将是一场艰难谈话。作为咨询团队中成员之一，芭芭拉在 CIO 和其团队的会议中担任引导师。（当芭芭拉担任引导师时，她给自己和 CIO 团队带来了角色冲突这一问题。我在第 2 章中谈及了这个问题。）

在这个案例中，芭芭拉是以工作坊学员的身份撰写这个案例的。当时她的目标是"让团队讨论是否要分享这一发现，而不要让讨论沦落为彻头彻尾的争吵，要引导团队朝着我们认为的正确方向前进但不要表现出我们所持有的立场"。

以下再现了芭芭拉与 CIO（弗兰克）及其高管团队的对话内容。对话分为两个栏目。右边栏目为芭芭拉尽其所能可回忆起来的她与高管团队艰难对话的逐字记录。左边栏目为芭芭拉在对话中的想法与感受，也就是她的内心对话，无论她是否表现出来。当你阅读案例时，请留意芭芭拉对于对话的想法与感受以及她是如何据此采取行动的。

单边控制模式：调研反馈案例

芭芭拉在对话中的想法与感受	对话内容
哦，我本以为今天下午才会讨论这件事呢。我从未想过他们自己会把这件事给捅出来。这会搞乱整个日程安排。	麦克：天啊，我们可不能让这玩意儿流传到外面去，这可是火药桶，一点就着。我们看上去像傻瓜一样。我本人可不想和这件事有什么瓜葛。
事情看上去真的会变得很糟糕。乔这家伙根本还没明白其中的利害关系。	乔：这正好说明为什么我们从来无法完成这项工作。大家都习惯坐在那里指手画脚，然后把责任推卸给上司，而不是动手去做事。
	桑迪：等一等，这些结果真让人震惊，我们不应该放任不管。

第3章 你的思维方式决定你的引导方式

芭芭拉在对话中的想法与感受	对话内容
这个家伙真是一个麻烦。如果不是这个家伙首先急不可耐地跳出来，你看他血脉偾张的样子，我本可以抽时间做些事，这样桑迪也可以得到一些支持，如果有的话。为何弗兰克一声不吭呢？	**乔**：我们可不能让那些人替我们做决定。（继续就当今职场人士为什么没有他们那个时代的价值观和职业道德大发议论。） **芭芭拉**：好吧，我们来检查一下流程。我相信这对你们而言是一场很重要的对话，但它需要时间。你们是现在就开始讨论还是等到今天下午我们制订行动计划时一起讨论。你们的意见呢？ **苏珊**：我们现在就开始讨论。 （桌边还有人表示赞同。）
他终于出现了！为什么他要等到现在才发言呢？拿出点领导风范来啊！ 这样可以让每个人的观点都曝光出来，我就知道我们该怎么办了。我要将事情置于掌控之中。 我不知道我是否需要给每个人设定时间限制，否则这将变成一场辩论，没有人会去听他人的意见。 应该给讨论设定一些谈话架构，某些情绪化的内容也许还要降降温。	**弗兰克**：我认为我们现在应该花些时间在这上面，这件事很重要。 **芭芭拉**：好吧。这是我的建议：我们按照座次轮流发言，请每个人发表自己的观点，然后我们再开始讨论。 （团队照做了，但比预计花费的时间更长。双方都有些人占用了太多时间。） **芭芭拉**：现在我们知道了大家对于这个问题的基本想法了。1/3的人赞成公布调研结果，2/3的人反对公布。现在我们应该往后退半步，大家一起来看一下反对和赞成的意见。我会将这张白板纸一分为二，然后我们可以做一下头脑风暴。现在开始吧！ （团队开始列出赞成与反对的意见，虽然讨论变得更加有序，但依然热烈，距离得出结论还遥遥无期。）
没有人认真倾听其他人的意见，他们只不过是在坚持自己的立场。时间已经到了，而团队还没开始工作呢。我不知道我还要给他们分配多长时间。但如果他们连这个话题都无法拿下来的话，更别提后面还有更具挑战性的事情等着他们去处理呢！ 哦，不要。但他们马上就要调转枪口对付她了。我可不想打破我的中立立场，但是看上去她需要一些帮助。	**桑迪**（几乎要哭了。）：我难以想象我们会这样讨论。我们想捉弄谁呢？员工早就知道他们在想些什么。我们为何还要遮遮掩掩？如果连这个团队都无法面对真相，我们还有什么权利继续做下去呢？（眼睛离开乔。）弗兰克，你同意吗？ **弗兰克**：嗯，我认为你说得有些道理，但……
这个家伙完全没救了！ 我想现在是该我发言的时候了。我需要告诉他们我的真实想法吗？如果这样做，我会失去他们的信任吗？	**麦克**：我想听一听顾问们怎么想。毕竟他们和其他许多组织一起合作过，其他人在我们这样的情况下会怎么做呢？ **芭芭拉**：谢谢，麦克。我想说的是你们并不是第一个面对这种问题的团队。总会有些很有挑战性的问题等着你们。桑迪已经谈到一些情况了：

芭芭拉在对话中的想法与感受	对话内容
	你们的员工知道他们在想什么，但是他们并不认为你们知道这些。他们希望自己的观点得到倾听，因为团队的信任度太低，他们需要的不仅仅是你们对此做出保证。通过回应他们的要求来公布这些结果，你们可以传递一个重大的信号，那就是你们确实想要改变组织的文化。他们给你们提供了一个重大的机遇。根据我与其他组织的合作经验，你们需要给出清晰的信号，让人们意识到你们需要做出改变。
太好了。显然他认为我是一个白痴，他可不想公布那些结论。	弗兰克：我们现在休息一下吧。我们仔细考虑一下这个问题，下午再来讨论。

芭芭拉对于团队问题的影响

在最初的阅读中，我们难以看出正是芭芭拉本人造成了她私下抱怨不已的问题。当芭芭拉撰写案例的时候，她压根没有意识到这点。虽本意良好，但因采用单边控制模式，她削弱了自身的有效性。在与我共事或我教授的引导师、咨询顾问、教练或培训师中，芭芭拉的行为相当典型：当他们发现自己身陷在他们看来所谓身心沮丧、倍感威胁或窘迫不已的局面时，他们会采用单边控制模式。

你是如何削弱你原本希望产生的结果的呢？为了回答这个问题，我将通过单边控制模式的视角来分析芭芭拉的案例。我将首先分析其心智模式，然后是这个模式所带来的行为，最后是这些行为所带来的结果。

单边控制模式

单边控制模式由三部分组成：心智模式、行为和结果（见图3.1）。当你使用单边控制模式时，你试图通过单边控制局面来达成你的目标：你尽力让其他人做你期望他们做的事情而不要受到他们的影响。当你将单边控制的心智模式施加在那些持有不同看法的团队成员身上时，你的基本视角是：

- 我了解情况，而你未必。
- 我是正确的，而你是错误的。
- 我要赢。

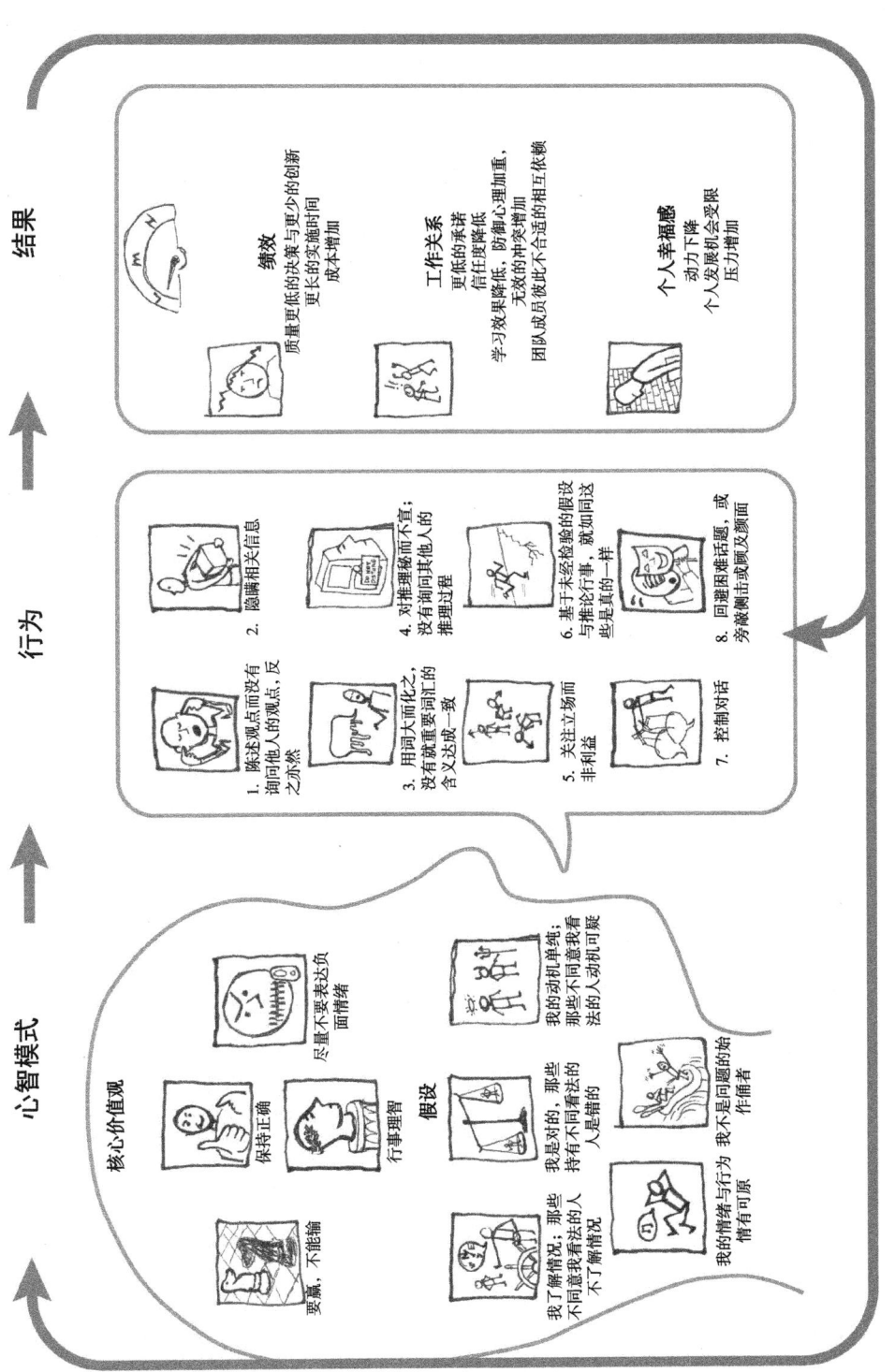

第 3 章 你的思维方式决定你的引导方式 37

图 3.1 单边控制模式

单边控制模式的核心价值观

单边控制模式的心智模式由一套核心价值观与假设组成，参考图 3.2 的总结。核心价值观（本书有时也称价值）是我们认为值得为此付出努力的事物的最终状态。核心假设是我们所持有的基本信念。这部分将主要讨论价值观，随后我们将讨论假设。

心智模式

核心价值观
- 要赢，不能输
- 保持正确
- 尽量不要表达负面情绪
- 行事理智

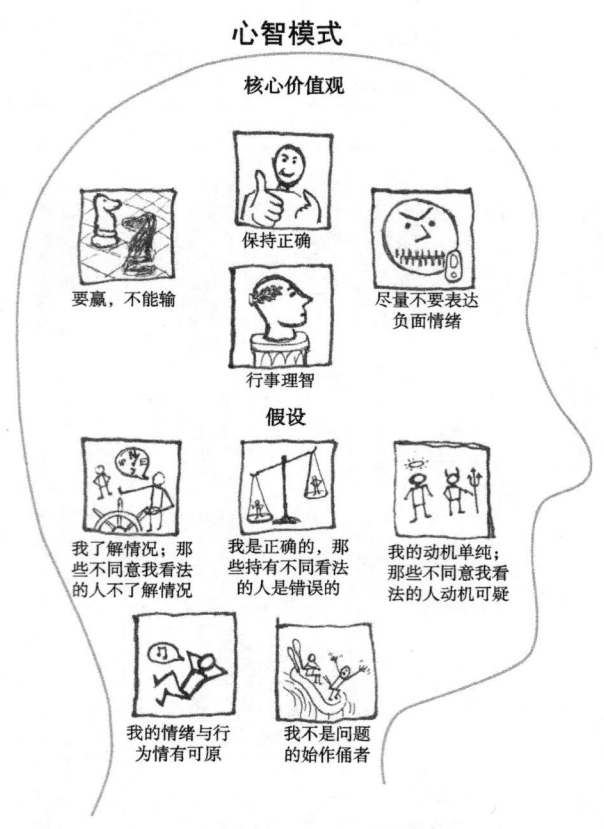

假设
- 我了解情况；那些不同意我看法的人不了解情况
- 我是正确的，那些持有不同看法的人是错误的
- 我的动机单纯；那些不同意我看法的人动机可疑
- 我的情绪与行为情有可原
- 我不是问题的始作俑者

图 3.2　单边控制模式的核心价值观和假设

当你采用单边控制模式时，你将这些价值观在不同程度上混合在一起并在无意中指导你的行为。

↗ **要赢，不能输**

设定目标可让你更为有效。但是当你采用单边控制模式时，达成你所界定的目标，这本身变成了目的。你将所处的情境界定成一场比赛，其中既有赢家，也有输家，而你必须成为赢家。当你观察或倾听他人说话时，私下里你在评估他们是否有助于你达成目标抑或阻碍目标实现。只要其他人的言行没有帮到你，这些都会被你看成前进的路障。无论是改变目标或没能达成你之前所设定的目标，这些都会被你看成输的表现。

在芭芭拉的案例之中，她将自己其中的一个目标设定为"要引导团队朝着我们（咨询团队）认为的正确方向前进但不要表现出我们所持有的立场"。她将会议的结果框定为非赢即输的局面。如果 CIO 团队采纳了咨询团队所制订的解决方案，那意味着芭芭拉的团队取得了胜利。如果不是，那意味着他们失败而归。

↗ 保持正确

保持正确是"要赢，不能输"的同义词。当你看重"保持正确"这点时，你可能向他人展示你的观点是正确的，对此你深以为豪。当你想到或你对某人说过"我之前告诉过你这点"或"我早就知道这会发生"时，如果你能从中体会到满足感，你就明白看重"保持正确"的滋味了。芭芭拉的目标"要引导团队朝着我们认为的正确方向前进但不要表现出我们所持有的立场"，十分清楚地表明她有此需求。

↗ 尽量不要表达负面情绪

尽量不要表达负面情绪意味着在对话中不要流露出你或他人的不快情绪。这一价值观源自这样的看法，即表达负面情绪如生气或沮丧等，哪怕允许其他人这么做，也都是无能的表现。表达负面情绪会被看成发出懦弱或伤害他人情感的信号，这些都让你难以达成你的目标。在单边控制模式中，表达负面情绪会导致事态失控。简而言之，你认为人们就某个话题表达自己的感受没什么好处；这只会带来精神紧张、情绪受挫及紧张的工作关系。

芭芭拉将其策略描述为"让团队讨论是否要分享这一发现，而不要让讨论沦落为彻头彻尾的争吵"。避免"彻头彻尾的争吵"就是一个看得见、摸得着的目标。就其本身而言，这并不意味着芭芭拉想回避表达负面情绪。但是，当 CIO 团队开始就是否公布调研结果表达负面情绪时，芭芭拉提议做利弊分析，其中的部分原因是她希望缓解情绪化内容，而不是为了更好地理解团队成员为何对自身的观点持有如此强烈的看法。

↗ 行事理智

当理智行事时，你期待自己或其他人依然保持纯粹的分析与理性态度。你认为只要将事实陈列出来，只要其他人能理性地看待问题，他们就会同意你的看法。你尽量客观地展现问题，而无视自身或他人对这个问题的感受。你将情绪看成问题有效解决与决策的障碍而不是重要信息的来源。你越是看重理智行事，你越是希望被看成已经在头脑中通盘考虑过整件事情。当你发现思维中的差距时，你试图去阻止他人发现这些差距。

单边控制模式的假设

图 3.2 总结了你使用单边控制模式时头脑中的假设。

↗ 我了解情况；那些不同意我看法的人不了解情况

这一假设说明的是为了理解当前状况，你所带来的任何信息都是准确和完整的，你所得出的结论也是一样。换句话说，你所看到的就是事情本身。那些与你持有不同看法的人或被误导或不了解情况。如果他们了解到你所了解的信息，他们就会同意你的看法。

当芭芭拉认为"乔这家伙根本还没明白其中的利害关系"时，她是直接基于这个假设做出判断。当芭芭拉认为"为何弗兰克一声不吭呢""拿出点领导风范来"以及"这个家伙完全没救了"时，她是间接基于这个假设做出判断。嵌入在这些想法之中的是芭芭拉的假设：她理解在这样的情境中应该如何施展领导力，她完全明了在这样的会议中弗兰克作为领导应如何表现，而他的表现不能被称为有效领导。如果他真的理解领导力该做些什么，他应赞成公布这些结果。

↗ 我是正确的，那些持有不同看法的人是错误的

这个假设是之前那个假设的延伸。你假设在目前的情境中，存在一个正确的和一个错误的视角。如果你是正确的，那些持有不同观点的人或有不同看法的人肯定是错误的。这个假设下，似乎无法同时容纳这种对立的观点都为真。

芭芭拉没有考虑过她对当前情境做出的判断并不是基于她对当前情形的全面理解，所以，她也有可能是错误的。

↗ 我的动机单纯；那些不同意我看法的人动机可疑

你假定自己是真理的不懈追求者，凡事出于团队或组织的最大利益考虑。与此同时，你质疑那些持有不同观点人的动机。你假定他们可能出于自私或有其他不合适的动机。或许他们是为了增加自己的权势，控制更多的资源，甚至为了削弱你的努力。

当乔谈及与他们之前相比，今天的人们持有的是另一套价值观与职业道德，而芭芭拉认为"这家伙真是一个麻烦"时，她看起来采用了这个假设。

↗ 我的情绪与行为情有可原

因为其他人并不了解情况的本来面目（意思是没有赞同你的看法），因为其他人是错误的，或者因为其他人的动机可疑，你认为自己的情绪与行为情有可原。如果你感到愤怒或沮丧，如果你的行事方式与你的价值观不符，如果你偏离自己的角色，这都情有可原。虽然你也希望不要出现上述事情，但其他人的表现让你无法选择。

当芭芭拉认为"我可不想打破我的中立立场，但是看上去她（桑迪）需要一些帮助"时，她采用了这个假设并做出判断。

↗ 我不是问题的始作俑者

在单边控制模式中，你将自己的感受与行为看成其他人对你所采取行动的不可避免的自然结果。你并未考虑过你正好是自己私下抱怨不已的问题源头这一可能性。你并不认为你的想法与感受会导致你行事低效。在你看来，所有的互动都是这样的：其他人行事低效，你由此对他们的错误所做出的回应是合适的。结果是，你认为其他人需要做出改变，而不是你需要做出改变。你看到自己唯一需要改变的是你需要培养新的方式让其他人改变他们无效的行为。

在芭芭拉的案例中，当团队列出方案的利弊时，她看似也考虑过自己有可能是问题的始作俑者。没有人认真倾听其他人的意见，他们只不过是在坚持自己的立场。"我不知道我是否需要给每个人设定时间限制。"随后她又想到，"我不知道我还要给他们分配多长时间"。但是，当她想到如果他们连这个问题都无法解决的话，更别提后面还有更具挑战性的工作等着他们去处理，她不再视自己为问题的始作俑者。芭芭拉没有考虑到那些人没有听取彼此的看法而是强化各自立场，这是她要求大家列举方案的利弊这一做法带来的结果。（我将在第 11 章讨论开展利弊分析的问题。）

单边控制模式的行为

你使用了上述心智模式,也就是核心价值观与假设来指导你的行为。当你与团队一起工作的时候,你假定自己的理解是正确的,那些持有不同观点的人是错误的,所以你认为自己有必要去说服他们。图 3.3 展现了你说服他人的八种行为。以下是每种行为的简短描述及其结果。

行为

1. 陈述观点而没有询问他人的观点,反之亦然
2. 隐瞒相关信息
3. 用词大而化之,没有就重要词汇的含义达成一致
4. 对推理秘而不宣;没有询问其他人的推理过程
5. 关注立场而非利益
6. 基于未经检验的假设与推论行事,就如同这些是真的一样
7. 控制对话
8. 回避困难话题,或旁敲侧击或顾及颜面

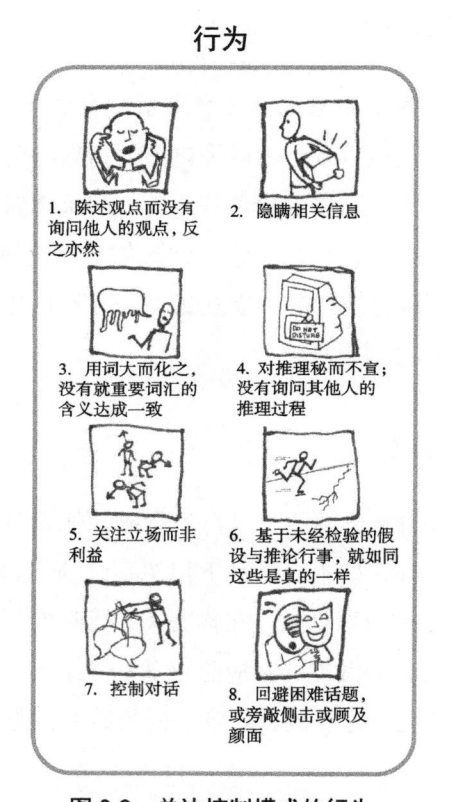

图 3.3 单边控制模式的行为

1. 陈述观点而没有询问他人的观点,反之亦然

使用这一行为,你或者陈述你的观点而没有询问其他人的看法,或者你提问对方却没有分享自己的观点。其结果是你和团队的对话最终以擦肩而过的方式宣告结束,你们并未达成真正的一致。一旦你的提问并不真挚,你经常采取旁敲侧击的方式,间接地传递你的观点。旁敲侧击涉及提问对方或做出的陈述旨在让其他人揣摩你的私下想法而无

须你明示。这是让其他人用你的视角来看待事物的间接方式。

当芭芭拉说"我们来检查一下流程"时,她的确在表述自己的观点并真诚发问。但是,在她认为大家看法一致前,她只从弗兰克与桑迪那里获得回答,他们两人赞同她的私下想法。当芭芭拉提议团队列举方案的利弊时,她还没有来得及听取团队的反应就已经继续往前推进了。

2. 隐瞒相关信息

因为取胜是最为重要的,你会分享支持你观点的信息,但你会隐瞒那些与你的观点相悖的信息。芭芭拉隐瞒了她的个人看法,使对话陷入争执之中,这表现为大家不再倾听彼此的观点。因为她隐瞒了这一信息,她错失了机会去了解 CIO 团队成员的看法是否与她的看法一致。如果是这样的话,他们可以就此做出改变。但因为芭芭拉头脑中所采用的价值观是保持正确,一旦她与大家分享了这些信息,就有可能给其他人大开绿灯,允许他们的看法与她相左。

3. 用词大而化之,没有就重要词汇的含义达成一致

当你做出泛泛陈述如"我认为听取那些发言不多的同事的看法是有好处的"时,团队并不明白你所谈及的对象究竟是谁。其结果是,一些你认为发言太多的成员会继续滔滔不绝,因为他们认为自己的发言不够踊跃。引导师、咨询顾问、培训师等经常用这些大而化之的表述,因为他们担心如果说出某个人的具体姓名,会引发对方防御性反应。

4. 对推理秘而不宣;没有询问其他人的推理过程

你并未揭示你这么说以及这么问的缘由。分享你的推理会让你在那些挑战你想法人的面前变得脆弱,这会减少让你的看法占据上风的机会。询问他人的推理可能浮现出那些与你的观点相左的看法,并增加他们要求你去解释你的观点的概率,这些都会削弱你取胜的概率。

在整个案例中,芭芭拉并未分享她的推理与意图:她在试图引导 CIO 团队做出决策,而这个决策是她所在的咨询团队认可但不能明说的。当然,芭芭拉没能分享这一意图,因为如果她这么做的话,她将揭示出她秘而不宣的策略。许多引导师和咨询顾问采取同样的行事方式。这是单边控制模式的主要组成部分,这给你和你服务的团队带来许多问题。

↗ 5. 关注立场而非利益

如果你只关注某个具体的解决方案而不是努力去满足客户的需求，那么你和团队会陷入立场的争执之中，而未能制订出可满足团队需求的解决方案并获得团队成员的承诺。

芭芭拉关注公布结果这一立场，并试图让 CIO 团队采纳这个方案。当她让团队列举方案利弊时，她在鼓励 CIO 团队关注立场，而不是利益。

↗ 6. 基于未经检验的假设与推论行事，就如同这些是真的一样

因为你认为你明白这一局面并且坚信你的理解是对的。你认为完全没有必要对你做出的任何假设或推论予以检验。其结果是当你的假设或推论被证明是错误时，你做出了错误的决策。

当芭芭拉认为，"我本可以抽出时间做些事，这样桑迪也可以得到一些支持"，以及当桑迪的眼泪就要掉下来，她认为"不要。但他们马上就要调转枪口对付她"时，她认为桑迪需要她的支持（桑迪的观点与芭芭拉的立场一致）。无论是何种情形，她没有询问桑迪是否需要她提供支持。当芭芭拉认为"乔这家伙根本还没明白其中的利害关系。这个家伙真是一个麻烦"时，她对乔做出了负面推论。当芭芭拉认为弗兰克需要"拿出点领导风范来啊"以及"这个家伙完全没救了"时，她对弗兰克做出了负面推论。最后，她认为弗兰克"认为我是一个白痴，他可不想公布那些结果"时，她做出了未经检验的推论。

↗ 7. 控制对话

为了确保获胜，你试图让对话行进在你认为的正确轨道上。你让大家讨论你认为有关的话题并进一步深化你的观点。当人们偏离这个话题也就是你所定义的话题时，你会想方设法把他们拽回到原来的话题上。结果是，你所服务的团队并没有收集到所有的相关信息。

芭芭拉只听到苏珊与弗兰克的观点，虽然她提问"团队的看法如何"，但她决定团队应该谈论这个话题从而巧妙地控制了对话。当她回答麦克的提问"其他人在我们这样的情况下会怎么做"时，她采取了同样的方式，哪怕她认为如果回答这个提问她会失去团队的支持并打破自己的中立角色。

8. 回避困难话题，或旁敲侧击或顾及颜面

因为你希望尽量避免负面情绪的表达，你不想触及那些让团队或你不舒服的话题。结果是，你并未帮助团队找到问题的根本原因，而这些问题依然会降低团队和你的有效性。

芭芭拉给团队带来了不便讨论的话题。她认为团队应该公布调研结果，但她认为自己不便说出这一点，因为她在这次会议中承担中立角色。

单边控制模式的结果

心智模式会影响行为，而这些行为可带来结果。单边控制模式将带来三类结果：① 绩效；② 工作关系；③ 个人幸福感。遗憾的是，单边控制模式所带来的结果正是你尽力希望避免的。原本你可达成不错的绩效，现在你得到的却是暗淡无光的结果。原本你希望改善彼此的工作关系，你现在所获得的是紧张的工作关系。原本你希望提升幸福感，现在你给自己和他人带来的却是压力。图 3.4 总结了这些结果。

结果

绩效
质量更低的决策与更少的创新
更长的实施时间
成本增加

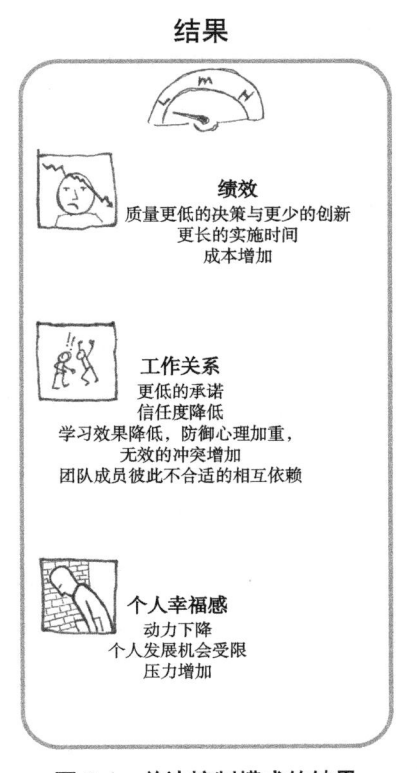

工作关系
更低的承诺
信任度降低
学习效果降低，防御心理加重，
无效的冲突增加
团队成员彼此不合适的相互依赖

个人幸福感
动力下降
个人发展机会受限
压力增加

图 3.4 单边控制模式的结果

↗ 绩效

你试图表现良好，这样你可以更好地帮助你所服务的团队表现卓越。但如果你基于单边控制模式行事，你会削弱你的成果。

质量更低的决策与更少的创新

你的引导所做出的决策质量将影响你帮助团队的方式。哪怕引导师并未就团队决策的内容提供观点，但引导师依然与团队一起持续并深入地参与到他们应如何共同推进所在的流程决策之中。如果你是作为提供某个主题专业知识的咨询顾问，你会深度参与到团队决策内容的讨论之中。

为了做出高质量的决策，你需要相关信息并准确理解你和团队所面对的局势。这包括理解必须满足的不同团队成员的需求，这样你可以做出干预来满足这些需求。这要求你对客户保持透明，无论你观察到团队中发生了什么以及你为何采取这些干预措施。你也需要对他们的想法心怀好奇，包括检验你对团队做出的推论。遗憾的是，如果你基于单边控制模式行事，这些都无从谈起。结果是你的决策质量将因为不合适的信息与未经检验的假设而打折扣。

创新要求创造一些新颖、富有原创色彩与创意的构思。在引导过程中实施创新，你需要了解并挑战那些束缚你之前做出干预背后的假设。但如果你基于单边控制模式行事，你将难以识别出自身的假设，更别说挑战这些假设了。对团队成员的想法与关切保持开放，有助于提升你引导出创新想法的能力。但是，如果你基于这样的假设"我了解情况，但他们未必"，你将错失这些机遇。

更长的实施时间

当你寻求尽量减少负面情绪的表达并回避不便讨论的话题时，你有可能帮助团队更快做出决策，但这也可能使团队不得不延长实施时间。在团队做出决策之前没有解决的问题，在实施阶段都会纷纷冒出头来并拖延实施流程，直到这些问题最终得以解决。如果团队成员的需求没有得到合理解决，他们不会积极支持实施或在会后采取阻止措施。

成本增加

糟糕的决策、更少的创新、更长的实施时间会导致成本增加。当团队需花费额外的时间来重新回顾之前达成的协议时，更长的实施时间会增加成本。如果你在实施阶段与团队一起工作，团队会因为需要不必要的更长实施时间而支付你的费用（采用直接或间接的方式）。

在芭芭拉的案例中，她自身对于获胜的价值观以及她对于自身立场是正确的这一假设，导致她提出分析方案的利弊这个流程，这让她把 CIO 团队的注意力放在立场上。团队成员坚持各自立场并为各自的观点辩护，这不合适地拖慢了决策流程并降低了团队就如何富有创意地解决这个问题的能力。

工作关系

工作关系是受到单边控制模式影响的第二种结果。在这种模式下，团队成员的承诺普遍减少，导致团队学习效果显著下降。更为严重的是，单边控制模式促使团队成员之间形成了不恰当的依赖关系。

更低的承诺

当人们认为某个决策会满足他们的需求时，他们会对这个决策做出承诺。由于单边控制模式减少了人们需求得到满足的机会，其中也包括你的需求，这一控制模式减少了大家的承诺。你和团队关注立场，而不是这些立场背后的利益。这导致你和团队是基于互为竞争的解决方案做出决策，而不是基于如何满足所有识别出来的利益。这个解决方案在多大程度上没能满足人们的利益，大家就会在多大程度上减少对这个决策做出的承诺。

如果你与团队做出的决策无法满足团队成员的需求，你可能发现自己在监督团队成员的表现并确保大家兑现这些承诺。这既可能是你因大家中间休息时没能准时返回到会议现场而需要把大家召集回来这样的小问题，也可能是大家与你一起工作时只是走过场这样的大问题，因为他们并未就这个流程做出真正的承诺。

让 CIO 团队关注方案的利弊，芭芭拉增加了团队将自己的想法局限在仅有的两个互为对立的解决方案的可能性，她还减少了某些团队成员对这个决策做出承诺的可能性。

信任度降低

如果团队成员不再信任你，你就无法有效地引导下去。如果有任何团队成员认为你偏向某些团队成员，或者认为你不能理解团队成员，或者认为你的干预不是那么有效，或者认为你采取的行动与你同意扮演的角色并未保持一致，你将失去他们的信任。从单边控制模式出发，这将增加你基于未经检验的假设及没有解释你干预措施背后的推理或意图行事的概率。

单边控制模式让你不再信任团队成员，反过来，这会让团队成员不再信任你的概率得以增加。你在多大程度上对团队成员的动机做出负面归因并没有检验这些假设，你就在多大程度上对他们的不信任感将得以增加。

离开引导角色而没有与大家就此达成一致并分享自己对于团队是否应该公布调研结果所持有的观点，芭芭拉所面对的风险是失去团队的信任。她曾一度担心出面分享自己的观点会让她丧失团队的支持，但她依然照做不误。如果芭芭拉在会议中以咨询顾问的身份出现，那么她分享自己观点的这种做法将显得更为合适。但对于实质性中立的引导师而言，这种做法并不合适。

学习效果降低，防御心理加重，无效的冲突增加

为了提升有效性，你需要与团队一起学习或从他们那里学习，包括现场学习，这样你可以马上调整自己的做法来满足团队的需求。遗憾的是，单边控制模式降低了你的学习效果。当你自认为了解情况而与你看法有别的团队成员是错误的时，你就无意从他们那里学习了。相反，你把自己的推论与假设看成事实，这只会增加误解，因为你将自己的情绪与行为看成情有可原，所以你认为自己不是问题之源，你反倒会因自己的错误和防御心理而责备大家。

芭芭拉对于乔的观点缺乏好奇心，私下里她并不赞同乔的观点，她的推论是："这个家伙真是一个麻烦"，这让她和团队无法从她对乔的担心中了解到更多的信息。

类似地，未经检验的假设和归因会让你做出防御性反应。当你告诉自己有关某人的行动以及他们为何这么做的负面故事时，你很容易生成防御心理。当弗兰克要求休息一会儿时，而芭芭拉却联想到"显然他认为我是一个白痴，他可不想公布那些结论"，你可以在芭芭拉案例的结尾处看到防御性反应开始出现。

当人们采取的行动与解决方案不一致的时候，人们会陷入冲突之中。当冲突出现时，如果你仍然坚持单边控制模式，你会将冲突视为一场零和博弈，即如何在这场冲突中获胜，而不是将其视为一个需要大家共同协商解决的谜题。如果你未能有效地参与到冲突解决之中，你会对此采取回避的态度，你试图熨平冲突或以争斗的方式宣告结束。如果你没能解决冲突，那么你将以面对僵局或冲突升级或任何一方都不满意的折中结果而结束，而失败的一方会感到索然无味或寻求挽回损失。

芭芭拉提议的利弊分析导致更低质量的决策和学习效果减少，这个提议所构建的对话也给团队带来无效的冲突。通过把人们框定在非此即彼、非赢即输的定式中，讨论将导致冲突升级。

团队成员彼此不合适的相互依赖

当你帮助团队时，他们依赖于你。你有他们所需要的专长来打造更为有效的团队。挑战在于如何帮助团队不再过多地依赖你，除非必要。最为理想的情况是，正如发展型引导一样，你的目标是当你离开时，团队具备更高的能力而减少对你的依赖。这意味着团队成员可以直接管理彼此的工作关系，而不是依赖于你作为中间人。当你采用单边控制模式时，你不再关注是否需要减少大家对你的依赖，你更为关注的是如何让你的观点占据上风。

当芭芭拉转为支持桑迪的观点时，她认为桑迪无法在团队中靠自己站稳脚跟，这不经意地造成了大家过多依赖于她的局面。那些认为其他人需要我们的帮助，如果没有我们的帮助，他们无法有效行事的看法是基于单边控制模式的假设，也就是一厢情愿地认为只有我们了解情况并看重尽量减少负面情绪的表达。换言之，我们经常认为我们的工作是避免团队成员受到他人的伤害，而不是帮助他们学习如何针对他人的无效行为做出有效回应。

↗ 个人幸福感

第三种结果是个人幸福感降低，包括动力下降、个人发展机会受限、压力增加。单边控制模式可导致你所希望帮助的团队中出现工作关系紧张、工作成果难如人意及工作情绪不高的局面。如果你分享自己的想法，这会让人感到压力倍增并带来负面的后果。如果你对他人做出未经检验的推论和归因，这会导致你或他人陷入防御之中并让大家的压力陡增。当芭芭拉做出未经检验的推论时，她认为弗兰克把她看成白痴，这让我们窥探出其幸福感降低了。

放弃—控制模式

还有一种单边控制模式，称为放弃—控制模式。有时，当人们认识到因使用单边控制模式而带来的糟糕结果时，人们转为使用放弃—控制模式。遗憾的是，他们经常只是从一种控制模式转换到另一种控制模式。

放弃—控制模式的核心价值观是：① 每个人都参与界定目标；② 每个人都要获胜，不能输；③ 表达你的情绪；④ 抑制你的理性推理（intellectual reasoning）。放弃—控制模式的假设与单边控制模式不同之处在于为了让人们取得学习效果，参与并做出承诺，他们必须自行找到正确答案。当然，正确的答案是你已经找到的答案。当其他人没有得出你所希望看到的答案时，一个常见的策略就是旁敲侧击或借助引导式提问来帮助他们自行找到答案。当芭芭拉写下"要引导团队朝着我们认为的正确方向前进但不要表现出我们所持有的立场"的目标时，这就是她使用的策略。放弃—控制模式的结果和单边控制模式的结果一样：糟糕的结果、紧张的工作关系与幸福感降低。

放弃—控制模式中的旁敲侧击策略是单边控制模式中的一种。我认为，放弃—控制模式是基本型单边控制模式的一个分支或变形。

引导师或咨询顾问经常在单边控制模式与放弃—控制模式之间摇摆。如果你服务的团队让你感到沮丧，因为他们一直难以行进在正确的轨道上，你就会采用单边控制模式的方式进行干预，以便让他们迷途知返。如果这一策略不奏效，你会转为采用放弃—控制模式，并对自己私下里这样说："他们看来并不需要我提供的帮助。我会让他们在迷途上再走上一段。最终，他们会因进展甚微而感到沮丧不已并发现有些事情不对劲。"

在单边控制模式中，你控制着一切；在对立模式中，你放弃控制。但是，无论你采取控制或放弃单边控制模式，两种模式在本质上都是实施单边控制。

单边控制模式如何强化其自身

怪异的是，单边控制模式正好导致并强化你极力希望避免出现的结果。为了努力保持正确并获胜，你不仅没有做出高质量的决策，反而做出了无人愿意落实的糟糕决策。你不仅没有改善与他人的工作关系或提升个人满意度，反倒生成了防御、紧张的工作关系并给自己和他人带来压力。

正如最初的单边控制模式导致你取得这些糟糕的结果一样，这一模式也会让你坠入强化版的恶性循环之中。正如图 3.1 中的反馈箭头所示，当你面对糟糕的结果时，你的沮丧会强化你的单边控制模式。你坚持其他人而不是你是问题之源，而你的情绪与单边控制式的行为是情有可原的。你不仅没有思考你在糟糕结果中的责任，反倒继续展现单边控制模式的行为。你认定，如果坚持的话，你最终会取得好的结果。但是用力越猛，只会导致出现更多的糟糕结果。你越一意孤行，结果也越糟糕。

虽然你原本并不希望造成这些糟糕的结果，但这一局面是可以预测的。正如系统论专家所言，系统设计如此完美，系统会得到其本该得到的结果。你的单边控制式的操作系统让你在取得糟糕的结果上表现得非常有效与熟练。让事情变得更为挑战的是，你通常并未察觉你正在使用单边控制模式。这就如同电脑中好的操作系统一样，它们只在后台快速运行而不为你所觉察。

如果你觉察到你是糟糕结果的始作俑者，你有可能将问题的成因归咎于低效的策略或行为。所以，你会对此做出修正。例如，如果你试图让团队承认他们的所为是低效的，你会考虑采用旁敲侧击的策略，通过一系列提问旨在帮助他们理解你的暗示所在。如果你发现团队对你的旁敲侧击式的提问无动于衷，你会改变策略，转为直接告诉他们。在你看来，他们的所作所为没有效果。但是，从旁敲侧击式的提问转为告诉他们你的观点，这只不过是采用一种单边控制模式取代另一种而已。这两种模式都会带来糟糕的结果，因为它们无法改变问题的根本成因。

问题的根本成因是你的心智模式。只要你继续采用单边控制模式，你就无法为自己或你所服务的团队始终如一地带来你所需要的结果。

我们如何学习单边控制模式

如果98%的人在面对挑战局面时会采用无效的单边控制模式，那我们是如何采用这一无效模式的呢？途径有二。

其一，绝大部分人在与人的社会交往过程中，学会使用单边控制模式。我们求学的学校使用单边控制模式，而学校的老师会示范单边控制模式的行为。虽然我们可能对此表现出叛逆行为（我在校长办公室里待的时间远比我应该待的时间要长），当结束高中学业时，我们对此已经习以为常。当我们开始自己的第一份工作时，我们非常善于委婉地表达自己的观点，隐瞒那些与我们的需求有违的信息，引导对话绕开那些我们不想涉及的话题。

我们所加入的组织建立在单边控制模式之上并对此给予奖励。领导力与管理的研究与实践从控制行为开始。这一传统延续至今。但是，今天的组织使用更为微妙的语言来隐瞒这一做法。**请记住，我们中很少有人会刻意采用一套导致糟糕结果的操作系统，但不管怎么说，这一切发生了。随着时间的变化，我们学会了如何更好地使用这一操作系统。**

其二，我们学习单边控制模式有更为深层次的原因。我们的大脑在挑战环境中习惯于启动单边控制模式。简而言之，我们的大脑运作机制就是对威胁做出即刻反应。这甚至发生在我们还没有来得及进一步思考这一威胁为何的情况下。我将在第12章进一步解释情绪对于大脑的影响。

你可能好奇，为何我们的大脑是如此设计的：有时我们会出现行快于思的局面。从进化的角度讲，答案是这有助于我们生存下去。当我们的祖先遇到体型巨大、颇具威胁的动物时，如果他们马上做出反应，无论是逃跑还是战斗，而不是思忖这究竟是什么动物时，他们的生存概率要大得多。从风险管理的角度来讲，这是合理的。例如，如果你从显而易见的威胁中逃出去，但这一威胁被证明只不过是一场虚惊，那你的损失不过是上气不接下气而已。但是如果你没有来得及跑开而那威胁为真，那你将面对丢掉性命的危险。所以在事关生存的事情上，我们宁愿大脑的运作程序出错，也不能不做出反应，无论这意味着逃跑还是战斗。尽管在今天的办公室环境中，很少有威胁我们生命的大型物体存在，但我们的大脑依然会对今天的"威胁性"刺激做出反应，正如我们的生存受到威胁一样。

回到我们的电脑比喻上。你可以说我们依然在使用过时的生物硬件，虽然有时会出错，但我们无法替换这一硬件（至少到目前为止，我们难以做到，我可不想成为试验品）。相反，我们可以改变思维方式，这样我们就可以更好地应对过时的硬件；我们可以通过改变我们的心智模式来升级操作系统的软件。

从单边控制模式转为交互学习模式

为了改善引导效果，你最为挑战但也是最为有力的工作是对你的思考方式进行深刻反思。这意味着识别并探讨驱动你行为背后的核心价值观与假设并理解它们与你所标榜的价值观与假设有何区别。就你践行的价值观与假设是如何提升或降低你的有效性予以有力反思并建立或采用一套新的价值观和假设来提升你的有效性。对于专业引导技巧而言，更为有效的价值观与假设是交互学习模式。

理解单边控制模式是如何工作的，可直接帮助你或你的团队取得他们期盼的结果。降低有效性的单边控制模式也会降低寻求你帮助的团队的有效性。在多大程度上你可识别出团队成员的心智模式与技能是如何削弱他们的有效性的，在多大程度上你就可帮助他们带来其所寻求的根本性改变。

在第 4 章中，你将看到交互学习模式有别于单边控制模式并了解这如何让你和你所服务的团队取得更好的结果。

小结

你的思维方式决定你的引导方式或咨询、教练、培训、调解方式。你的心智模式决定你的行为，而你的行为决定结果。在挑战性局面之中，当其他人所持观点有别时，我们中的大部分人会使用类似的无效心智模式——单边控制模式。单边控制模式的核心是"我了解情况，而你未必；我是正确的，而你是错误的；我要赢"。单边控制模式造成了你极力希望避免的后果：糟糕的绩效、紧张的工作关系、个人幸福感降低。当你采用单边控制模式时，你降低了自身的有效性以及你所服务的团队的有效性。

只是改变你的行为并不足以摆脱单边控制。从单边控制走向更为有效的交互学习模式，这要求你转变你的心智模式——驱动你行为的核心价值观与假设。这个话题将在第 4 章中谈及。

第 4 章
引导时采用交互学习模式

在之前的章节中,我介绍了单边控制模式会削弱你所帮助的团队的能力。在本章,我将介绍另一个选项——交互学习模式。专业引导技巧中的一切都基于交互学习模式。在使用专业引导技巧中的引导角色时,你的最大财富就是采用交互学习模式,当然这也是你需要面对的最大挑战。

在本章中,我们将主要讨论你如何更为有效地使用交互学习模式,而不是团队自身如何使用交互学习模式。请记住,交互学习模式同样适用于你所帮助的团队。如果他们选择使用这一模式,他们将极大地改善团队的绩效成果。如果你想了解团队使用交互学习模式的细节,请参照我的另一本著作《聪明的领导,更为聪明的团队》。

交互学习模式

如同单边控制模式一样,交互学习模式也是从心智模式开始的,然后是行为,最后是结果(见图 4.1)。与单边控制模式不一样的是,交互学习模式可带来良好的绩效、良好的工作关系与更高的个人幸福感。[①]

交互学习模式改编自阿基里斯与舍恩(1974)的研究成果。他们建立这一模式并将其称呼为模式 Ⅱ(Model Ⅱ)。创办行动设计(action design)的罗伯特·帕特南、戴安娜·麦克莱恩·史密斯和菲尔·麦克阿瑟对此予以调整并称之为交互学习模式(mutual learning models)。

---

① 本章的部分内容改编自《聪明领导,更为聪明的团队》一书中的第 3 章。

第 4 章 引导时采用交互学习模式　55

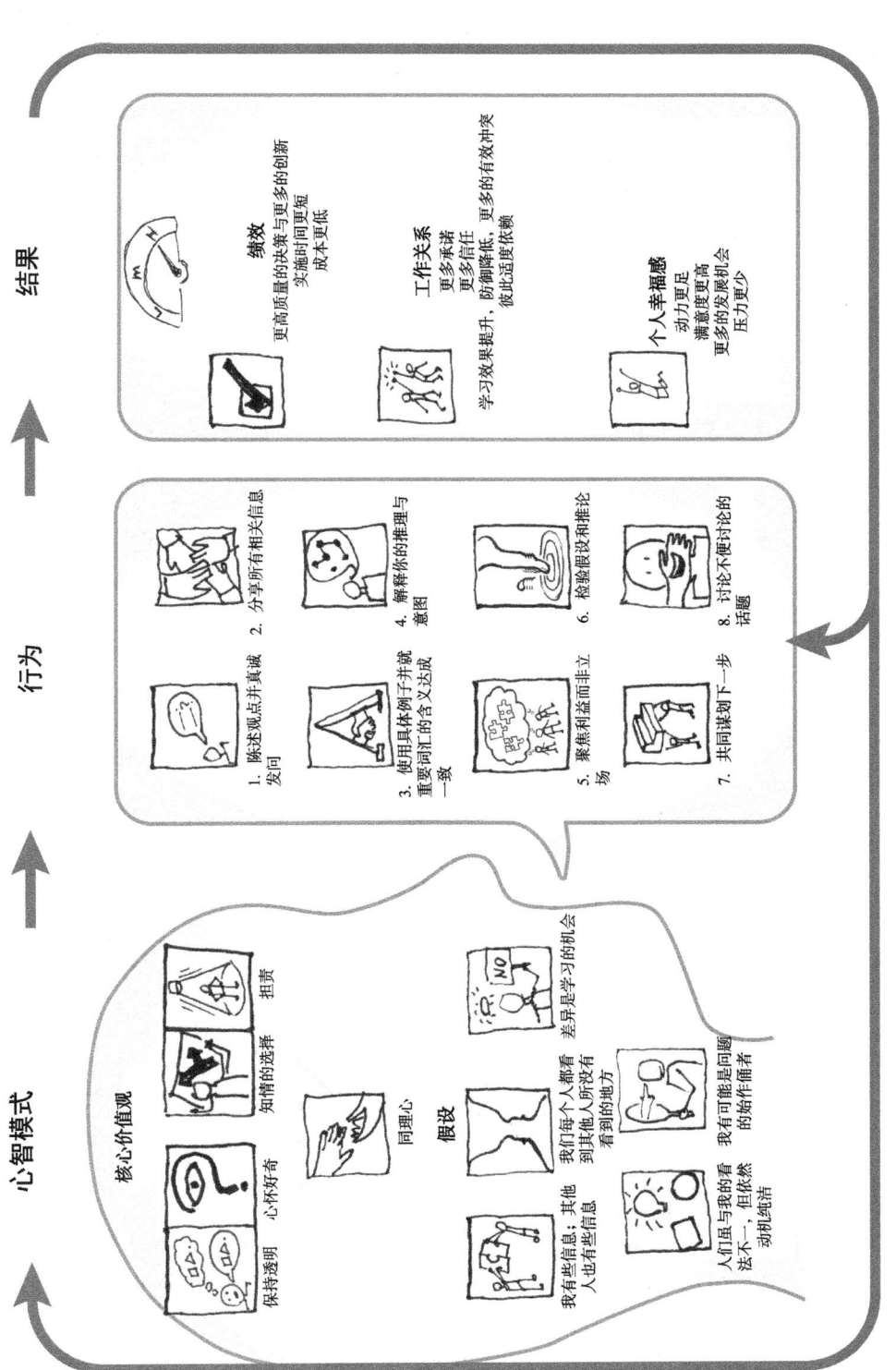

图 4.1 交互学习模式

56　The Skilled Facilitator

为了便于你了解交互学习模式在实际中是如何运用的，CIO 调查反馈说明了如果芭芭拉使用交互学习模式的话，左边栏目的有关内容会是什么样子的。位居对话右侧的点评说明了芭芭拉诊断出来的单边控制模式与行为以及她将如何使用交互学习模式与行为来实施干预。点评中的粗体字说明了具体的单边控制模式与交互学习模式的要素。当你读到这些内容时，你可能感到奇怪，询问芭芭拉为何会说出或想到这些内容。我将在本章的其余部分介绍交互学习模式时解释这一点。现在让我们借用芭芭拉的案例来了解一下交互学习模式。

交互学习模式：CIO 调查反馈

芭芭拉的想法和感受	对　话	
哦，我本以为今天下午才会讨论这件事呢。我从未想过他们会自己把这事给捅出来。这搞乱了所有的日程安排。我需要确认一下他们是想现在讨论还是等到计划安排后再讨论。	麦克：天啊，我们可不能让这玩意儿流传到外面去，这可是火药桶，一点就着。我们看上去就像傻瓜一样。我本人可不想和这件事有什么瓜葛。	芭芭拉基于这样的核心价值观：**团队应做出知情的选择**。 芭芭拉认为麦克在关注立场而非利益并**做出假设**。 芭芭拉基于这样的心智模式：**我有些信息；其他人也有些信息**。她对麦克的推理感到好奇，于是收起了自己的判断。 芭芭拉发现了乔行为中降低讨论有效性的要素。她对乔的推理感到好奇，于是收起了判断。
麦克对此已经有了自己的立场，他认为如果他们公布数据的话，他们看上去就像傻瓜。		
我想知道他背后的担心和利益是什么。我想知道为什么他认为如果他们分享了数据，结果会变得更加糟糕。		
乔也表明了他的立场。他对员工做出负面归因。难道他认为数据无效？如果乔和麦克坚持他们的立场，并且总是做出未经检验的推断，这次对话不会有什么效果。	乔：这正好说明为什么我们从来无法完成这项工作。大家都习惯坐在那里指手画脚，然后把责任推卸给上司，而不是动手去做事。	
我应该现在就干预还是先听一听桑迪和弗兰克会说些什么？好了，桑迪发言了。		

第4章 引导时采用交互学习模式

	桑迪：等一等，这些结果真是让人震惊，我们不应该放任不管……	
乔开始中途打断她的话，她将话头又拉了回来。如果她不讲完，她不会善罢甘休。我要听一听她的意见，不管她说些什么。否则讨论会变得更加低效。	乔：但我们可不能让那些人替我们做出决定。	
	芭芭拉：桑迪，我注意到在乔发言时，你好像有话没说完，是吗？	
	桑迪：是的，他打断了我的发言。	
	芭芭拉：乔，你可以让桑迪说完吗？	
	乔：当然。	
桑迪也表明了她的立场。她的观点与麦克和乔不一样，她在提问，但是听上去有些反问的味道。	桑迪：员工早就知道他们在想些什么。我们为何还要遮遮掩掩？如果连团队都没法面对真相，我们还有什么权利继续做下去呢？	芭芭拉认为桑迪的行为让谈话变得更加低效。
让我看一看团队是否现在可以开始对话。如果他们同意，我会建议他们关注利益并且说出他们背后的假设，这样他们就能检验彼此的推理。	芭芭拉：我们在这里检查一下流程。我认为是否要分享结果这个对话对你们而言很重要。在我们进一步讨论之前，我们先看一下大家是否都准备现在就开始讨论此事。每个人都清楚分享结果对于大家意味着什么，这非常重要。这样，当你们讨论是否要公布结果时，大家的讨论可以建立在更加**知情**的基础上。有人有不同意见吗？	芭芭拉计划让团队成员做出**知情**的选择来决定如何推进讨论，并且她主张大家运用流程，这正是她作为引导师的角色的一部分。
	（大家点头同意。）	芭芭拉检查是否有不同意见。
	好吧，大家对结果还有什么问题吗？	
	（大家说"没有"。）	
	那么，你们现在的想法如何？是继续对话，还是留待以后，或采取另一种方式？	就如何推进，芭芭拉给予团队**知情**的选择。
	苏珊：我们现在就开始吧。	
	（桌边有些人表示赞同。）	
好的，每个人都想现在讨论。现在我可以建议流程了。	弗兰克：我认为我们现在应该花些时间在这上面，这件事很重要。	

The Skilled Facilitator

> 我想麦克认为如果他们分享结果，他们看上去会像傻瓜。但我觉得现在就提问这点，显得为时过早。等到他们讨论利益点时再提问，时机会更好。

芭芭拉： 好的。到目前为止发表意见的人是乔、麦克、桑迪，他们都已经表明了自己的立场，你们或者不赞同分享结果，我说得对吗？

（大家同意她的看法。）

我提问这一点的原因是我认为我们的讨论会卡在这里，因为你们马上就会开始据理力争并坚持自己的立场：或者分享结果或者不分享结果。

但你们的立场也有可能出现冲突，哪怕你们的基本利益点或需求是可以共存的。所以，通过一起探讨大家的利益点，我们更有可能制订出一个符合各方利益的解决方案来。

鉴于此，我现在推荐另一个不同的流程，看看大家的意见如何。我建议你们作为一个团队列出你们立场背后的利益点或需求所在。也就是说，你们每个人说出在处理数据的这个问题中你们希望能解决什么需求。例如，麦克，你刚才谈到分享结果这个想法时，你觉得自己看上去就像个傻瓜。看上去你在意的一点是，不管最终是否分享信息，你希望分享的方式要让团队看上去精明强干而不是难以胜任。我是否正确理解了你的利益点？

麦克： 是的，我可不希望我们看上去像傻瓜一样。

芭芭拉： 所以我们可以将大家所有的利益点都写在白板上。然后你们可以向大家澄清一下每个利益点对于你们意味着什么，这样每个人都能用同样的方式来理解它们。你们每个人都可以向彼此提问：为什么这个利益点对你而言非常重要？然后，我会让大家讨论白板上列出的某个利益点是否与随后的解决方

> 芭芭拉认为麦克有一个假设，但是决定不在此刻进行检验。

> 芭芭拉在主张一个不同的流程时，解释了她的逻辑。

第 4 章 引导时采用交互学习模式

	案一致。假设你们每个人都认为白板上的每个利益点都是合情合理的，我们就会采用头脑风暴找到满足每个利益点的方法。对于我的建议，你们有什么问题吗？	
好提问，即使它有点反问的味道。 我想知道乔的看法是什么。	乔：为什么我们不直接列出赞同和反对的看法呢？	芭芭拉认为差异意味着学习的机会。
	芭芭拉：根据我的经验，仅仅列出赞同和反对的看法只会鼓励大家去寻找更多的理由支持自己的立场。双方都想列出更长的清单，都想说服对方是错误的。我希望大家用不同的方式来做事。通过关注你们的利益点，我想让你们暂时将注意力从是否分享结果这件事情转移到通过数据反馈流程来识别出你们希望满足的需求是什么。然后你们就知道分享结果与否对于满足你们的需求有无帮助了。乔，你认为呢？	芭芭拉将保持透明与心怀好奇结合在一起，通过主张流程并解释她的逻辑，然后询问乔的反馈。
所以，他们之前有过类似的经历。	乔：听上去你好像光临过我们以前的某些会议一样。我会试一试，但我不能确定我们能否弥补我们之间的差距。	
	芭芭拉：我同意，乔。我想现在就知道如何弥补差距还为时过早。通过列出你们所有的利益点，我们可以发现造成这些差异的成因是什么。然后你们就会有更好的办法决定是否要缩小差距，以及如何缩小差距。	
我要确保我在解决问题之前，先征询他们的意见。	芭芭拉：还有提问和担心吗？（大家摇头表示没有。）我和每个人都确认了一下，看大家是否都愿意运用这个流程：乔、桑迪、麦克、弗兰克、苏珊？（每个人都点头。）	**知情的选择**。芭芭拉认为人们需要做出知情的选择，这样大家才会对她提出的流程产生内在承诺。

60 The Skilled Facilitator

提出的这个问题事关我的角色。我应该担任一个立场中立的引导师。如果我回答了他的提问，我就没有履行我的角色承诺。但麦克的提问也很有道理，需要给予回复。我先讲一讲有哪些选择和我的担心，看看他们的意见。

麦克：我想听一听顾问认为我们该做些什么。你们和许多组织都合作过，其他人在我们的情况下会怎么做呢？

> 芭芭拉认为分享所有相关的信息可以让小组做出更好的选择。

芭芭拉：你的提问很合理，我应该给出一个答案。在我作为顾问给出答案之前，先让我总结一下我们当下的处境，然后我们作为一个团队来看一看如何回答这个提问。

> 芭芭拉认为他们需要共同做出决定。

团队和我都同意我在今天的会议中作为中立的引导师，也就是说，我不能介入你们讨论的内容中。如果我回答了你的提问，那么我就介入内容中了。大家有不同的看法吗？

> 我们每个人都有可能看到其他人所没有注意到的信息。芭芭拉分享了她所看到的情况并了解其他人是否有不同的看法。

我同意。

麦克：这是内容，但我们请你们顾问过来也是希望你们来帮助我们。

芭芭拉：我同意。所以我有两个选择。弗雷德和爱丽丝可以回答你的提问，而我仍然作为实质性中立的引导师。或者我退出引导师角色，而作为引导型顾问出现在各位面前并在引导中分享我对这个话题的看法。在引导你们对话的同时，只要团队同意我可以参与到内容的对话中，我对担任引导型咨询顾问这个角色就没有问题。

> 芭芭拉分享了相关信息，以便让小组可以做出知情的选择。

我想强调的另一点是，今天你们使用的核心价值观和基本规则就回答是否需要分享结果以及如何分享结果这个问题提供了指引。如果大

> 家感兴趣，我会很乐意给大家解释如何运用核心价值观来指导你们做出决策。
>
> 所以，基于以上各点，大家是希望我继续作为一个中立的引导师还是转换成一个引导型顾问？

交互学习模式的核心价值观

交互学习模式有五项核心价值观（见图 4.2）：保持透明、心怀好奇、知情的选择、担责和同理心。

心智模式

核心价值观

保持透明　心怀好奇　知情的选择　担责

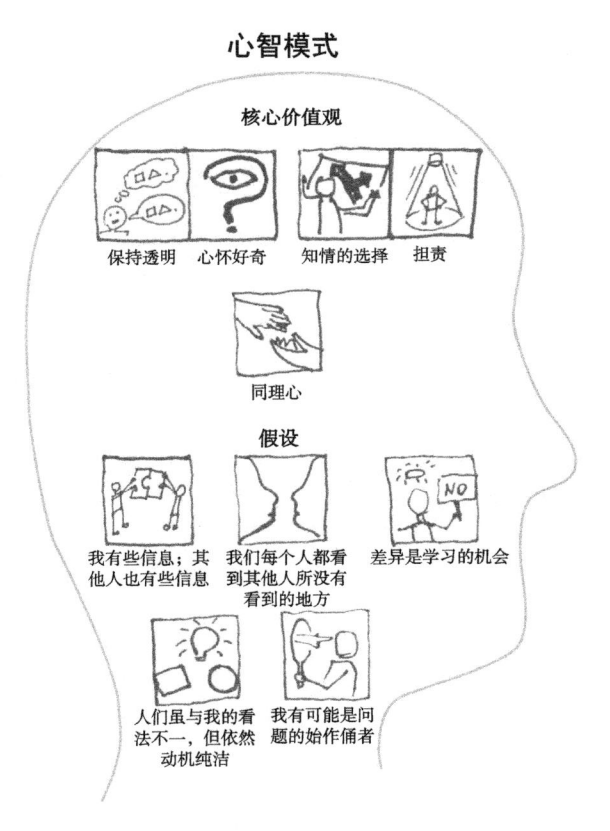

同理心

假设

我有些信息；其他人也有些信息　我们每个人都看到其他人所没有看到的地方　差异是学习的机会

人们虽与我的看法不一，但依然动机纯洁　我有可能是问题的始作俑者

图 4.2　交互学习模式的核心价值观与假设

↗ **保持透明与心怀好奇：打造理解的共同基础**

保持透明和保持好奇心，是建立共同理解和信息基础的关键，这将你与你的团队紧

密相连。你的所有行动，都源于这两者的结合。透明让你展示你的行动和动机，而好奇心则让你洞察团队成员的想法和感受。

透明意味着你在适当的时间，向适当的人分享所有相关信息，包括你的想法、感受和策略。这意味着你能够解释你为什么这么说、为什么这么问、为什么这么做。

当会议偏离主题时，你可以引导团队重回正轨，而不是单方面地转向你认为应该讨论的话题。你可以说："当我们开始讨论员工人数时，这似乎偏离了我们今年共同确定的主要目标，即如何达成这个目标。大家对此有何看法？如果没有异议，那么我理解我们在这次会议中不会讨论如何实现这个目标。大家对此有异议吗？"

如果某位成员的发言被打断，你可以像芭芭拉在 CIO 案例中那样表达："桑迪，我注意到在乔发言时，你好像有话没说完，是吗？"

当你询问团队是否需要休息时，应解释你的原因。例如："我之所以这么问，是因为我注意到爱丽丝、布鲁斯和昆已经站起来开始走动了。"

你重视透明，因为你明白当他人理解你的想法时，信任就会增加，他们也会更有效地回应你。当每个人都保持透明时，你和团队就能共同构建一个信息池，并一起向前推进。这在观点不同时尤为重要。

单边控制模式会阻碍透明度的实现。你必须分享与你的解决方案相悖的信息，解释你的提问原因，并告诉大家你实际上想控制局面。分享这些信息会削弱你的控制力和影响力。相反，交互学习模式要求你保持透明，这会增加你的有效性，因为你的目标是共同学习和前进，而不是控制局面。

保持透明不仅仅是分享你的想法，更关乎如何以有效的方式传达这些想法。有时，我们可能对同事有自己的看法和感受，但并非所有这些都适合直接分享。直接表达某些观点可能会导致对方产生防御心理，从而引发无效的冲突。以芭芭拉为例，她的问题并非在于隐瞒观点，而在于她的思考方式不够成熟，没有选择交互学习模式，这阻碍了她实现真正的透明。

透明与好奇是相辅相成的。透明让你分享信息，让他人了解你的想法；而好奇则推动你去探索他人的观点。

当你意识到自己只掌握了部分信息，而团队其他成员拥有其他关键信息时，你会更加好奇，渴望了解更多。这时，你会意识到对他人的了解往往只是基于有限的推测，真正的了解需要通过提问和沟通来实现。

保持好奇其实很简单，就是提出问题。有时，你可能只是想知道团队的选择倾向，如芭芭拉所问的："那么，你们现在的想法如何？是继续对话，还是留待以后，或采取另外一种方式？"有时，你的提问则是为了理解对方的提问动机。当你对某人的提问感到困惑时，不妨直接询问他们："你为什么会有这样的疑问？如果我了解你的思考过程，我会更好地回答你的问题。"

然而，培养好奇心并不总是那么容易。面对挑战时，我们往往会认为自己的理解是正确的，而其他人是错误的。作为专家，我们可能更难从非专业的角度去看待问题，这被称为"知识的诅咒"。但我们必须牢记，《塔木德经》告诉我们："谁是智者？是从所有人那儿学习的人。"即使我们自认为是专家，也应该保持好奇心，向他人学习。

当我们的好奇心减弱时，我们可能会变得沮丧，甚至用反问句来强调自己的观点，这实际上是在关闭沟通的大门。例如，"难道你不认为员工会接受你们不公布调研结果吗？"这样的问句并不包含真正的好奇心，而是试图让对方接受自己的观点。

保持透明与心怀好奇的威力。 这部分的脚注所引用的研究成果表明，保持透明与心怀好奇可以带来交互学习模式的三大成果，我将在本章的随后部分讨论这些成果。这三大成果是绩效提升、更好的团队关系、更多的个人幸福感。对于使用交互学习模式的核心价值观给领导与团队所带来的结果，还有更多的研究成果，但对于引导师或咨询顾问而言，研究成果却不多。即便有，这些有关引导师与咨询顾问的研究成果也不是那么深刻。但是，我的客户发现，一旦他们使用交互学习模式的核心价值观，就可带来积极的成果，这与他们所承担的角色无关。正如帮助团队使用交互学习模式核心价值观那样，他们将为自己带来积极成果。所以在本书中，我将从不同的角度去总结这些研究成果并向大家说明使用核心价值观所带来的结果。让我们首先从保持透明起步。

- 那些透明的领导可以在下属心目中建立更多的信任。
- 领导保持透明与更高的员工敬业度和工作满意度联系在一起。
- 当领导更为透明时，其跟随者将更愿意接受艰难的组织变革，这是减少实施时间的关键。
- 那些互相分享更多信息的团队绩效更佳。
- 当团队成员彼此更为透明时，他们将打造更为协作的文化，并认定他们的团队更为有效。
- 在层级悬殊的团队中，那些地位不高的团队成员如果有更多发言机会，那么团队更有可能在推进新技术变革上取得成功。
- 如果团队成员彼此分享更多信息，那么无效的冲突会更少。
- 如果大家可以清晰地分享他们的推理过程，那么医生团队可以更为准确地诊断病情。

对于那些心怀好奇的人而言：
- 当他们面对不确定性的时候，他们会有更多的包容度。
- 他们更善于察觉对方的情绪并与他人建立关联。当工作环境中出现怀疑或各种复杂情绪时，他们在工作中依然怡然自得。在情绪激动的局面中，他们依然可保持开放态度并积极参与其中。相比于那些不是那么心怀好奇的人来说，他们更愿意接纳冲突。
- 他们不仅提问很多，也愿意分享自身的信息作为回应。
- 他们对其他人的需求与兴趣更为好奇，更有可能在谈判中为双方争取更多的收获。
- 他们可体验更多的幸福感。在他们的生活中，他们会感受到更多的满足和意义。
- 他们在想法上不是那么教条，更愿意考虑不同的观点，更愿意考虑对方推理的有效性。

相反，对于那些缺乏好奇心的人来说，当新的信息与他们的观点不一致时，他们可能感到受到威胁，从而迅速失去信任。他们可能采用非黑即白的思维方式，这使得复杂多变的管理情境变得更加棘手。

将保持透明与心怀好奇结合起来。将保持透明与心怀好奇相结合进行讨论，是因为这两者相互依存、互为补充。研究显示，在高效团队中，成员往往能够在保持透明和心怀好奇之间灵活切换，而不会仅仅局限于其中一种模式。作为引导师，如果你能够同时保持透明和心怀好奇，你将能够深入理解对方的思路，同时对方也能理解你的思考过程。这种相互理解和沟通为做出高质量的决策和赢得团队成员的承诺奠定了坚实的基础。

↗ 知情的选择与担责：为了做出更好的决策并获得承诺

基于透明与好奇所构建的共同信息池虽必要，但还不足够。你和团队成员还需要将这些信息转化为高质量的决策并生成承诺。这才是知情的选择与担责所发挥的作用。

知情的选择意味着基于充分的信息做出决策，并努力激发团队成员的决策能力，从而建立起他们对决策的内在承诺。在这样的情境下，决策是基于你和团队成员共同收集和分析的信息。不仅你作为引导师需要了解情况，与你并肩工作的团队成员也同样需要知情。当团队成员能够做出知情选择时，他们对决策会拥有更多的内在承诺。

在与团队一起工作时，许多决策实际上是共同做出的。作为引导师，你的角色是协助和引导，而最终团队需要对影响他们的选择负责。然而，强调知情的选择并不意味着

第 4 章　引导时采用交互学习模式

每个决策都必须达成完全一致。事实上，引导的理念源自参与式决策制定，但这并不意味着所有决策都需要以一致为基础。

有些引导师曾错误地将达成一致的决策视为终极目标，甚至不切实际地主张所有团队决策都应建立在一致同意的基础上。我本人也曾持有这一观点。然而，随着时间的推移，我逐渐认识到，坚持要求团队遵循统一的决策规则来做出所有决策，这种做法过于简化且忽略了团队的复杂性。实际上，有些决策并不需要全体一致就能有效推进。即便是在高绩效团队中，也不可能总是达成完全一致。重要的是，团队需要有能力在必要时做出决策，以便能够持续前进。

交互学习模式并没有要求你所服务的团队使用任何特定的决策规则。团队可使用各种决策方式。领导可以在必要时独立做出决策，无须事先咨询团队成员的意见，团队也可以通过协商一致的方式做出决策。**区分交互学习模式与单边控制模式不是团队所使用的决策规则，而是团队领导及其成员在决策前、决策中及决策后所使用的心智模式。**交互学习模式意在保持透明、心怀好奇、担责、同理心的同时充分发挥知情选择的最大优势。

当你采用单边控制模式时，知情的选择往往被视为对你权威和决策的潜在威胁。你担心，如果团队成员拥有充分的选择权，他们的决策可能会与你的期望相悖。然而，在交互学习模式下，知情的选择则被视为推动高质量决策和建立团队承诺的宝贵机会。

作为引导师，你在整个对话过程中都应该为团队提供知情的选择的机会，而不仅仅是在讨论的结尾。以本章早些时候提到的 CIO 团队调研反馈为例，芭芭拉在分享她对下一步行动的想法时，同时询问团队如何推进，这就为团队成员提供了知情的选择的空间。她通过这种方式，将知情选择融入了每一个"微小"的决策中。

担责是知情的选择的伙伴。无论个人还是团队做出决策，都需承担相应责任。作为引导师，你必须为自己或团队做出的决策担责。担责意味着：

- 你愿意为组织的福祉承担职位赋予的职责，致力于为客户及其组织或环境带来利益。
- 你愿意公开地将自己的名字与行动、言辞或反应联系起来，让人们对你的言行一目了然。
- 你愿意向团队或共事者解释自己的信念、决策、承诺或行动背后的理由。

将自己的名字与行动、言辞或反应联系起来，意味着你的言行和决策都将公之于众。这种公开性让人们能够清晰地了解你的行动和决策，并据此对你进行判断。这种担责可以以微妙但有力的方式体现，比如在决策时说"这件事决定了"而非简单地"我做了决定",或者在分享观点时明确表示"这是我说的",而不是含糊其词地"不要告诉任何人这是我说的"。

担责也意味着你需要向他人解释你的决策和行动背后的理由。仅仅告诉团队你做了什么或决定了什么是不够的,你还需要解释为什么这么做,背后的依据和考虑是什么。例如,芭芭拉在面临决策时,如果她没有得到团队的一致同意,她会向团队解释为什么不能直接提出建议。这种解释不仅帮助团队理解她的决策,也减少了他们对她意图的误解和猜测。

确实,有些人可能会根据地位差异来决定是否给予解释,认为只对高层或重要人物解释就足够了。然而,在引导师的角色中,这种观念是不适用的。无论是对团队领导、上级还是团队成员,你都应该提供清晰、透明的解释。

如果你坚持单边控制模式,可能会倾向于让他人承担责任,以避免自己的责任。这种模式下,你甚至可能不愿让团队承担责任,因为你不想让他们为你承担责任。然而,转向交互学习模式时,你会意识到担责的重要性,并愿意与团队共同承担。担责不再是负担,而是成为推动团队和个人实现目标的积极力量。

以芭芭拉为例,当她面对麦克的提问时,她选择了透明地解释自己的立场和决策。她不仅为自己担责,还帮助团队做出知情的选择。

知情的选择与担责的威力。 研究表明,当团队成员能够做出知情的选择并愿意为此担责时,他们的业绩会得到显著提升,工作关系也会更加和谐,同时个人幸福感也会相应增加。

如果有了知情的选择:

- 当人们有机会参与到决策中时,他们通常会做出更多的承诺。这种参与不仅提升了他们的满足感,还使他们更早、更深入地投入到相关活动中。特别是在变革流程中,如果他们能够在早期就参与决策,他们更有可能接受并适应这些变革,从而做出更为适应性的调整。
- 高管团队如果采用参与式决策方式,为团队成员提供更多的知情的选择,这将带来更多的有效决策和更佳的组织绩效。此外,当团队成员能够更早地参与决策中时,他们将从中获得更多的信息,这将进一步促进团队的整体绩效。
- 信息的共享和协作在高管团队中至关重要。当团队成员能够共享更多的信息,共同协作并做出决策时,这不仅有利于提升组织的绩效,还有助于吸引和留住人才。此外,这种协作方式还能促进经理与员工之间的工作关系,使之更加和谐。
- 当团队成员有机会参与到决策中时,他们的工作满意度也会相应提高。

担责：
- 当团队和个人更愿意担责时，他们的绩效水平往往会得到提升。
- 随着责任感的增强，团队在决策过程中会更加仔细地考虑各种信息，并更加细心地审查这些信息。
- 当团队成员对他们的决策理由担责时，他们会做出最有利于团队和个人的决策。

担责也影响团队成员之间的关系：
- 当团队成员愿意担责时，他们在做决策时受到偏见和主观判断的影响会相对较小。
- 担责还意味着团队成员需要为自己的决策和行为负责，而不是将其归咎于他人。

↗ 同理心

同理心是第五项核心价值观。这也是所有核心价值观的情绪黏合剂。同理心由三个部分组成。

当你运用同理心时：
- 你能够理解与你共事的人所面临的困难和痛苦。
- 你的内心，无论是从认知还是情感层面，都会与他们的痛苦产生共鸣。
- 你会对他们的痛苦给予适当的回应。

这里提到的痛苦，是指人们日常生活中遭遇的挫折和挑战，以及他们在情感上需要做出艰难决策时所承受的压力。同理心要求你暂时放下自己的判断，真诚地理解他人以及他们所处的环境。这并不意味着你需要为解决别人的问题承担责任或对他们表示同情。

在你所担任的引导角色中，同理心可以帮助你在可能感到沮丧或想要退缩的情况下支持团队。如果没有同理心，交互学习模式将变得空洞和僵硬。人们可能会认为你只是在例行公事，虽然用词准确，但缺乏真诚的关怀。然而，当你展现出同理心时，他人会将你视为真正关心他们并慷慨行事的人。即使你给客户提供了艰难的反馈，他们仍然会认为你是值得信赖的人。

同理心会对你运用其他核心价值观产生深远影响。当你持有同理心时：
- 你会保持透明，并非出于想要展示自己的想法，而是希望他人能够准确理解你的行为背后的意图。

- 你对他人心怀好奇，并非为了证明他们是错误的，而是真心希望从他们的角度理解情境，增进彼此的理解与沟通。
- 你为大家提供知情的选择，并非仅仅因为知情的选择能带来更多的承诺，而是因为它尊重了每个人的自主权和决策权。
- 你愿意让自己和他人担责，并非因为你认为他们无法独立完成任务，而是认为担责是尊重彼此承诺、共同实现目标的重要方式。

保持同理心，并不意味着你要去拯救他人，替他们承担他们本应承担的责任。正如之前的案例所示，芭芭拉试图保护桑迪免受他人攻击，但这并非是在帮助桑迪学会如何自我保护。同理心并不意味着你要回避透明、担责或提供知情的选择，尤其是在面对重要而艰难的对话时。**若因害怕对方感到不适而选择不透露某些信息，这并非真正的同理心，而是冷漠。**真正的同理心，意味着你愿意分享即使难以入耳的信息，因为你希望对方能做出知情的选择，从而改善他们的绩效、工作关系和幸福感。在此过程中，同理心要求我们暂时放下对他人的判断，包括他们可能缺乏接受不利信息或艰难反馈的能力，即使你坚信大家应当相互担责。

当我首次向一家负责研发电脑芯片的高科技公司的工程师负责人介绍同理心这一核心价值观时，我颇为忐忑。毕竟，他们所在的组织凭借严谨的研发实力占据了市场的显著份额，公司文化强调行事果断。然而，令我惊喜的是，他们对此表示了热烈的欢迎，这让我深感欣慰。他们深知，若只重视逻辑而忽视同理心，工作场所将充满紧张氛围与不信任，这无疑会加大工作难度。

我之所以选择"同理心"这一词汇，而非"移情"或"理解"，是因为我希望强调其源自内心的真正价值，或更确切地说，是情感在决策制定中的核心地位。过去，许多人，包括我自己，都认为在高质量的决策中，思想与情绪是对立的。我们视思想为逻辑与分析的代表，认为它是决策中不可或缺的因素，而情绪则被视为干扰或影响我们思路的因素。在这种观念下，考虑自己或他人的情感只会削弱基于逻辑的决策质量。

然而，现在越来越多的人认识到，将思想与情绪相结合，能够产生比单纯依赖逻辑更为优质的决策。尽管过去的研究并未明确支持这一观点，但我们现在已经明白，这一看法是正确的。近期的神经科学研究显示，当团队领导及其成员能够关注并平衡他们的想法与情绪时，他们能够制定出更为出色的决策。正如 17 世纪的数学家和哲学家帕斯卡所言："心灵有其独特的理由，而理性并不总是能够洞悉……我们对真理的认知，不仅源于理性，更源自我们的内心。"

同理心的威力。尽管哲学和宗教在过去的数千年中一直高度推崇同理心的美德，但研究人员直到最近才开始深入探索同理心在工作场所中的实际作用。以下是一些具体例子：

- 当人们以同理心回应时，可以减少惩罚性行为，并避免由此产生的更多负面后果。
- 如果谈判者缺乏同理心，他们往往不愿意与对方合作，从而极大地减少了共同取得的成果。
- 早期的研究发现，同理心能够增强人们对组织的承诺。

在我的经验中，当引导时充满同理心时，会为客户创造一个有利于学习、成长和产生更好绩效的安全心理环境。这样的环境使得客户能够更快地识别出之前不便讨论的潜在问题，这些问题可能会阻碍他们达到所期望的结果。简而言之，同理心在你和团队之间建立了信任，这对于促进团队的成长至关重要。

同理心的障碍。尽管有些人天生更具同理心，但对于我们每个人来说，当感到沮丧、失望或恼怒时，保持同理心都会变得困难。在这种情况下，我们往往会自然地将自己与他人或他们的痛苦隔离开来，甚至可能告诉自己某个人不值得同情。正如黛安·伯克所说："阻碍同理心的主要障碍是我们头脑中的判断。判断是隔离彼此的主要工具。"在团队引导中，这些障碍表现为我们试图传递或思考的判断性信息。

"你的痛苦没有那么严重。"你所服务的团队可能面临各种挑战和挫折。你的职责是深入理解每个人所经历的痛苦，认识到这些痛苦对他们来说是真实而巨大的，而不是去判断他们的遭遇是否值得你表现出同理心。

"你是问题的始作俑者。"这种判断性说法暗示只有完美无缺的人才值得同情。如果某人在团队中因未被纳入关键会议而感到沮丧，而你观察到他在会议中常常打断他人并否定建议，你可能会想："难道仅仅因为没被纳入会议，他就可以表现得如此强势吗？"这种想法可能阻碍你在回应时表现出同理心。然而，大多数人在面对挑战时都或多或少地承担一定的责任。如果仅将同理心给予未造成问题的人，你将排斥大多数你服务的人，包括你自己。交互学习模式要求你在回应时展现同理心，即使他们确实是问题的始作俑者，尤其是当他们正在引发问题时。

"你的表现看上去就像个受害者。"按照定义，受害者是无法自助的人。当某人贬低自己的自助能力或责怪自己犯错时，他们可能会表现出受害者的特征。这并不意味着他们没有经历痛苦，而是他们未能看到自己的能力和责任对问题的影响。如果你认为某人表现得像受害者，你可能会感到愤怒或同情，这都会妨碍你真诚地展现同理心。在之前的案例中，芭芭拉将桑迪视为受害者，无法坚持自己的观点。她试图单方面保护桑迪，导致其他团队成员认为芭芭拉在问题上持有个人立场。

在我幼年时期，我常常对老师和学校的行政管理人员感到沮丧。尽管我的学业表现不错，但我对老师的教学方式感到不满，认为学校的政策没有充分考虑到学生的利益和需求。我尝试为学校带来一些组织变革，但这些想法常常遭到拒绝。学校的行政管理人员对我的请求置之不理，缺乏应有的同理心。然而，这些挫折最终激励我成为一名组织心理学家。

15年后，我有机会在一个高管培养项目中为学校主管和校长授课，课程主题是管理变革与冲突。当我看到课堂上的学校行政负责人时，我不禁想，风水轮流转，现在终于轮到我来传授经验了。但我很快意识到，我把自己与他们隔离开了，尽管他们并没有对我做出任何不当行为。结果，他们并没有从课程中获得应有的收获，也没有感受到我应有的同理心，这从教学评分中便可看出。

回想起来，我意识到报复心理占据了我的内心，让我无法展现出同理心。这揭示了一个错误的观念，即人们必须赢得你的同理心。如果别人必须从你这里努力获得同理心，那就不是真正的同理心了。

当你陷入必须在展现同理心和让某人担责之间做出选择的困境时，你其实是在进行非此即彼的思维。然而，交互学习模式可以帮助你摆脱这种困境，让你意识到二者是可以并存的。展现同理心并不意味着给予某人免费的通行证，你可以在展现同理心的同时，依然让对方承担相应的责任。

好消息是，你并不需要完全了解一个人或团队所遭遇的痛苦情形才能表现出同理心。因为同理心与问题解决并无直接关系。你只需倾听、表达关注并提供适当的帮助即可。

交互学习模式的假设

当你采用交互学习模式行事时，在其背后依然有一套假设。请回顾一下图4.2中的核心价值观并留意五个假设。

↗ 我有些信息；其他人也有些信息

在这个假设下，你承认其他人也掌握了一些相关信息。这与单边控制模式形成了鲜明对比，因为在那种模式下，你通常会认为自己掌握了所有必要的信息。但在交互学习模式中，你认识到，由于人们扮演着不同的角色并拥有不同的经历，他们自然会拥有各不相同的信息。这些信息可能与你所掌握的信息一致或相辅相成，也可能与你所持有的信息产生冲突。通过接受这一假设，你将能够协助团队整合所有相关的信息资源，使其共同呈现在台面上。

↗ 我们每个人都看到其他人所没有看到的地方

如由于我们各自擅长不同的专业领域、承担着不同的责任、拥有着各异的经验，因此我们每个人所掌握的信息都是独一无二的。这解释了为什么我们对同一事物的看法会与他人不同，这是完全合理的。即便你和团队成员一同参加同一个会议并接收到同样的信息，根据交互学习模式的理念，你们每个人可能会从这些信息中得出不同的影响或后果。基于这一认知，你就有机会帮助团队发掘那些可能被忽视的关键点。

当某些信息仅为个别人所掌握时，团队可能面临的一个挑战是未能给予这些信息足够的重视。团队通常更倾向于关注那些受到多人关注的信息。然而，当团队能够将哪怕只有一个人关注的信息也纳入考量时，其所做出的决策质量将显著提升。作为引导者，你的重要职责之一就是帮助团队在决策过程中整合所有相关信息。

↗ 差异是学习的机会

在单边控制模式下，你可能会避免探讨差异，因为你坚信自己的观点是正确的，认为从差异中无法获得任何有价值的东西，或者你希望让对方认识到他们的错误。然而，当你转向交互学习模式时，一旦意识到彼此的看法存在分歧，你就会充满好奇地探索这些差异背后的原因。不论是你与团队之间，还是团队内部成员之间的差异，你都会意识到这是创意过程的起点，有助于发现更好的解决方案。越早识别出这些差异，你就越有可能投入更多时间去深入研究和解决它们。

↗ 人们虽与我的看法不一，但依然动机纯洁

由于你假设存在不同的观点，这是非常自然的事，这样的想法有助于产生更好的结果。你可以与他人持有不同的看法，但仍然坚信每个人在看待这一局面时动机纯洁。这个假设与同理心的核心价值观相辅相成，共同发挥作用。两者的本质都是放下判断，目的是更深入地了解相关情况。因此，与单边控制模式不同，你并不会在质疑或回避可能的负面动机上花费过多的时间和精力。在后续的案例中，芭芭拉并没有像之前的案例那

样做出归因，她并没有认为乔是麻烦的制造者，也没有因为弗兰克不公地发布结果而对他感到绝望。

当你基于这个假设行事时，奇妙的情况开始发生，你会发现在这个世界上让你感到麻烦的人越来越少。这并不是因为你在内心排斥了那些你不喜欢的人，而是因为当你改变了自己的心智模式时，你的行为也会随之改变，而这会改变其他人对你的回应方式。

↗ 我有可能是问题的始作俑者

在交互学习模式中，你坦诚地承认自己可能正是你所抱怨的问题的始作俑者。你不再将工作关系简化为单行线，即对方行事低效，而你却能高效应对。相反，你将其视为一套复杂的因果关系网络。就像其他人可能会展现出低效的思考和行事方式一样，你自己也有可能陷入同样的困境。你开始发现，他人的低效行为可能恰恰是由你自身的低效心智模式和行为所引发的结果。当你意识到自己对他人低效行为的反应时，你需要认真审视这种反应是否有助于促进或阻碍了交互学习的效果。

在单边控制模式中，我们往往期待他人做出改变。然而，在交互学习模式中，你深刻认识到每个人在团队中所扮演的角色都可能成为实现团队目标的障碍。因此，这意味着不仅仅是他人，包括你自己，都需要做出改变。

交互学习模式的行为

在交互学习模式下，这种心智模式被转化为实际行动。与单边控制模式的行为不同，你在交互学习模式中的行为更具包容性和合作性。你可以自由地分享与当前情境相关的所有信息，探索他人的思考方式，验证你或其他人提出的假设，寻找符合各方利益的解决方案，讨论那些通常难以启齿的话题，并共同规划下一步的行动。

这并不是将交互学习模式的核心价值观和假设与具体行为割裂开来，而是它们之间紧密相连，相互影响。图 4.3 展示了八种交互学习模式的行为，与单边控制模式的八种行为形成鲜明对比。在本章中，我将简要介绍这些行为。而在第 5 章中，我们将更深入地探讨这些行为及其背后的原理。

行为

1. 陈述观点并真诚发问
2. 分享所有相关信息
3. 使用具体例子并就重要词汇的含义达成一致
4. 解释你的推理与意图
5. 聚焦利益而非立场
6. 检验假设和推论
7. 共同谋划下一步
8. 讨论不便讨论的话题

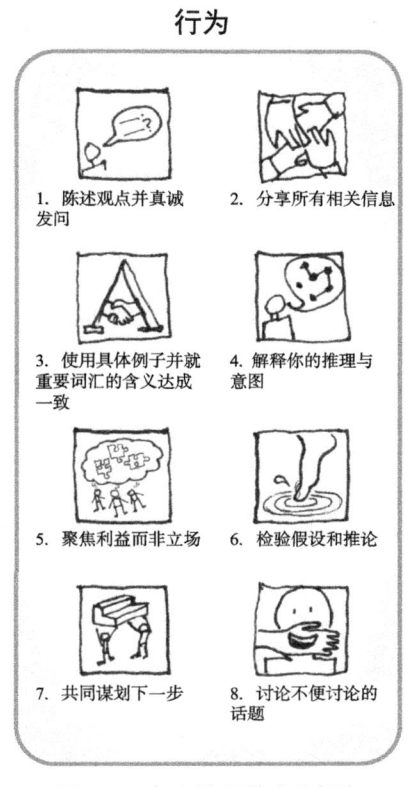

图 4.3　交互学习模式的行为

1. 陈述观点并真诚发问。这种行为需要你将保持透明与心怀好奇相结合，并基于人们持有不同信息的假设来行事。你认为差异是学习的宝贵机会，因此你乐于分享自己的观点，并使用行为 2 至行为 5 来进一步解释和阐述你的观点。你邀请他人考虑你的观点，并鼓励他们提出相关问题或反馈。这样的互动使你能够迅速了解你和他人在看待同一件事情上的差异和共同点。在第二个案例中，芭芭拉通过询问他人对她的表述的看法，展现了这种行为的实践。

2. 分享所有相关信息。保持透明的关键在于分享所有相关信息，确保所有涉及的人都能基于一个共同的信息池来做出决策、理解决策并付诸实践。芭芭拉在这方面做得很好，她与大家分享了关于利弊分析的详细信息，以及坚守或违背其引导师角色可能带来的不可预见的后果。

3. 使用具体例子并就重要词汇的含义达成一致。这种行为使得团队成员能够使用相同的术语来理解同一事物，从而大大增加了沟通的效率。这不仅是保持透明的体现，更是将担责与差异视为学习机会的实践。当芭芭拉暂时脱离中立引导师的角色，回答麦克关于团队应该如何行动的提问时，她就是在展现这种行为。

4. **解释你的推理与意图**。正如我在第 1 章中所介绍的，人们天生就有赋予事物意义的能力。这种能力有助于理解他人的评述、提问和行动背后的原因。通过分享推理和意图，人们可以减少对他人行为和言论的误解，避免编造可能不准确的故事。因此，分享推理与意图是对他人负责的基本方式。在芭芭拉解释为何需要关注利益而非立场时，她充分展现了这种负责任的行为。

5. **聚焦利益而非立场**。立场是解决方案的表现形式，每个人为满足自身需求会寻找相应的解决方案。而利益则是这些解决方案所追求的核心需求。当团队成员的立场发生冲突时，通过聚焦利益，我们可以共同制定出符合各方需求的量身定制的解决方案，并促使大家对此做出承诺。这样做不仅有助于了解差异背后的原因，还能促进团队间的合作与沟通。正如芭芭拉在后续案例中所解释的，尽管人们的立场可能不同，但他们的利益往往是一致的。这为我们提供了解决冲突、达成共识的可能性。

6. **检验假设和推论**。当你检验假设时，你会更加清晰地了解自己的想法是否准确，这有助于你根据可靠的信息做出决策，而不是依赖于可能是虚构的个人故事。当你展现出这种行为时，你实际上是在践行交互学习的核心价值观和假设，这包括追求真实、尊重事实以及持续学习的态度。

7. **共同谋划下一步**。当你们共同谋划下一步行动时，你是与团队成员一同参与，而不是单纯地为他们制订计划。这种共同谋划的方式有助于保持透明和心怀好奇，确保你和团队成员能够做出知情的选择。这样做不仅提高了找到更佳解决方案的可能性，还促使团队成员对方案的实施做出承诺。芭芭拉与她的团队就是采用这种方式，共同谋划下一步的行动方向，询问每个团队成员的意见，看他们是希望继续推进还是选择其他路径。

8. **讨论不便讨论的话题**。不便讨论的话题指的是那些可能对团队结果产生负面影响的话题。这些话题虽然经常在其他场合被提及，但团队内部却往往避免讨论，然而，团队内部恰恰是解决这些问题的理想场所。当你选择直面这些不便讨论的话题时，你实际上是在践行交互学习模式的核心价值观和假设，以及交互学习模式的行为。以芭芭拉为例，她在初次担任咨询顾问时面临了一个不便讨论的话题：如何在影响团队的同时保持中立引导师的身份。然而，芭芭拉并没有回避这个问题，而是将其摆到桌面上，与团队成员共同寻找解决方案。

请记住，交互学习模式的行为虽然必要，但单凭这些行为并不足以取得更好的结果。这些行为需要与交互学习模式的其他要素相结合，才能发挥最大的效力。如果缺乏相应的心智模式，这些行为的有效性可能会大打折扣。在最佳情况下，它们可能只是部分有效；而在最糟糕的情况下，它们甚至可能被扭曲为单边控制模式的工具。

交互学习模式的结果

你和你所服务的团队采用的交互学习模式的心智模式，以及由此产生的行为，与单边控制模式是截然不同的。类似于单边控制模式，我们也可以从绩效、工作关系以及个人幸福感这三个方面来审视交互学习模式所带来的结果（见图4.4）。

结果

绩效
更高质量的决策与更多的创新
实施时间更短
成本更低

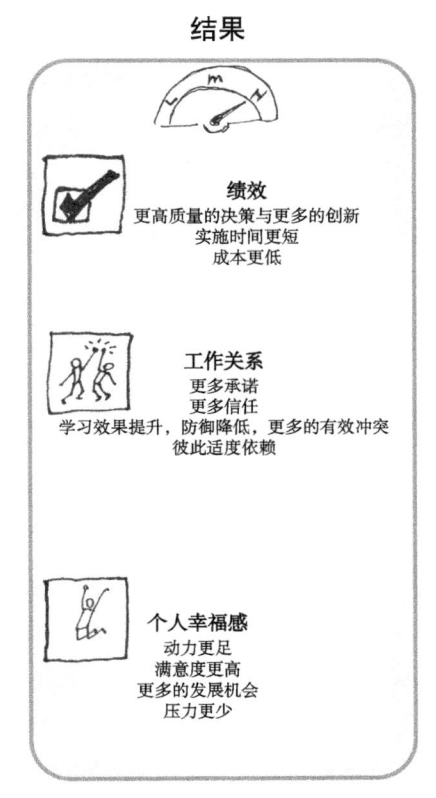

工作关系
更多承诺
更多信任
学习效果提升，防御降低，更多的有效冲突
彼此适度依赖

个人幸福感
动力更足
满意度更高
更多的发展机会
压力更少

图4.4 交互学习模式的心智模式与行为带来的结果

↗ 绩效

无论你在团队中扮演何种引导角色，当你与团队成员共同努力时，他们总是期望实现更出色的绩效。尽管团队成员也会关注工作关系和个人幸福感，但这是因为这些因素迟早会对绩效产生负面影响。通过采用交互学习的心智模式并展现相应的行为，你可以协助团队以多种方式提升绩效，包括更高质量的决策与更多的创新、实施时间更短、成本更低。

更高质量的决策与更多的创新。当你运用交互学习模式并展现相应行为时，你能够与团队成员共同做出更高质量的决策。这是因为你能更有效地发现相关信息，并在对局势的理解上达成共识。此外，你将决策视为代表每个人利益的工具，而非个人或团队的胜利手段。

你还能助力团队做出更具创意的决策，这些决策不仅新颖独特，而且充满原创性。当意识到某些假设无谓地限制了解决方案时，你可以暂时搁置这些假设或采用其他假设取而代之。这样做有助于激发更多创意。交互学习模式让你有能力识别这些限制性的假设，并了解它们是如何不必要地妨碍高质量决策的产生的。

实施时间更短。有些人担心，采用交互学习模式可能会延长决策时间。对此，我的看法是"这要看与何种情况相比"。如果团队迅速做出决策，但之后却需要多次会议来跟进，因为成员并未对实施真正承诺，这难道不是更费时间吗？或者，如果决策迅速实施后却发现必须反复修改，因为团队成员未分享关键信息，这难道不是更费时间吗？又或者，如果计划基于错误假设而制订，团队却未能察觉，这难道不是更费时间吗？

交互学习模式采纳了系统思维的原则：欲速则不达。这个原则我第一次是从我父亲那里学到的，他是一位出身工程师的企业高管。在我家的地下室里，一张巨大的工作台上方挂着一条横幅，上面写着："如果你没有时间把事情一次性做对，那么你怎么会有时间重新再做一遍呢？"

欲速则不达意味着，终点线并不是在你和团队做出决策的那一刻，而是在你们有效地将决策付诸实践的时候，即使你并没有直接参与实施过程。交互学习模式缩短了从决策到实施的整体时间，因为你和团队一起解决了可能成为未来障碍的问题。你们知道，如果在实施前不解决这些问题，它们就会变成难题。有时候，交互学习模式在决策阶段可能会花费更多时间，但这可以通过减少实施阶段的时间和精力来弥补。此外，交互学习模式有时也可以在决策过程中节省时间，因为某些团队可能会在低质量的决策上浪费大量时间。

成本更低。交互学习模式能够让你和团队在保持高质量决策的同时，降低相关成本。有时，成本的降低来源于更短的实施时间，比如减少了会议时长。有时，成本节约则体现在更多富有创意的解决方案所带来的衍生效益上。而在某些情况下，节约成本本身就是工作的目标，就像精益或六西格玛等工作流程改善方法一样。

↗ 工作关系

第二种结果体现在工作关系上。通过该模式，团队成员能够增强彼此的承诺和信任，从而提升学习效果。此外，它还能促进团队成员之间形成适宜的相互依赖关系，这不仅有助于减少防御心理，还能使冲突处理更为高效。

更多承诺。交互学习模式的行为能够为决策和团队本身带来更多的承诺。这里的承诺，指的是一种为了支持某件事情而采取的行动的誓言。虽然产生承诺的过程可能并不简单，但它是一个明确的流程。当团队成员感到他们的利益被充分考虑时，他们就会做出承诺。在采用交互学习模式时，你通过关注他人的利益并共同设计解决方案来实现这一点。

更多信任。信任是构建关系的基石，但它并不是一蹴而就的。当人们相互依赖、共同冒险时，信任才会逐渐建立起来。他们发现，这种依赖和冒险是值得的，因为他们的期望得到了满足。最初，你和团队之间可能存在一定程度的信任，但真正的信任是需要通过时间和努力来赢得的。

交互学习模式的核心价值观和假设为建立更多信任提供了基础。当你假设人们的动机是单纯的，即使他们与你意见不合时，当你将差异视为学习的机会时，你就是在以慷慨和信任的精神行事。这增加了团队成员信任你的可能性，因为你对自己的意图保持透明，对他人心怀好奇，你愿意担责并帮助他们做出知情的选择。

学习效果提升，防御降低，更多的有效冲突。作为引导师、咨询顾问、教练或培训师，你的成长取决于你与你所服务的团队在当下共同学习的能力。交互学习的所有核心价值观、假设和行为都旨在提升学习效果。当你保持透明并心怀好奇时，你能更好地理解团队的想法和需求，从而更有效地与他们合作。由于你保持同理心并愿意承认自己的错误，人们即使与你观点不同也会保持单纯的动机。这使得冲突变得更具建设性，因为你能够理解冲突的原因并一起寻找解决方法。这种学习方式减少了防御性反应，使你和团队能够更开放地交流和学习。

彼此适度依赖。无论你在团队中扮演什么引导角色，你的目标都是帮助团队变得更加高效。然而，挑战在于如何提供帮助而不让团队过度依赖你。保持适度的依赖关系可以让团队在你离开后仍然有效地工作。

当你基于担责的核心价值观行事时，你不仅要求自己承担责任，也要求团队成员这样做。这增加了团队对你适度依赖的可能性。确保担责的一个重要原则是，所有人都直接分享彼此希望听到的信息，并为此承担责任，而不是通过你来传递信息。简而言之，你应该避免成为信息的中间人。关于这个话题的更多内容，我将在第 13 章中详细讨论。

↗ 个人幸福感

第三种结果是提升个人幸福感，具体表现为动力更足、满意度更高、更多的发展机会、压力更少。由于交互学习模式能够改善你所助力的团队中的工作关系，你将在工作中体验到更高的满意度和更足的动力，团队成员也同样会受益。

此外，交互学习模式还有助于缓解你的压力和焦虑。通过该模式，你可以自由地分享自己的思考内容，无须花费过多时间和精力去琢磨如何措辞，从而避免让客户产生防御心理。与其因团队成员的看法而感到焦虑，不如采用交互学习模式，深入了解他们的想法，减少内心的不安。尽管引导工作充满挑战，但我们应该努力保持并提升自己的心理健康水平。

交互学习模式的强化循环圈

与单边控制模式相似，交互学习模式也能够形成强化循环圈。然而，与单边控制模式不同的是，交互学习模式所形成的是良性循环圈。

第一种良性循环圈存在于三种结果之间：与团队的良好合作关系会增强你帮助团队取得更佳绩效的能力；更好的绩效则会提升你的幸福感，因为你的幸福感部分来源于帮助团队达成目标的能力；而当你的压力和焦虑得到缓解时，这又会进一步对你的绩效产生积极影响。

在第二种良性循环圈中，你通过运用交互学习模式的心智模式并展现相应的行为，从而强化了通过该模式所达成的结果。图 4.1 清晰地展示了这两种良性循环圈。即使面对具有挑战性的局面，你越频繁地使用交互学习模式，就能越快地适应并应对这些挑战。

是否有的时候单边控制模式效果更好

这是一个普遍且极其重要的问题。与其他人一样，你可能也会有同样的想法。在某些情况下，单边控制模式是必要的：有时团队没有足够的时间做出决策；有时决策权掌握在个人而非团队手中；还有时，即使时间充裕，团队和个人之间也无法达成共识。

如果你持这种观点，那么你可能将交互学习模式与达成一致的决策规则混为一谈了。正如我在本章"知情的选择"部分所介绍的，交互学习模式并不要求你遵循任何特定的决策规则。你可以采用各种决策方式，既可以是个人独立决策而无须咨询他人意见，

第 4 章　引导时采用交互学习模式

也可以是团队共同协商达成一致。交互学习模式与单边控制模式的区别不在于你使用的决策规则，而在于你在决策前、决策中和决策后所采用的心智模式。这就要求你对自己的决策推理过程保持透明，并对你的决策是否可能对他人产生不利影响心怀好奇。

尽管交互学习模式并不要求你遵循特定的决策规则，但你的具体引导角色确实会为你提供选择并限制你在决策中的参与度。例如，作为引导型领导，高层管理者可以为团队做出决策；而作为引导师，你则被禁止对讨论内容发表观点，更不用说直接参与决策了。如果你担任的是引导型顾问角色，团队会聘请你就讨论内容分享观点，但最终决策权仍掌握在团队自己手中。

然而，当你使用流程来帮助团队解决内容层面的问题时，你确实可以在决策中发挥一定作用。作为引导师，你被邀请作为团队的流程专家；团队期望你能够建议一种有效的团队协作流程。作为引导型顾问，这涉及你所擅长的领域，你可能会被视为战略规划、流程改进或继任计划等方面的专家。在这些领域中，团队仍然期待你提出一种大家共同工作的流程。

在你的引导角色中，你需要做出许多微小的决策并付诸实施，这些决策通常无须事先征得团队的许可。在单边控制模式中也是如此，你只需在事后解释你的决策并寻求反馈即可。在许多日常情况下，你无须积极征求他人意见或解释为何需要询问团队意见，因为这些都是显而易见的。

有效运用交互学习模式意味着你的行为在特定情境中是恰当的。总的来说，当你面对的情况越是非常规、高风险、情绪化、观点分歧大或出现意外情况时，你就越需要展现出交互学习模式的行为。即使你没有积极展现出交互学习模式的具体行为，你也应该随时准备采用交互学习模式的心智模式，并在需要时表现出这些具体行为。

小结

在第 1 章，我介绍了交互学习模式是专业引导技巧的基石。你在担任引导师时所表现出的一切都是源自这一方式。交互学习模式的心智模式与行为可带来三种结果：绩效更好、工作关系更佳、个人幸福感更强。单边控制模式与交互学习模式之间的差异不在于其使用的决策规则，而在于运用决策模式时使用的心智模式。在第 5 章，我们将详细探讨交互学习模式的八种行为，并学习如何在团队引导中展现这些行为。

第 5 章
交互学习模式的八种行为

在本章中,我将介绍交互学习模式的八种行为以及每种行为的含义,并阐述如何利用这些行为来打造更为有效的团队。[1]

展现八种行为

交互学习模式的八种行为可改善团队流程并产生三种交互学习模式结果。这三种结果是绩效更好、工作关系更佳及个人幸福感更强。这些行为直接来自交互学习模式的核心价值观与假设。

行为的三个目的

这八种行为(详见图 5.1)可以达到多个目的。首先,它们可以作为你在引导过程中展现所需行为的指南。为了提升团队效能,你需要采取有效行为。通过展现这些行为,你可以更好地引导对话,提高自身效率,并帮助团队更好地实现其目标。同时,通过以身作则,你也向团队成员展示了他们应具备的行为。

其次,这些行为有助于你诊断团队表现并实施干预。随着对这些行为的深入了解,你将能够观察团队的互动情况,并迅速识别出哪些行为缺失导致团队效能下降。然后,你可以通过展现这些行为来对团队进行干预,进而帮助他们提高效能。

---

[1] 本章的一部分改编自《聪明的领导,更为聪明的团队》。

第 5 章 交互学习模式的八种行为

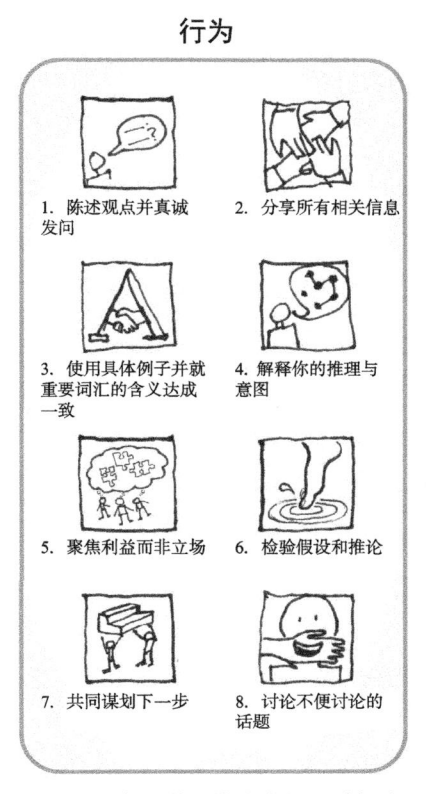

行为

1. 陈述观点并真诚发问
2. 分享所有相关信息
3. 使用具体例子并就重要词汇的含义达成一致
4. 解释你的推理与意图
5. 聚焦利益而非立场
6. 检验假设和推论
7. 共同谋划下一步
8. 讨论不便讨论的话题

图 5.1 交互学习模式中的八种行为

最后，这些行为可以作为你所服务团队的基本规则。如果你采用专业引导技巧作为引导方式，那么适用于你引导角色的行为也将对团队成员有效。一旦团队理解并承诺展现这些行为，它们将成为团队的基本规则，即团队成员对彼此互动方式的期望。这将有助于团队共同承担责任，改进流程，这也是发展型引导的重要目标之一。换句话说，当团队承诺将这些行为作为彼此互动的基本规则时，你可以帮助他们学习如何展现这些行为，就像你示范的那样。你可以指导自己的行为，并将这些行为作为诊断和干预的框架，从而更好地改进团队表现。

在本章中，我将首先关注如何展现这些行为以提升你的效能。在后续的章节中，我们将探讨如何在诊断和干预中展现这些行为，以及如何将它们作为基本规则加以运用。

尽管这些行为被编上了数字，但这并不意味着你必须按照特定的顺序来展现它们。你的行动应根据需求进行灵活调整。很多时候，你可能需要在同一时刻展现多种行为。我将这些行为视为一系列灵活的组合舞步，具体如何运用取决于实际的场景和需求。

行为 1：陈述观点并真诚发问

当你陈述观点并真诚发问时，你在展现如何保持透明并心怀好奇。**当你展现出这种行为时，你在做三件事情：① 表达你的观点；② 解释你观点背后的推理过程；③ 就你的观点询问对方的看法**。作为引导师，你经常需要就建议团队遵循的流程或观察到的团队事件发表观点。例如，你可能会说："无论你们最终达成什么解决方案，我首先建议你们明确要满足的需求。这将为你们提供一个评估的基准，从而可以生成并考虑各种潜在的解决方案。大家对于先确定评估标准有什么异议吗？"如果你担任的是引导型咨询顾问角色，你还需要就团队讨论的内容发表专业看法，特别是当讨论内容涉及你擅长的领域时。在这种情况下，你可能会说："我建议让部门负责人自主管理他们的预算。这样，他们可以拥有与职责相匹配的权力和决策自主性。"

↗ 陈述观点并真诚发问可达成什么

陈述观点并辅以真诚的发问，可以实现多个目标。首先，这有助于他人理解你的想法，同时也有助于你理解他人的想法。当你坦诚地陈述自己的观点时，他人能够明了你的思考；而当你真诚地发问时，你则有机会洞悉他们的想法。当在场的每个人都能理解彼此的思考时，你和团队就拥有了做出更明智决策的信息基础。

然而，如果你仅仅满足于探询，那么你就无法有效地传达自己的推理过程以及发问的初衷。无论是陈述观点还是发问，如果只采用单一的方式，都可能导致对话的单边控制，进而引发对方的防御性反应。

其次，陈述观点与真诚发问可以将会议从一系列的零散点评转变为有焦点的对话。在观察团队会议时，你常常会发现，当人们轮流表达自己的想法时，他们的点评往往并没有建立在前人的发言基础上。有时，他们的发言甚至与之前的讨论毫无关联。这种情况的出现，部分原因是在某位团队成员结束发言时，他并没有询问其他人的看法。而如果你在结束发言时能够提出明确的问题，那么这个问题就能立即引导对方针对你的提问做出回应。如果每个人都能在自己的陈述后紧跟类似的提问，那么团队就能形成有焦点的对话。

再次，这种行为还将加速你和你所服务团队的学习进程。交互学习模式的一个基本假设是，差异是学习的机会。当你分享自己的观点与推理，并询问对方的看法时，团队成员可以判断他们是否赞同你的推论，或者对其中部分推论持有不同意见。通过识别团队成员在看法上的差异，你可以帮助团队探讨导致这些不同推论的原因。是因为他们掌握的信息不同？是因为他们的利益出发点不同？是因为他们采用了不同的假设或价值观？还是因为他们对某些话题的优先级看法不同？

无论你在团队中扮演何种引导角色，你都需要了解团队是否赞同你的观点。如果他们不赞同，了解原因至关重要。如果他们不赞同你的观点，他们就很难接受基于此观点提出的行动方案或建议。

有些引导师、咨询顾问、培训师试图回避或尽量减少团队中的差异，包括他们与团队之间的分歧。如果你也试图减少差异，你可能会担心聚焦在不同观点上会引发不必要的冲突或防御性行为，而你可能无法有效应对。然而，你可能错误地认为，首先关注共同基础可以培养团队应对差异的能力。但实际上，这可能会让你在团队已经达成的共识上浪费不必要的时间，从而减少团队识别和解决差异的时间。越早识别差异，你就能越快地帮助团队解决这些问题。

最后，陈述观点并真诚发问可以减少防御性行为。如果你只陈述观点而没有真诚发问，其他人的回应方式也可能只是陈述他们的观点，这会导致你也以相同的方式回应，最终形成一个负面的强化循环。在这个循环中，每个人都在陈述自己的观点并试图说服他人。但是，当你陈述观点并真诚发问时，其他人会将你的问题视为邀请他们分享不同观点的机会，而不是将其视为挑战。因此，他们不太可能做出防御性回应。而你提升学习效果并减少防御性反应的能力，很大程度上取决于你如何发问。

确保你的发问真诚。 并非所有发问都是出于真诚。只有真诚的发问才能提升学习效果并减少防御性反应。真诚的发问意味着你的提问旨在了解你不清楚的内容。与之相对，不真诚的发问或反问往往是对对方陈述中的某一点进行婉转质疑。例如，"你为何不试试我的方法，说不定会有效呢？"这样的问题并非真诚。相反，真诚的发问可能是："如果你尝试我的建议，可能会遇到什么问题？"请注意，在真诚的发问中，你不会强加自己的观点。

真诚的发问与不真诚的发问之间的区别不仅在于措辞，更在于你的意图和你期望得到的回应。如果你的问题不真诚，人们可能会察觉到你想通过提问来评判或说服他们，这样的推断通常是准确的。极端情况下，连续给出不真诚的发问会让对方觉得你在盘问他们，导致他们变得警觉，不再愿意分享信息，甚至产生防御心理。

不真诚的发问有时表现为旁敲侧击。这种方式通过间接手段提出问题或表达观点。例如，你可能会问："你觉得这个主意如何，如果我们……？"而实际上你心里已经认为："这是个好主意，我们应该……"

你可能选择旁敲侧击是因为担心直接表达观点会影响他人的反馈。然而，这种做法往往让人们觉得你只是在用提问的方式陈述自己的观点，而这种猜测通常是正确的。这会导致对方采取防御态度回应，因为你在要求他们透明地表达观点的同时，却对自己的想法遮遮掩掩。因此，直接陈述观点并提出真诚的问题，有助于避免引发对方的防御心理。

决定你的提问是否真诚。当我们对那些与我们看法不同的人感到沮丧时，我们的提问往往缺乏真诚。我们通常会认为，那个人要么不理解当前情境，要么完全错误，要么动机可疑，甚至三者兼具。那么，如何判断一个提问是否真诚呢？如果你对以下问题的回答都是"是"，那么你的提问可能并不真诚：

- 我是否已经知道了提问的答案？
- 我的提问是否旨在确认人们是否会给出我所期望或偏爱的回答？
- 我的提问是否只是为了表达某个特定的观点？

来尝试一下"你这个白痴"的测试吧！ 检验你的提问是否真诚的另一种方式是进行所谓的"你这个白痴"测试。这实际上是一个思维实验，你可以在脑海中默默进行。以下是具体步骤：

1. 在心里默默提出你准备好的问题。例如，团队成员可能告诉你，他们无须在会议目的上浪费时间，因为大家都已经达成共识。然而，你注意到团队在推进项目进程上花费了过多时间，这似乎是因为团队目标尚未达成一致。这时，你可能会想问："你们如何看待团队为完成任务而花费了这么多时间？"

2. 在你的问题末尾加上"你这个白痴"的表述。现在，问题变成了："你们如何看待团队为完成任务而花费了这么多时间，你这个白痴？"

3. 如果在加入"你这个白痴"后，问题依然显得通顺自然，那么建议你不要提出这个问题。因为这实际上更像是在陈述你的观点，而非真诚地寻求答案。这种表述方式可能会让人感觉到你的质疑或挑衅，即使你并没有明说"你这个白痴"。为了避免这种情况，你可以将不真诚的问题转化为坦诚的陈述，明确表达你的观点，解释你的推理，并紧接着提出一个真诚的问题。例如："我认为，花一些时间在会议目的上达成一致可能会从长远来看节省大家的时间。在之前的会议中，当你们因未完成任务而感到沮丧时，我注意到你们并未就会议目的达成一致。你们对此有何看法？如果你们已经达成一致，就能更快地识别出对话是否偏离了主题，从而节省时间。你们觉得如何？"

在这一过程中，我们探讨了如何坦诚地陈述观点并提出真诚的问题。然而，关于如何解释自己观点背后的推理，我们尚未深入讨论。行为 2 至行为 5 将针对这一问题进行进一步探讨。

↗ 对什么心怀好奇

当你真正心怀好奇时，自然而然地就会找到你的问题。以下是一些提问的示例，有助于你更好地进行发问。

创建共识的提问。创建共识的提问是有效解决问题和做出决策不可或缺的基石。针对某一具体情境或问题，我们需要确保团队成员在理解上存在共识。这可以通过以下提问来实现：

- 当某某提出这样的观点时，你有何看法？
- 你如何解读当前的局面？
- 你与其他人在看法上存在差异时，你能具体阐述一下你的观点吗？

用于探讨推理过程的提问。为了深入探讨团队成员的推理过程，我们需要理解他们所倾向的解决方案和决策背后的逻辑。这包括他们所考虑的信息、利益点，以及他们的假设和价值观。通过以下提问，我们可以帮助团队成员公开他们的推理过程，并促进彼此之间的理解：

- 你能向团队阐述一下你是如何形成这个解决方案的吗？
- 在处理这个问题时，你认为哪些信息、利益点、假设和价值观是至关重要的？
- 你对某某的推理过程有何异议或补充？
- 鉴于你和某某在某些信息、利益点、假设和价值观上存在分歧，你们打算如何共同确定哪些观点对于推动问题解决至关重要？

获取支持的提问。在对话接近尾声时，团队需要明确是否已获得足够的支持以做出决策。以下提问可以帮助我们探讨这个话题，并确定如果当前支持不足，我们需要采取哪些行动来争取更多支持：

- 你是否支持这个提议？
- 如果你有疑虑，那么支持这个提议的主要障碍是什么？
- 你还需要哪些额外信息才能对这个决策表示支持？
- 鉴于你在团队中的角色，你是否愿意支持并推动这个决策的实施？
- 你是否愿意接受这个决策带来的潜在影响？

总体目的之提问。最后，有时候我们可能知道自己需要心怀好奇，但不确定应该对哪些因素心怀好奇。以下是一些适用于多种场合的提问：

- 你如何理解当前的状况？
- 对于这个问题，你有什么样的想法？
- 你能进一步阐述你对这个观点的看法吗？
- 导致你产生这种想法的原因可能是什么？

行为 2：分享所有相关信息

行为 2 意味着与团队共享你掌握的所有相关信息。通过这样做，你不仅保持了透明度，还体现了对团队的责任。共享信息的目的在于确保每个团队成员都能从同一信息池中受益，从而做出知情的选择。如果团队成员在做出决策后发现你故意隐瞒了关键信息，以阻止他们做出知情的选择，他们将感到失望、愤怒和不满。在执行决策时，他们可能会缺乏承诺，甚至选择退出。当你听到团队成员说"如果你早点告诉我这些信息，我可能就不会同意了"时，这通常意味着你可能没有完全坦诚地分享所有相关信息。

↗ 什么是相关信息

相关信息是指那些能够影响你或他人做出决策、决定如何实施决策，或者对决策产生想法和感受的信息。分享这些信息并不要求你在对话中倾尽所知，或者一股脑地抛出脑海中闪现的所有念头。在任何情况下，你都需要判断哪些信息是相关的。

令人遗憾的是，在面临挑战时，人们常常倾向于采取单边控制模式，即有意隐瞒某些信息，导致所说内容与真实想法和感受之间存在鸿沟。而分享相关信息则是一种更为有效的方法，能够缩小这一差距，促进理解和沟通。

以下是判定你是否分享所有相关信息的几条原则：

- 分享与你的引导角色一致的信息。
- 分享自己知道的信息，让其他人分享他们知道的信息。
- 分享与你的观点相违的信息。
- 分享你的感受。

↗ 分享与你的引导角色一致的信息

如果你担任的是引导型咨询顾问、培训师或教练，那么你在专业领域的知识和技能，即你擅长的内容，无疑是你需要分享给团队的重要信息。这也是团队选择你的重要原因。然而，正如我在第 2 章中所强调的，当你担任引导师的角色时，过度分享你在内容上的专长可能会与你的角色定位产生冲突，除非你事先与团队达成了明确的共识。在某些情况下，你可能需要暂时放下作为中立引导师的身份，以便分享你在某个具体话题上的专业见解。但请注意，即使是分享相关信息，也可能与你的角色定位产生一定的冲突。这样做可能会损害你的可信度和团队对你的信任，进而影响到你的工作效果。这一点对于引导型教练来说同样重要。

↗ 分享自己知道的信息，让其他人分享他们知道的信息

分享你知道的信息是至关重要的，但切记不要代替他人分享他们的信息。当你代替别人传达信息时，实际上是在越权行事。这种行为可能会使他们失去透明度和责任感，不当地将责任转移到你的身上。此外，由于这些信息并非你所熟知，你可能无法完全回答人们关于这些信息背后推理的提问。例如，如果某位高管要求你在引导过程中向他的团队传达他的意图，那么你就是在越权行事。

通常情况下，其他人要求你分享的信息都是相关的。然而，这些信息并不属于你，而属于他们。要解决这个问题，最佳方式是与那些希望你代替他们分享信息的人进行沟通。关于这个话题的更多讨论，我们将在第 13 章中展开。

↗ 分享与你的观点相违的信息

分享相关信息时，应包括那些并不支持你推荐的解决方案的信息。如果你认为团队在现有议程上多花时间，而不是讨论所有预设话题，会更有收获，那么你可以分享你的观点，并解释未能完成预设议程可能带来的潜在风险。如果你作为某个特定绩效管理咨询计划的引导型咨询顾问，并且你本人强烈支持该计划，那么你也有责任分享其中可能存在的挑战。当你需要分享与你所推荐解决方案相违的信息时，如果在特定情境下表述，这是可以理解的。你可以这样表达："尽管在实施某某绩效管理计划时可能会遇到诸多挑战，但总体来看，我认为这对你来说仍是最佳方案，因为……"

↗ 分享你的感受

在单边控制模式中，情绪，尤其是负面感受，往往被忽视。然而，在交互学习模式

中，情绪却是对话与问题解决的关键因素。当你恰当地分享自己的感受时，你实际上在传递一种常被忽略但至关重要的信息。尽管你的某些行为在团队看来可能有些反直觉，但在团队面前展示这些有效行为是必要的。分享感受有助于他人更深入地理解你对话内容的看法。

当团队采取某些行动时，你是否感到惊讶，无论这种感受是愉快还是不愉快？当团队似乎未能履行对你的承诺时，你是否感到失望？你是否能对团队面临的挑战产生共鸣？情绪是人类体验中自然而不可或缺的一部分。通过分享感受，你可以帮助你所服务的团队更好地理解你，从而对你做出更恰当的回应。

有效地分享感受是一项挑战，要求你以适当的方式表达自己的情绪。正如亚里士多德在《尼各马可伦理学》中所言："发脾气是容易的，但要以正确的方式、对正确的人、出于正确的理由发脾气，就不那么容易了。"有效地分享情绪意味着你的表达要基于实际发生的事情，而不是基于假设、推断或对团队的归咎。这要求你不仅要适度地分享情绪，还要清晰地传达你对这些情绪的理解。当你感到不满、生气或恼火时，这些都是情绪升级的信号。尽管我很少对所带领的团队感到极度愤怒，但即使在这些情况下，我也难以找到确凿的证据来支持我的情绪。在面对情绪困扰的情境时，单边控制模式往往会使我们陷入负面情绪更加突出、积极情绪更加微弱的境地。我们将在第 12 章中探讨如何妥善处理你和团队成员的情绪问题。

接下来要讨论的三种行为与分享信息的方式有关。

行为 3：使用具体例子并就重要词汇的含义达成一致

在任何对话中，确保每个人所谈及的是同一件事情，这非常必要。这意味着就相同的事情大家使用相同的表述。行为 3 可确保做到这点。

当我们没有就重要词汇的含义达成共识时，原因有三：① 我们使用不同词汇称呼同一事物；② 我们使用相同词汇称呼不同事物；③ 我们未能准确地表达出我们本想表述的内容。为减少这个问题的出现，你可采取如下步骤：

- 怎么想，怎么说。
- 提及姓名。
- 使用具体例子。

怎么想，怎么说

引导师、咨询顾问、教练与培训师在沟通时，有时难以准确地传达自己的真实想法。我们倾向于使用委婉的措辞，但这往往导致误解。例如，培训师在询问学员是否完成某项任务时，常用的一种问法是："你们是否有机会做……"我也曾习惯采用这种方式，直到一次与警察负责人的团队合作经历让我改变了这一做法。

当时，我正在协助他们学习冲突管理技巧。课程开始时，我询问："你们中有多少人有机会阅读了我要求的那篇文章？"令我惊喜的是，50位学员全都举起了手。我兴奋地说："太棒了！在我所服务的团队中，你们是第一个全员都阅读了这篇文章的团队。"然而，一位警察负责人立刻指出了我的错误："罗杰，你并没有问我们是否读过这篇文章，你只是问我们是否有机会读。当然，我们都有机会。"他说得对，我立刻更正了自己的提问："那么，真正阅读过这篇文章的人有多少？"这一次，只有约三分之一的学员举起了手。

那一刻，我深刻意识到了之前提问方式的问题所在。我试图用委婉的方式为未完成任务的学员保留颜面，但这实际上模糊了我真正想要了解的信息，也让他们逃避了责任。

直接询问"你们阅读了这篇文章吗"其实并不难，关键在于我们是否愿意改变自己的沟通习惯。我们应该把这样的直接询问看作是在交互学习模式中保持透明、担责、好奇和同理心的体现，而不是对学员的为难。

提及姓名

如果你希望团队成员明确你正在谈论的对象，直接提及他们的姓名会很有帮助。例如，如果你注意到艾琳或爱德华没有分享他们的观点，而琼则反复提及这个话题，你可以说："让我们听听那些还没发言的人，比如艾琳和爱德华，有什么看法。"这样的表述既具体又明确。然而，你也需要考虑到琼的发言可能影响到艾琳和爱德华的发言机会。为了维持透明度和责任感，你可以这样说："我还没有听到艾琳和爱德华的想法。琼，你已经在这个话题上发表了多次看法，我是否遗漏了什么？如果没有的话，你是否愿意让艾琳和爱德华分享一下他们的观点？"

如果你担心这样的表述会引起问题，可能是因为你觉得这听起来像是对琼的批评。或者你遵循的是"公开表扬，私下批评"的原则。然而，这一原则其实是基于单边控制模式的，它假设对他人行为的讨论就是批评，这与在团队中开展批评的同时尽量减少负面情绪的原则是相冲突的。这一原则主要是为了保护自己或他人的面子。但是，当你转向交互学习模式时，你会从不同的角度来看待这种情况。这可能是一个学习的机会，或者是帮助团队成员理解他们的行为方式如何影响团队效率的机会，即使他们并没有故意这样做。

↗ 使用具体例子

奇怪的是，人们对于最常用词汇的含义往往有不同的理解。在战略会议上，人们对"战略"一词的定义众说纷纭；在人力资源会议上，"担责"的含义也因人而异。甚至对于会议是否准时开始，人们的看法也不尽相同。在你担任引导角色时，你可能会使用你所在领域的专业术语，而这些术语的通常含义可能与此有所不同。

要判断你所使用的词汇与其他人的理解是否一致，一个有效的方法是举例说明。例如，当你认为团队需要就某个决策达成一致时，你可能会发现不同人对于"达成一致"的理解存在差异。对于某些团队成员来说，这可能意味着决策只需获得简单多数的支持；对于其他人来说，可能需要获得绝大多数人的支持；而对于另一些人来说，则必须获得所有人的支持。当团队首次同意就某个决策达成一致时，你可能会发现这个决策虽然得到了大多数人的支持，但并非所有人都表示赞同。这时你就会意识到，人们对于"达成一致"的定义并不统一。

为了明确"达成一致"的具体含义，你可以这样表述："当我说达成一致时，我指的是获得所有人的支持，而不仅仅是大多数人的支持。在实际工作中，这意味着你们每个人都必须明确表示支持这个决策，无论你在组织中担任什么角色。如果决策涉及信息技术方面，那么作为 CIO 的你，普拉迪普，将需要在实施过程中承担重要责任。而对于市场和营销负责人安吉与尤瑟夫来说，支持则意味着你们的团队将使用新系统。根据我对达成一致的定义，这并不意味着你不能向你的直接下属表达你对决策实施的疑虑；相反，你可以这样说：'虽然我对这个决策仍有所疑虑，但我支持它的实施。'那么，大家对于达成一致还有什么不同的看法吗？"

请注意，通过具体行为来举例说明是解释定义的一个重要部分。这些例子有助于澄清误解和明确期望。

行为 4：解释你的推理与意图

人们天生倾向于为他人的行为与言辞赋予特定意义。如果你不解释自己的推理过程，团队成员很可能会对你的推理做出他们自己的解释，而这些解释可能与你的初衷大相径庭。因此，解释你的推理和意图至关重要，这意味着你需要阐明自己言行、提问或采取行动背后的原因。尽管推理与意图有所相似，但二者并不完全相同。你的意图是你行动的目的，而你的推理则是你进行逻辑思考的过程。你根据相关信息、价值观、假设和利益，运用这一思考过程得出结论，并提出解决方案的建议。

解释推理与意图的过程包括将你的个人思考公之于众，以便其他人了解你是如何得出结论的。如果他们在你的推理过程中发现有不同的观点，他们可以向你提出疑问。这就像你的五年级老师对你说："把你的作业给我看看。"如果你的数学答案与她的不同，她可以检查你是使用了错误的信息、错误的公式，还是计算出了错。简而言之，她可以找出你们的推理不同之处。

为了明确地表达你的推理，你可以采用以下句式进行陈述或提问：

- "我这么提议的原因是……"或"我之所以这么提议，是因为……"
- "我这么说的理由是……"或"我之所以这么说，是因为……"
- "我这么询问的原因是……"或"我之所以这么问，是因为……"
- "我这么做的理由是……"或"我之所以这么做，是因为……"

例如，你可以这样说："与其让团队逐个解决你们提出的每个担忧，我建议我们首先明确每个人的担忧是什么，并立即排出你们希望解决这些担忧的优先级。我之所以提出这个建议，是因为这样可以让你们迅速看到所有的担忧，并能够按照最合理的顺序来解决它们。大家对此有什么疑问吗？"

↗ 对你的策略保持透明

为了保持透明，你采取的关键策略应当是如何有效地影响团队。这包括你推动团队问题解决的具体流程，如何在不同话题间顺畅切换，乃至你应对团队内部有效或无效行为的手段。作为团队的引导者，你肩负着设计和管理团队流程的责任。如果团队对你的行动目的茫然不知，那么你的策略便未能保持透明。在第3章中，芭芭拉选择了单边控制模式，却发现难以在团队内部公开这一策略。

若你对所采用的策略缺乏透明度，团队成员可能会产生疑虑，怀疑你在暗中操控，即使你并无此意。相反，当你坦诚地展示策略时，团队成员能够明白你行动的动机，从而增进彼此间的信任。

通常情况下，你之所以不愿分享策略，是因为担心涉及过多细节。在单边控制模式的影响下，你可能会倾向于保密自己的策略，因为担心一旦公开，就会影响你的执行力。然而，人们若不了解你的策略，便可能难以全力支持你。

↗ 采取透明度实验

这里有一个简单却十分有力的三步思考实验，可以帮助你判断自己是否在使用单边控制模式。我将其称为"透明度实验"。为了具体说明这个实验如何操作，我将使用一个常见的策略性例子，即如何通过"三明治"方式给出负面反馈。下面就是判断你是否陷入单边控制模式的三个步骤：

1. 识别对话中的策略使用。在采用三明治方式时，你首先会给予对方正面的评价，使其感到舒适并更愿意接受你接下来要给出的负面反馈。然后，你会明确指出存在的问题或不足，这是对话的核心目的。最后，你再次以积极的话语结束，以维护对方的自尊，避免引起不满。

2. 设想向对方解释你的策略。进一步想象，如果你向对方阐述了这个策略，并询问他们是否认为这对自己也适用。比如，你可以这样说："我召集大家来，是想给大家一些负面反馈。我想先让大家了解一下我的沟通策略，看看是否有效。我会先从正面的评价开始，让大家感到舒适，然后提出需要改进的地方。最后，我会再次给予积极的反馈，希望大家能以更开放的心态接受。你们觉得这个策略怎么样？"

3. 观察自己的反应。如果你发现自己对这个想法感到荒谬，或者坚信自己绝不会采用这种策略，那么你可能正在使用单边控制模式。你之所以对自己的策略保持神秘，可能是因为你认为只有在其他人不知情或默许的情况下，这些策略才能发挥作用。

然而，解决方案并非继续对你的策略保密，而是转变你的思维方式。尝试采用交互学习模式，与其他人分享你的策略，这样可能会让你更加有效。当你坦诚地展示自己的策略时，团队成员将更有可能理解并支持你的行动。

行为 5：聚焦利益而非立场

聚焦利益，是分享相关信息的一种有效方式。利益，即人们在特定情境下所追求的需求或愿望。解决方案或立场，则是人们为满足这些利益而采取的手段。换言之，利益驱使人们坚持某一特定的解决方案或立场。然而，人们的立场往往相互冲突，即使他们的利益其实可以相互兼容。通过聚焦利益，我们可以更容易地达成一致，找到问题的解决方案，即使大家的立场截然不同。

以购车团队为例，假设你倾向于购买本田雅阁，而另一位团队成员则倾向于购买丰田普锐斯。这些都是各自的立场。当被问及"本田雅阁对你而言有何重要之处"时，你的回答可能揭示了你的利益所在，即你希望满足的需求。你也许会提到本田雅阁的性能可靠、保养成本低以及高再售价值。这些正是你所追求的利益。同样地，如果询问倾向于购买丰田普锐斯的团队成员，她可能会提到低油耗以及在拥挤环境中的易驾驶性。如果你们都能认同对方的需求是合理且值得考虑的，那么接下来的共同目标就是找到一辆能满足所有人需求的汽车。团队通常寻求创造性的解决方案，而不仅仅是在两个预设选项中选择。因此，发现并理解各自的利益将有助于团队找到满足所有人需求的最佳方案。

在推荐团队采用特定流程讨论问题或提出解决方案时，作为引导师，你需要明确自己的意图是满足团队的利益。当你这样做时，务必清晰地阐述你所关注的利益点。作为引导型咨询顾问，你可以这样表达："我推荐这个解决方案是因为我认为它符合你关注的两个主要利益点：一是解决方案必须在当前预算范围内；二是如果未来几个月预算有所调整，该解决方案也能灵活应对。我是否准确理解了你的利益诉求？如果我的理解无误，你是否认为这个解决方案能够满足你的利益需求？"

以下是帮助团队基于利益来制订解决方案的四个步骤：

步骤1：识别利益。请团队成员多次重复完成句子："无论我提出的解决方案具体内容如何，这个方案必须满足……"然后汇总回答，形成利益清单。如果成员仍停留在立场而非利益上，可以提问："在你的解决方案中，你最看重的是什么？"以帮助他们识别潜在的利益。

步骤2：就解决方案中的利益点达成一致。在这一步，你需要协助团队明确每个利益点的含义，并确定哪些利益点应在解决方案中予以考虑。可以提问："在制订解决方案时，我们是否认为某些利益点不应纳入考虑？"这里的"考虑"并不意味着每个利益点都被视为至关重要，而是与解决方案相关。虽然理想情况是满足所有相关利益点，但团队最终制订的解决方案可能无法覆盖所有点。此步骤结束时，团队应形成一个理想的解决方案必须满足的利益清单。

步骤3：制订满足利益的解决方案。在这一步，你的目标是帮助团队找到能够尽可能满足多个利益的解决方案，甚至满足所有利益。你可以说："让我们尝试找出多种可能的解决方案，以满足大家的利益。现在不需要对任何方案做出承诺，只需要把它们提出来。"鼓励团队提出多种解决方案，并在彼此的想法基础上进行构建。如果提出的解决方案无法覆盖所有认可的利益点，可以探讨这些方案是否基于某些不必要的假设。例如，如果所有方案都假设工作只能由全职员工完成，可以提问这个假设是否必要。如果不必要，则要求团队考虑其他不受此假设限制的解决方案。如果仍无法满足所有利益点，可以要求团队对利益点进行排序或赋予权重，确保最终的解决方案至少满足最重要的利益点。

步骤 4：选择并实施解决方案。最终选择的解决方案可能无法完全满足团队各方的所有利益，但这个过程将大大提高你帮助团队找到每个人都能支持的解决方案的可能性。

行为 6：检验假设和推论

在行为 4 中，我向大家阐述了人类天生喜欢为事物赋予意义的倾向。在行为 6 中，我将进一步解释我们是如何具体地赋予意义的。但请注意，如果不加小心，这一过程可能会给自身以及我们所服务的团队带来不必要的困扰；因此，学会检验自己所赋予的意义，将有助于提升团队的整体效能。

赋予意义的方式多种多样。当我们做出假设时，我们默认它是真实的，无须进一步证明。而当我们进行推论时，我们是基于已知信息对未知事件做出推断。最后，当我们做出归因时，我们会推断某人的动机，解释他们为何会以某种特定方式行事。以下例子将说明这三者之间的区别：

1. 假设：团队领导会主持会议（因为这是团队领导的职责所在）。
2. 推论：由于团队领导没有告知大家需要做什么，因此他没有主持会议。
3. 归因：团队领导之所以没有主持这次会议，是因为他对项目不够关注。

假设、推论和归因在运作方式上具有相似性。如果我们基于这些未经检验的判断行事，并坚信自己是正确的，但最终结果却证明我们错了，那么这无疑会给自己和团队带来麻烦。每个人都会做出假设、推论和归因，这本身并不是问题。问题在于我们往往缺乏对这些过程的自我意识。如果我们没有意识到自己正在做出假设或推论，那么我们就无法在采取行动之前检验其正确性，而这可能会导致不良后果。为了简化表达，在这部分内容中，我将统一使用"推论"这一术语来代替"假设、推论或归因"。

行为 6 涉及多项关键技巧。首先，你需要在做出推论时能够意识到这一点。其次，你需要决定是否要对这些推论进行检验。当然，对所有推论都进行检验既不现实也无必要。但如果你决定检验某个推论，那么第三项技巧就是确保你的检验方式不会让对方产生防备心理。

我们将从第一项技巧开始练习，通过使用"推论阶梯"这一工具来提升你对自己如何赋予意义的觉察能力。

🡵 你是如何赋予意义的：推论阶梯

为了深入理解我们是如何赋予事物意义的，让我们以泰伊这位引导师为例，探讨他是如何对团队成员谢里尔进行高阶推论（high-level inference）的。作为团队中的引导师，泰伊与谢里尔之间的对话以及他的想法和感受，将在下面的左侧栏目中详细展示。我们将利用这个例子，逐一阐释推论阶梯的各个环节，并指导你如何验证自己所做出的推论。

做出高阶的未经检验的推论

引导师的想法与感受	对话
我需要一些具体例子，否则这会陷入"你说A，他说B"的讨论之中。	泰伊（引导师）："谢里尔，刚才你说吉姆与莉娜拖慢了你的市场推广项目。你能否举出一些具体例子说明他们做了些什么或没有做什么，导致你认为他们拖慢了你的项目？"
好吧，摇摇头，这是你的选择。我只是想帮助你。我会继续往前的。	谢里尔（团队成员之一）：［摇摇头。］不。我之前告诉过你，但是你没有做出回应。他们知道自己做了些什么。 ［20分钟过去了，团队对话继续进行。］
谢里尔在这20分钟里一言不发。我所能做的一切就是要求她举例说明吉姆与莉娜是如何拖慢她的市场推广项目的。她有些愠怒，所以坐在那儿一声不吭。我要把她重新拉回到对话中。	泰伊：让我们听取其他人的看法吧。谢里尔，你对吉姆与莉娜的建议在下个季度启动市场推广项目有何想法？
引导师的想法与感受	**对话**
现在我不开心了。你有问题。你在发火。现在你根本就不想让吉姆与莉娜的项目启动。你只是在想如何报复吉姆与莉娜，因为他们没有支持你的建议。	谢里尔：无论他们做什么，都没问题。我真的不介意。
好了，我给了你机会。我没事了。	泰伊：好的。

我将借助推论阶梯来阐释你是如何赋予意义的（见图5.2）。这部分内容改编自阿基里斯、舍恩以及《行动科学》的相关研究成果。就像攀登真实的阶梯一样，你会从推论阶梯的底部开始，逐步向上攀升。

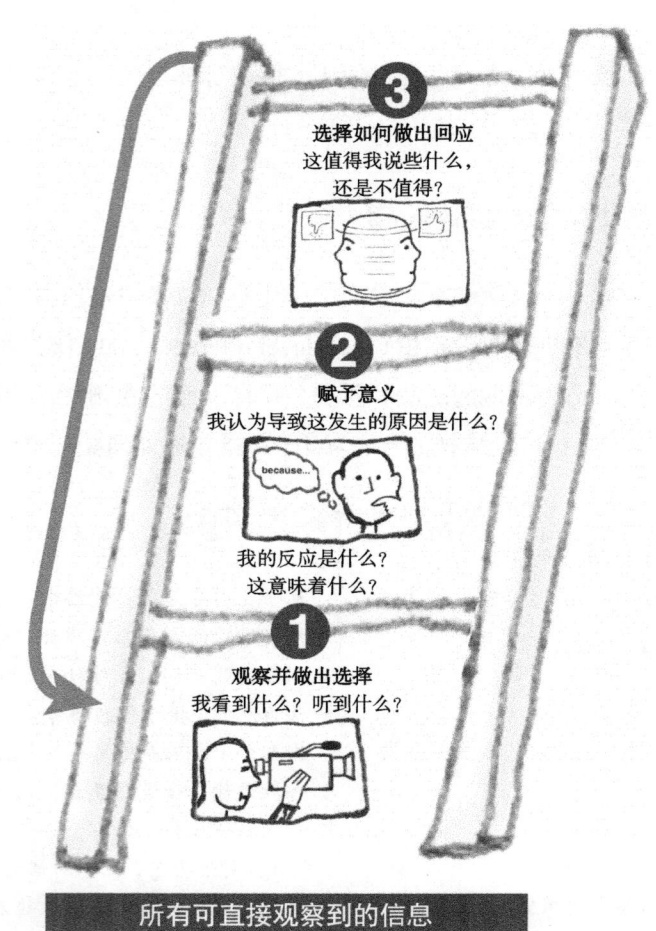

图 5.2 推论阶梯

❸ 选择如何做出回应
这值得我说些什么，还是不值得？

❷ 赋予意义
我认为导致这发生的原因是什么？
我的反应是什么？
这意味着什么？

❶ 观察并做出选择
我看到什么？听到什么？

所有可直接观察到的信息

图 5.2 推论阶梯

资料来源：改编自阿基里斯的《战略、变革和防御性惯例》（1985）。

在推论阶梯的底部是所有可直接观察到的信息。当你攀登阶梯时，你会登上三级台阶：① 观察并做出选择；② 赋予意义；③ 选择如何做出回应。让我们从底部开始并讨论每部分。图 5.3 说明了泰伊与谢里尔的对话中所用到的推论阶梯。

所有可直接观察到的信息。 所有可直接观察到的信息在对话或会议中都极为重要。这些信息就像你在拍摄录像时所捕捉到的一切，包括人们的言语、非言语行为，以及各种文件资料等。例如，泰伊注意到谢里尔在摇头，这就是一个可直接观察的信息。

第 5 章 交互学习模式的八种行为

3 选择如何做出回应
这值得我说些什么,还是不值得?
我给了你机会。我没事了。

2 赋予意义
我认为导致这发生的原因是什么?
她不想让吉姆与莉娜的项目启动,因为她想报复他们。
我的反应是什么?
这意味着什么?
现在我不开心了。你有问题。你在发火。现在你根本就不想让吉姆与莉娜的项目启动。

1 观察并做出选择
我看到什么?听到什么?
谢里尔摇头说"不。他们知道自己做了些什么"。她随后说道:"无论他们做什么,都没问题。我真的不介意。"

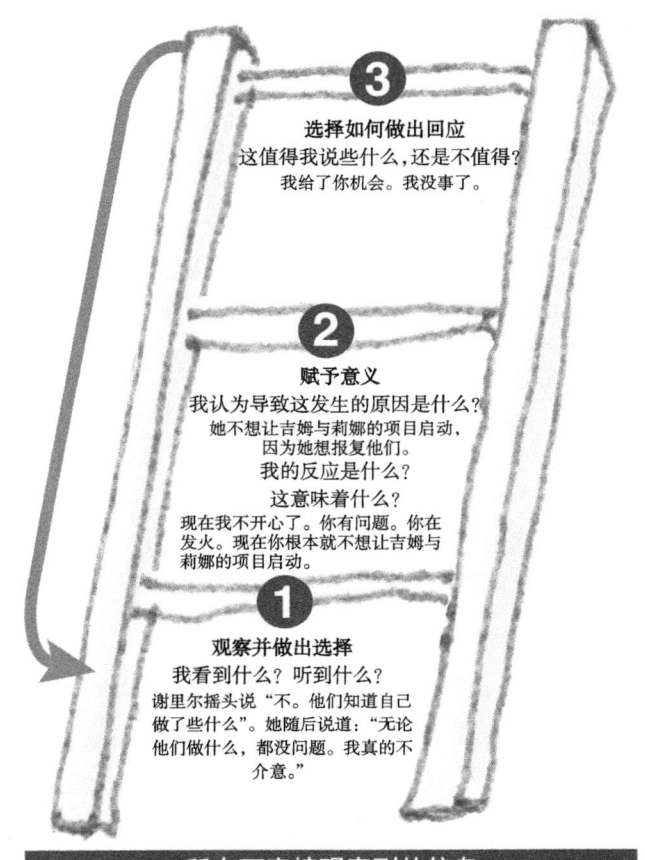

所有可直接观察到的信息
谢里尔摇摇头说:"不。我之前告诉过你,但是你没有做出回应。他们知道自己做了些什么。"当我问及"你对吉姆与莉娜的建议在下个季度启动市场推广项目有何想法?"时,她回答道:"无论他们做什么,都没问题。我真的不介意。"

图 5.3 泰伊的推论阶梯

观察并做出选择。在接收这些信息后,我们需要进行观察并做出选择。这就像是在筛选我们所需的信息,而忽略其他不重要的部分。在第一级台阶上,我们会问自己:"我看到什么?听到什么?"然而,由于信息量过大,我们只能选择性地关注某些信息。例如,泰伊注意到谢里尔摇头并说出的话,却忽略了她后面的言论。

赋予意义。在第二级台阶上,你会基于所选择的信息进行推论,试图理解他人的真实意图或情感状态。例如,当谢里尔说"无论他们做什么,都没问题。我真的不介意"时,泰伊却感到生气。他推断谢里尔实际上是在发火,并进一步假设她不希望吉姆与莉娜的项目启动。然而,值得注意的是,谢里尔从未直接表达过这一意愿。在做出这些推论后,人们通常会进一步探求背后的原因。人类天生倾向于寻找因果解释,因为这有助于我们决定如何回应。在这个例子中，泰伊错误地将谢里尔的行为归因为报复，而这仅仅是他个人的主观臆断。

选择如何做出回应。 最后，在第三级台阶上，我们需要选择如何回应这些信息。这取决于我们的理解和推断。在单边控制模式中，我们可能会直接做出陈述或提问。但在交互学习模式中，我们会尝试验证我们的假设或推论是否正确。

在这个例子中，泰伊选择了不回应谢里尔，这可能是因为他认为她的行为无法改变什么，或者他认为自己已经给了她机会。然而，这种回应方式并没有起到实质性的帮助。

↗ 你的推论变成信息

推论阶梯具有自我强化的特性，你是否注意到了阶梯左侧的箭头？这被称为反射循环。在这个过程中，人们往往将未经检验的假设、推论和归因视为"事实"，进而去寻找能够证实这些"事实"的信息，甚至将模糊的信息解读为支持自己观点的证据。以泰伊为例，他基于自己的推论——认为谢里尔不希望吉姆和莉娜的项目启动——在与团队未来的互动中有选择性地寻找信息来证实自己的推论和归因。当谢里尔的言辞含糊不清时，泰伊可能会将其解读为又一个支持自己观点的例子。这种反射循环会让人觉得自己得出的结论是可靠的，但实际上，这些结论可能建立在大量未经检验，甚至完全错误的推论之上。

↗ 走下推论阶梯：让你的推论得以检验

使用推论阶梯的一个主要原则是：不要无谓地攀登到更高的台阶。就像实际的阶梯一样，爬得越高，风险越大。当我们做出的推论离原始信息过远时，就如同不必要地踏上了过高的台阶，我称之为"高阶推论"。你可能熟悉这种情形：当你向团队提出改进项目的建议时，有成员反驳说："你只是想让我失败而已！"你可能会想，他是如何得出这样与你的初衷大相径庭的结论的？在第 3 章的 CIO 案例中，芭芭拉就做出了几个高阶推论。例如，当弗兰克提议休息并稍后讨论问题时，她却理解为"他显然把我看成白痴，不想公布访谈结果"。这种推论远离了实际的信息源。类似地，泰伊也做出了高阶推论，认为谢里尔希望吉姆和莉娜的项目失败，并进一步推断她在寻求报复。

高阶推论往往建立在一系列中间推论之上，就像纸牌屋一样脆弱。如果其中一个中间推论是错误的，整个逻辑结构就会崩塌，最终推论也就失去了支持。习惯性地基于少量信息或毫无根据地做出负面高阶推论（以及归因）的人，在诊断上可能被称为偏执狂。当然，我们每个人在某些时刻都可能做出高阶推论，尤其是在面对挑战或焦虑时。虽然有时我们可能对他人做出正面的高阶推论（如"她对我微笑，所以她被我吸引了"），但在压力情境下，我们更倾向于做出负面的高阶推论（如芭芭拉的例子）。

通过练习，我们可以减少做出需要降低的高阶推论的概率。但即使如此，有时我们仍然会做出高阶推论。为了检验这些推论而不引起他人的防御反应，我们需要学会识别何时做出了高阶推论，并将其转化为低阶推论。这个过程我称之为"走下阶梯"。图5.4展示了这个两步流程：首先，在赋予意义并决定如何做出回应之前，问自己："这个人说了或做了什么让我有这样的想法？"这可以帮助你回到原来的台阶上，重新审视你做出推论时所依据的信息。你可能会意识到你误解了对方的话或忽略了某些信息。在泰伊的案例中（见图5.5），他可能会回想起谢里尔曾说过"我之前告诉过你，但是没有回应"。

其次，问自己："如果采用交互学习模式和宽容的态度，哪种解释更接近原始信息？"换句话说，在保持与现实一致的同时，以开放和理解的心态去考虑哪些推论是合理的。在泰伊的案例中，他可能会得出新的推论：谢里尔对吉姆和莉娜感到沮丧，同时也对自己感到沮丧，因为她之前提出的担忧没有得到泰伊的帮助和解决。

↗ 决定是否需要检验你的新推论

当你采用交互学习模式做出新推论，并以宽宏大量的态度面对时，你可以自主决定是否需要对这一推论进行验证，以确定其真实性。你可能认为值得进一步检验，也可能觉得并无必要。然而，对每个推论都进行检验并不现实，这样做可能会让周围的人感到困扰。

为了确定某个推论是否需要验证，你可以问自己：如果基于这个推论采取行动，而该推论实际上是真的或假的，将会产生怎样的后果？在泰伊的情况下，他可能会决定验证自己的推论，因为他需要了解，如果之前没有对谢里尔的担忧做出回应，可能会产生什么样的后果。

100 The Skilled Facilitator

走下阶梯

3 选择如何做出回应
2 赋予意义
1 观察并做出选择

如果采用交互学习模式和宽容态度,哪种解释更接近原始信息?

观察与选择
这个人说了或做了什么让我有这样的想法?

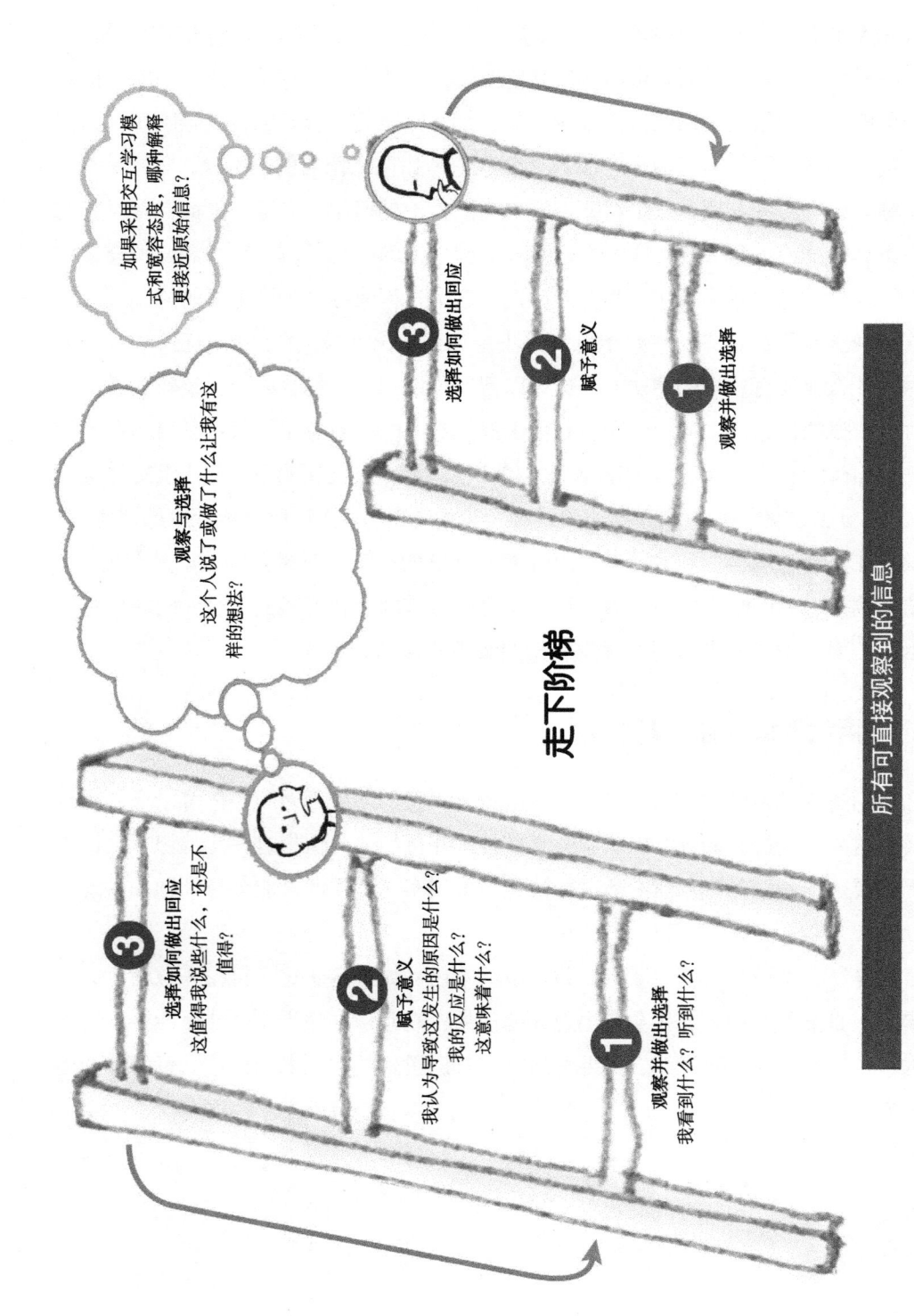

3 选择如何做出回应
这值得我说些什么,还是不值得?

2 赋予意义
我认为导致这发生的原因是什么?我的反应是什么?这意味着什么?

1 观察并做出选择
我看到什么?听到什么?

所有可直接观察到的信息

图 5.4 走下推论阶梯

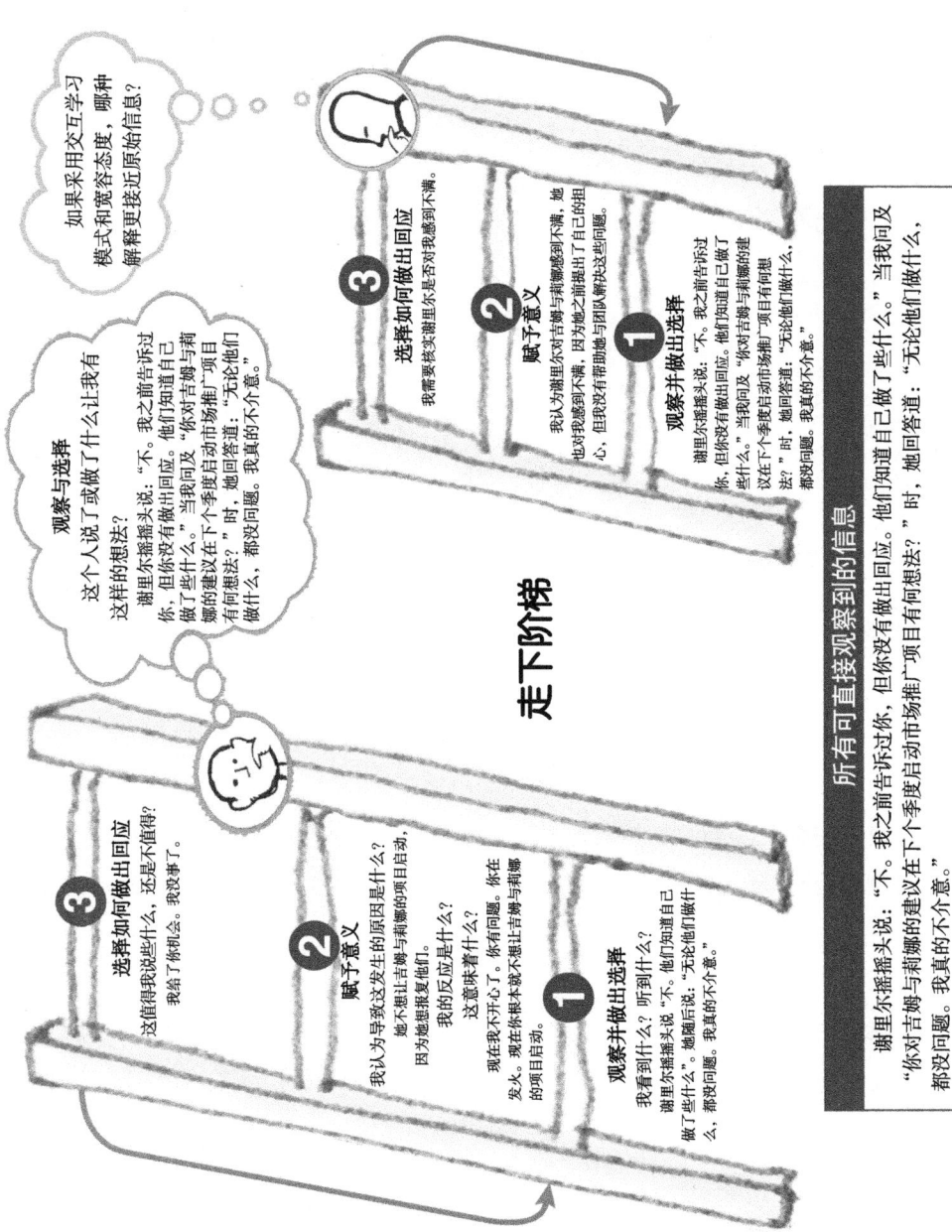

第 5 章 交互学习模式的八种行为 101

走下阶梯

观察与选择
这个人说了或做了什么让我有这样的想法？

谢里尔摇摇头说："不。我之前告诉过你，但你没有做出回应。他们知道自己做了些什么。当我问及'你对吉姆与莉娜的建议这在下个季度启动市场推广项目有何想法？'时，她回答道：'无论他们做什么，都没问题。我真的不介意。'"

③ 选择如何做出回应
这值得我送进人，还是不值得？
我送了机会。我放手了。

② 赋予意义
我认为导致这发生的原因是什么？
她不想让吉姆与莉娜推广项目启动，因为她想报复他们。
我的反应是什么？
这意味着什么了。你有问题。
现在我不开心了。你有问题。现在你根本不想让吉姆与莉娜的项目启动。

① 观察并做出选择
我看到了什么？听到了什么？
谢里尔摇摇头说："不。他们知道自己做了些什么。他们随后说："无论他们做什么，都没问题。我真的不介意。"

③ 选择如何做出回应
我需要核实谢里尔是否对我感到不满。

② 赋予意义
我认为谢里尔对吉姆与莉娜感到不满，她对我想要做出回应，因为她之前提起了自己的担心，但你没有帮助她与团队解决这些问题。

① 观察并做出选择
谢里尔摇摇头说："不。我之前告诉过你，但你没有做出回应。他们知道自己做了些什么。但你没有做出回应。'你对吉姆与莉娜推广这在下个季度启动市场推广？'时，她回答道：'无论他们做什么，都没真的不介意。'"

如果采用交互学习模式和宽容态度，哪种解释更接近原始信息？

所有可直接观察到的信息

谢里尔摇头说："不。我之前告诉过你，但你没有做出回应。他们知道自己做了些什么。当我问及'你对吉姆与莉娜的建议这在下个季度启动市场推广项目有何想法？'时，她回答道：'无论他们做什么，都没问题。我真的不介意。'"

图 5.5 泰伊走下推论阶梯

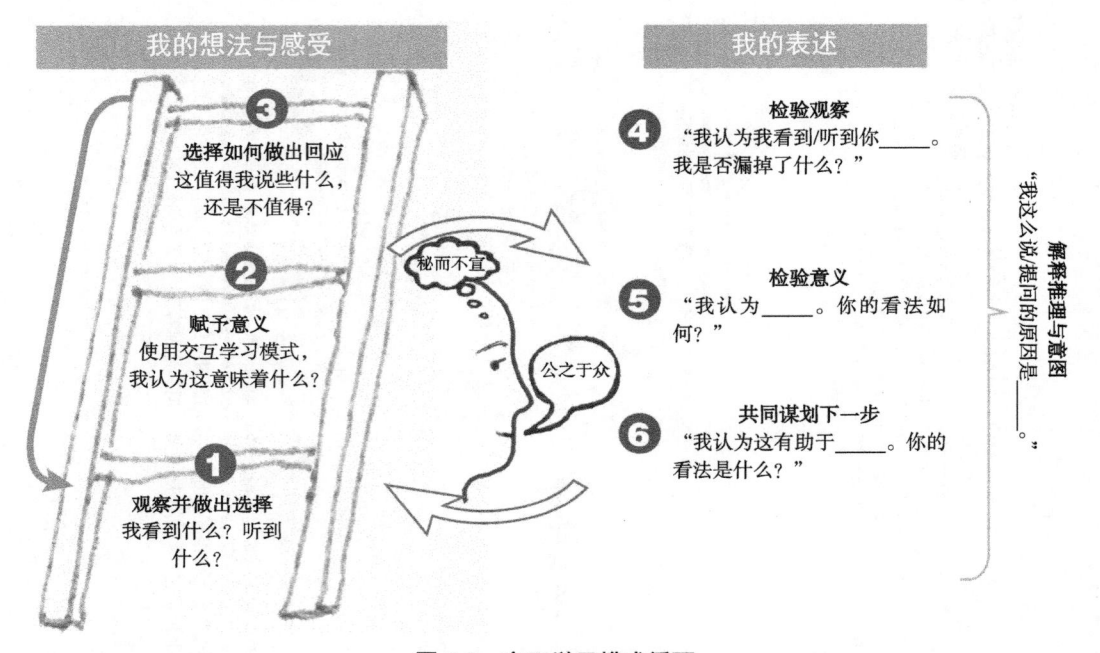

检验你的推论：交互学习模式循环

交互学习模式循环（见图 5.6）是检验你的推论的有效工具。这个循环有两侧。左边一侧是你的想法与感受，右边一侧是你实际说了些什么。你已经了解了左侧，这是你使用交互学习模式中的推论阶梯。

我的想法与感受

3. 选择如何做出回应
   这值得我说些什么，还是不值得？

2. 赋予意义
   使用交互学习模式，我认为这意味着什么？

1. 观察并做出选择
   我看到什么？听到什么？

秘而不宣 / 公之于众

我的表述

4. 检验观察
   "我认为我看到/听到你____。我是否漏掉了什么？"

5. 检验意义
   "我认为____。你的看法如何？"

6. 共同谋划下一步
   "我认为这有助于____。你的看法是什么？"

解释推理与意图
"我这么说/提问的原因是____。"

图 5.6　交互学习模式循环

一旦你完成了左侧的步骤，右侧的步骤就会相对容易完成。你可以将你在左侧的想法和感受与右侧进行分享（见图 5.7）。接下来，我们以泰伊为例，详细说明如何使用这个循环。

步骤 4：

"谢里尔，你之前提到你告诉过我关于吉姆和莉娜的行为，让你觉得他们在拖延我们的项目，但我没有及时回应。我这样理解对吗？"［如果谢里尔回答"是"，泰伊则继续下一步。］

步骤 5：

"我认为你感到沮丧是因为我没有重视你的意见，同时也因为吉姆和莉娜的行为。这是你现在的感受吗？我有没有理解错？"［如果谢里尔确认这是她的感受，泰伊则继续下一步。］

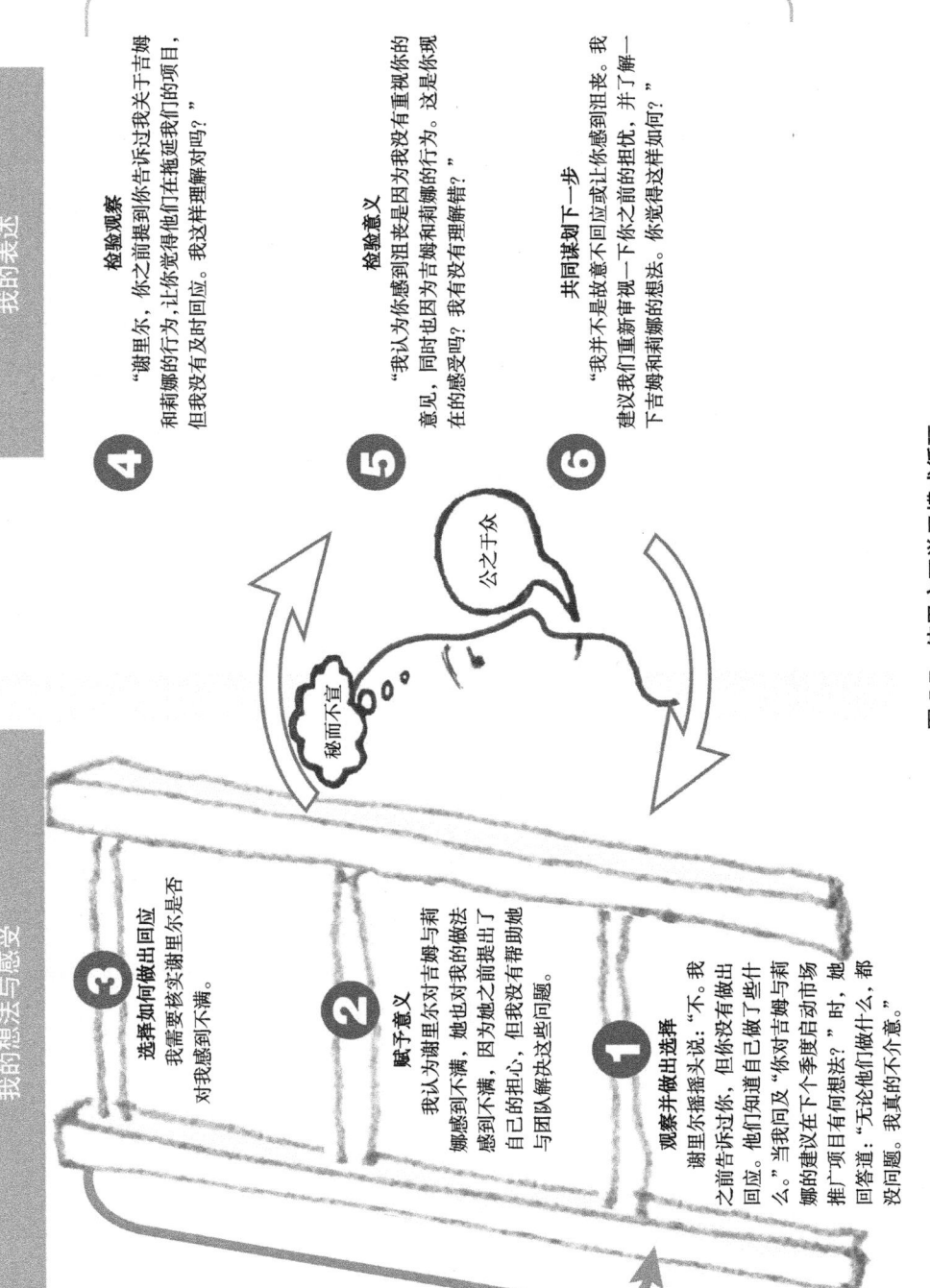

第 5 章 交互学习模式的八种行为 103

解释推理与意图
"我这么说/提问的原因是＿＿＿。"

我的表述

④ **检验观察**
"谢里尔，你之前提到你告诉过我关于吉姆和莉娜的行为，让你觉得他们在拖延我们的项目，但我没有及时回应。我这样理解对吗？"

⑤ **检验意义**
"我认为你感到沮丧是因为我没有重视你的意见，同时也因为吉姆和莉娜的行为。这是你现在的感受吗？我有没有理解错？"

⑥ **共同谋划下一步**
"我并不是故意不回应或让你感到担忧。我建议我们重新审视一下你之前的想法，并了解一下吉姆和莉娜的想法。你觉得这样如何？"

公之于众

秘而不宣

我的想法与感受

③ **选择如何做出回应**
我需要核实谢里尔是否对我感到不满。

② **赋予意义**
我认为谢里尔对吉姆与莉娜感到不满，她也对我的做法感到不满，因为我之前提出了自己的担心，但她没有帮助她与团队解决这些问题。

① **观察并做出选择**
谢里尔摇摇头说："不。我之前告诉过你，但你没有做出回应。他们没有做了些什么。"当我问及"你对吉姆与莉娜推广项目有何想法？"时，她的建议在下个季度启动市场推广项目有何想法？"时，她回答道："无论他们做什么，都没问题。我真的不介意。"

图 5.7 使用交互学习模式循环

步骤 6：

"我并不是故意不回应或让你感到沮丧。我建议我们重新审视一下你之前的担忧，并了解一下吉姆和莉娜的想法。你觉得这样如何？"

↗ 交互学习模式循环使用了绝大部分八种行为

交互学习模式循环之所以强大，部分原因在于它涵盖了八种行为中的绝大部分。在循环的步骤 4 中，通过具体实例来检验你的观察，这有助于确保你们对重要词汇的理解达成一致（行为 3），并分享所有相关信息（行为 2）。这些信息将作为你做出推论的基础。在步骤 5 中，检验你的意图与检验你的推论和假设同样重要（行为 6）。在步骤 6 中，你们将共同决定如何推进（行为 7，我们将在后续部分详细讨论）。每个步骤（步骤 4、步骤 5、步骤 6）都包含两部分：首先，你陈述自己的观点；其次，你真诚地发问（行为 1）。最后，循环的右侧强调"解释你的推理与意图"（行为 4）。通过运用交互学习模式循环，你将能够自然而然地实践交互学习模式。

在表达时，请注意措辞。你无须拘泥于使用"推理"或"推论"这样的专业术语。如果这些词汇听起来不够自然或过于专业，你可以尝试使用"我认为……""听起来像是……"等更自然的表达方式。在保持原意的基础上，你可以根据自己的语言习惯进行调整。

↗ 使用交互学习模式循环做出诊断并对团队实施干预

在本章开头，我提到你可以运用八种行为来指导自身行动，同时用于诊断团队行为或进行干预。不论你诊断出的是哪种行为，或者你计划采取何种干预措施，也不论你在团队中扮演的是何种引导角色，交互学习模式循环都将是你进行诊断和实施干预的基础工具。它构建了你思考和表达想法的方式。从第 7 章到第 10 章，我将详细阐述如何利用这个循环对团队进行诊断并实施有效的干预。

行为 7：共同谋划下一步

共同谋划下一步，即你与团队成员携手做出决策，而非你单方面决定何时及如何推进。在此过程中，保持策略的透明度至关重要，确保每位成员都能理解并担责，从而助力团队做出知情的选择。

这种行为是行为 1 的具体体现：陈述观点并真诚发问。在共同谋划时，你首先阐述自己对于团队如何前进的看法，接着解释推理过程，包括你的利益考量、所依据的信息及假设。然后，你询问团队成员是否持有不同观点，最终共同寻求解决方案，确保充分考虑到每个人的利益、信息及假设。

举个简单的例子："我建议我们现在休息 15 分钟。从早上到现在已经过了一半时间，外面有点心可以享用。大家有什么异议吗？"这样的提议就是共同谋划下一步的具体实践。

团队中共同谋划的应用场景广泛，主要包括以下四个方面：

1. 会议开始：明确会议目的与流程；
2. 话题转换：决定何时进入下一个讨论主题；
3. 发言偏离主题：应对有人离题太远的情况；
4. 事实观点分歧：处理团队成员对事实的不同看法。

↗ 开始会议：目的在流程之前，流程在内容之前

有效的会议必须建立在明确且一致的目的与流程之上。除非是突发情况需要临时召集，否则会议的目的与流程应在会前得到与会者的共识。这样，与会者便能针对议程做好充分准备，甚至可以根据议题内容决定自己是否有必要参加。

会议的目的并非一成不变，不同的议题往往对应着不同的目的。作为引导师或咨询顾问，你的职责是推荐能够高效实现会议目的的流程，甚至可能需要直接参与目的的制定过程。

尽管有效的会议从明确的目的与流程开始，但在实际进行中，你可能需要不断回顾并根据实际情况对它们进行调整。有时，团队可能发现，为了实现原定目的，他们需要首先达成另一个子目的。有时，原本设计的流程可能无法覆盖所有问题，而这些问题对于实现目标至关重要，因此需要全面考虑。

无论会议的目的与流程是最初设定的，还是在会议过程中经过修改的，关键都在于你需要与团队共同商议和决策。即使你是方案的起草者，也应与团队分享你的思考过程，解释目的与流程制定的依据。你可以通过提问的方式引导团队思考，例如："为了实现我们的目标，你们认为我们需要对现有的目的与流程做出哪些调整？"

↗ **就某人发言是否跑题达成共识**

确保团队讨论紧扣主题，是你作为引导师的关键职责之一。然而，实现这一点并非只能依靠单方面的控制。例如，当团队正在探讨如何激发现有客户的购买潜力时，如果队员依冯提出"我认为我们的开票流程存在问题"，而你直接回应"这与当前议题不符"，这便是一种单方面的控制。你的回应暗示了她的观点与讨论主题无关，这可能导致她感到被忽视或误解。若她坚信自己的观点与议题紧密相关，她可能会选择退出讨论。这样一来，团队便失去了一个可能富有洞见和价值的观点，也无法从中受益并采取相应行动。更糟糕的是，依冯可能会对团队最终的决定持保留态度，甚至不予支持。

相反，如果你采用共同谋划下一步的方式，可以这样回应依冯："依冯，我不太明白你提到的开票流程与提升现有客户销售额之间的联系。可能我漏掉了一些关键信息。你能详细解释一下你是如何看到这两者之间的关联的吗？"通过这样的提问，你不仅给予了依冯表达的机会，还鼓励她进一步阐明自己的观点。在她解释之后，你和团队其他成员可能会发现之前未曾考虑到的新联系。例如，开票流程的延迟可能导致销售人员无法及时获取客户的库存更新信息。如果这种联系确实存在，团队可以共同决定是立即探讨依冯的观点，还是将其留待稍后讨论。如果大家认为两者之间的关联并不强，你可以进一步询问团队是否希望就此展开讨论，以及何时进行讨论更为合适。

↗ **设计检验事实差异的方式**

当团队陷入僵局时，往往是因为他们无法就事实达成一致。如果团队在关键事实上存在分歧，那么他们做出的决策就很难得到全体成员的承诺，因为事实是决策的基础。不幸的是，当团队陷入这种境地时，他们往往会陷入一种恶性循环，每个成员都试图证明自己的观点是正确的，提供有利于自己的证据，同时怀疑对方的立场，却不愿提供可能削弱自己观点的信息。即使分歧得到解决，输的一方仍然可能坚信自己的立场是正确的。

作为引导师或咨询顾问，你帮助团队共同检验他们在事实上的分歧，是推动团队前进的关键。这需要团队成员就什么是事实达成共识。我想象的场景是，两位持有对立假设的科学家，他们共同设计实验来检验各自的假设。为了实验的公正性和有效性，他们需要共同制订实验方案，这样实验的结果才能满足他们的共同标准，使他们愿意接受并信任实验数据和结果。

以 IT 领导团队的例子来说，如果他们在 IT 支持团队响应和解决员工 IT 问题所需的时间上存在分歧，你可以这样引导："我们如何一起设计一个方案来准确测量当前响应时间？"首先，帮助团队就关键术语如"当前响应时间"和"解决方案"等达成共识。然后，指导团队分析现有信息并收集新数据来回答问题。

重要的是，这个过程需要团队共同参与和设计。如果团队没有做到这一点，即使得出了结果，也可能有成员对样本的代表性、数据的准确性或分析方法提出质疑。因此，事先让团队就如何根据结果采取行动达成共识至关重要。例如，他们可以就哪些 IT 问题占用了最多的解决时间达成一致，从而确定需要优先解决的问题。

不同的分歧需要不同的解决方法。有些分歧相对容易解决，比如决定备忘录的内容，可能只需要大家一起查看和讨论文件即可。而有些分歧则更需要深入的讨论和重构对话，比如就之前会议中的发言达成一致。对于更复杂的问题，如预测某个策略或政策的影响，团队可能需要收集更多信息或使用系统思维模型来模拟政策的影响。在这种情况下，如果影响重大，团队成员可以考虑借鉴其他组织实施类似策略或政策的经验。

↗ 共同谋划的程度

无论你在团队中扮演何种引导角色，都存在一个共同设计的连续体。在这个连续体的一端，你可以独立地规划下一步行动，而无须过多考虑团队成员的反馈，除非你主动询问他们的意见或关注点。这种情况通常适用于一些较为简单的决策，比如提议短暂休息或建议团队收集必要的信息以做出决策。而在连续体的另一端，你与团队紧密合作，共同策划未来的行动方案。这通常发生在团队意识到需要对会议目的进行调整，或者对现有议程是否有助于实现会议目的产生疑问时。在这种情况下，全面的团队合作变得尤为重要。

行为 8：讨论不便讨论的话题

不便讨论的话题虽然与团队任务息息相关，却因其敏感性或争议性而难以在团队中公开讨论，这种局面往往会对团队成果产生不良影响。人们通常会在会议之外，与观念相近的同伴探讨这些棘手的问题，而非在团队会议的正式场合中提及。

作为引导师，你的职责之一就是协助团队正视并处理这些阻碍团队效能发挥的不便讨论的话题。我们将在第 10 章中深入探讨如何有效干预团队的交互学习模式，以应对这类挑战。在此之前，让我们先着眼于你和你所服务的团队当前面临的具体的不便讨论的话题。

以下是一些可能的不便讨论的话题示例：① 团队屡次未能兑现承诺，导致你在会议中难以有效施展引导职能；② 团队过度要求你表达个人看法，或期望你以超出引导角色的方式行事；③ 你担心即使有你协助，团队也可能因缺乏必要的知识、技能或动力而无法达成既定目标。请注意，这些话题本身并非不可触碰的禁忌，而是团队需要共同决定是否将其视为不便讨论的话题来处理的。

↗ 没有讨论不便讨论的话题所带来的问题

当你以单边控制模式的心态行事时，往往会引入一些不便讨论的话题。如果你倾向于最小化负面情绪的表达，你可能会担心提出这些具有挑战性的话题会让其他人陷入防御状态，甚至你自己也可能陷入防御状态，从而对你与提供帮助的团队之间的工作关系造成负面影响。然而，讽刺的是，正是因为你努力避免这些不便讨论的话题，反而可能导致你原本想要避免的负面影响。

如果你重视保持和谐的氛围，你可能会倾向于照顾他人的面子，这通常也反映了你对自己的面子的看重。在这种情况下，你可能会将不便讨论的话题视为给对方带来麻烦，而不是出于同理心的理解。但是，如果你不提出这些不便讨论的话题，你就无法与他人分享重要的信息，也无法帮助他们做出知情的选择。这样一来，你可能会无意中引发你原本想要避免的问题，这确实有些令人哭笑不得。你不仅没有展现出同理心，反而可能给他人带来困扰。简而言之，你没有帮助团队做出知情的选择，这更多地体现了冷漠而非同理心。

最终，如果你也秉持着单边控制模式下的"只能赢，不能输"的价值观，你可能会担心提出不便讨论的话题会降低你获胜的机会。

总而言之，单边控制模式鼓励我们在公开场合表扬、在私下场合批评，但这种做法却回避了团队中不便讨论的话题。

↗ 如何提出不便讨论的话题

采用交互学习模式，意味着在适当的场合中提出那些不便讨论的话题，并确保相关信息得以共享，以便现场的人员能够共同解决问题。当不便讨论的话题涉及团队整体或个别成员时，你可以选择在团队会议上提出。

探讨这些不便讨论的话题并不需要全新的心智模式或行为。我之所以特别提及这一点，是因为这类话题往往让人感到难以启齿。然而，要有效地展开这类讨论，我们需要运用之前提到的交互学习模式的心智模式和行为。假设你可能忽略了某些信息，而其他人却注意到了；或者你可能无意中制造了问题，而你在私下里对此抱怨不已。同时，你也应该假设其他人的动机是纯正的，对他人和自己都保持同理心，这是非常重要的价值观。当你提出并讨论这些不便讨论的话题时，你实际上是在与团队分享那些具有挑战性的信息，以便共同做出知情的选择，决定是否有更好的处理方法。你需要清晰地陈述观点，真诚地提出问题，使用具体的例子来说明问题，确保大家对关键术语的理解达成一致，分享你的推理过程和意图，关注共同的利益，检验你的假设和推论，并与团队共同谋划下一步的行动。

下面是一个具体的例子，展示如何提出团队中不便讨论的话题，比如团队未能完成工作，这让你难以履行自己的职责：

"我想提出一个问题，这个问题对我们团队实现目标造成了阻碍。我注意到在过去的三次会议中，我们团队没有完成分配的工作坊任务，尽管我们之前承诺在会议前完成。这导致我无法在会议中有效地帮助大家做出决策。大家是否愿意讨论一下这个问题？"[如果大家表示同意，继续。]"好的，我建议我们采用一个具体的流程来讨论这个问题，看看是否对我们有所帮助。首先，我可以提供一些具体的例子来说明问题，并了解大家对此是否有不同的看法。在确保我们对发生的情况有共同理解后，我们再继续深入。其次，如果我们达成了共识，我希望我们能一起探讨造成这些问题的原因。我也有可能做了一些让你们难以完成任务的事情，对此我持开放态度。再次，我希望我们能明确解决问题所需实现的共同利益。最后，我希望我们能制订一个针对问题根本原因的解决方案，满足大家的需求。大家对这个流程有什么担心或建议吗？"[如果没有，继续。]"好的，那大家是否同意使用这个流程？"

请注意，当我提出不便讨论的话题时，我是在与团队共同谋划下一步的行动计划，我会清晰地陈述我的观点并真诚地提出问题，解释我的推理过程并关注大家的共同利益。

学习如何展现这些行为

行为就如同舞蹈中的舞步。我已逐一阐述这八种行为，旨在向你们展示如何呈现每一种行为。然而，这些行为的真正力量在于它们的协同作用，就如同你将不同的舞步巧妙地组合在一起，在舞池中优雅起舞。当你展现这些行为时，你实际上是在同时综合运用它们。

　　刚开始尝试运用这些行为时，你可能感到有些不自在。它们可能与你平日的自我表达有所不同；相反，它们可能更像是你在模仿从书本中读到或从工作坊中听到的内容（尽管这些行为其实是你本身就具备的）。这种不自然感可能源于多个方面，主要是因为你正在尝试将左侧栏目中的句子转化为使用行为语法结构的句子，或者试图将这些行为与你的日常表达方式和措辞相结合。你需要将这些元素融合在一起，以便能够以正常的语速流畅地表达。

　　要找到运用这些行为时你自己的声音，就需要不断地练习。通过持续的实践，你会发现你能够自如地运用这些行为，就像你以正常语速交流一样自然。

小结

　　在本章中，我详细介绍了八种交互学习模式行为，这些行为是专业引导技巧的核心。我阐述了如何运用这些行为来实践交互学习模式的心智模式。在第6章中，我们将深入探讨如何打造高效团队，并帮助团队进行设计，以进一步提升其效能。我们已经讨论了三个主要因素中的两个：首先是交互学习模式，其次是一系列与之相关的行为。

第 6 章
设计和打造有效团队

在本章中,我将详细阐述如何借助团队有效性模型(Team Effectiveness Model,TEM)来优化你所服务的工作团队(group)和团队。首先,我将强调在工作中应用团队有效性模型的重要性,无论你担任的是引导师、咨询顾问、教练还是培训师的角色。其次,我将明确工作团队与团队之间的核心区别,这对于理解你所服务的对象及如何与他们有效合作至关重要。在本章结尾,我将介绍团队有效性模型的具体内容,并指导你如何运用该模型来设计、诊断及实施干预于工作团队和团队中。

值得注意的是,即使工作团队和团队面临相同的工作任务,他们也可以采用不同的设计方式,而某些设计方式可能会带来更为卓越的成果。当你协助一个新团队塑造其工作方式,或帮助现有团队寻求更高效的工作模式时,团队设计的方式将显著影响最终的实现结果。那么,如果你并非基于这种方式来协助团队,为何还要关注团队设计呢?实际上,一个不良的团队设计可能阻碍你为团队成果付出的所有努力,包括你提供的引导和咨询服务。团队设计虽不易被察觉,却是塑造系统的强大力量。若未能深入理解系统的运作方式,你将难以与其有效协同工作。①

团队有效性模型是如何帮助你及你所服务的团队的

如果你正致力于打造高效团队,那么一个清晰的团队有效性模型将是不可或缺的。

---

① 这部分改编自《聪明的领导,更为聪明的团队》中的"交互学习模式设计"。

这个模型将为你与整个团队、团队领导或其他成员的合作提供明确指导。**一个好的团队有效性模型能在三个方面发挥关键作用：设计、诊断和干预。**

作为设计工具，该模型能协助新团队更有效地构建自身结构，确保从一开始就奠定坚实的基础。作为诊断工具，它能帮助现有团队评估并提升自身效能，通过与模型要素的对比，发现并弥补团队运作中的不足。作为干预工具，它使你能够深入观察团队互动，当发现低效行为时，及时与团队共同验证并探讨是否需要调整团队要素。

在深入了解团队有效性模型之前，我们有必要先明确工作团队与团队之间的区别。这一区别将直接影响工作团队和团队的工作方式，以及你与团队成员的合作策略。

工作团队和团队的区别

作为引导师、咨询顾问、教练或培训师，你将有机会与各式各样的团队携手合作。在过去，我可能会不加区分地使用"工作团队"和"团队"这两个术语，但如今我希望明确它们之间的区别。这并非一项无关紧要的语义辨析，而是因为工作团队与团队之间存在显著的差异，这些差异要求我们对它们采取不同的设计策略和合作方式。现在，让我们一起来探究这两者之间的不同。

打造团队的要素是什么

团队研究领域的专家理查德·哈克曼（J. Richard Hackman）提出了界定团队的四个核心标准：

1. 围绕团队任务，团队成员相互协助。
2. 团队成员知道谁是团队成员。
3. 团队成员知道团队的权责范围。
4. 在一段时间内，团队成员比较稳定。

相较于那些名义上存在的团队，哈克曼更倾向于使用"真正团队"这一术语来描述那些完全符合上述标准的团队。在本文中，当提及哈克曼所指的"真正团队"时，我将统一使用"团队"这一术语。接下来，我们将逐一深入探讨这些打造高效团队的关键标准。

围绕团队任务，团队成员相互协助。我认为，互相协助是识别团队的关键标准。一个真正的团队，必须存在需要共同完成的工作任务，且这项任务的完成离不开团队成员间的相互协助。团队研究专家鲁斯·瓦格曼（Ruth Wageman）曾定义协助为："为了完成某项工作，该工作在多大程度上需要多位成员主动交换并彼此提供帮助与资源。"

然而，现实中许多所谓的团队其实并不需要成员间的互相协助就能完成任务。例如，在一些资深销售团队中，每位成员仅负责组织的部分产品线或服务在特定地区的销售工作。这就像体操比赛中的个人项目，大家的工作大部分是独立的，无须依赖他人的协助。月底或季末时，他们只需向团队领导汇报自己的销售业绩，由领导进行汇总。但如果销售团队采取真正的团队工作方式，那么他们就需要共同规划如何向客户提交建议书、一起与潜在客户会面，并各自贡献独特的知识、技能和资源以共同达成业绩。这种情况下，团队内部的协助关系就显得尤为重要。因为团队的相互协助对团队的设计方式以及团队成员的合作方式都会产生深远影响。因此，我们稍后将再次深入探讨这个话题。在此之前，让我们先来看看团队的其他三个标准。

团队成员知道谁是团队成员。在相互协作的工作环境中，明确团队成员的身份至关重要，因为这关系到工作的顺利进行。令人惊讶的是，一项研究显示，在被问及团队成员身份时，仅有不到 7% 的高管团队能够达成共识。我曾合作过的高管中，有些甚至无法准确列出其团队的完整成员名单。

根据我的经验，当团队成员的身份模糊不清时，团队内部往往会形成两个子集：一部分是核心成员，他们深知自己的团队归属；而另一部分成员则处于迷茫状态，连自己是否属于该团队都感到困惑。造成这种身份不明的原因多种多样，例如领导未能正式确立团队结构，或者仅仅将某些成员调整至新角色，却不愿他们完全脱离或加入某个团队。有时，某个人在组织结构上属于某个团队，但实际上却被置于团队活动之外。无论出于何种原因，这种角色不明确都会成为团队的绊脚石。特别是在提供咨询服务时，如果团队成员的身份不明确，将严重阻碍有效帮助的提供。

团队成员知道团队的权责范围。由于团队拥有一定的决策权，因此成员需要明确这些权力的界限。他们应该清楚哪些决策可以由团队自主做出，哪些需要留给领导层决策。团队是否仅限于做出与任务执行相关的决策，还是可以参与监督和管理工作流程及进展的决策？此外，关于团队设计、所处环境或设定整体方向的决策又该如何？每个这样的领域都赋予了团队更大的决策权。然而，如果缺乏明确的共识，团队成员在行使这些权力时可能会遇到困境，要么未能有效行使，要么出现滥用的情况。

在一段时间内，团队成员比较稳定。团队成员的稳定性对于团队的长远发展至关重要。虽然主流文化可能认为频繁更换团队成员能为团队带来新的思维和活力，但实际情况并非如此。团队成员需要时间来相互了解、就目标达成共识，并建立合作关系，以及将达成的协议付诸实践并持续改进。如果团队成员频繁变动，团队将难以从已达成的共识中获益。新成员的融入将消耗大量时间，或者由于时间不足，新成员的融入可能会拖累团队的整体进度。因此，保持团队成员在一段时间内的相对稳定是至关重要的。

↗ 为什么互相协助如此重要

互相协助之所以至关重要，是因为一旦缺乏有效的管理，它将成为许多工作团队问题的根源。团队成员在互相协助时，依赖于彼此的合作以达成共同目标。这种依赖关系催生了对其他成员如何履行其职责的期望，进而形成了彼此间的责任。如果期望或责任未能兑现，不仅会削弱团队实现目标的能力，还会对工作关系和个人幸福感造成负面影响。

为了完成工作或避免这些问题，工作团队需要在成员间分配集体任务，这就要求他们既要互相协助，又要协调各自的工作。协助的类型和程度，以及协调的方式，都是团队设计中需要考虑的关键因素。随着协助程度的加深，成员间的期望和责任也会相应提升。当协调的需求变得更加迫切时，其难度也会随之增大；一旦协调失败，将对团队的绩效和工作关系造成严重的负面影响。然而，如果团队的要素设计得当，能够有效地支持所需的协助与协调，那么这样的团队将能够取得更为卓越的成果。

请参考图 6.1，其中展示了不同类型的互相协助。在设计团队要素时，会产生特定类型的协助，而每种协助都会以独特的方式影响团队。接下来，我们将对各个类别进行定义，并探讨它们的运作方式。

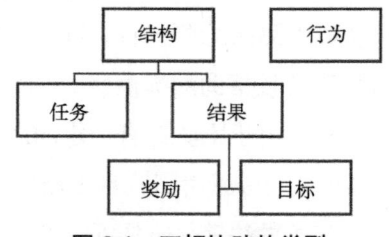

图 6.1　互相协助的类型

互相协助主要分为两大类：结构型协助和行为型协助。首先，结构型协助，顾名思义，关注的是如何通过设计和构建团队要素来促进成员间的合作，以共同完成任务。这种类型的协助着重于团队的组成和结构，确保成员能够有效地协同工作。

结构型协助可细分为两类：任务型协助和结果型协助。任务型协助关注的是团队工作中各项要素的设计如何促使团队成员必须通过互动来共同完成任务。以销售团队为例，一个高效的销售团队需要成员间紧密合作，共同完成销售任务，这就体现了任务型协助的重要性。

结果型协助则进一步分为目标型协助和奖励型协助。目标型协助衡量的是绩效评价是基于团队整体、个人表现，还是二者的结合。当以团队为单位进行衡量时，目标型协助的程度就会相应提升。例如，若销售团队仅关注个人目标的达成，其目标型协助程度就较低；而若团队致力于实现整体目标，目标型协助程度则较高。

奖励型协助关注的是团队成员的奖励如何与其他成员的表现相关联。如果团队成员的奖励仅取决于个人表现，那么奖励型协助程度就较低；反之，若奖励与团队整体表现挂钩，则奖励型协助程度较高。以销售团队为例，若成员的奖励仅基于个人销售业绩，则奖励型协助程度低；而若奖励基于团队整体销售业绩，则奖励型协助程度高。

若你希望建立任务型协助或结果型协助，就必须精心设计团队的各个要素，这些要素将以独特的方式对团队产生影响。你可以通过调整工作方式来设定任务协助的程度；同样地，你也可以通过改变任务完成后的结果来设定结果协助的程度。

另一大协助类型，即行为型协助，关注的是团队成员在完成任务过程中实际的协作程度。区分结构型协助和行为型协助至关重要，因为即便团队在结构上（如任务型、奖励型或目标型协助）设计得再出色，也无法保证成员在行为上一定会互相协助，反之亦然。有时，结构型协助较少的团队可能会选择更紧密的合作，从而产生更多的行为型协助。

在努力提升团队效能时，你应首先审视其相互协助的状态。 这包括了解团队的任务需求、如何在团队中设计任务型协助和结果型协助，以及探索提升团队三种结果（任务完成、目标达成、奖励获取）的有效方式。

↗ 团队并不比工作团队更好，合适就是最好的

一个运作顺畅的工作团队并不一定要转变为正式的团队。工作团队和团队都有可能表现出色。一个单位（无论是团队还是工作团队）的表现优劣，并不取决于它的名称或分类，而取决于其实际运作方式。工作团队与团队之间的核心区别在于它们的设计和工作方式。如果一项工作需要团队成员紧密协作以完成任务，那么这样的单位就是一个团队。相反，如果任务的完成不需要成员间的相互协助，那么它仅仅是一个工作团队。团队或工作团队的有效性部分取决于工作设计与团队成员实际工作行为之间的契合度。如

果成员需要互相协助才能完成任务，但他们在实际行为上并未如此，那么这个单位就不是一个高效团队，尽管它在名义上可能被称为"团队"。

令人遗憾的是，自从 1990 年团队概念流行以来，许多组织将团队视为默认的工作模式，即使某些任务更适合以工作团队的形式来执行。仅仅告诉一个工作团队他们是团队，或鼓励他们像团队一样行动，并不足以真正塑造出一个高效协作的团队。

决定采用工作团队形式还是团队形式是一项至关重要的抉择，它将深刻影响工作团队或团队的多个设计要素，以及实现目标的能力。通常，所需完成的任务并不会预先设定协助的具体程度，特别是在知识工作者的场景中，任务设计可以根据实际需要包含不同程度的协助。关键在于，确保所需完成的任务与所需协助的程度之间达到良好的匹配。

一旦这种匹配失衡，问题就会迅速显现。当工作团队被强行组建为团队时，团队成员可能会觉得参加团队会议是多余的，视其为时间的浪费。在会议中，他们可能会感到沮丧，因为他们所面对的问题并不需要过多的集体参与，而他们花费时间讨论的协同解决方案可能并不需要他们的直接协调。因此，他们往往对讨论议题漠不关心，除非这些议题直接关系到他们的业务领域。即使参与讨论，他们也可能只关注自己的利益点，而忽视其他成员或组织的整体利益。在其余时间里，他们可能选择沉默或分心于其他事务，因为他们并不认为会议议程中的事项会对他们产生实质影响，从而缺乏好奇心和责任感。

当然，如果本应是一个紧密协作的团队，却被设计成协助很少或几乎没有协助的工作团队，这种情况也是显而易见的。团队成员可能会花费大量时间听取最新进展，却无法解决那些对团队有实质性影响的议题。成员可能会对其他成员感到沮丧，因为他们无法从彼此那里获取所需的信息、支持和资源。由于无法通过相互间的协助来直接解决问题，他们的挫败感会逐渐加深。相反，他们只能依赖共同的上司进行协调，或者采用一事一议的特殊方式来寻找解决办法。

↗ 一个更好的提问：什么样的任务才需要团队

在讨论互相协助时，迄今为止我似乎过于简化了工作单位的分类，仿佛它们非团队即工作团队。然而，实际情况远比这复杂。即便一个团队主要负责一项核心任务，他们通常仍需面对多项子任务，其中一些需要团队成员间紧密协作，而另一些则可能不需要。

因此，关键问题不在于我们是一个团队还是一个工作团队，而在于"针对哪些任务，我们需要组建一个团队；针对哪些任务，我们更适合作为工作团队来运作"。根据工作任务的性质，我们可以灵活设计团队要素或工作团队要素，以体现不同程度的相互协助。例如，高效团队在解决问题或做出决策时会采用不同的方法，这取决于问题本身是否需要团队成员间的相互协助。

互相协助将如何影响你和团队及工作团队之间的合作

不论你是与团队还是工作团队共事，团队成员对于协助水平的管理都将以多种方式影响你与他们之间的合作。首先，这会影响团队对你的响应方式。如果你所合作的工作团队成员认为领导要求的协助超出了实际所需，他们可能会将你与他们之间的合作视为另一种不必要的过度协助，进而可能表现出冷漠或对你感到沮丧。其次，如果团队或工作团队成员在合作或达成业绩方面遇到问题，协助问题可能是其根本原因，需要与他们一起深入探讨。最后，如果工作团队或团队是新组建的，并且他们寻求你的帮助以更好地运作，你首先需要探讨的是任务所需的互相协助程度。

在本章结尾部分，我将介绍如何帮助团队和工作团队找到完成任务所需的恰当协助水平，并据此设计工作团队和团队的要素。为此，我们首先需要深入了解工作团队和团队有效性的核心要素。

团队有效性模型

迄今为止，我只是简要地提到了团队有效性模型。现在，我希望能在普遍适用的团队有效性模型与具体实践中的有效团队构建之间架起一座桥梁。请记住，这个模型既适用于团队，也适用于工作团队。

↗ 如何打造一个好的团队有效性模型

模型和理论在你的工作中扮演着至关重要的角色。统计学家乔治·博克斯（George Box）曾指出："虽然所有模型都存在误差，但有些模型确实具有实用价值。团队有效性模型也是如此，某些团队的设计明显优于其他团队。如果你采用的模型构思精巧，那么你提升引导水平和帮助团队改进的机会就会大大增加。一个精心设计的模型能够增强你在团队设计、问题诊断以及干预措施方面的能力。"正如社会心理学家库尔特·勒温（Kurt Lewin）所言："好的理论对实践具有无可比拟的指导作用。"接下来，我将为你介绍团队有效性模型。

团队有效性模型是一个规范性模型，旨在展示一个高效团队应有的特征。与之不同，描述性模型则侧重于解释团队的实际运作方式，而非其应有的运作方式。描述性模型并不旨在帮助我们判断团队是否高效运作，或在运作不佳时如何采取行动。一个广为人知的描述性团队模型是塔克曼提出的四阶段团队发展模型。基于他对 50 个工作团队的观察研究，塔克曼发现了团队发展的四个阶段：形成、震荡、规范和运作（后来他又增加了解散阶段）。然而，这一模型描述的是团队的实际演变过程，而非理想的演变路径。令人遗憾的是，许多团队理论的使用者误将塔克曼的描述性模型视为规范性模型，错误地认为团队必须经历这四个阶段才能实现高效。由于描述性模型可能识别出许多无效行为，将其与规范性模型混淆可能导致团队效能的降低。相比之下，规范性模型使我们能够观察团队的运作方式，并识别出团队当前运作与理想运作之间的差距，从而有助于我们采取适当的行动来提升团队效能。

团队有效性模型是一个基于因果关系的模型，它揭示了团队内部各要素之间如何相互作用以产生特定的团队成果。当你观察到某种特定的结构、流程或行为时，这个模型能够帮助你预测团队接下来可能出现的情况。此外，它还能协助你进行根源性分析，使你能够针对问题的核心进行改变，而不仅仅是解决表面症状。因此，一个有效的因果关系模型能够帮助你找到提升团队效能的关键杠杆点。然而，仅仅简单地列出五到七件团队需要做的事情，并不构成一个因果关系模型。虽然这样的做法可能易于理解，但它对于深入了解团队为何效能不佳却帮助甚微。

团队有效性模型具备内在统一性，即其所有组成部分均相互协调，无冲突之处。这种内在统一性至关重要，它能确保在运用该模型进行干预和设计时，既不会给使用者带来困扰，也不会对所协助的团队造成冲突。

同时，团队有效性模型还具备相对全面性，它涵盖了研究中所发现的有效团队的大部分关键要素。与其他许多模型相似，它在简化描述事物运作机制的同时，也准确地识别出了能够解释团队有效性的主要因素。

团队有效性模型：全景图

团队有效性模型（详见图 6.2）清晰地界定了以下几个方面：①有效团队应达成的具体结果；②实现这些结果所必需的要素；③如何有效设计这些要素；④这些要素之间的相互关系。尽管该模型名为"团队有效性模型"，但它同样适用于各种类型的团队和

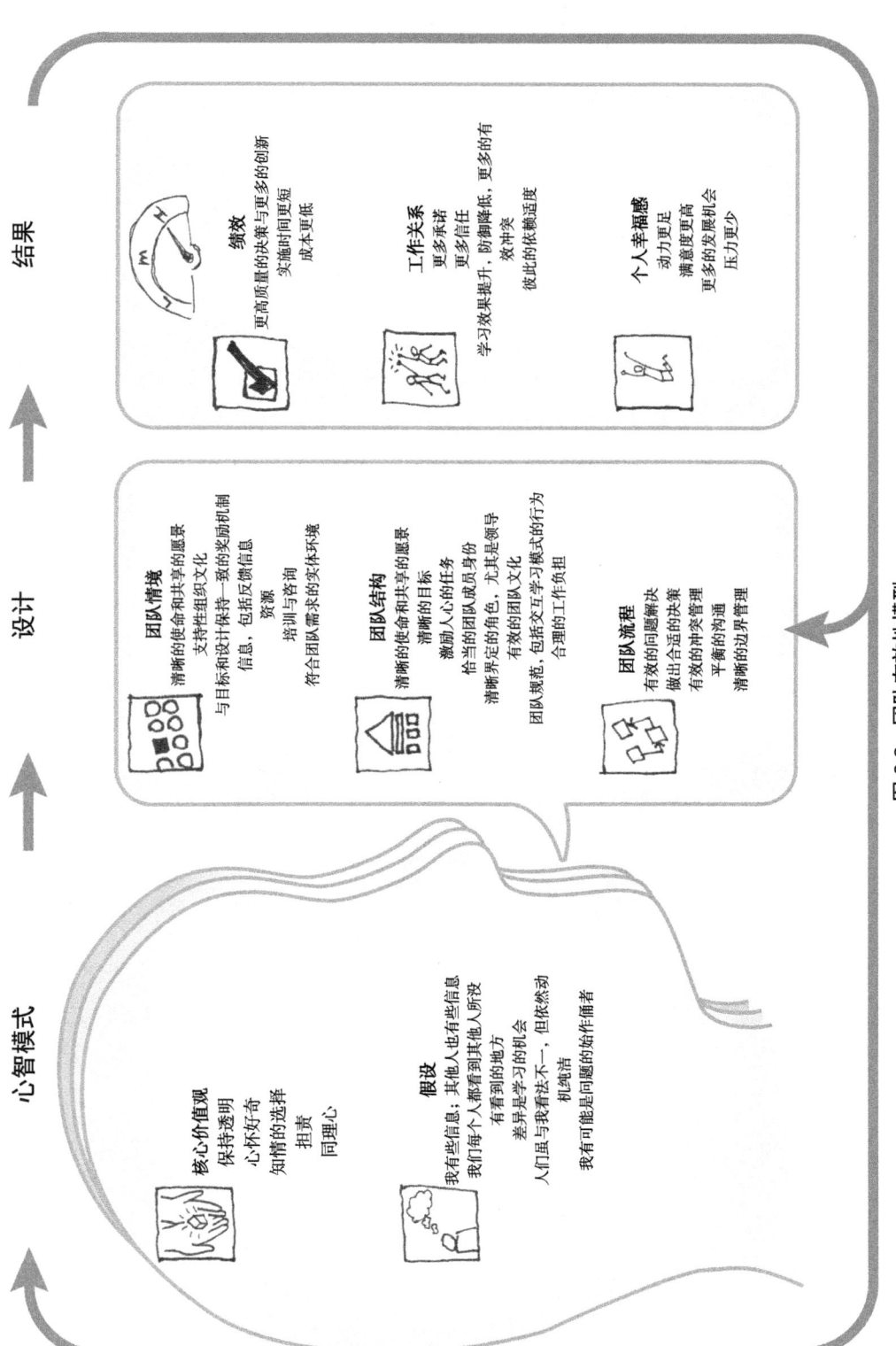

第 6 章 设计和打造有效团队　119

心智模式

核心价值观
保持透明
心怀好奇
知情的选择
担责
同理心

假设
我有些信息，其他人也有些信息
我们每个人都看到其他人所没有看到的地方
有些是学习的机会
差异是学习法不一，但依然动机纯洁
人们虽与我看法不同
我有可能是问题的始作俑者

设计

团队情境
清晰的使命和共享的愿景
与目标和设计保持一致的组织文化
支持性的组织文化
信息，包括反馈机制
奖励
资源
培训与咨询
符合团队需求的实体环境

团队结构
清晰的使命和共享的愿景
清晰人心的目标
激励人心的任务
给合当的团队成员身份
清晰界定的角色，尤其是领导
有效的团队文化
团队规范，包括交互学习模式的行为
合理的工作负担

团队流程
有效的问题解决
做出合适的决策
有效的冲突管理
平衡的沟通
清晰的边界管理

结果

绩效
更高质量的决策与更多的创新
实施时间更短
成本更低

工作关系
更多承诺
更多信任
学习效果提升，防御降低，
彼此的依赖适度

个人幸福感
动力更足
满意度更高
更多的发展机会
压力更少

图 6.2　团队有效性模型

工作团队。这是因为，无论是团队还是工作团队，使它们有效的要素都是相同的，差异仅在于如何设计这些要素。你可以在各种不同类型的团队和工作团队中灵活运用团队有效性模型，包括领导团队、职能团队、跨职能团队、项目团队以及特别行动工作团队等。该模型的设计初衷是为了促进团队和工作团队在工作问题上的讨论和决策。无论团队成员来自组织的哪个部门、多个部门还是多个组织，你都可以借助团队有效性模型来优化团队效能。

团队有效性模型是一个综合性的框架，由心智模式、设计和结果三个核心部分构成，并与交互学习模式紧密结合。**在结果层面，团队有效性模型与交互学习模式的目标不谋而合，都致力于提升绩效、工作关系以及个人幸福感**（详见第 4 章关于交互学习和团队有效性模型的结果与心智模式的探讨）。然而，值得注意的是，在团队有效性模型中，心智模式代表的是团队整体的共识与理解，而非个人的观念与认知。

图 6.3 生动地展示了团队有效性模型中的八种行为，这些行为是模型不可或缺的一部分。**团队有效性模型与交互学习模式在中间栏目上有所不同：前者聚焦于"设计"，而后者则关注于"行为"**。在团队有效性模型的设计栏目中，团队情境、团队结构和团队流程是三个至关重要的要素。这些要素涵盖了组织和团队层面的多个方面，强调打造一个高效团队不仅需要关注行为表现，还需要综合考虑各种情境因素和结构流程。在图 6.3 中，团队有效性模型的结构要素巧妙地融入了交互学习模式的八种行为，这些行为被称为团队规范，即交互学习模式的具体表现。

你设计团队时的心智模式是什么

你的思维方式将直接决定你的设计方式。当人们在设计过程中采用单边控制模式的心智模式时，他们往往会不自觉地将这种模式的要素融入团队的结构和流程之中。然而，这种做法恰恰会引发一系列团队本欲竭力规避的不良后果：绩效表现不尽如人意，工作关系紧张不和，团队成员的幸福感大打折扣。

以下是两个绩效管理例子，它们均体现了单边控制模式的心智模式对团队设计的低效影响：

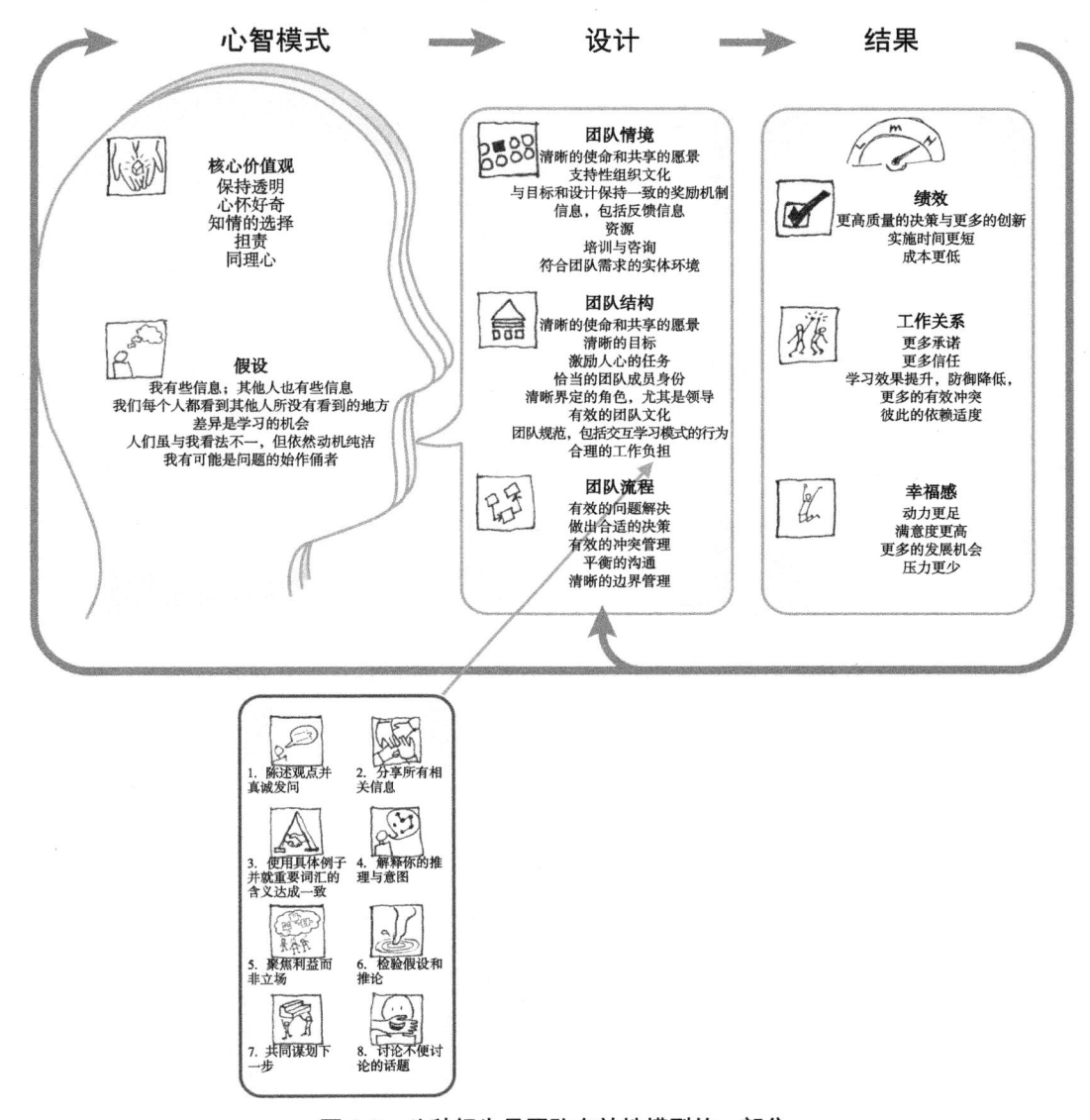

图 6.3 八种行为是团队有效性模型的一部分

心智模式 → 设计 → 结果

核心价值观
- 保持透明
- 心怀好奇
- 知情的选择
- 担责
- 同理心

假设
- 我有些信息；其他人也有些信息
- 我们每个人都看到其他人所没有看到的地方
- 差异是学习的机会
- 人们虽与我看法不一，但依然动机纯洁
- 我有可能是问题的始作俑者

团队情境
- 清晰的使命和共享的愿景
- 支持性组织文化
- 与目标和设计保持一致的奖励机制
- 信息，包括反馈信息
- 资源
- 培训与咨询
- 符合团队需求的实体环境

团队结构
- 清晰的使命和共享的愿景
- 清晰的目标
- 激励人心的任务
- 恰当的团队成员身份
- 清晰界定的角色，尤其是领导
- 有效的团队文化
- 团队规范，包括交互学习模式的行为
- 合理的工作负担

团队流程
- 有效的问题解决
- 做出合适的决策
- 有效的冲突管理
- 平衡的沟通
- 清晰的边界管理

绩效
- 更高质量的决策与更多的创新
- 实施时间更短
- 成本更低

工作关系
- 更多承诺
- 更多信任
- 学习效果提升，防御降低，更多的有效冲突
- 彼此的依赖适度

幸福感
- 动力更足
- 满意度更高
- 更多的发展机会
- 压力更少

八种行为：
1. 陈述观点并真诚发问
2. 分享所有相关信息
3. 使用具体例子并就重要词汇的含义达成一致
4. 解释你的推理与意图
5. 聚焦利益而非立场
6. 检验假设和推论
7. 共同谋划下一步
8. 讨论不便讨论的话题

首先，众多团队都采用了由领导评估直属下属表现并提供反馈的绩效管理流程。在此流程中，领导会先对下属的表现进行评估，并列举出支持其结论的实例，然后再与下属进行面谈沟通。然而，这种流程存在一个问题：在面谈之前，领导需要事先获得其上级对评估结果的批准。虽然这种做法旨在确保绩效评定的公平性，但它却削弱了领导对下属想法的好奇心。因为一旦领导发现遗漏了下属的某些重要表现，他们就必须回到上级那里修改之前的评估，并争取更高的评级。这种设计无疑使得领导更倾向于维护自己的初步评估，而非深入了解下属的实际想法。

122　The Skilled Facilitator

其次，在许多团队中，领导对直属下属的评估信息来源于下属的同事或其他经理。然而，在评估过程中，领导并不会与下属分享这些信息及其来源。这意味着其他团队成员或同事无须对下属的评估结果承担责任。这种做法不仅削弱了评估的公正性和透明度，还可能导致团队成员之间的信任缺失和合作障碍。

这些例子清晰地揭示了单边控制模式的心智模式是如何渗透到团队设计中的，以及这些设计又是如何引发一系列未曾预料的负面后果的。**我认为，团队设计中的每一个要素都深刻地反映了设计者的心智模式。**

正如领导往往未能察觉他们如何运用自身的心智模式来塑造个人行为，同样地，他们也未能意识到这一模式如何影响团队的设计。这并非领导有意削弱团队效能，而是其心智模式自然运作的结果。当团队行为与领导所倡导的价值观出现偏差时，他们可能感到震惊。事实上，团队设计往往反映并强化了与领导所倡导相异的价值观和假设。

除了涉及结构和流程，团队设计还关乎塑造团队所处的情境。因此，本章余下部分将团队设计所面临的挑战细分为三个主题进行深入探讨。图6.4则揭示了团队心智模式与设计之间的内在联系，为后续的讨论奠定了基础。

团队心智模式　→　设计

核心价值观
保持透明
心怀好奇
知情的选择
担责
同理心

假设
我有些信息；其他人也有些信息
我们每个人都看到其他人所没有看到的地方
差异是学习的机会
人们虽与我看法不一，但依然动机纯洁
我有可能是问题的始作俑者

团队情境
清晰的使命和共享的愿景
支持性组织文化
与目标和设计保持一致的奖励机制
信息，包括反馈信息
资源
培训与咨询
符合团队需求的实体环境

团队结构
清晰的使命和共享的愿景
清晰的目标
激励人心的任务
恰当的团队成员身份
清晰界定的角色，尤其是领导
有效的团队文化
团队规范，包括交互学习模式的行为
合理的工作负担

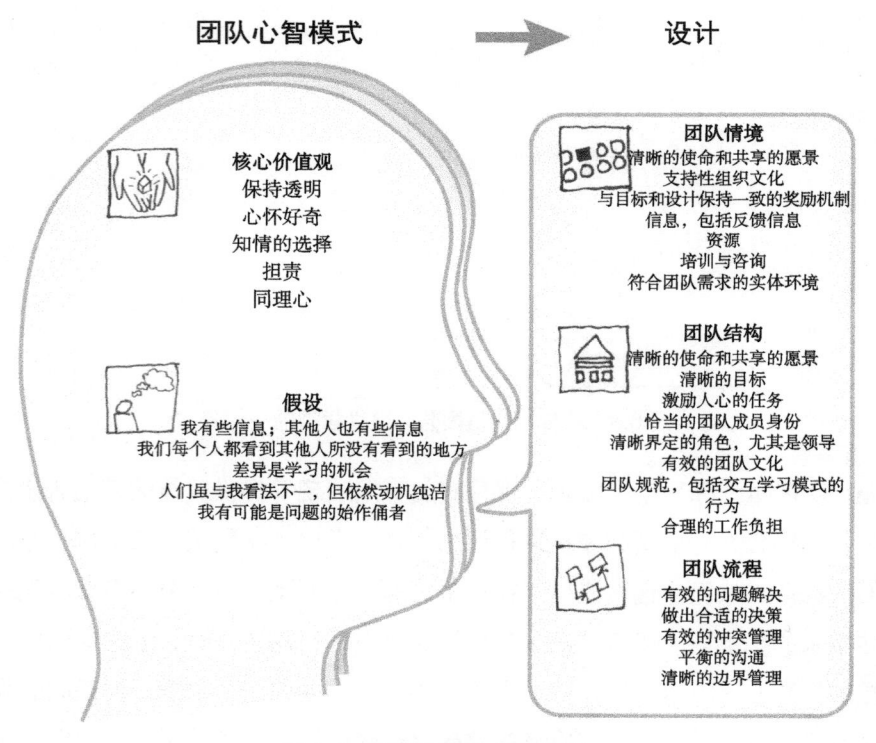

团队流程
有效的问题解决
做出合适的决策
有效的冲突管理
平衡的沟通
清晰的边界管理

图6.4　团队心智模式和设计

团队结构、团队流程和团队情境

团队结构组成了团队特征中相对稳定的部分。提及结构时，人们往往首先联想到的是组织架构：谁向谁负责、谁向谁汇报的问题。然而，团队结构的内涵远不止于此，它还涵盖了使命、愿景、具体任务、成员组成以及每位成员所扮演的角色等要素。

团队流程是指完成某项任务或工作的具体步骤和顺序，它关注的是"如何做"而非"做了什么"。一个高效的团队必须能够熟练驾驭多个流程，无论是解决问题还是边界管理。结构在这里表现为一种稳定且可重复的流程模式，它源于团队成员间持续且一致的互动方式。

团队情境的要素通常受到所属组织的深刻影响，这些要素在很大程度上塑造了团队的运作方式。清晰的使命、共享的愿景、支持性的组织文化，以及组织奖励系统与团队目标和工作方式的一致性——这些都是团队情境中不可或缺的组成部分。

总的来说，位于组织层级结构中较高位置的团队通常拥有更大的权力来设计团队要素。尽管工作团队可能拥有自己的问题解决机制、决策流程以及团队目标和角色设定，但这些往往都需要得到领导团队的批准。高层级团队通常也更有能力去影响和改善他们所处的工作情境。

在探讨了团队结构、团队流程和团队情境对团队结果的影响之后，我们还将进一步讨论交互学习模式的心智模式和团队协作是如何影响团队设计的。在阅读有关结构、流程和情境的内容时，请始终牢记：团队本身就是一个复杂的系统。为了取得最佳成果，团队的所有组成要素必须紧密配合、协调一致，其中自然也包括与团队心智模式的高度契合。

团队结构

以下是打造高效团队结构的要素：① 清晰的使命和共享的愿景；② 清晰的目标；③ 激励人心的任务；④ 恰当的团队成员身份；⑤ 清晰界定的角色，尤其是领导；⑥ 有效的团队文化；⑦ 团队规范，包括交互学习模式的行为；⑧ 合理的工作负担。

↗ 清晰的使命和共享的愿景

使命，作为团队存在的根本目标，回答了每个成员心中的疑问："我们为何而聚？"团队为了实现这一使命，必须不断攻克各项目标，而这些目标又是通过具体任务的完成而逐步达成的。使命为团队指明了存在的意义，而愿景则勾画出团队理想的未来状态，以及达成使命所需的行动路径。二者相辅相成，共同为团队注入动力，指引团队前行。

许多团队选择将使命与愿景的陈述悬挂在会议室，然而，真正的价值并非在于这些文字的展示，而是团队成员对于使命和愿景的深刻理解与坚定承诺。这些承诺并非简单地挂在嘴边，而是要转化为实际行动，共同为使命和愿景的实现努力。

确立并阐述使命宣言是团队领导的首要职责。然而，在交互学习模式下，领导并不会单方面制定一个高大上的使命宣言然后强加给团队。相反，他们会保持开放和透明，与团队成员共同探讨使命的内涵与选择理由。他们尊重并倾听每个成员的观点，努力将这些不同的声音融入使命宣言中。当领导决定不采纳某些建议时，他们有责任解释自己的决策逻辑。同时，领导也会明确要求团队成员对最终确定的使命宣言做出明确承诺，确保每个人都对团队的未来有着共同的期待和责任感。

最后，需要强调的是，使命和愿景都是具有独特性的。它们必须直接传达给那些需要为之付出努力的团队成员。在交互学习模式中，如果成员未能对使命做出承诺或为实现使命而努力，领导会选择理解与支持，而不是盲目指责或视为背叛。

↗ 清晰的目标

团队目标必须保持清晰，以确保团队成员对其理解达成一致，并能够准确衡量进展情况。有效的团队目标应与组织的使命和愿景保持一致，确保团队的努力方向与组织整体战略相符。在交互学习模式的团队中，无论目标是由领导单独设定还是与团队成员共同商议而定的，都应明确阐述目标背后的理由和动因。为了增强团队协作精神并实现目标互助，目标的达成应以整个团队为单位进行评估，而非仅以个人表现为衡量标准。

↗ 激励人心的团队任务

即使团队成员之间彼此协助，如果所承担的任务不足以激励人心，他们也可能会逐渐失去动力和热情。要打造真正激励人心的团队任务，并不依赖于领导者的个人魅力、吸引力或基于表现的奖励，而是任务设计本身。有些任务设计平淡无奇，难以激发团队的兴趣，而有些则能巧妙地点燃团队的激情。

研究表明，一个激励人心的团队任务应具备以下要素：
- 允许团队成员运用多种技能。
- 构成一项完整且具有意义的工作，其成果应清晰可见。
- 其成果应对客户或组织中的其他人员产生重要的后续影响。
- 赋予团队成员在完成任务过程中的重要自主权。
- 定期为团队成员提供可信的反馈，帮助他们了解团队的工作进展。

对于团队领导者而言，提供知情的选择意味着与团队成员共同参与任务设计。由于很难完全了解团队成员的技能、他们如何运用这些技能、他们认为有意义的工作是什么，以及他们对自主权的定义，因此与团队一起设计任务并保持好奇心至关重要。这样可以增加任务满足上述条件的可能性，从而更有效地激励团队。

此外，为了提高任务的协作程度，团队设计的任务应鼓励成员之间主动交换帮助和资源，共同完成任务。这种互相支持和资源共享的精神将有助于增强团队的凝聚力和整体效能。

↗ 恰当的团队成员身份

有效团队对其成员的资格进行严格筛选。这是因为，虽然团队成员确实能够为团队带来成功完成任务所需的知识和技能组合，但我们还可以通过考虑他们的个性特征来更全面地预测团队的整体表现。这些特征包括亲和力、认真程度、对新经历的开放度以及对团队工作的偏好等。

当团队任务需要成员间的互相协助时，选择那些愿意且能够良好合作的团队成员变得尤为关键。研究显示，拥有平等价值观的团队往往比那些推崇精英领导价值观的团队更能实现有效的互相协助。然而，那些倾向于独立工作的团队成员可能不太容易接受强调合作的团队文化。令人遗憾的是，即使原本喜欢合作的团队成员也可能受到个人主义思想的影响，变得以自我为中心。这个例子揭示了构建一个互相协助的团队是一项复杂的任务，需要综合考虑团队成员的个性特征、团队结构设计以及团队所处的具体情境。

此外，团队还需要仔细考虑其规模大小。正如林肯在回答关于男人腿的长度的问题时所表达的那样，关键在于"……长到足以让他的身体能接触到地面"。同样地，在确定团队规模时，关键在于确保有足够的人手来完成任务。如果成员数量超出实际需要，团队可能会浪费大量时间在任务协调上，而非直接投入工作。另外，随着团队规模的扩大，成员可能会对工作失去兴趣，从而减少个人的投入。然而，研究并未发现团队规模与团队绩效之间存在直接的联系，这可能是因为最佳的团队规模在很大程度上取决于具体的团队任务。

正如我们之前所讨论的，一个高效的团队必须对其成员身份有清晰的认识，并且保持成员的相对稳定。这样，团队成员才能有足够的时间来学习和磨合，共同提升合作效率。

↗ 清晰界定的角色，尤其是领导

在许多团队中，存在一种普遍观念，即只有正式领导——团队的负责人——才能为团队负责并承担领导职责。因此，正式领导往往主持会议、设定团队日程、引导讨论方向，并确定接下来的行动步骤。尽管团队成员也会参与这些活动，但他们通常会将领导角色留给正式领导。这种心智模式就是我所说的"房间里只有一位领导"。如果你为这类团队提供咨询服务，即使他们能够实现目标，你也会发现团队成员对正式领导的依赖过重。

相比之下，采用交互学习模式的团队在角色分配上更具流动性。团队成员可能轮流主持会议，主动承担责任来协调会议议程，并确定下一步行动。更重要的是，领导角色并不局限于正式领导。他们共享角色、共担职责，秉持着一种信念：每个人都有可能观察到其他人忽视的问题，因此每位成员都需要为团队的顺利运作承担责任。当团队成员发现可能降低团队有效性的问题时，无论他们是普通成员还是正式领导，都有责任在团队中提出并解决这些问题。

研究表明，当团队面临需要更多协作的工作任务时，领导力行为对团队有效性的影响尤为显著。这是合乎情理的，因为任务复杂度的增加往往需要更多的团队协调，而这时，强有力的领导力就显得尤为重要。

↗ 有效的团队文化

文化的影响力是巨大且无形的。团队文化，作为一套为团队成员所共享的基本价值观和信念，不仅指导着他们的行为，还深刻地影响着团队在处理诸如质量、时机、权力等核心问题，以及与团队工作息息相关的其他方面的方式。例如，我曾合作过的一个团队坚信，只要为聪明的员工提供适当的信息并赋予他们足够的自主权，他们便能创造出卓越的成果。这一信念被团队始终如一地践行，其结果是，团队成员享受到了高度的自主决策权,几乎无人抱怨管理层的过度干预。相反,有些组织则坚信必须精确无误地指导员工的每一个行动,或者实施严格的监督,以避免任何可能的负面后果。在这样的组织中,员工既无自主权,也缺乏工作的积极性。

团队心智模式的核心价值观和假设,作为团队文化的基石,我将单独进行讨论。这是因为它们构成了团队文化的基础,进而影响着团队如何吸收和融合文化的其他要素。因此,**要改变一个团队的文化就是要改变其心智模式**。这一观点具有深刻的道理。

通过聆听团队成员谈论他们的价值观或信念,你可以深入了解团队的文化。尽管我们标榜的价值观和信念与我们的实际行动可能并不完全一致,但我们自己往往并未意识到这一点。要洞察团队文化的核心价值观和信念,我们可以观察团队的文化衍生物,如成员的行事方式、公司政策、程序以及成员所创造的结构等。

文化在无形中影响着团队的一切,并通过政策和行为不断得到强化,但其运作过程往往不为团队所察觉。这使得文化既难以识别,也难以改变。

采用交互学习模式的团队深知文化的巨大影响力。他们明白团队的思维方式直接决定了团队的行事方式。因此,他们会积极讨论期望打造的文化,并认真审视这种文化与现有文化之间的差异。他们能够清晰地识别出团队当前的核心价值观和假设,并公开讨论这些元素是否有助于团队的发展。在决策和行动时,他们总会自问:"我们的选择与我们所倡导的价值观和假设是否相符?"这通常需要他们面对并讨论一些不便讨论的话题。一旦发现现有文化与期望文化之间的鸿沟,他们会共同寻找解决方案,努力缩小这一差距。

↗ 团队规范,包括交互学习模式的行为

规范是团队成员间关于行为表现的共同期望,它实质上是团队文化的具体实践。团队可以针对各种事务制定规范,涵盖邮件抄送对象、时间管理、会议发言顺序等方方面面。

时间管理就是一个显著的规范例子(全球各地的文化对时间的看法不尽相同)。比如,我曾与一支领导团队合作,他们高度重视准时,认为这是对他人尊重的体现。因此,他们的规范规定会议必须准时开始,哪怕有人尚未到场。然而,与我合作的其他团队对时间持不同看法,他们遵循的规范是等人到齐后再开始会议,哪怕因此延迟了 15 分钟。

但遗憾的是,团队规范往往并不明确,就像其背后的价值观和假设一样模糊不清。随着时间的推移,这些未经明确界定的规范可能逐渐演变,最终无法满足团队的实际

需求。

在许多团队中，正式领导拥有权威地位，他们可能会采用与其他团队成员不同的行为准则。例如，领导可能主导会议，打断他人发言，或在认为讨论偏离主题时转移话题。尽管其他成员可能认为这种做法效果不佳，但他们通常不会提出异议。然而，在交互学习模式的团队中，所有成员（包括领导）都需遵循统一的基本规则。这意味着，如果团队成员认为某种行为低效，那么这种行为对领导同样不适用。这并不会削弱领导在决策中的权威地位，但要求他们在决策过程中展现出有效的沟通技巧。

当团队采用交互学习模式时，其核心价值观和假设将通过八种行为转化为团队规范。 这些团队对他们所采用的规范保持公开透明，并会就是否采用这些规范做出知情的选择。一旦发现有成员的行为与团队期望不符，他们就会要求所有成员共同承担责任。在交互学习模式的团队中，任何违反团队期望的行为都会得到全体成员的反馈，这是团队规范的一部分。通过这种方式，团队成员通过相互支持展现出他们所认同的行为来共同承担责任，从而推动团队实现更好的成果。

↗ 合理的工作负担

尽管发达的科技使我们得以迅速完成众多任务，但它并未提高我们的思考速度，也未促进我们之间展开富有成效的讨论。而这两项能力，恰恰是领导和团队所不可或缺的核心要素。一个高效的团队能够预见时间紧迫对工作质量可能造成的负面影响，并据此做出调整。更为重要的是，当面对不便讨论的话题时，一个优秀的团队能够勇敢地正视问题，并明确地将其提出，共同寻求解决之道。

团队流程

团队流程是指完成某项任务或工作的具体步骤和顺序，它关注的是"如何做"而非"做了什么"。为了确保团队的高效运作，必须妥善管理以下关键流程：① 有效的问题解决；② 做出合适的决策；③ 有效的冲突管理；④ 平衡的沟通；⑤ 清晰的边界管理。最主要的流程是有效的问题解决和做出合适的决策。

↗ 有效的问题解决

团队在问题解决上投入了大量时间，因为问题本质上反映了期望结果与现有状态之间的差距。为了缩小这一差距，团队会采用系统的解决方法。

尽管存在多种问题解决流程，如精益生产、六西格玛及其他持续改进策略，但它们的成功与否取决于团队成员是否愿意保持透明、心怀好奇、承担责任，以及是否能够对彼此产生同理心。若团队成员隐瞒信息或坚持己见，这些本应协同合作的流程反而会演变成一场争夺控制权的斗争。即使团队在技术上对这些流程了如指掌，他们也可能无法触及和讨论真正具有挑战性的问题。最终，这将导致他们无法全面掌握解决问题所需的关键信息。

做出合适的决策

当初次接触交互学习模式时，人们往往误以为其要求所有决策必须达成一致，这其实是一种误解。交互学习模式与单边控制模式之间的本质区别，并非在于决策方式的选择，而在于它们所体现的心智模式。

无论是交互学习模式还是单边控制模式，都可以采用相同的决策规则。例如，团队全体成员达成一致决策，或依据特定规则授权部分成员决策；团队领导在与团队讨论后做出决策；领导在与个别成员讨论后做出决策；领导独立做出决策，无须团队成员参与讨论；领导将决策权委托给整个团队或特定成员。

现在，我们探讨一下领导在分别采用这两种模式进行决策时，可能产生哪些不同的结果。当领导采用单边控制模式来寻求决策一致性时，其思考方式可能是："我该如何说服团队成员接受我已经确定的解决方案？"然而，如果领导采用交互学习模式，其思考方式则会转变为："我如何确保我们的决策基于全面信息，并满足所有利益相关者的需求？"在这个过程中，解决方案可能源于会前的独立思考，也可能来自团队成员的提议，或是在会议中通过集体智慧共同构建出来的。

当领导采用单边控制模式时，他们往往坚信自己对当前局面的理解是正确无误的。面对不同观点或解决方案，他们可能私下里质疑他人的动机，并轻易贬低别人的看法。然而，在交互学习模式下，领导会认识到其他人可能观察到了自己忽略的细节。他们会公开提出质疑，并努力从多元化的视角中汲取智慧。

尽管领导有时需要独立做出决策而无须咨询他人，但这并不等同于单边控制模式。如果领导在决策时仅考虑自身利益，自认为已掌握足够信息而无须他人意见，或者对下属隐瞒决策内容和决策过程，那么他们实际上是在采用单边控制模式。相反，如果领导能像管家一样，兼顾所有利益相关者的利益，坦诚面对信息的不完整性，并对下属承担告知义务，那么他们就是在践行交互学习模式。这样的领导会向下属解释决策背后的逻辑和考量。

已经采用交互学习模式做出决策的领导会及时向团队通报。他们明白，在决策既定之后再去假装征求意见，不仅浪费时间，还会损害团队的信任和承诺。因为这种行为被视为虚伪的操纵，而非真诚的沟通。他们深知，在信息收集过程中若缺乏真正的好奇心或对变革的开放态度，那么所谓的"征求意见"只不过是一种形式主义的操纵手段，会削弱团队的凝聚力和信任感。

团队成员并不需要参与每一个决策，而且他们往往也不希望如此。然而，他们期望团队领导能够保持透明，明确告知是否已经做出决策，以及在多大程度上会考虑并接纳团队成员的意见。此外，团队成员还希望领导能尊重大家的时间，避免在已有定论的问题上继续无谓地征求意见。

团队的决策方式也反映了其对内外部成员的责任感。在某些组织中，领导团队需要通过投票来决定是否选择某位内部候选人担任人事经理。在一次投票中，一位团队成员表达了对候选人的担忧，但由于缺乏具体证据来支持他的观点，他被要求回避投票。另一位团队成员则对候选人过去一年的某些行为表示质疑，但当总裁询问他是否曾就此问题与候选人沟通时，他承认并没有。总裁因此判定他的投票无效。这个案例给团队成员上了一堂关于责任的课：他们不能一方面对员工隐瞒反馈，另一方面又利用这些信息来投票反对员工的晋升。

↗ 有效的冲突管理

有效的团队视冲突为团队运作中不可避免的一部分。他们认为，当成员提出各自不同的解决方案但无法全部实施时，冲突便应运而生。具备交互学习模式的团队更能游刃有余地管理这些冲突。团队成员将差异视为学习的契机，而非固守己见、力争胜负的战场。他们既不回避冲突，也不盲目迎合他人观点。

相反，他们心怀好奇，深入交流，探寻彼此观点差异的根源，并努力寻求弥补差距的方法。这里的"弥补差距"并非指简单的妥协。妥协往往基于立场，力求自身利益最大化；而弥补差距则从理解双方假设的不同出发，探寻共同利益所在。因此，团队得出的解决方案并非双方互相妥协的产物，而是基于更深层次的理解和共识。团队成员相信，没有人能够独揽全局，不同的观点背后往往有着共同的动机和单纯的目标。他们能够妥善处理重大利益冲突，确保这些冲突不会对团队关系造成负面影响。实际上，采用交互学习模式的团队常常发现，在成功解决重大利益冲突后，他们的工作关系反而更加紧密和融洽了。对于那些需要更多协助的团队来说，提升冲突管理技巧也显得尤为重要。

↗ 平衡的沟通

团队之间的沟通至关重要，它确保团队成员能够获取所需信息，进而在讨论的话题上达成共识。缺乏共识往往导致团队成员方向各异，即便他们初衷良好，也难免发生冲突。

交互学习模式为平衡且有效的沟通奠定了基础，并提供了具体指导。这里的平衡意味着团队成员可以直接从信息源获取信息，并与负责解决问题的人员直接交流。在许多团队中，沟通往往以领导为中心，领导成为信息传递的枢纽。然而，在交互学习模式下，每个成员都对整个团队负责，直接与相关成员分享所知信息。这样，领导不再需要扮演冲突调解者的角色。

采用交互学习模式的团队能够就更多事项进行深入沟通。他们勇于面对其他团队可能觉得不便讨论或不愿触及的问题。因此，他们能够讨论影响团队效能的关键议题，而其他团队则可能望而却步。此外，由于他们认识到思维和情绪在决策中的重要性，因此在解决问题和做决策时，他们会坦诚地谈论自己的感受，从而增进彼此的了解。

团队内部的互助程度也会影响沟通效果。研究表明，互助程度高的团队比互助程度低的团队更愿意分享信息。当团队成员掌握不同的信息时，高互助程度的团队能够更有效地利用这些信息来提升绩效。

↗ 清晰的边界管理

每个团队都需要明确如何与上级组织以及组织外的个人和团队进行有效的合作，这被称为团队的边界管理。在与其他团队协同工作时，团队必须清楚以下几点：① 应分享和获取哪些信息；② 在特定任务中，各自的职责界限在哪里；③ 哪些决策权归属于哪些团队。若团队未能妥善管理这些边界，可能会导致信息不足、任务超出专业能力或职责范围，甚至可能出现工作重叠或模糊的责任分工。最终，这将影响团队对自身权责的恰当把握。

团队成员在与其他团队就这些事项寻求共识时，通常以平等的同事身份进行协商。没有任何一个团队拥有单方面决定这些议题的权力。在交互学习模式下，当团队之间无法就某些议题达成共识时，他们不会单方面地将问题升级至更高层领导。相反，他们会共同将问题提交给双方的直接上级进行裁决。值得庆幸的是，采用交互学习模式的团队往往能够有效避免边界冲突的升级，即使其他团队并未采用这种模式。

团队情境

每个组织中的团队，无论其层级如何，都会受到所处组织环境的影响，即便是最高层的领导团队也不例外。当组织具备以下要素时，团队将能更高效地运作：① 清晰的使命和共享的愿景；② 支持性组织文化；③ 与目标和设计保持一致的奖励机制；④ 信息，包括反馈信息；⑤ 资源；⑥ 培训与咨询；⑦ 符合团队需求的实体环境。

团队在组织中的位置不同，其影响或改变工作环境的能力也有所差异。然而，在任何情况下，采用交互学习模式的团队都能对其所处的组织环境产生更深远的影响。这意味着，当团队拥有权力时，他们可以调整策略；当权力有限时，他们可以影响策略的制定；而当两者都不可行时，他们也能寻找创新的方法来最大限度地减少工作环境带来的潜在负面影响。

↗ 清晰的使命和共享的愿景

一个组织的使命和愿景，如同撑开的大伞，为整个组织提供指导和庇护。团队在构建自身的使命和愿景时，必须与组织的核心价值保持一致。然而，在实践中，团队有时会遇到与组织使命和愿景相悖的行为，这些行为可能来自团队外部的成员。面对这种情况，采用交互学习模式的团队会心怀好奇，以同理心去理解和接触这些不同的行为者。

当组织的使命发生重大变革时，团队将迎接巨大的挑战。例如，一个医疗保健供应商在向值得信赖的护理机构转型的过程中，其使命和愿景的转变导致组织结构的根本性调整。这就要求其核心领导团队必须与组织内的其他关键领导者共同重新定义团队的角色和汇报关系，以适应新的使命和愿景。

↗ 支持性组织文化

正如每个团队都拥有自己独特的文化一样，组织也具备其特有的文化。在一个支持性文化的组织中，团队更有可能保持高效运作，因为团队成员共享着指导组织行为的基本价值观和假设。然而，当团队文化与组织文化不相契合时，即便是简单的团队间合作也可能变得困难重重。

许多组织所倡导的价值观和假设与交互学习模式相契合。但遗憾的是，鲜有组织能够始终如一地践行这些价值观和假设，即便是那些明确倡导它们的组织也不例外。在现实中，大多数组织的文化或多或少带有单边控制模式的影子。一位组织发展经理曾向我透露，尽管他的组织在纸面上拥有出色的文化理念，但领导和团队在实际操作中却往往不知所措。他认为，交互学习模式为将组织文化从抽象的理念转化为具体行动提供了一条有效途径。你所协助的团队可能也面临着类似的情境。

如果你所服务的组织倡导的是单边控制文化，那么挑战就不仅仅在于培养新的行为来践行文化了，更在于改变那些深植于组织内部的价值观和假设。改变团队文化已经是一项艰巨的任务，而改变组织文化则更是难上加难，尤其是当你考虑到组织的规模时。然而，如果你所合作的团队在组织中拥有足够高的地位，他们可能会认为交互学习模式的核心价值观和假设正是他们组织所追求的文化方向。在这种情况下，请鼓励这个团队积极示范这些价值观和假设，这对于那些正在学习这些理念和方法的人来说将是一个良好的开端。

即使团队在组织中的位置并不便于正式改变整个组织的文化，但当他们与外部人士合作时，他们仍然可以通过自身行为影响他人的思维和行动。我曾与许多领导合作过，他们在经历了富有挑战但卓有成效的会议后告诉我："你是如何做到这些的？我尝试了好几个月想要和那个工作团队达成共识，而你却在几小时之内就做到了。"通过成功示范交互学习模式并让他人看到实际成果，团队成员可以激发他人对如何取得类似成果的好奇心。这是团队成员解释他们的工作方法及其背后的心智模式的绝佳机会。

↗ 与目标和设计保持一致的奖励机制

为了获得更好的组织绩效，设计奖励机制并非一件简单直接的事情，其最佳方式往往取决于团队成员间互相协助的类型。当团队任务与成员间的协助无关时，奖励机制是以个人为基础还是以团队为基础，对绩效的影响并不显著。然而，当任务需要高度协作时，以团队为基础的奖励机制则成为实现更好绩效的必要条件。面对这类需要互相协助的工作任务，团队奖励机制的效果通常优于个人奖励机制。然而，当团队任务混合了需要互相协助和不需要互相协助的任务时，即使奖励机制与团队的工作方式保持一致，也难以显著提升绩效。总体而言，使混合型团队达到高效状态是一项挑战。

某财务公司平面设计团队的案例生动地展示了团队奖励机制对团队绩效的影响。这个设计团队曾因其卓越表现而荣获行业大奖，团队成员在工作中紧密协作，互相支持，对荣誉的归属并不介意。团队领导根据团队整体表现来设定奖励机制，这与上述研究结果相吻合。然而，当人事部门改变奖励机制，要求对个人表现进行评分、排序，并基于个人绩效给予奖励时，情况发生了巨变。团队成员开始过分关注个人的工作量和贡献，原本自然的协作变得棘手。新的奖励机制削弱了团队的有效性，团队成员向人事部门表达了担忧，并希望恢复原有的团队奖励机制。遗憾的是，人事部门坚持认为该团队无法采用以团队为基础的奖励机制，他们必须在团队成员间分配绩效工资，但无法确保公平。最终，大多数团队成员选择离开公司，自行创业。

奖励机制必须与组织的核心价值观保持一致。当我向某全球性石油公司的领导介绍交互学习模式时，我首先展示了单边控制模式。我询问："有人熟悉这个模式吗？"一位领导回答："当然，我们每天都在使用这个模式。"另一位领导补充道："我们不仅使用它，还因此获得了奖励。多年来，我因展现出这种行为而一直受到奖励。"该组织一直担忧其领导团队推行的举措所带来的后果，却未意识到正是其设计的奖励机制强化了单边控制模式的结果。

通常，组织希望塑造一种特定的文化，却往往无意中奖励了与文化相悖的行为。例如，组织鼓励员工保持透明和担责，但其人力资源政策却禁止员工讨论薪水。虽然领导会收到评估其领导力的调研报告，但报告是匿名的，领导无法得知具体评价者，且评价者无须为其表述的准确性负责。最终，当员工看到组织所推崇的价值观与其实际奖励或禁止的行为之间存在巨大差距时，便会产生冷嘲热讽。这种嘲讽是员工对工作失去热情或选择离职的初步表现。

交互学习模式能够识别组织系统如何奖励无效的团队行为，并试图改变这一现状。即使一个团队无法改变或影响这个系统，他们也可以讨论该系统所带来的负面后果，并探索减少其影响的方法。

↗ 信息，包括反馈信息

每个团队都需要从所属组织中获取信息，以顺利完成任务并持续优化其工作方式。信息是做出知情选择的关键。

系统信息。在系统信息方面，随着组织采用更为复杂的综合性规划系统，领导团队能够实时获取的信息日益丰富，涵盖财务、供应链、生产、销售、服务、客户关系及人力资源等多个方面。这种综合性规划系统有助于团队与组织内外的人员开展更为高效的合作。然而，团队能否有效利用这些信息，取决于他们获取信息的途径、信息的质量，以及信息收集是否全面满足团队需求。

来自其他团队的信息。很多时候，重要信息并不存储在系统信息中，而是掌握在与团队紧密合作的其他团队手中。无论团队是与内部职能部门、供应商还是客户合作，其成功都取决于能否全面获取信息并做出高效决策。我曾与多位领导合作，他们普遍抱怨其他团队未能提供所需信息，甚至怀疑对方在故意隐瞒。但事实上，当团队对信息保持透明开放态度，对其他团队的利益点和处境表现出好奇心和同理心时，这种情况往往会得到改善。当人们意识到你的信息需求是为了更好地为他们服务，而非针对他们时，他们通常更愿意分享所需信息。

来自同事的反馈。一个组织若隐瞒来自团队成员的反馈，或建立不透明、不担责的反馈机制，将极大地阻碍团队的发展。在本章之前的部分中，我曾经介绍过经理不愿意给他的直线下属提供反馈的案例来说明这个问题。在交互学习模式中，我们坚持一个简单的原则：**如果你对直接同事的工作有疑虑，有责任直接与他们分享，无论他们的职位高低**。你不能逃避这一职责，也不能将其委托给他人。

调研反馈。许多组织在透明度和担责方面表现欠佳，尤其是在 360 度调研中。在此类调研中，领导或团队通过完成问卷的人员了解自身或整体表现。若反馈针对特定领导，他将收到来自平级、下属及内外客户的匿名汇总评分。团队领导的反馈相对明确，因其上级通常唯一且负责绩效评估。而当反馈面向整个团队时，他们收到的则是来自其他团队、直属下属及内外客户的匿名意见。然而，这种机制下，团队成员无从知晓彼此在评估中的具体评分。

这种匿名性不仅阻碍了团队工作与合作方式的改进，还使得关于提升团队效能的讨论变得困难重重。由于团队成员无法获知他人对自己的看法，他们难以有针对性地探讨改进措施。同时，好奇心也受到抑制，因为询问他人在某项目上的具体评分行为违反了保持匿名的原则。这种匿名制度建立在一种假设之上，即它能够促进真实反馈并保护参与者的颜面。但事实上，缺乏证据支持匿名能确保反馈的真实性，因此参与者可能会随意填写问卷，无须对结果负责。研究也表明，传统的 360 度调研并未有效促使行为改变。

为改善这一状况，团队在 360 度调研中可引入交互学习模式。在完成调研问卷后，团队成员可邀请其下属、同事、客户以及经理也参与调研。调研结果反馈给团队时，每位成员的反馈都需要注明姓名，以确保透明度和责任感。同时，团队外部参与者也需要署名，以便团队成员在有疑问时能够进一步沟通。这种做法鼓励团队成员以开放和好奇的态度探讨反馈背后的原因，以及团队为提升效率所需采取的行动。虽然这样的对话初始可能会让人感到不适，但其目的在于推动实质性的改进，而非追求舒适感。

只有当提供反馈的人能够被识别时，团队才能采取具体行动来实施改变。如果团队成员之间缺乏信任，无法对反馈保持透明和担责，那么这可能就是团队面临的最大问题。解决这个问题后，其他团队问题往往也会迎刃而解。值得注意的是，团队成员不能错误地认为建立信任是使用交互学习模式的前提条件，因为信任实际上是通过展示脆弱性（如保持透明）并确保不会被利用来打击彼此而逐渐建立起来的。

如果技术条件允许，可以考虑采取一些创新方法来主动揭示自己的身份。例如，汤姆在参加同事的360度调研时，发现系统要求保持匿名。为了展示透明度和担责精神，他在提供评述的空白处写下了自己对同事的评估，并在每句话的开头都注明"汤姆认为……"。

↗ 资源

除了信息，团队还需要其他多种资源，如技术和物质性资源等。对于虚拟团队来说，尤为重要的是那些能够支持他们跨越时空限制进行合作的技术资源。尽管采用交互学习模式并不能直接增强团队获取额外资源的能力，但它却为团队提供了更多机会去深入理解为何需要这些资源，以及如何更高效地利用它们。

↗ 培训与咨询

团队需要定期接受培训和咨询，以提升技能并解决问题。然而，有些团队所接受的培训或咨询可能与交互学习模式并不相符。许多团队领导反映，他们曾在职业生涯中学习了多种单边控制模式的技巧，这些技巧可能源自内部或外部的咨询顾问。他们常提及的"负面反馈的三明治方法"就是一个例子，这种方法使得团队成员在对话临近结束时才能了解到彼此的真实看法，并常通过反问句来猜测对方的意图。

尽管组织内部的人事部门和学习发展部门通常倡导交互学习模式，但他们所提供的工具和技巧往往偏向单边控制模式。有些组织声称其绩效管理流程是与员工进行对话，但实际上并未教授团队领导如何对下属的推论或发展计划产生的反应表示好奇。

交互学习模式的团队在培训和咨询方面的做法与他们在关注团队策略时的做法相似。他们会评估每一项决策是否与整体策略保持一致，如果不一致，就会重新考虑。在选择培训产品或服务时，交互学习模式的团队会评估它们是否与自身的核心价值观和假设相符。他们明白，如果选用了与自身模式不符的培训或咨询服务，可能会引发问题。

符合团队需求的实体环境

温斯顿·丘吉尔曾深刻指出:"我们塑造建筑,而后建筑塑造我们。"实体环境对工作团队的影响虽微妙却不容忽视。某消费品公司在设计新办公场所时,旨在加强员工间的协作。为此,他们巧妙结合了封闭与开放空间,以满足不同领导风格的需求。靠近楼梯的非正式咖啡区,配备了舒适的桌椅,便于员工随时交流;显眼的开放式楼梯则鼓励大家共同行走,相较于电梯,更增加了碰面与交流的机会。会议室可预订,其他讨论空间也随时可用。这些环境设计均源于公司鼓励团队内外合作与即时对话的价值观。

然而,也有反例可循。某职业发展组织迁入新楼后,将多数会议室划归高层领导使用,导致其他员工难以随时开会。更糟的是,某农业设备制造商在重新规划办公楼后,竟找不到适合员工开会的场所。

团队的空间布局往往反映了设计者的价值观和假设。若团队对空间有自主权,就应确保布局符合期望的合作方式;若无自主权,也应尝试影响决策或做出适应性调整,使实体环境成为合作的助力,而非障碍。

跨组织的团队和工作团队

为了更简洁地探讨如何提升团队有效性,我假设所有团队或工作团队都隶属于同一组织。然而,实际情况往往并非如此。你可能正在协助的团队,其成员可能来自不同的组织,如行业协会、社区管理的专项行动工作团队或致力于环境问题的工作团队等。这些团队的成员可能包括商业代表、劳工代表、环保人士和政府机构人员,他们因共同关注某一议题而聚集在一起。

尽管跨组织团队在结构和流程上与其他团队有相似之处,但它们受到不同组织文化的影响。简而言之,跨组织团队在一个更为复杂的组织环境中运作,这使得与这些团队合作变得更具挑战性。

帮助设计或重新设计团队或工作团队

通过深入理解团队有效性模型,以及团队成员间协作程度对团队设计的影响,你将更好地协助团队或工作团队。需要注意的是,与你合作的团队是初建还是已运作多时,其流程是有所区别的。

↗ 帮助设计一个新建团队或工作团队

以下是设计一个新建团队或工作团队的步骤：

1. 确立团队使命、愿景、心智模式和文化。这四个要素是设计团队其他要素的基础，必须达成共识。团队需要设计其他要素，确保它们与这四个基石保持一致，以实现团队使命并符合团队愿景、心智模式和文化。

2. 明确团队为达成使命所需承担的主要任务。这些任务应由个人或子团队完成，并确保涵盖所有团队成员的工作内容。

3. 确定需要哪些团队成员来完成这些任务，以实现所需的互相协助。在设计过程中，特别是针对领导团队，必须考虑互相协助的程度。如果团队成员在如何开展互相协助方面存在分歧，这些不一致可能会影响团队的其他要素。例如，在某些情况下，团队领导可能认为任务需要高度协作，而大部分成员可能认为只需要较低程度的协作。为了解决这种差异，团队必须就协作程度达成共识。

另外，团队在组织中的层级不同，需要开展协助的任务也会有所不同。工作团队的协助通常围绕生产产品或提供服务以及支持相关职能部门展开。然而，领导型团队并不直接参与产品或服务的生产和交付，而是负责制定决策、界定产品和服务以及组织如何运作以实现生产和交付。高级领导型团队通常需要就以下任务进行互相协助：设定组织的使命和愿景、制定组织层级的策略、批准主要资本开支、推动整个组织层面的变革、确保组织的领导力以及维护组织文化。

4. 设计任务以适配恰当的协助程度。以使命、愿景、心智模式和团队文化为基石，我们需要精心规划任务的运作方式，以确保其具备适宜的协助程度。有四种主要方法可以用来调整团队任务中的协助水平：

设计实体技术。团队可以设计需要成员同时工作或频繁交流的实体技术，从而增加协助的机会。相反，如果任务设计减少了同时行动的需求，如流水线作业，协助程度则会相应降低。

分配任务职责。为了最大化协作，可以让所有团队成员共同对任务负责。而若需要减少协作，则可以指定特定成员负责特定任务。

制定规则和流程。为了促进团队内的信息共享、沟通和联合解决问题，团队可以建立相应的规则和流程。反之，若要降低协助程度，则可制定另一套规则和流程来实现。

分配资源。若要提高协助水平，可以要求团队成员共享资源以完成任务。而要减少协助，则可将资源直接分配给特定成员，由其独立完成任务。

5. 设计剩余团队结构和流程要素。在完成了四个基础要素和任务设计之后，团队还需要确保其他要素与之相协调。这些要素的设计实际上在前面的步骤中已有所涉及。例如，在分配任务职责时，自然就需要考虑团队角色的设计；而在制定规则和流程时，也必然涉及沟通渠道、冲突管理以及问题解决机制的设计。

帮助重新设计现有团队

当你准备重新设计一个现有团队时，首先需要明确现有状态与理想状态之间的差距。以下是具体步骤：

1. 应用团队有效性模型，就结果要素、设计、心智模式等方面存在的差距达成共识。特别要识别出那些差距较大的要素。在考虑团队规范时，务必涵盖八种交互学习模式的行为。

2. 从团队的结果要素开始分析，然后逐步深入设计和心智模式层面，进行根本原因分析。明确在第一步中识别出的团队结构、设计和情境要素是如何削弱团队结果的，并在这些要素之间绘制箭头以展示它们之间的关系。接着，探讨团队在第一步中识别出的心智模式要素是如何影响结构、设计和情境要素的，同样用箭头表示它们之间的联系。

3. 确定并重新设计根本原因的要素。在设计方面，常见的问题根源可能包括使命和目标不明确、团队任务分配不当、角色和决策权分配不清晰等。任何被识别出的心智模式要素都可能是根本原因。在识别根本原因时，要关注所需的协助程度与团队任务设计方式之间的契合度。请注意，互相协助并非模型中的一个独立要素，而是贯穿于整个模型之中。同时，要牢记重新设计心智模式要素实际上是在改变团队文化；虽然让团队成员同意改变其心智模式是前提，但这还不足以实现文化的转变。

4. 确定并重新设计非根本原因的要素。即使团队成员已经转变为交互学习模式，仍然需要对团队结构、团队流程和团队情境中的某些要素进行重新设计。明确哪些地方需要做出改变，心智模式的转变与结构、流程、情境的改变相结合，可以大幅减少或消除在第一步中列出的差距。

如果你还希望关注团队的优势所在，可以重复执行第一步到第三步。这样可以帮助你找到那些在现状和理想状况之间没有明显差距的团队要素。

根据我的经验，无论团队是新组建的还是希望提升其有效性，也无论团队成员的观点是否相似或不同，这个流程通常需要花费三天的时间（具体时间因团队规模而异）。然而，这是一项值得投入的时间投资。因为团队设计的水平将直接决定团队绩效的高度。

小结

在本章中，我详细介绍了如何运用团队有效性模型来助力新组建的团队和现有团队实现更佳绩效。首先，我阐明了如何利用有效的团队有效性模型来设计高效团队、进行准确诊断及实施恰当干预。接着，我区分了团队与工作团队之间的核心差异：团队承担着一项共同任务，且成员间必须相互协作与协调以完成任务。团队内部的互相协助至关重要，因为协助不畅往往是众多团队问题的根源。尽管"团队"概念当前风靡一时，但团队的效果并不必然优于工作团队。关键在于任务与团队设计或工作团队设计之间的契合度。

我还介绍了团队有效性模型，该模型揭示了团队心智模式与设计（结构、流程和情境）如何共同作用于团队结果。此模型巧妙融合了交互学习模式的心智模式、行为及结果。最后，我提供了一套流程方法，指导你如何设计新建团队或工作团队以达成良好结果，以及如何对现有团队或工作团队进行要素调整以改善绩效。

在第7章，我将深入探讨如何对团队进行诊断、实施干预，以及如何洞察团队内部动态并有效干预。

第 2 部分
对团队做出诊断并实施干预

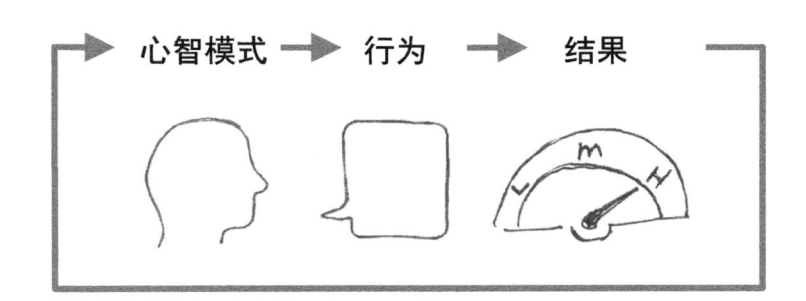

心智模式 → 行为 → 结果

第 7 章
使用六步骤交互学习模式循环实施诊断和干预

你是如何细致地观察团队互动，从中发现那些微妙的动态，以判断它们是如何提升或降低团队整体效能的？这确实是诊断团队行为的核心问题。而当你成功识别出团队效能的潜在障碍时，你将如何以富有洞察力的方式向团队提出建议，帮助他们迈向更高效的工作状态？这无疑是实施团队干预的关键所在。作为引导师，解答这两个问题将是你职责中的重中之重。同样，无论你在团队中扮演何种角色，有效地回应这两个问题都将成为你为客户提供优质服务的基础。

在引导过程中，诊断是一个至关重要的环节，它要求我们深入观察团队行为并解读其背后的含义。这一过程是基于团队有效性模型的。"诊断"这个词源于希腊语"diagignoskein"，意为"区分"或"发现"，这正是我们在引导过程中所需要的关键能力。而干预则是基于诊断结果所采取的行动，旨在促进团队效能的提升。这个词源自拉丁语"intervenire"，其中"inter"表示"在之间"，"venire"意为"来到"。

在本章中，我们将全面探讨如何进行诊断与干预。我们将深入探讨在观察团队互动时应关注的关键要素，如何解读这些观察结果，如何判断何时采取干预措施，以及干预的实施方法。此外，我们还将再次介绍交互模式学习循环这一工具。它是一个强大的框架，用于检验我们的推论和假设。

你需要诊断什么

在实施团队干预之前，首要任务是进行准确的诊断，以了解团队中正在发生什么。为此，你需要运用两套核心知识和技能。

首先，要明确观察团队互动时应关注的关键行为。在众多行为中，某些行为对于团队效能的影响更为显著。为了快速识别这些关键行为，你需要在脑海中构建有效团队和无效团队的模式。

值得庆幸的是，大部分需要关注的行为你已有所了解：

- 单边控制模式揭示了低效团队的心智模式、行为及其后果。
- 交互学习模式展示了高效团队的心智模式、行为及其成果。
- 团队有效性模型则阐述了构建高效团队所需的设计要素，并整合了交互学习模式的心智模式、行为及其结果。

在运用专业引导技巧时，你可以利用这三个主要框架来诊断团队行为。

其次，无论你观察到何种具体行为，都需要一个诊断流程来解读这些行为的含义。幸运的是，你已经学习了这一流程，即交互学习模式循环的左侧内容。

将观察与解读流程相结合，你便能够理解图7.1中所示的内容。单边控制模式、交互学习模式以及团队有效性模型中的每个要素都有与之相关的行为。这些行为是你在交互学习模式循环的第一步中需要关注的。一旦你观察到这些行为，便可以推断出与这些要素相关的含义。例如：

当团队有效性模型中的"清晰界定的角色，尤其是领导"这一要素被提及时，你可以关注团队中有关角色界定的讨论。若听到如"我负责预算"和"不，那是我的工作；你只是负责做预测而已"的言论，你可以推断他们在角色分工上存在不明确或不一致。

在交互学习模式中，分享所有相关信息并解释推理与意图是两种关键行为。若团队成员间出现如"珍妮并没有分享所有相关信息"或"她没有解释她是如何得出这个结论的"等议论，你可以据此推断出相关情况。

> 珍妮："我认为重组不太可能发生。"
> 里奇："为什么？我接触的人几乎都认为会发生重组。"
> 珍妮："或许可以这样说，不是所有人都期待重组的发生。"

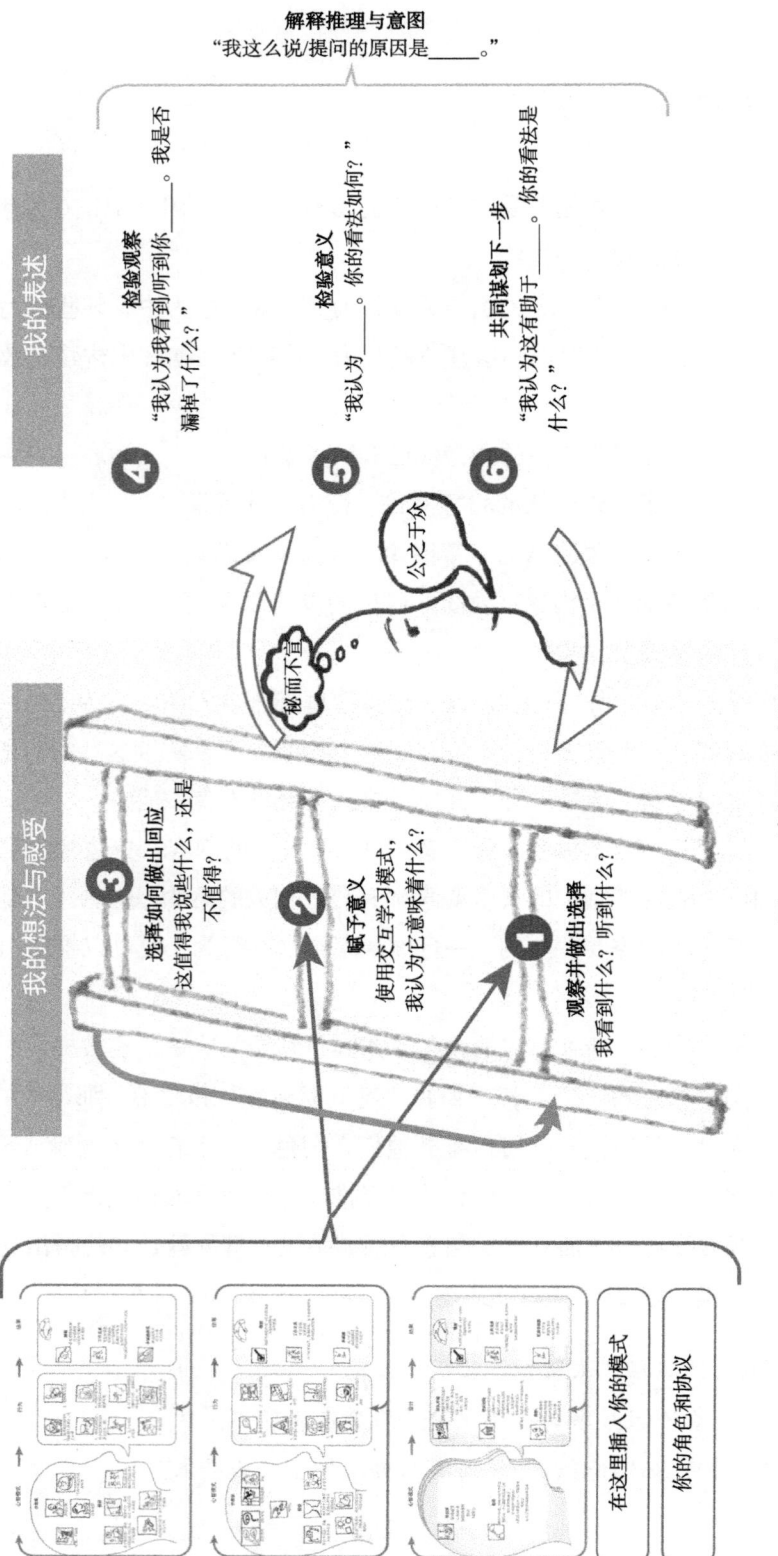

144 The Skilled Facilitator

图 7.1 诊断团队时关注什么

交互学习模式的一个要素就是假定我有可能是问题的始作俑者。如果团队中出现了这样的对话，你可能会推断林并不认为自己是问题的制造者。

贾马尔："你说得对，林，我的团队确实延误了设计文件的交付。但部分原因是你们团队不断修改设计规格，导致我们不得不一次次地重新设计这些文件。"

林："那是你们团队的责任，贾马尔。客户有权改变他们的想法，我们只是为了满足客户的要求。你的职责是在规定的时间内完成工作。"

你需要干预什么

在实施干预之前，你需要确保将你的想法明确地传达给团队。这涉及运用交互学习模式循环的右侧内容，即将你的观点公之于众。在这一阶段，你需要验证你的观察与所认为的情况是否相符，同时检查你的解读是否准确。接下来，与团队共同讨论并确定下一步的行动方向。在实施干预时，请记得运用第 5 章中介绍的交互学习模式的心智模式与行为。

现在，我们来详细了解一下交互学习模式循环中的诊断与干预步骤。

交互学习模式循环

交互学习模式循环是诊断行为并随后对此做出干预的结构化方式。交互学习模式循环（见图 7.2）共有六步：三步用于诊断，随后的三步用于干预。诊断步骤（1～3）为秘而不宣，代表你头脑中的想法。干预步骤（4～6）为公之于众，代表你实际上对团队说了些什么。

交互学习模式循环可用于帮助你做出低阶推论并检验这些推论是否准确。在干预步骤中，你重复诊断步骤。你公开陈述你的私下想法并询问团队的看法与你的看法是否一致。

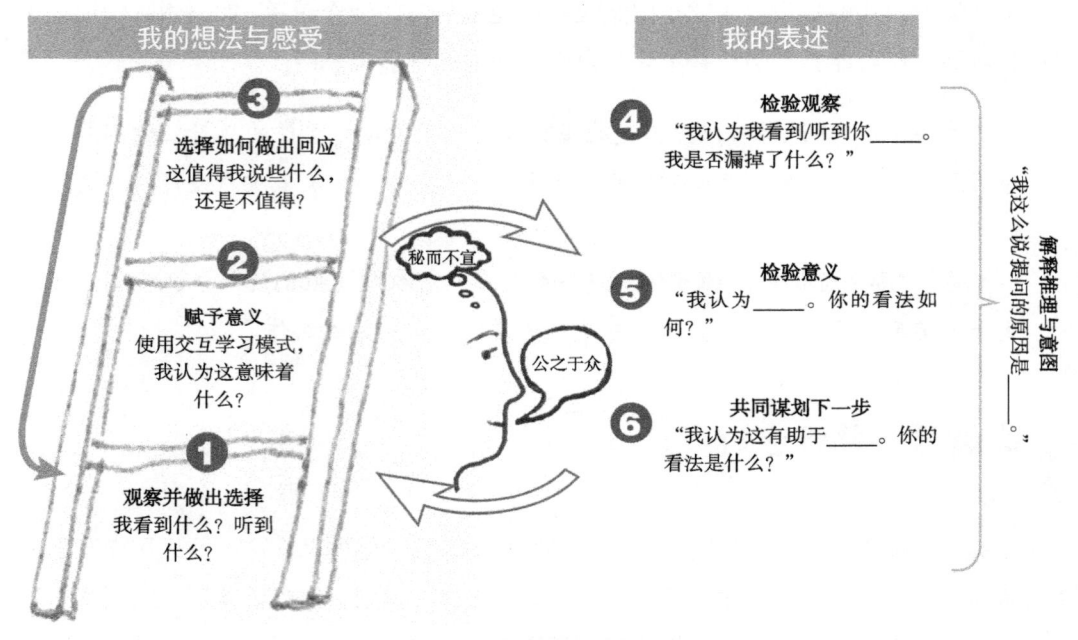

图 7.2 交互学习模式循环

```
我的想法与感受                          我的表述

③ 选择如何做出回应                    ④ 检验观察
   这值得我说些什么，                     "我认为我看到/听到你____。
   还是不值得？                           我是否漏掉了什么？"

② 赋予意义                           ⑤ 检验意义
   使用交互学习模式，                     "我认为____。你的看法如何？"
   我认为这意味着
   什么？                            ⑥ 共同谋划下一步
                                      "我认为这有助于____。你的
① 观察并做出选择                          看法是什么？"
   我看到什么？听到
   什么？

秘而不宣 / 公之于众

解释推理与意图 "我这么说/提问的原因是____。"
```

以下是诊断步骤与干预步骤的总结。

↗ 步骤 1：观察并做出选择

在步骤 1 中，你需要直接观察团队的行为。这些行为包括他们的言语表达以及非言语行动。你可以将这些直接观察的行为视为拍摄视频时所记录的一切。例如，你可能会观察到以下这样的互动：

> 唐：我认为新项目的启动应该推迟到第四季度。
> 莎伦：那太迟了，我们必须确保项目不晚于第二季度启动。
> 唐（提高了音量）：但我们无法那么快就启动。
> 莎伦（揉了揉眼睛）：但我们不能承受项目启动过晚所带来的后果。

↗ 步骤 2：赋予意义

在步骤 2 中，你需要从观察到的行为中推断出意义。推论是基于已知信息对未知情况做出的合理猜测。在这个例子中，我的推论是莎伦和唐的行为与交互学习模式所提倡的行为并不一致。例如，他们只是陈述了自己的立场（要么在第四季度启动项目，要么在第二季度启动），却没有分享背后的利益和理由。此外，我可能从莎伦揉眼睛的动作中推断出她对唐的言论感到不满或沮丧。

↗ 步骤 3：选择如何做出回应（是否干预、如何干预及为何干预）

在步骤 3 中，你需要做出决策，确定是否干预、如何干预以及为何干预。基于步骤 2 中的推论，你需要评估是否有足够的依据来采取干预措施，或者是否应该保持沉默。在这个例子中，莎伦和唐都过于关注各自的立场，没有充分解释他们的推理过程，而莎伦似乎对我应该干预的问题感到沮丧。如果我决定采取干预，我必须精心设计干预措施，包括确定向谁表达我的观点、如何措辞以及何时进行干预。在这个具体情境中，我决定解决他们过于坚持立场的问题。

↗ 步骤 4：检验观察

在步骤 4 中，你可以公开地描述你所观察到的团队成员的行为，并解释为何基于这些行为你决定进行干预。随后，询问团队成员对你的观察是否有异议。例如，你可以说："唐，我注意到你刚才建议将新项目的启动推迟到第四季度，是这样吗？莎伦，我听你的意思是希望新项目能在第二季度启动，我理解得对吗？"如果他们确认你的描述是准确的，那么你已经成功地概括了他们的行为。接下来，你可以继续前往步骤 5。

↗ 步骤 5：检验意义

在步骤 5 中，你需要与团队成员分享在步骤 2 中私下得出的推论，并询问他们是否持有不同的观点。例如，你可以说："唐和莎伦，根据我的观察，你们似乎在表达自己的立场，但并未解释为何选择这样的立场。你们对此有何看法？"如果你更希望聚焦于行为而非具体个人，你也可以这样表达："唐和莎伦，我注意到你们表达了自己的需求，但并未说明为何选择这样的解决方案。你们是否有不同的解读？"无论团队成员的回应如何，无论唐和莎伦的观点是否一致，你都可以开始进入步骤 6。

↗ 步骤 6：共同谋划下一步

在步骤 6 中，你需要与团队成员共同谋划下一步的行动计划。例如，你可以说："唐和莎伦，我建议我们一起明确一下我们提出的解决方案所能满足的利益点，这样可能对大家都有帮助。你们觉得怎么样？"如果他们同意这个提议，交互学习模式循环将重新开始。你需要继续观察团队成员的行为，以判断这些行为是否有助于提升团队的整体效能，还是可能成为团队发展的障碍。

↗ 分享你的推理与意图

在步骤 4、步骤 5 和步骤 6 中，你可以分享你的推理和意图，帮助团队成员更好地理解你采取干预措施的原因，特别是为什么你要求他们以特定的方式重新设计行为。例如，在步骤 4 中，你可以说："我注意到有些因素正在阻碍团队的进展，我希望听听你们的看法。"而在步骤 6 中，你可以提出："你们是否愿意分享各自的利益点？我之所以这么问，是因为当我们能明确彼此的利益诉求时，就能更快地找到满足大家需求的解决方案。"

在引导团队的过程中，你可以不断重复这六个步骤的循环。在发展型引导中，随着时间的推移，团队会逐渐学会自行诊断问题并实施干预措施，从而减少对你的依赖。而在基本型引导中，团队通常会更依赖你来完成诊断和干预工作。

小结

在本章中，我详细介绍了如何利用六步骤交互学习模式循环来实施诊断与干预。通过步骤 1 至步骤 3，我们可以对团队中出现的行为进行深入的诊断；而步骤 4 至步骤 6 则为我们提供了实施干预的明确指导。这个循环的核心在于，在干预步骤中，你需要向团队公开分享你在诊断步骤中的思考，并与团队成员核实你所观察到的情况和赋予的意义是否一致，从而共同谋划下一步的行动。为了明确诊断的目标和内容，你可以运用单边控制模式、交互学习模式以及团队有效性模型等工具，来深入剖析团队行为并推断其背后的意义。

在第 8 章中，我们将进一步深入探讨如何对团队进行全面的诊断。

第 8 章
如何对团队做出诊断

在本章，我们将详细探讨如何对团队做出诊断。我将介绍如何使用交互学习模式循环：① 观察并做出选择；② 赋予意义；③ 选择如何做出回应。我还将介绍当做出诊断并实施干预时你可能遇到的挑战。

步骤 1：观察并做出选择

诊断团队行为的首要步骤是直接观察，这看似简单却意义深远。为了确保团队成员能够理解你进行诊断和实施干预的原因，你需要以他们可观察到的团队互动为基础，即团队成员的言行举止。这些原始材料是理解团队动态的关键，它们构成了你进行诊断的出发点和干预的依据。

↗ 记住行为就是行为

观察行为要求你既听其言，又观其行。在步骤 1 中，关键是要能准确记住团队成员的言语和非言语行为，而不必对它们进行任何改动或添加主观意义。

举个例子，如果你看到某个团队成员在揉眼睛，将其行为直接描述为沮丧或不耐烦是不恰当的。实际上，你无法直接观察到对方的情感状态，只能根据行为做出推断。你真正能观察到的是揉眼睛这一行为，以及可能存在的其他非言语行为，如双臂交叉在胸前或提高音量。同样地，你也无法直接观察到人们是否聚焦立场或对相关信息秘而不宣，这些都需要从他们的言辞和行动中推断。

因此，步骤1的关键在于训练自己区分直接可观察的行为与从这些行为中得出的推论。

在实践中，区分行为本身和从行为中得出的推论是一项挑战。你往往很难在观察行为时不赋予其意义。但是，为了更好地理解团队动态，你需要运用专业引导技巧，关注并识别重要的行为，而不是过度解读其意义。

让我们设想一下，费利佩对团队制订的计划做出了这样的回应："我敢说，不是每个人都愿意支持我们的计划。"作为一名引导师，如果你运用专业引导技巧，你会发现这句话背后蕴含着丰富的信息。这句话意味着费利佩知道有些团队成员对计划持保留态度，甚至可能有人反对，但他并没有具体透露这些人的身份和反对的原因。然而，如果你基于个人的理解或固定的思维模式来解读这句话，你可能会误解费利佩的意图。例如，你可能会认为他在贬低这个计划，而不是在暗示团队内部存在分歧。

一旦我们给行为赋予了意义，很多人会发现很难再回忆起具体是哪些行为导致了这样的解读。例如，我们可能清楚地记得某位团队成员显得沮丧，却无法准确回想起是因为她揉了揉眼睛，还是其他什么行为，使我们得出了这样的结论。大脑天生倾向于赋予行为意义，因为理解行为背后的意义通常比单纯观察行为本身更有价值。

然而，作为引导师，你必须努力记住行为本身。因为这些行为是你进行推断和实施干预的基础。如果团队成员不同意你的推论，而你又不能准确回忆起你做出这个推论时所依据的具体行为，那么你将很难解释自己是如何根据那些信息得出这个结论的。

↗ 使用诊断模型来决定需要寻找哪些行为

在观察团队互动时，你会注意到许多行为，但人的认知处理能力有限，无法捕捉和关注团队中发生的每一个行为细节。即使你像一台超级摄像机一样，能够记录下每位成员所说的每一句话和采取的每一个行动，这也并不足以告诉你哪些行为是真正重要的，以及如何有效利用这些信息。因此，你需要一种有效的方法来对团队成员的话语和行动进行分类和编码，从而能够专注于那些少数但关键的行为类型。

我之前提到的单边控制模式、交互学习模式和团队有效性模型，正是三个用于识别对团队流程和结果产生重大影响的行为的诊断模型。如图8.1所示，你可以利用这些诊断模型的步骤1来聚焦特定的行为，并通过步骤2为你观察到的这些行为赋予意义。这样，步骤1和步骤2将紧密相连，形成一个完整的行为分析和解读过程。

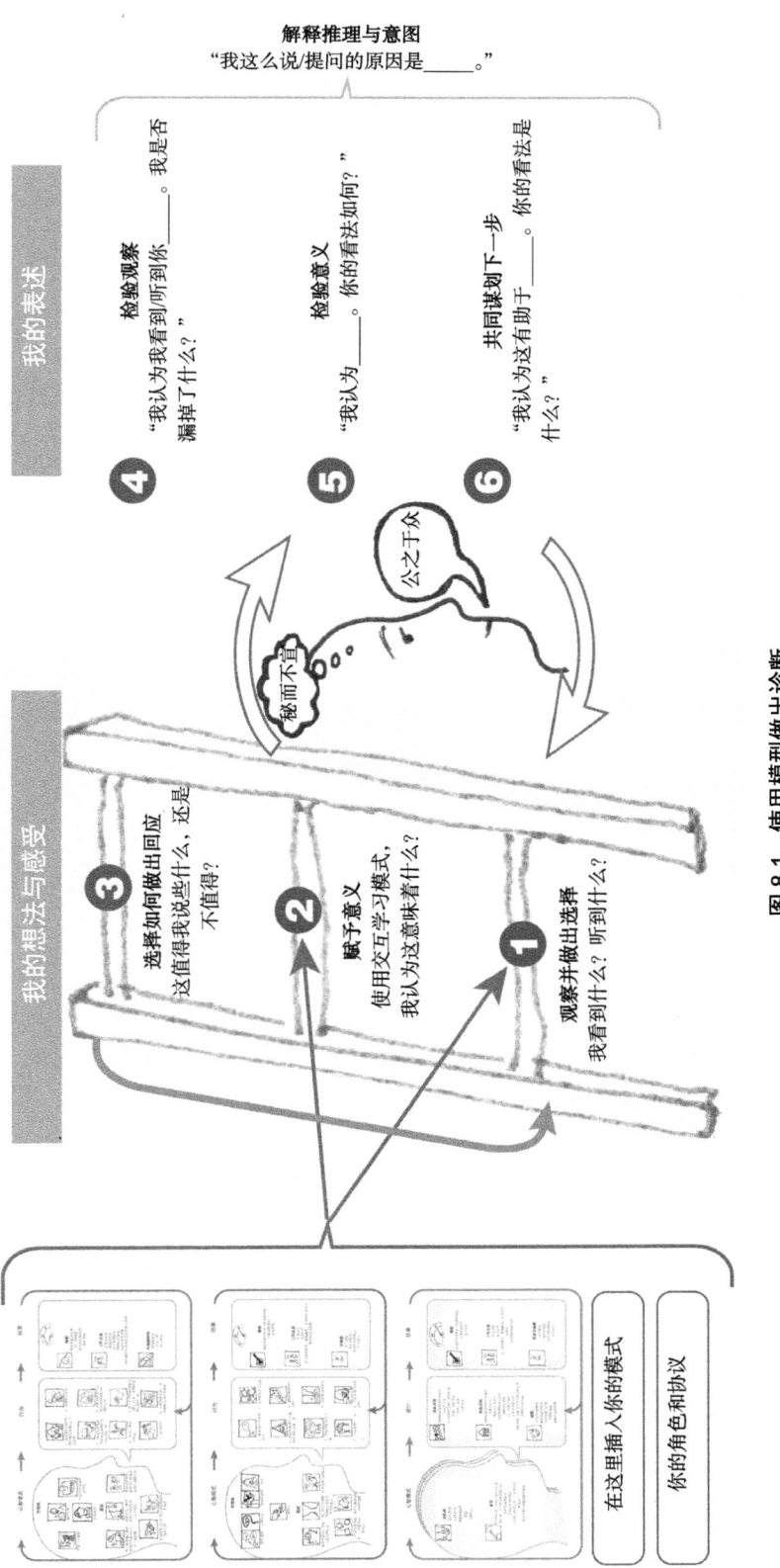

第 8 章　如何对团队做出诊断　151

解释推理与意图
"我这么说/提问的原因是＿＿＿。"

我的表述

④ 检验观察
"我认为我看到/听到你＿＿＿。我是否漏掉了什么？"

⑤ 检验意义
"我认为＿＿＿。你的看法如何？"

⑥ 共同谋划下一步
"我认为这有助于＿＿＿。你的看法是什么？"

公之于众

秘而不宣

我的想法与感受

③ 选择如何做出回应
这值得我说些什么，还是不值得？

② 赋予意义
使用交互学习模式，我认为这意味着什么？

① 观察并做出选择
我看到什么？听到什么？

在这里植入你的模式

你的角色和协议

图 8.1　使用模型做出诊断

使用交互学习模式的行为来观察团队。在观察团队时，运用交互学习模式的八种行为作为指导非常有效。这些行为是专业引导技巧中的关键要素，能够帮助你准确诊断团队动态。你可以将这八种行为视为观察行为的模板，在观察团队成员时，将其话语和行动与这些模板进行对比，以判断哪些行为与交互学习模式相契合，哪些则存在偏差。针对某一具体表述，团队成员的行为可能与交互学习模式的八种行为中的某一种或几种保持一致，也可能与之不完全一致。

试举一例。某个团队正致力于解决客户等待服务时间过长的问题。在明确问题的定义和解决方案的评估标准后，团队成员决定进一步探讨可能的成因。在头脑风暴的过程中，数位成员纷纷提出了他们认为可能导致客户等待时间延长的因素。

阿尔：我观察到，工作日我们可能面临人手不足的问题。例如，昨天早上10点，根据我们的标准服务响应时间分析，客户的平均等待时间超过了20分钟，这比我们的标准高出了15分钟。同时，那个时间点我们的接听人员比标准少了10%。

泰德：我认同这个观点。我认为我们应该考虑在高峰期间增加至少10%的人手。

苏：我也同意泰德的想法。我相信增加人手会带来显著的改善。

山姆：不过，我觉得员工可能是因为过度劳累。他们可能只是需要一些休息和恢复的时间。

阿尔：是的，我完全同意山姆的看法。有些人可能已经处于极度的压力之下了。

米娅：阿尔和苏，我注意到你们提出了增加人手的解决方案。但我认为我们目前还在探讨问题的成因。你们是否有其他观点或建议？

阿尔和苏：是的，你说得对。我们愿意先专注于讨论问题的潜在成因，等成因明确后再一起探讨解决方案。

米娅：很好，那我们继续深入讨论问题的成因，留待之后再一起探讨可能的解决方案。

分析上述对话内容，我们可以看到阿尔通过引入一个人手不足的具体例子作为起点，不仅提供了相关数据，还阐述了他所理解的人手不足的含义（行为3）。他采用这种方式对自己的观点进行了推理，即接听电话的人手不足是导致问题的主要原因（行为4）。然而，他并没有主动询问团队成员是否认为他的推理存在缺陷或是否有其他不同的信息

（行为1，真诚发问）。随后，泰德和苏开始讨论解决方案，却未进一步探讨其他团队成员的观点（行为7）。山姆试图将讨论焦点重新转向潜在问题的成因分析，但他做出了一个未经证实的推论，即人们快要崩溃了（行为6）。他并没有为这一结论提供具体的例子（行为3）或推理过程（行为4）。与阿尔一样，山姆也没有询问团队成员是否拥有不同的信息或持有不同的看法（行为1）。

在米娅对阿尔和苏的点评中，她通过指出他们在讨论中提供的具体解决方案例子（行为3），清晰地指出了他们如何改变了团队讨论的焦点（行为7）。值得注意的是，当米娅注意到阿尔和苏似乎偏离了讨论的核心时，她并没有直接指出他们的错误，而是以一种更委婉的方式询问他们是否有不同的看法（行为1）。在得到他们的肯定答复后，米娅进一步询问他们是否愿意将讨论焦点重新调整回问题的成因分析上（行为7），而不是直接命令他们回到主题上。米娅的这种处理方式不仅体现了交互学习模式的行为准则，也有效地引导了阿尔和苏回到正确的讨论轨道上，即使他们之前并未展现出这些行为。

团队有效性模型提供了更多值得关注的行为要素。这些要素的共同作用，是确保团队能够正常运作的关键。值得注意的是，团队有效性模型的心智模式栏目与结果栏目与交互学习模式是一致的，唯一的区别在于团队有效性模型的设计栏目。在设计栏目中，我们需要从团队情境、团队结构与团队流程三个方面进行深入分析。在团队情境方面，我们可以观察团队是否从上级组织中获得了合适的信息和资源。在团队结构方面，我们可以评估团队是否拥有清晰的目标和明确的角色分工。在团队流程方面，我们可以考察团队是否拥有有效的问题解决机制、决策流程和与其他团队管理组织的边界管理策略。

再举一个简单的例子。请看一下这段关于讨论财务报告的团队的对话。

> 雅克：这些数据似乎无法汇总，报告中存在空白单元和未求和的栏目。肯，作为最后检查的人，你能解释一下这是怎么回事吗？
>
> 肯：雅克，我主要负责的是文字部分的编辑。表格数据是你提供的，汇总和核对应该是你的职责范围。

从雅克和肯的对话中，可以合理推断出他们在项目中的角色与职责没有明确厘清。

使用心智模式来观察行为。通过观察团队成员的行为，我们可以运用心智模式来深入分析他们所表现出的单边控制模式要素或交互学习模式要素。这种观察方式提供了更有力、更深入的诊断，因为心智模式通常与问题的根本成因紧密相连。在这个过程中，我们能够发现团队成员的核心价值观和假设，这些是他们指导行为以及设计团队结构与流程要素的基础。对团队成员的心智模式进行观察并作出适当的干预，是发展型引导的核心所在。

请考虑以下场景作为例子。在团队讨论中，当某位成员试图说服他人接受某个特定的解决方案时，他可能会说："你就是没有理解清楚，我们提出的方案才真正有效！"这样的话语可能反映出该成员的核心假设：他认为自己对当前局面的理解是正确的，而持不同意见的成员则是错误的。然而，仅凭这一句话还不足以做出确切的推断，需要更多的表述来支持这一观点。

运用其他模型来观察行为。 你可以将交互学习模式循环与其他你手头上已有的模型相结合，以诊断团队的表现。这些模型应具备将概念与具体行为相连接的能力。例如，在引导战略规划会议时，你可以将交互学习模式循环与战略规划模型相互融合使用。若你身为精益或六西格玛的咨询顾问，同样可以将交互学习模式循环与这些特定的模型或流程相结合。在帮助团队解决冲突时，你也可以将交互学习模式循环与你管理冲突的流程相结合。

例如，在协助团队学习并应用问题解决模型时，你可以将这一模型与交互学习模式循环相结合，以评估团队是否有效地运用问题解决模型。尽管存在多种类型的问题解决模型，但它们几乎都包含一系列需要按顺序执行的步骤。以一个简单的问题解决模型为例，它包括以下七个关键步骤：① 对问题陈述达成共识；② 制定解决方案的评估标准；③ 识别问题的根本原因；④ 开展头脑风暴，探索潜在的解决方案；⑤ 根据评估标准选择最佳解决方案；⑥ 实施选定的解决方案；⑦ 评估实施效果。

在每个步骤中，团队都需要采取具体的行动。因此，你可以通过问题解决模型来观察团队的行为，评估他们是否按照问题解决模型的步骤有序地进行，并且每个步骤的执行是否有效。关于如何将交互学习模式循环与其他模型相结合，我将在第 11 章中详细介绍。

运用你与团队共同达成的协议来观察行为。 你所关注的行为将受到你与团队所达成的协议的影响。如果团队寻求你的帮助是因为他们认为冲突无法通过简单的争论来解决，那么你需要关注与团队诊断相关的行为。另外，如果团队寻求你的帮助是因为他们在方案的讨论上花费了大量时间却没有实现预期目标，那么你需要寻找与该诊断相关的行为。然而，正如我在第 13 章关于订立合约的讨论中所指出的，尽管客户与你达成了共识并明确了需要关注的行为，但这并不意味着你的观察与诊断范围受到限制。为了与交互学习模式保持一致，你需要全面关注团队中出现的所有行为。这样可以帮助团队识别出哪些行为降低了其有效性，验证或反驳团队的自我诊断，并协助团队成员做出知情的选择。

你与团队之间关于你的角色以及合作方式的协议，将有助于你寻找与这些协议一致或不一致的行为。例如，如果你事先同意扮演一个实质性中立的引导师角色，那么当团队成员询问你关于他们正在讨论的某个话题的看法时，你会意识到这一请求与你们事先商定的角色定位不符。

步骤 2：赋予意义

在交互学习模式循环的步骤 2 中，通过使用诊断模型，你可以对在步骤 1 中所观察到的行为赋予意义。

做出推论

正如我在第 5 章中所介绍的，推论是基于已知情况对未知情况做出的结论。例如，当观察到团队领导在桌子上敲打着铅笔头并说"继续说，继续说"来回应下属的解释时，你可能推论出领导有些不耐烦。虽然无法直接观察到他的不耐烦，但可以从观察到的行为及其赋予的意义中推断出来。

在引导团队的过程中，推论的作用至关重要，因为它为行为赋予意义，有助于决定是否需要干预以及如何干预。以上述例子为例，如果推论是领导鼓励下属继续发言，那么可能不需要立即干预。然而，如果推论是领导希望加快谈话速度，而其他团队成员并不希望如此，那么适时干预可能更为合适。

推论还能节省时间，因为它可以汇总大量行为并简洁地传达核心信息。例如，简单地说"她非常生气"，远比详细描述一系列导致这一推论的行为（"她大声嚷嚷""你破坏了整个项目""她把报告扔在地板上""她冲出办公室，把门砰地带上"）更为精确和高效。同样地，"弗兰克今天早上迟到了"这一简洁的表述，比详细描述他走进办公室的时间和一系列相关行为更为直接和有效。

在与团队共同工作时，你可能会做出不同类型的推论。以下是一些主要的推论类型。

根据行为的原因做出推断。通过推论，你能够洞察行为背后的真正动因。比如，当汽车修理工听完引擎的运转声以及你对引擎急速的抱怨后，他得出了"这辆车的时限到了"的结论，这是他从观察到的现象中推断出的可能原因。同样地，当你在团队讨论中发现缺乏焦点，导致一小时内无法得出结论时，你也可以根据观察到的行为做出因果推论。因果推论是一个识别问题根源的过程，它对于解决问题至关重要。在团队工作中，只有明确了问题的成因，我们才能有效地解决流程中的障碍。

根据情绪做出推断。在某些情况下，你需要对团队成员的情绪进行推测。例如，当某些人提出一系列问题后，团队成员选择不回答，而是退回座位，双臂交叉在胸前，面部紧绷，眉头紧锁。从这些行为中，你可以迅速推断出他们可能感到不满或生气，当然，也可能反映出其他情绪。

基于情绪的推测（并采取相应的干预措施）是根据团队成员的行为线索进行的。这不仅拓宽了你对团队的观察方式，还深化了你对团队的帮助方式。因为情绪往往源于我们的经历，这些经历与团队息息相关，并影响了团队成员的情绪体验。当你关注团队成员的情绪时，你实际上是在关注他们非常关心的事情。这进一步关联到团队有效性的第三个标准——团队成员的幸福感。通过根据情绪进行推断并采取干预措施，你可以及时发现团队中尚未解决的重要问题，如未满足的利益、未经检验的假设或对某些不便讨论的话题的误解等。

当团队成员的行为所推断出的情绪与你的期望存在出入时，你的引导机会便来了。比如，若你推测某位团队成员正在生气，而这出乎你的意料，你可能会自问："根据我观察到的团队行为，我无法理解为何大家会带着怒气回应。"这时，你可以考虑以下几种可能性。首先，你可能错过了团队中某些关键行为，如果你观察到这些行为，或许就不会对那位团队成员的生气感到惊讶了。其次，虽然你并未错过与推断情绪相关的任何团队行为，但在这种情况下，你可能需要思考这位团队成员的情绪是否与他在团队中尚未表达的担忧有关，或者是否与团队外部发生的事情有关。最后，也有可能是你对团队成员的情绪做出了错误的推断。

在发展型引导中，情绪是帮助团队成员深入探索其心智模式的重要契机。每种情绪背后都蕴含着心智模式的要素。通过敏锐捕捉团队成员的情感体验，你可以引导他们反思价值观与假设是如何塑造他们对情境的理解，以及这种理解如何进一步激发特定的情绪反应的。同时，你还可以协助他们分析情绪产生的根源，是源于团队内部的特定事件，还是受到外部因素的影响，抑或是基于未经证实的假设和推断。

关注情绪是引导中展现同理心的重要一环。无论团队成员是否意识到或表达出他们的情绪，这些情绪始终是团队沟通的重要组成部分。通过关注他们的情绪，你不仅能够确认他们的感受，还能帮助他们认识到情绪的自然性，并鼓励他们开放地讨论情绪，因为这对于建立高效的团队关系至关重要。

然而，我们的工作还可以更深入。你可以帮助团队成员洞察他们的思维如何影响情绪，以及情绪如何基于未经检验的假设和归因。如果能够实现这一点，他们便有机会通过调整思维来重新选择情绪反应。简而言之，通过增强对情绪及其来源的理解，你可以提升团队成员在选择回应方式时的自主能力。我们将在第 12 章中详细探讨这些议题。

我想强调的是，在基于肢体语言对他人做出推断时，我们必须保持谨慎。尽管许多图书提供了关于肢体语言（如手臂、头部和手的姿态及其意义）的解读，但我们必须明确一点：特定的行为并不总是意味着唯一的意义。由于文化背景的差异，相同的肢体语言可能传达出不同的信息。例如，每当我交叉双臂置于胸前，并不意味着我总是处于防御状态或拒绝倾听你的观点（如某些图书所描述的）。实际上，我这样做可能只是因为我感到寒冷，交叉双臂是为了保暖。这并不意味着我从不表现出防御态度，而是我想强调，个人的行为可能受到多种因素的影响，包括生理需求。同样，有些人交叉双臂可能只是因为他们觉得这样更舒服。

归因动机。归因动机是指你对人们为何采取某种行为做出的因果推断。比如，当一位引导师协助陷入冲突的高管团队时，如果团队领导汉斯提议暂时搁置某个问题以便深入思考，引导师可能会在心里暗想："这是汉斯的典型做法，他并不是真的想解决问题，只是不想面对难题。"这样的想法就是将汉斯的动机归因于他不愿面对困难。

归因常常需要高阶推论。一旦你对团队成员的动机做出归因，你可能会开始将他们的行为与这一动机相联系。然而，与你做出的其他推论一样，归因也需要经过验证。

做出价值判断。推论中往往包含价值判断。也就是说，我们需要判断被观察的行为是正面的还是负面的。例如，如果你在观察一场对话时认为"鲍勃讨厌琼"，那么你不只是在总结他们的行为，还在潜意识里表达了对鲍勃行为的不满。在高管团队的例子中，引导师对领导的动机做出的负面归因，实际上是他对领导回避挑战性话题或掩饰真实动机的不满。

↗ 就立场和内容做出推论

当你服务团队时，你需要对流程和对话做出推论。

就立场和内容做出推论。就流程做出推论，对于评估对话质量和团队流程与结果的有效性至关重要。当你发现团队成员的行为与交互学习模式的特定行为或心智模式相符或不符时，或者当团队在如边界管理等团队有效性模型的某个要素上遇到挑战时，或者团队未能遵循问题解决模型的某些方面时，或者你认为团队成员的行为与你所使用的团队流程模型不一致时，你就在做出流程推论。

在进行流程推论时，你主要关注的是团队成员如何阐述他们的观点，而不是对话的具体内容。换言之，你关心的是他们如何表达自己的想法。无论是讨论市场份额的流失还是员工保留的问题，你都可以得出相同的推论：团队成员更关注自己的立场，而非共同利益。

就内容做出推论。就内容做出推论关注的是对话的实质内容及其所传达的含义。以关于项目截止时间的对话为例：

> 谢丽：我们希望在下周二之前向总部提交最终报告，所以周五下午 5:00 前需要你的成本预测。你能确保按时提交吗？
>
> 路易斯：这很有挑战，但我会尽力而为。

从路易斯的回应中，我推断出他虽然承诺会尽力，但并没有确切保证能在指定时间提交。基于这一推论，按照交互学习模式循环的步骤 3，我可能选择进行干预，进一步确认他是否能确保按时完成任务。通过就内容做出推论并据此采取干预措施，我能够协助团队成员明确对话的意义。

此外，就内容做出的推论与团队流程紧密相连。如果我对内容的推论未经充分验证就采取干预，可能会对团队流程产生负面影响。

就其他人做出的内容推论做出推论。观察对话时，你有时会认为团队成员正在做出推论，即他们在解读对话内容背后的含义。以下是一段关于绩效的对话：

> 艾利克斯：桑迪，我对你同时负责两个区域有些担忧。我想和你沟通一下，看看我们能否就解决方案达成一致。
>
> 桑迪：哼，如果连我都管不好这两个区域，我真不知道还有谁能胜任。

在这里，我推测桑迪认为艾利克斯质疑他的管理能力，尽管艾利克斯并没有直接这么说。

如果你认为某个团队成员基于未经检验的推论在继续对话，那么干预是合适的。这样，可以防止对话建立在错误的推论之上。在这种情况下，你既进行了内容推论，也进行了流程推论。你发现团队成员可能没有正确理解某个特定含义，并且他们的行为没有遵循检验假设和推论的交互学习模式。

↗ 承认我们做出的推论是推论

每个人都会做出推论。在交互学习模式循环的步骤 2 中，你需要承认自己在内容与流程方面都做出了推论。这种认识促使你去审视这些推论是否有足够的信息支持，并决定是否需要进行验证。如果没有这种认识，你可能会无意识地认为自己的推论是正确的，进而进行干预，却不去检验它们。由于你视未经检验的推论为有效，一旦这些推论有误，就可能产生负面影响。

设想一下，你引导的团队中，每当有人发言后，胡安总是紧随其后。你可能会推论胡安说得太多了，却没有意识到这是你自己的主观判断。你可能会说："胡安，你能不能让其他人也有机会表达他们的想法？"但如果你的推论并不准确，其他团队成员可能会反驳："不，胡安说得并不多。虽然他有时话说得多了一点，但我们需要他的信息来做出决策。"

运用交互学习模式，你可以承认自己对胡安发言过多的看法可能只是一个推论（和一个判断），并需要与其他团队成员共同验证。你可以对团队说："我注意到在过去 10 分钟里，每当有人发言后，胡安都会跟着发言。大家对此有何看法？如果大家都觉得没问题，那我担心的是，大家是否认为他的这些发言与讨论有关，或者是否有人还没有机会分享自己的想法。"

↗ 在观察与推论之间摆动

在实际操作中，你并不会严格按照交互学习模式循环的步骤 1、2、3 顺序进行。有时，你会采用诊断模式来观察行为，根据行为推断其意义，然后再通过观察行为来验证或推翻自己的假设，直到你决定是否进行干预。例如，你可能会观察团队，推断其中存在不便讨论的话题。如果你不确定，就会继续观察团队的互动，寻找更多信息来证实或否定自己的推断。一旦认为有足够的信息支持自己的推断，你就可以选择进行干预。

↗ 做出低阶推论与高阶推论

如同真实的阶梯，推论阶梯同样充满风险，攀爬得越高越需谨慎。在使用专业引导技巧时，你不必过分依赖高阶推论来诊断行为。依赖不必要的高阶推论会降低你实施干预的有效性，因为团队成员可能会认为你所给出的推论与实际情况无关。为了解决这一问题，你可以采用交互学习模式的八种行为来生成低阶推论。

在第 5 章中，我详细阐述了低阶推论与高阶推论之间的区别。低阶推论仅需对观察到的行为稍做解读，而高阶推论则涉及对团队成员的感受、行为背后的原因、他们的动机以及你对这些事情的看法进行深入分析。高阶推论实际上是由多个推论层层叠加而成的，每个推论都建立在之前的推论之上。如果其中任何一个推论出现错误，那么整个推论结构就会像多米诺骨牌一样崩塌。

表 8.1 展示了引导师就内容与流程做出的三层推论。位于表底部的推论是基于所观察到的行为得出的。请注意，中阶推论和高阶推论的假设是隐含在这些推论之中的，你无法直接将它们与可观察的信息相联系。

表 8.1 引导师的高阶推论、中阶推论与低阶推论

引导师的高阶推论	雷斯利并不希望杰克的项目取得成功（内容推论） 雷斯利试图操纵杰克（流程推论）
引导师的中阶推论	雷斯利不想把她手下的任何手人派去支援杰克，因为她认为杰克的人手足以完成这个项目（内容推论） 雷斯利不愿意告诉杰克她的担心（流程推论）
引导师的低阶推论	雷斯利希望晚一点儿派一位全职员工去支援杰克（内容推论） 雷斯利提问但没有解释背后的推理 雷斯利没有分享自己所关注的利益点（流程推论）
团队成员可观察到的行为	杰克：我真的需要一位全职员工专注在这个项目上。 雷斯利：这个项目何时启动？可以再等两个月吗？等到下个季度再开始，可以吗？ 杰克：这个项目需要马上启动。我无法再等那么长时间。 雷斯利：我了解你手下有位经验丰富的员工吉尔，她能否抽出部分时间来参与这个项目，并持续至下个季度？ 杰克：我认为吉尔可能不太愿意这样做。 雷斯利：那么，我们是否可以考虑调动更多人手，让每个人负责这个项目的一部分，而非只依赖一位全职员工？

在某些情况下，高阶推论是诊断过程中不可或缺的一部分。在发展型引导中，如果你对团队成员的核心价值观或假设——这些构成了他们的心智模式——进行推论，那么你就是在进行高阶推论。例如，如果你从员工的行为中推断出他们希望单方面控制对话，以确保自己的解决方案得到通过，那么你就是在对其行为背后的原因进行高阶推论。

信任、权力与控制、公平、防御等议题往往涉及基于团队内部行为的高阶推论。当这些议题可能对团队的有效性产生显著影响，并且你与团队达成共识，愿意深入探讨这些问题时，你应该考虑进行这类推论。

进行高阶推论时，必须确保推论与观察到的行为之间存在逻辑关联。高阶推论实际上是一系列嵌套的推论，每个推论都在更高层次上进行，并添加更多意义，对动机进行归因，并对观察到的行为做出判断。为了帮助团队成员理解你是如何得出高阶推论的，你需要详细解释你的推理过程。这意味着要描述推论流程中的每个步骤，从最接近观察到的行为开始，不能跳过任何中间环节。如果在诊断—干预循环的步骤 2 中无法做到这

些，那么当你采取干预措施时，你将无法清晰地解释你的推理过程。

步骤3：选择如何做出回应

诊断过程的最后一步是确定是否进行干预、为何进行干预以及如何进行干预。这是连接诊断阶段与实施阶段的桥梁。在实践中，干预意味着你要积极参与团队的对话，以提高对话的有效性。干预可以是陈述、提问或展示非言语行为，但始终旨在助力团队。

步骤3至关重要，因为在实际工作中，你不能每逢团队成员表现不佳就立即进行干预。若频繁如此，团队将难以完成实质性的任务，而你也可能对他们感到失望。因此，你需要一种方法来评估是否值得进行干预。

↗ 决定是否需要实施干预

在步骤2中，基于一个或多个诊断模式，你推断出团队有效性有提升空间，并在考虑是否要采取干预措施。团队成员的行为可能与交互学习模式或该模式的心智要素不符，或者他们的行为反映出团队有效性模型中的某个要素存在问题，又或是他们的行为与你的模型中的一个或多个要素不一致。

为了确定是否需要进行干预，你可以通过以下问题来帮助自己做出决策。

根据我所观察到的行为，我是否能够做出可靠的诊断？

有时，为了确保推论的准确性，你可能需要重复执行交互学习模式循环的步骤1和步骤2。如果你认为团队成员更注重利益而非立场，但又对此不够确定，那么你需要再次观察团队，以验证或否定你的假设。

然而，延迟干预也存在潜在风险。如果你等到确信观察到的情况为事实后才进行干预，团队成员可能会认为你在拖延进程，没有及时采取行动。此外，早期干预可以让团队了解你的期望，帮助他们更早地认识到自己的行为是否有效。如果你在引导初期就解释为何有时选择不干预（尽管其他人可能认为这是合适的时机），那么可以减少这些潜在问题的发生。同时，你也可以鼓励团队成员之间互相进行干预。

不实施干预在多大程度上影响了团队的有效性？

并非所有无效行为对团队有效性的影响都是相同的。以汤姆为例，他在团队中未全面解释自己的推理和意图。即使他的行为与预期不符，你可能也会选择不干预，除非观察到其他与之相关的行为表明他的解释缺失与团队问题有关。你可能注意到其他团队成员对汤姆的动机进行了负面推测。

有时，你会选择干预，因为预见到某种行为将对团队产生负面影响。例如，当某个团队成员的计划明显基于未经检验的推论时，这就是实施干预的时机。做出这一判断需要你理解无效的团队流程是如何导致各种负面后果的。此时，你的想法应该是："当我观察到这种特定条件下的行为时，我能够预测它将对团队产生负面影响。"

阻碍团队的行为可能影响团队有效性的三个方面：卓越的绩效、有效的工作关系以及较高的个人幸福感。记住这三个有效性结果，有助于你判断某个问题是否严重到需要干预。

是否存在值得我认可和强化的积极行为？

尽管本章主要聚焦于如何识别降低团队有效性的行为，但同样重要的是，我们要关注并认可团队成员展现出的积极行为，这些行为表明他们开始运用交互学习模式及其心智模式的要素。对此，你只需指出团队成员的具体表现，并阐述这些行为带来的积极影响。

如果我不实施干预，会有哪些后果？

不实施干预可能产生积极和消极的影响。首先，需要考虑的是，如果不干预，团队成员会如何行动？专业引导技巧强调减少对引导师的依赖，鼓励团队自主解决问题。如果团队成员具备自行干预的能力，那么不干预是合适的，但这需要你持续观察和验证团队在不同阶段的表现。

不实施干预可以作为你做出进一步诊断与发展团队的策略。如果你认为团队成员有能力发现并纠正自身的低效行为，那么可以允许他们先尝试自行干预。特别是在发展型引导中，选择不立即干预可以观察团队成员是否能自行实施有效干预。如果他们能够成功干预，那么你就可以确认团队已经具备了诊断和应对无效行为的能力。

其次，还需要考虑的是，如果现在不干预，以后是否还有机会帮助团队避免无效行为带来的负面后果？无效行为可能会严重影响团队的结果。在某些情况下，如果不及时干预，可能会给团队带来严重的、即时的负面后果。例如，团队的流程可能会变得越来越无效，决策的质量可能会下降，或者团队成员可能无法充分承诺并实施决策。因此，在决定是否实施干预时，需要权衡各种因素，并基于团队的实际情况和需要做出明智的决策。

再来看一个例子。某个团队做出了决策，却未意识到尚未达成共识，就急于进入下一个议题。若你选择不立即干预，团队会意识到缺乏共识将无法承诺资源并执行决策。

相反，若团队成员在讨论中未具体举例说明观点，而你未及时干预，后果可能较轻。

成员间可能难以理解彼此，导致对话耗时延长。在情况恶化前，你仍有干预的机会。然而，若未提供具体例子，导致成员强化立场并做出负面归因，后果将更为严重。

团队流程会重复出现无效行为，如同游乐场的木马，你有多次干预的机会。若团队成员未检验推论，可能在整个讨论中都不予检验。一旦团队基于低效流程（如未经检验的假设）做出决策，若不及时干预，你可能无法再次帮助他们处理决策内容。

我是否需要与团队签订合约来实施这种干预？

与团队签订合约时，应明确描述你将采取的干预措施。在基础型引导中，你与团队之间的合约通常不包括对团队基本互动因素或成员心智模式的干预。即使你观察到团队中存在某些问题，也没有必要主动介入解决，因为团队需要独立实现其预设目标。

然而，如果你打算实施的干预措施并未在之前的合约中明确约定，那么你可能需要与团队重新协商并签订新的合约。这样做可以确保干预措施得到团队的认可和配合，从而提高干预的效果和成功概率。

我是否具备进行干预所需的技能？

对于某些干预，特别是涉及防御性行为的干预，确实需要更高的技能。因此，在尝试干预时，务必确保你的技能足以应对。这并不意味着在技能尚未完备时完全避免干预。实际上，为了提升干预效果，你需要在合适的范围内承担一定的风险，为团队树立榜样，表明这些行为是值得尝试的。然而，控制风险至关重要。在选择干预措施时，请确保它们与你的当前技能水平相匹配。如果你决定尝试新的、具有挑战性的干预方式，可以这样开场："我准备在此承担一些风险，尝试一些我之前未曾使用过的技巧……"这样做既能展现你的诚意，也能为团队树立一个积极的榜样。

↗ 在各种可能的干预措施中做出选择的原则

在面临多种干预选择时，如何决定采取哪种措施呢？实际上，并没有唯一正确的答案。面对相同的情境，不同的引导师可能会采取不同的干预方式。此外，采取某种干预并不意味着排斥其他可能的干预手段。相反，不同的干预措施往往是相互关联、相互嵌套的。例如，你可能首先选择干预团队的交互学习模式，通过讲解八种行为中的一种来引导，随后再对团队成员的心智模式进行干预。因此，在选择干预措施时，并没有固定不变的规则可以遵循。

你有不止一次机会。干预并非一步到位的解决方案。实际上，通过单次干预直接解决问题并帮助团队改进的情况相当罕见。请允许我澄清：我崇尚深思熟虑的干预方式，即能够清晰、有力地解决团队问题，并充满同理心。然而，过分追求完美干预只会徒增压力，因为你会过分关注如何一语中的。讽刺的是，这种过度关注反而容易让你分心，影响你原本可以做到的准确性。

相反，将干预视为一系列逐步展开的步骤更为有益。我通常会从一项干预开始，然后根据团队成员的反馈，逐步转向其他相关干预。每次干预后，我会更加了解团队成员对我的干预方式的看法和感受，这有助于我更好地规划后续的干预措施。当我以这种方式思考时，我也更能展现出对自己的同理心。

首先，解决团队成员对你引导角色的担忧至关重要。如果他们对你的角色存在直接或间接的担忧，这是你开始其他干预之前必须优先处理的。人们可能会担心你偏向某些成员、过度参与内容对话（特别是当你担任引导师时），或者怀疑你与某些成员暗中勾结，甚至担心这一流程无法助力他们实现目标。

我将这种情况称为"引导师检查"。在棋类游戏中，一旦对手威胁到你的"王"，你的首要任务就是摆脱这一困境。若无法成功摆脱，你的"王"将被吃掉，游戏也将随之结束。同样地，如果将棋类游戏中的胜负元素暂放一边，你的引导角色也面临类似的挑战。如果团队成员未能消除对你能否给予帮助的疑虑，你将难以胜任引导角色。

如果团队成员对你的角色和表现表示质疑，这确实是一个危险的信号。然而，要解决这个问题，最有效的方法是鼓励他们具体描述他们的担忧。第 12 章将详细探讨如何处理你或团队成员的情绪，以帮助你更好地应对这些挑战。

考虑担任基础型引导师还是发展型引导师。对于某些引导情境，你可能更倾向于在基础型引导中实施干预，而不是发展型引导。在基础型引导中，你的主要目标是帮助团队改进其流程，以便他们能更好地完成重要任务。而在发展型引导中，除了完成任务，你还致力于帮助团队学习如何独立推进工作，包括如何反思其思考方式。这两类引导并非孤立存在，而是构成了一个连续的引导谱系。

基础型引导。在基础型引导中，你实施的干预主要聚焦在帮助团队如何完成手头上的任务。这包括管理团队的流程与结构，对行为进行干预，以及关注团队有效性模型中的关键要素，如清晰的目标和合适的团队成员资格等。在这个过程中，你不太可能对团队的心智模式进行整体干预，也没有对团队有效性模型中的其他要素，如团队文化等进行干预。这可能是因为你在与团队建立合约时并未涵盖这些方面，或者是因为在帮助团队完成具体任务时并不需要这么做。

发展型引导。在发展型引导中，你的干预更为全面和深入。你不仅教授团队概念和技巧来改进其流程，还帮助团队更熟练地展现这些行为。例如，如果你发现自己多次对同一交互学习模式行为进行干预，那么你可能需要开始对其心智模式进行干预，以便更好地理解人们为何会持续表现出与交互学习模式的行为不一致的行为。

在基础型引导中，当团队出现冲突时，你可能会选择通过要求团队成员关注利益、检验假设并分享推理来进行干预。但在发展型引导中，你的干预会更加深入。你会审视团队冲突的模式以及团队成员是如何产生这些冲突的。通过这样做，你将帮助团队成员在整体上学习他们是如何产生无效冲突的，并学习如何对此做出改变。

先关注宽度，再关注深度。在任何时刻，你的干预可以侧重于宽度或深度。当首要关注宽度时，你能够迅速把握团队成员的多样观点和想法。而将焦点转向深度时，你可以就某个具体话题展开深入探讨，此时可能只需聚焦于一两位或几位团队成员。原则是先关注宽度，再关注深度。

例如，在一个团队讨论中，若要探讨实施组织变革所面临的障碍，先关注宽度可以这样引导："请各位同事简要列出你们认为需要解决的主要障碍。我们会整理成一个清单，之后根据清单来决定优先讨论的问题。"而如果你先关注深度，你可能会说："让我们逐一探讨你们认为的关键障碍。大家希望首先讨论哪个需要克服的障碍？"一旦确定了障碍，再进行深入讨论。通过先关注宽度，你和团队能够快速识别出核心问题，然后共同寻找最有效的解决方案。如果一开始便过于深入细节，团队可能会在一个并不那么紧迫或关键的障碍上花费过多时间，而该障碍的提出者也可能并未将其视为首要任务。因此，先关注宽度有助于团队在会议中更加高效地协作，共同规划下一步的行动。

↗ 决定干预对象的原则

决定如何干预时，关键的一环是确定干预对象。你可能会选择针对那些表现出不适当行为的团队成员进行干预，或者选择对那些受到不适当行为影响的成员进行干预，甚至可能对整个团队进行干预。以下是一些指导原则，帮助你做出决策。

干预应该针对那些拥有相关信息的人。这意味着你应该对那些能够对你的干预做出回应的人进行干预。例如，如果你正在处理与交互学习模式相关的行为问题，那么你应该针对那些未能遵循该模式的团队成员进行干预。如果你的观察是某些团队成员尚未分享他们的推理过程，那么你应该直接对他们进行干预，因为他们是解释自己推理过程的最合适人选。如果发现有数位团队成员过于关注立场而忽视利益，你可以对他们每个人进行干预，逐一询问他们的看法。

当你需要对某种行为模式进行干预时，如果该行为已经重复出现至少两次或三次，你可以考虑对所有参与该模式的团队成员进行干预。一方面，你需要识别出整个行为模式，这样团队成员才能理解你为什么进行干预。另一方面，按照他们参与该模式的顺序，你可以说明每个成员在其中所起的作用。这有助于团队理解该模式是如何形成的。

识别相关人员的姓名。在干预过程中，明确识别相关人员的姓名至关重要。尽管这看似简单，但在实际操作中直接称呼团队成员的名字却具有重要意义。这意味着你需要保持透明、承担责任，并让团队成员做出知情的选择。有些引导师可能会采取一种更为含蓄的方法来处理问题，比如，他们观察到团队中某些成员的行为并不如他们所愿时，可能会说："我注意到有一些团队成员更侧重于立场而非利益。我认为，如果大家能更多地关注利益，那将更有益于团队。"这种不直接点名的方式，或许是为了避免让相关人员感到尴尬或成为焦点。然而，由于这些团队成员的名字没有被明确提及，他们可能并不知道引导师实际上是在谈论他们。这导致引导师无法确定这些团队成员是否认同他们的观点或推论。因此，这些团队成员可能不会对引导师的干预做出回应，或者他们可能根本不明白"某些团队成员"实际上是指的自己，甚至可能不同意引导师对他们行为的评价。

有时，你可能不需要在干预中提及具体的团队成员，尤其是当你关注的是团队的整体流程和结构时。例如，你可以提出一个问题："我们如何解决这个问题？"如果团队中有成员赞同你的观点，你可以进一步询问："有人对这个提议有什么顾虑吗？"这样，你可以促进团队成员之间的交流和协作，共同推动团队的进步。

决定做出什么样的干预

决定如何实施干预的关键环节在于选择适当的干预措施。这些措施的选择应基于你所做的诊断。之前，我们已经探讨了三种干预方式：识别与八种交互学习模式行为不一致的行为、识别与交互学习模式要素不一致的行为以及识别团队设计要素未解决或未有效利用的行为。现在，我将为你介绍其他可行的干预措施。

管理团队流程和结构。当涉及团队流程或结构的调整时，你可以与团队成员共同商讨并确定采用何种流程与结构。作为引导师，你在这一领域具备专长，因此你可以与团队共同做出决策，确保流程满足团队需求，无论是问题解决流程、战略规划流程还是其他流程。在大型团队中，管理流程还包括鼓励成员积极参与并监控发言时间等。

关注结构则涉及帮助团队明确会议目标和议程，推荐合适的参与人员以确保有效信息的生成，并预估各种讨论所需的时间。

教授提升团队流程的概念和技巧。有时，你可能需要向团队介绍一些改变流程的具体方法或技巧，并让他们决定是否采用。例如，当你解释交互学习模式的心智模式与行为，或者询问团队成员是否希望在引导过程及结束后继续运用这些技巧时，你就是在执行这一干预措施。其他例子还包括教授团队如何使用团队有效性模型或一般的问题解决模型。

需要注意的是，从技术角度来看，当你实施这种干预时，你实际上在扮演引导型培训师的角色。如果你的主要关注点是提升团队流程，那么这种干预措施仍然与你的引导角色相符。然而，如果你所教授的概念与团队的实际议题紧密相关（如市场营销策略或产品研发等），那么你就超越了引导师的角色，转变为引导型咨询顾问。

根据内容提出建议。当对内容进行干预时，你可以与团队分享关于如何解决某些问题的实质性信息或提出具体建议。正如我们在第 2 章中所讨论的，这种干预更多的是引导型咨询顾问的职责，从技术角度看，它并不完全符合你的引导师角色。

然而，如我在第 2 章中所指出的，当团队内容的讨论涉及如何有效地管理团队流程时，你无须保持中立，因为你是流程专家。因此，你可以提出与团队或组织流程紧密相关的内容方面的建议。从引导师的角度出发，你仍然可以对那些与团队行为密切相关的行为进行有效的干预。

如果团队在多次尝试后仍然无法成功找到满足所有成员利益的解决方案，那么作为引导师，你也可以参与到内容的讨论中。但在此之前，确保得到团队成员的许可，并在事后询问你所提出的解决方案是否真正满足了他们的利益。这样，你可以更加有针对性地提出建议，帮助团队找到最合适的解决方案。

以下是你对这样的局面实施干预的方式："塔瓦娜，你提到发送备忘录是为了让部门了解当前的进展，我理解的对吗？"［等待塔瓦娜的确认。］"泰德，你说发送备忘录是为了避免大家误以为团队已经做出了决策，我这样理解正确吗？"［等待泰德的确认。］"如果团队在发送备忘录时明确表明这只是反映了团队目前的想法，而并非决策结果，这样是否能够满足大家的需求呢？"

重新框定。它有助于团队成员改变对某个事件所赋予的意义。当某个事件的意义发生变化时，团队成员的回应和行为也会随之改变。举个例子，团队成员常常因为顾及彼此的面子而不愿意给予负面反馈。为了缓解这种尴尬，我经常协助他们重新诠释"关注"的含义。我鼓励他们真诚地关注团队成员，通过提供有关他们行为的反馈来实现这一目标。这些反馈必须是有建设性的，以便接收者能够自由地、知情地决定是否改变自己的行为。此外，我认为对信息保密可能会对团队成员造成伤害，因为这会使他们无法就自己的行为调整做出知情的选择。当你协助团队成员重新框定事件的意义时，你也在帮助他们改变心智模式中的某些假设或价值观。

你的引导角色与表现。在引导师的干预中，你的角色和表现是讨论的核心内容。你可以参考本章早些部分提到的引导师自我检查的案例。这类干预的主要目的是识别你的行为方式是否有效；如果发现无效，你和团队可以共同探讨如何改进，以确保工作的顺利进行。

诊断行为中的挑战以及如何管理这些挑战

在培养诊断技能的过程中，你可能会遇到多个挑战。其中一些挑战是与引导过程本身相伴相生的，而另一些挑战与运用交互学习模式密切相关。

以下是一些常见的挑战以及应对这些挑战的建议。

↗ 在不同层面同时观察并赋予意义

在观察团队并试图理解其动态时，你所赋予的意义很大程度上取决于你观察的层级。你可以从三个不同的层级来审视团队行为：行为与互动、行为的模式以及行为的结构。不论你选择哪个层级作为焦点，你都可以从相同的可直接观察到的行为出发。因此，在审视这三个层级时，你其实是在用不同的视角来观察同一事物，而不是在审视不同的对象。你所选择的观察层级会影响你对团队实施干预的方式。当你从仅仅关注单个行为或互动，转向关注行为的结构和模式时，你的诊断准确性和干预效果将会有所提升。

行为与互动。在第一层级上，你的关注点将落在行为与互动上。在这一层级，你会留心观察团队成员的言行举止，如他们说了什么、对谁说的、其他人是如何回应的，以及团队成员是否运用了某些交互学习模式的行为或未使用的行为。

假设在团队的一次对话中，团队领导在会议开场时向一线员工传达了所发现的问题，并提出了解决方案："为了解决这个问题，我们应该升级大家的软件系统。"随后，IT 总监给出了回应："我认为没有必要。我们不打算采取这样的措施。"在团队领导结束发言后，你注意到其他团队成员揉了揉眼睛，却没有人发表意见。基于这样的行为与互动，你可以推断出，无论是团队领导还是 IT 总监，他们可能更多地关注各自的立场而非团队的共同利益，而其他团队成员似乎还掌握着一些未公开的相关信息。

基于这样的观察与判断，你可以采取的干预措施是引导团队成员将焦点从立场转向利益，并鼓励他们分享所有相关的信息和观点。

行为的模式。在第二层级上，你的关注焦点是行为模式。这意味着你会对在第一层级观察到的行为进行深入观察，以探究这些行为是如何重复发生的，并关注其他行为与互动的出现频率及其发生条件。

继续以上述例子为例，你开始注意到这种互动模式发生的频率以及触发这种互动的条件。例如，你或许发现每当 IT 总监分享了关于团队给 IT 部门造成的问题的信息后，团队领导和 IT 总监都会陷入立场之争。此外，你还可能观察到，每当团队领导开启新的对话时，团队成员往往选择保持沉默，而一旦 IT 总监开始发言，团队成员则开始积极互动。

这样的观察让你在实施干预时能够更准确地描述行为模式与互动方式。相比于仅仅识别单个无效行为，这种对行为模式的深入理解和描述能够为你提供更有力的依据来制定有效的干预策略。

行为的结构。在第三层级，也是最深入的层级，你将聚焦于行为背后的结构。与关注行为与互动或模式不同，关注结构意味着为团队的部分运作方式提供因果解释。这种因果解释基于团队有效性模型，并嵌入了交互学习模式。通过关注结构，你可以帮助团队认识到他们所使用的心智模式是如何影响团队内部要素的构建，并进而对团队行为、绩效、工作关系和幸福感产生深远影响。通过向团队展示因果地图，你可以与他们共同检验其有效性，并促使团队做出改变以减少负面结果。

在结构层级上，你的推论可能是团队成员对 IT 总监的动机持有怀疑，认为他可能会拒绝 IT 申请单。另外，团队成员可能基于减少负面情绪表达的核心价值观行事，因此不愿公开与 IT 总监持不同意见，尤其是当他们的 IT 支持需求受到威胁时。因此，他们选择通过非言语行为来表达自己的立场。由于他们没有向 IT 总监表达担忧，这可能导致 IT 总监的决策缺乏全面视角，进而做出低质量的决策，加剧团队成员对他的不满。尽管 IT 总监意识到团队成员之间存在分歧，但他担心公开讨论会加剧负面情绪，从而成为问题的根源。

通过干预因果结构，你可以帮助团队成员探讨他们的思维方式如何导致特定行为的出现，以及这些行为如何产生未曾预见的后果。例如，维护现有系统可能使双方都不满意。你还可以引导团队深入探讨导致他们行为肤浅且无效的模式背后的互动因素。这意味着你需要参与发展型引导，并对心智模式进行干预。

以对话的语速做出诊断

为了进行有效的引导，你需要以对话的语速迅速做出诊断（干预）。当团队中出现无效行为时，你已经明确观察到这些行为，并知道如何进行干预。然而，如果你的干预总是滞后，那么团队可能会感到沮丧，这些无效行为也可能会再次发生。

当你首次尝试使用交互学习模式循环进行诊断和干预时，确实可能会遇到延迟的问题。团队中的对话往往进展迅速，当你意识到需要对某些行为进行干预时，可能已经错过了随后的几个表述。但是，通过持续的练习，你将能够更迅速地将交互学习模式的行为与团队成员的表述相匹配。

需不断关注团队

引导、咨询、教练、培训等工作之所以对智力和体力要求较高，其中一个重要原因是，当你履行职责时，必须持续关注团队中的互动。在提供咨询或培训的过程中，你不仅要学会观察团队，还要积极参与内容的讨论。除非你与搭档一同工作并相互依赖，否则你几乎无法从团队的讨论中抽身。

要提升关注团队的能力，其中一种方法是减少头脑中的干扰。这可能意味着在引导之前解决与引导无关的问题，或者暂时搁置这些问题，直到你完成引导工作。如果可以的话，避免在引导过程中回复语音留言、电子邮件、短信等，这是减少干扰的有效方式。第二种方法是通过不断练习提高你的诊断技能，并增强长时间关注某一事物的能力。随着诊断能力的提升，你将能够更高效地关注团队，并在感到疲倦之前保持更长时间的专注。当然，你也可以向团队成员解释你可能暂时没有跟上他们的思路，并要求他们重复之前的表述。

值得庆幸的是，如之前所述，即使你错过了某些表述，仍有机会再次观察到这些现象的发生。这对你来说可能是幸运的，但对团队来说则未必如此，因为无效的行为可能会再次出现。

对模糊不清感到自在

有时，我们可能无法为团队中发生的所有事情赋予确切的意义，感到不确定、迷惑或无所适从。这种感受对于经验丰富的引导师来说也是常有的，特别是在与团队开始合作时。面对模糊不清和困惑，我们往往想要加以控制。然而，关键在于学会在不确定的情况下保持冷静，不急于做出推论或诊断，以免过早地施加控制。过于草率的行为诊断可能会剥夺我们理解团队局面中重要方面的机会。

团队行为之所以有时显得模糊不清，是因为我们所观察到的只是复杂模式中的一部分。这就像侦探小说，只有读到最后一页，我们才能完全理解故事的真相。同样，只有当我们看到整个团队的互动模式时，才能对其做出准确的解读。有时，我们可能会感到困惑，因为我们错过了模式的开头部分，就像错过了电影的开场一样。团队成员之间的冲突虽然在会议中显现，但其根源可能早在会议之前就已存在。

除了接受模糊不清和困惑是不可避免的之外，我们还可以尝试为这种局面赋予意义。具体做法是为团队中发生的事件提出不同的假设，并通过观察行为来验证或反驳这些假设。当然，与团队成员分享我们的困惑，并邀请他们共同参与诊断，也是一种有效的方法。

↗ 减少认知偏差

认知偏差是指团队成员的思维方式在某些方面与客观现实存在系统性扭曲，这种偏差会降低决策和行动的质量。这种偏差源于我们关注的焦点、忽视的内容、记忆方式以及推论和推理的方法。认知偏差是人类天生的特性，虽然有些人可能比其他人更少出现这种偏差，但我们都无法完全避免。

自 20 世纪 70 年代起，心理学家已识别出许多认知偏差类型，其中一些与引导角色紧密相关。

基本归因错误。这种偏差表现为在解释他人行为时过于强调个人因素而忽视情境因素。作为引导师、咨询顾问或教练，这种偏差可能会削弱你的帮助作用，因为你可能没有足够关注团队结构或情境对其行为的影响。

证实性偏差。这种偏差表现为选择性寻找或解读信息，以证实自己的假设、推论或猜测。推论阶梯中的反射循环揭示了证实性偏差是如何运作的。因此，我们往往看到的不是事物本身，而是我们期望看到的样子。

晕轮效应。这种偏差表现为将你对某人个性中的某些正面或负面看法延伸到其个性的其他方面。这导致你以更单一的方式评估团队成员，并可能将他们视为积极的或消极的。

了解你的心智模式和思考流程可以帮助减少认知偏差的可能性，使你更好地协助团队做出决策。通过识别个人系统性的偏差和人为因素（如渴望控制或获得认同、担心犯错等），你可以开始审视自己的行为。此外，与搭档一起讨论这些问题，从对方那里获得反馈，有助于降低你的偏差对团队进步的影响。

↗ 被内容所吸引

在你的引导角色中，你需要关注对话的内容，以帮助团队成员解释他们的观点，并检验他们对问题做出的假设与推论的正确性。然而，挑战在于如何在关注内容的同时，不陷入其中，从而保持帮助团队的能力。

一旦你过于关注内容，你就会忽略团队的流程。你可能会发现自己也参与到了内容的讨论中，但这并不符合你的引导角色的定位。如果你对内容过于感兴趣，或者不熟悉内容而试图理解，或者感到自己在团队流程中无所适从，你可能会将内容作为避风港。

要避免被内容牵着鼻子走，一种有效的方法是在关注内容的同时，始终保持对团队流程的审视。当你关注团队时，要寻找他们是否展现出交互学习模式的行为。如果你发现他们没有做到这一点，那么你可以更加关注他们所讨论的内容，特别是要关注潜在的流程问题是否影响了内容的讨论。整个团队对话就像是一首音乐曲目，团队流程是旋律，而内容是具体的音符。你可以关注整首曲目的演奏，直到某个音符出现不和谐，这时你可以转而仔细聆听那个特定的音符。

↗ 被你的诊断框架所局限

你的有效性在很大程度上取决于你诊断框架的广度。根据工具定律，如果你手中只有锤子，那么你看到的所有问题都会被视为钉子。将这个原理应用于诊断，你会不自主地用你手中的诊断框架来解读所观察到的行为。例如，如果你能识别出团队成员的行为与交互学习模式不符，但无法利用团队有效性模型或心智模式进行诊断，那么你的干预可能只能触及问题的表面，而无法触及根本。此外，如果你过于偏爱某个诊断框架，你可能倾向于使用它，即使另一个框架可能更合适。

这些做法都可能降低你帮助团队的能力。因此，挑战在于你需要具备诊断与团队有效性相关的各种行为，并采用同样多样化的干预方式来解决这些问题。

小结

在本章中，我们详细探讨了交互学习模式循环的诊断步骤，具体包括：在观察团队时，如何运用不同的模型来指导观察的重点；如何利用这些模型为观察到的现象赋予意义；如何判断何时进行干预、为何进行干预以及如何进行干预。同时，我们也深入讨论了在诊断和实施干预过程中可能遇到的各种挑战。

在接下来的第 9 章中，我们将详细探讨如何根据之前的诊断结果逻辑地实施干预措施，包括确定在交互学习模式循环的每个诊断步骤中应该说些什么。

第 9 章
如何对团队实施干预

在前面的章节中，我们讨论了如何利用交互学习模式循环和其他模型对团队进行诊断。现在，在本章中，我将向你展示，一旦你决定进行干预，如何运用这些模型和循环来实施干预。我会详细阐述干预的每一步，并解释应该说什么、如何说、何时说，以及不应该说什么。在本章的结尾部分，我将指导你如何在实施干预时选择恰当的措辞。

实施干预步骤的关键要素

交互学习模式循环的干预步骤涉及几个关键要素。只有充分理解这些要素，你才能更好地掌握整个交互学习模式循环的构建逻辑以及如何运用这一循环。

↗ 与诊断步骤并行的干预步骤

交互学习模式循环中的实施干预三步骤与诊断三步骤是并行的（见图 9.1）。简而言之，在实施干预的过程中，你将诊断阶段私下做出的推理公之于众，并与团队成员共同检验他们是否赞同你的观点。

- 在步骤 4 中，你将向团队介绍在步骤 1 中私下观察后得出的结论，这是导致你采取干预的原因。你需要检验团队是否同意你的观察结果。
- 在步骤 5 中，你将展示在步骤 2 中私下得出的推论，并与团队成员进行检验，看他们是否认同你的推论。

第 9 章 如何对团队实施干预 175

- 在步骤 6 中,你将与团队共同谋划下一步的行动。

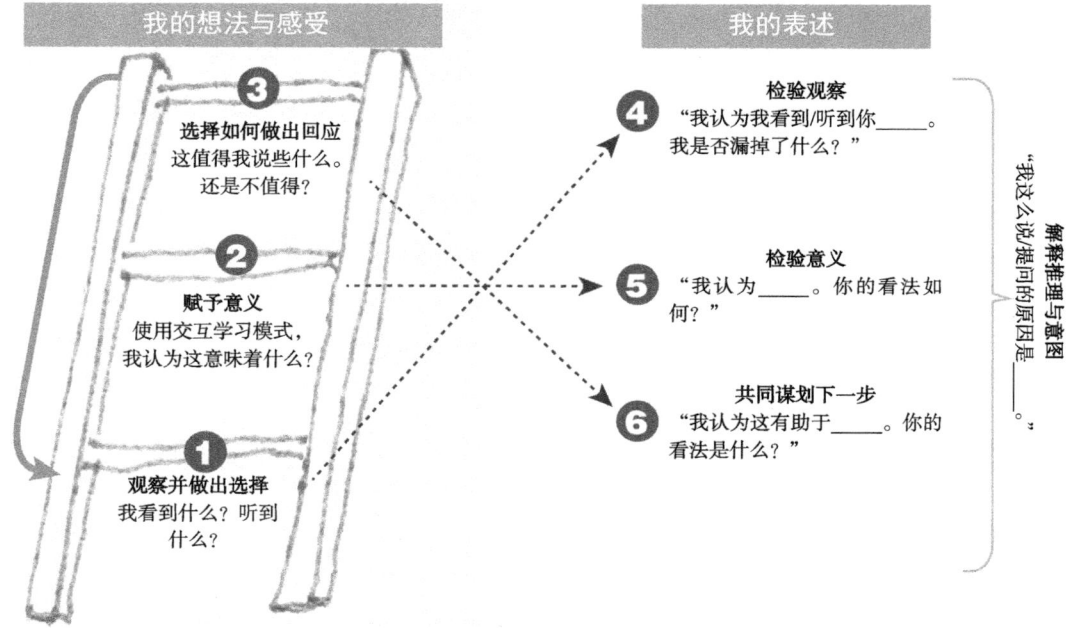

图 9.1 交互学习模式循环中平行的诊断步骤与干预步骤

假设团队成员已经同意基于你的干预来改变他们的行为,这个循环将重新启动。你可以观察到团队成员是否实际上改变了他们的行为。接下来,你需要继续使用交互学习模式循环来判断是否还有任何团队行为需要你继续进行干预。

↗ 交互学习模式的行为与心智模式嵌入干预步骤中

在交互学习模式的心智模式与行为嵌入循环的干预步骤中,每个步骤都承载着特定的行为表现。

- 在步骤 4 中,当你向团队介绍观察到的行为时,你实际上在展现交互学习模式中的"使用具体例子并就重要词汇的含义达成一致"的行为。
- 在步骤 5 中,分享推论时,你则是在展现"检验假设和推论"的行为。
- 在步骤 6 中,与团队成员共同谋划下一步时,你则是在执行"共同谋划下一步"的行为。
- 从步骤 4 到步骤 6,你都在进行"解释推理与意图"的行为。在步骤 4 中,你简单解释为何进行干预;在步骤 5 中,阐释为何团队成员的行为无效;在步骤 6 中,你则详细解释所建议的下一步如何促进流程的有效性。

- 从步骤 4 到步骤 6，每个步骤都包含两部分：首先，解释自己的观点，并可能补充额外的推理；其次，真诚地提出问题，了解团队成员对你观点的看法。这两部分共同构成了交互学习模式循环中的"陈述观点并真诚发问"的行为。

由于交互学习模式的行为与心智模式紧密相连，当你在实施干预时，你也在运用交互学习模式的价值观与假设。

- 你对这些信息保持透明：分享观察到的情况、个人的解读以及干预的原因。
- 你对团队成员的不同看法心怀好奇，认为他们可能拥有你未曾考虑的信息和视角。
- 你允许团队成员自主选择推进讨论的方式以做出知情的选择，同时也为自己提供这样的机会。
- 你对团队担责，通过检验信息与推论来推进工作，并要求团队成员对你的真诚发问做出回应。
- 在实施干预时，你展现出同理心，理解团队成员可能因为无效行为而感到不适，同时认识到自己也可能是问题的一部分。

同理心是实施干预的关键要素。尽管让团队成员同意展现行为和接受干预可能不难，但当实际干预发生时，他们可能会感到不适。他们可能对自己的无效行为感到沮丧，并认为你的干预是对他们的批评。如果你将团队成员视为对有效行为做出承诺的伙伴，那么你可能会将干预视为纠正他们行为的手段。如果他们仍然行为无效，你可能会感到沮丧，认为他们没有掌握你试图教授的技能。然而，如果你将团队成员视为在一起工作但缺乏必要技能和心智模式的同伴，那么你会将干预视为提供（或教授）这些必要技能和心智模式的机会。当他们仍然行为无效时，你会对他们怀有同理心，理解他们在学习新技能时面临的挑战，就如同你自己在学习时面临的挑战一样。

使用交互学习模式循环实施干预的例子

以下是一个使用交互学习模式循环实施干预的简要实例。在这个例子中，三位高管正在探讨如何重新设计组织的绩效管理系统。右侧的栏目呈现了他们的对话内容，而左侧的栏目展示了引导师对这段对话的内心感受。

现在，我们将逐一深入探讨实施干预的每一步骤。

第9章 如何对团队实施干预

使用交互学习模式循环实施干预

引导师的感受	对话
我的推断是，劳尔只是陈述了立场，并开始探讨提前进行绩效管理预算的益处（步骤2）。我目前正在考虑是否需要进行干预，要求劳尔进一步澄清这些益处。我打算先观察一下其他人的反应，基于假设劳尔已经识别出这些利益点（步骤3）。	**劳尔**：我认为，绩效管理系统应当为工资总额设定一个上限，并预先约定获得奖励的人数的比例，以便我们能够对员工的表现进行强制性的分布。通过这种方式，我们才能更好地提前做好预算规划。
我正在考虑是否应该要求凯特征询其他人的意见，以确认他们是否同意这个假设（步骤2）。然而，我决定不实施干预，因为她已经清晰地阐述了自己的假设，下一个人可能会对此做出回应，因此我认为没有必要进行干预（步骤3）。	**凯特**：然而，强制性分布假设的前提是只有事先确定比例的一部分员工能够被认为是绩效优秀者。这不禁让人质疑其真实性。我们总是希望组织中的每位员工都能表现出色，但与此同时，我们却又设计了一个系统，暗示并非所有人都能达到优秀的表现水平。
我的推论是，安德鲁可能会转而讨论另一个话题，并单方面设计对话的下一步（步骤2）。因此，我需要倾听下一个人的发言，以判断对话是否能重回原先的主题（步骤3）。	**安德鲁**：凯特，如果每个人都是虚伪的，那员工也不例外。还记得去年他们是如何抱怨经理没有给予他们足够的自主权吗？可一旦真的给了他们自主权，他们却又抱怨经理离他们太远。
我的推论是，劳尔可能会像安德鲁一样，继续讨论不同的话题（步骤2）。因此，我决定实施干预，因为我理解团队似乎没有回到先前讨论的主题上（步骤3）。	**劳尔**：是的，无论我们做些什么，他们总认为不对。
我简明扼要地阐述了实施干预的理由，随后简短地描述了我所观察到的信息，并检验了劳尔与安德鲁之间是否存在不同的看法（步骤4）。	**引导师**：我想检查一下，看看我们的对话是否仍然保持在正确的轨道上。刚才我们谈到了强制性分布。安德鲁，你说："凯特，如果每个人都是虚伪的，那员工也不例外。"请你继续阐明这一观点。劳尔，你说你同意这种看法。安德鲁、劳尔，我是否遗漏了什么重要信息？
既然劳尔与安德鲁同意我已经准确描述了他们所讲述的内容，那我就继续前往这个循环中的步骤5。	**劳尔与安德鲁**：没有，你说的是对的。
我分享了我从步骤2中得出的私下推论，即我并未发现安德鲁与劳尔的当前表述与他们之前的表述之间存在明显的联系。我想进一步了解，是否他们看到了我所未察觉的某种关系（步骤5）。安德鲁同意他的表述代表了不同的话题，但不应影响现在讨论的话题（步骤5）。	**引导师**：安德鲁、劳尔，我并未看到你们的言论和对话与强制性分布之间存在明确的关联。能否请你们解释一下，如果有的话，这两者之间的关联是什么？
	安德鲁：嗯，这是一个不同的话题。我们必须找到方法，让人们承担更多的职责。但我认为，这并不会影响我们关于是否需要强制性分布的决定。

引导师的感受	对　　话
既然劳尔同意了，我可前往步骤 6。 我询问团队是否希望重新回到强制性分布这个话题的讨论上，还是继续讨论责任改变的话题（步骤 6）。	劳尔：是的，我同意。 引导师［面对整个团队。］：你们有什么想法？是希望继续探讨有关强制性分布的话题，还是转为讨论责任的话题？ 劳尔：让我们还是回到强制性分布这个话题上吧。
我想了解团队是否达成共识（步骤 6）。 我要请凯特开启下一步的行动，把团队拉回到原先的话题上（步骤 6）。	引导师：好的，大家是否还有不同看法？ 所有成员：没有。 引导师：好的，凯特，话题转移之前，你是最后一个发言的人。你是否想重复你刚才所说的内容，这样大家可做出回应？

步骤 4：检验观察

在步骤 4 中，你向团队介绍了在步骤 1 中观察到的信息，正是这些信息促使你决定实施干预。你进行了检验，以确保团队认同你的观察结果。分享观察结果意味着公开你所直接观察到的信息。正如我在第 5 章中所述，直接观察到的信息涵盖了你在视频中捕捉到的所有内容，包括所有团队成员的言语和非言语行为。

↗ 从称呼团队成员姓名开始

当你开始步骤 4 时，可称呼团队成员的姓名，以确保他们明确知道你在与他们交流。在陈述时，采用如"我认为我听到你说的是……"或"我认为你说的是……"这样的表述方式会很有帮助。这种表述方式能让你引用团队成员的表述来完成你的陈述，这正是步骤 4 中需要做的。

↗ 分享你的观察，无须添加意义

重要的是分享你的观察，而不是做出推论或归因。如果你能够按照循环中的步骤 1 来操作，那么就不会有问题。以下是一个例子，展示了你可以如何与团队一起分享关于你的观察的陈述，并检验团队是否赞同。为了避免做出推论或归因，最简单的方式是直接重复你听到的团队成员的表述。一旦你添加了推论或归因，你就从观察转向了解读。视频只是记录你的观察，它并不做出解读。

在分享你的观察中嵌入推论

推论的本质	引导师的陈述
高阶推论与归因 你的推论是安德鲁在单方面转换话题,以便控制当前局面。	"安德鲁,你在改变讨论的话题。我认为你想控制对话。"
中阶推论与归因 你的推论是,谈论责任归属与谈论强制性分布并非同一话题。你认为安德鲁之所以有此误解,是因为他未能听到凯特的完整发言。	"安德鲁,你改变了讨论的话题。我认为你没有听到凯特的描述。"
低阶推论与归因 你的推论是,讨论责任归属意味着没有同时讨论强制性分布这个话题。	"安德鲁,我认为你在谈论与凯特不一样的话题。"
可直接观察的信息 安德鲁,你刚才说:"凯特,如果每个人都是虚伪的,那员工也不例外。还记得去年他们是如何抱怨经理没有给予他们足够的自主权吗?可一旦真的给了他们自主权,他们却又抱怨经理离他们太远。"	

重要的是分享你的观察,而无须做出推论或归因。你所观察到的信息是实施干预的基础。如果团队成员未能如你所见地观察到这些信息,他们可能不会赞同你基于观察所做的推论。

↗ 考虑如何解释你将做出的干预

在步骤4、步骤5、步骤6中的任何一步,你都可以解释为何实施干预。从图9.1中可以看出,三个干预步骤中总结的那句话"解释推理与意图",以及开场白"我这么说/提问的原因是……"都是交互学习模式循环的关键部分,因为这有助于团队成员更好地理解你如何协助他们。

在步骤4中,你简单地解释一下即将实施的干预措施,然后分享你直接观察到的信息,这样会更有帮助。你可以以"我想检查一下对话是否依然行进在正确的轨道上"作为开始,接着描述你观察到的行为。当需要分享并检验复杂的行为模式时,这样的开场特别有用。例如,你可以说:"我注意到团队中出现了一种行为模式,这种模式似乎阻碍了我们的共识达成。请允许我分享一些观察结果,你们可以检验一下,看看是否认同我的看法。"这样的陈述不仅解释了你的干预原因,还表达了与团队成员核对理解的意愿,这会让团队成员感到更加安心。如果没有这样的陈述,尽管你可以描述和检验许多行为,但团队成员可能仍然会对你的目的感到困惑。

↗ 做好准备：团队成员的看法可能与你的不同

做好准备，因为团队成员的看法可能与你的不同。在步骤 4 的第 2 部分，涉及提问环节，以检验你是否准确捕捉到了大家的表述内容。如果你询问："我是否错过了你们所说的某些内容？"而对方回答"是"，你可以进一步追问："我具体错过了什么？"发现这些遗漏之处，并不意味着失败，反而是一种成功。运用交互学习模式循环，能让你更深入地了解他人与你之间的看法差异。

当对方告诉你她实际上的表述内容时，你就能判断是否有必要继续实施你的干预。如果实际的说法让你无法得出对方的行为与交互学习模式循环不一致的结论，那么你可以停止干预，并说："按照我之前的理解，我可能会实施干预，但根据我现在听到的内容，似乎没有必要这么做了。"

有时，在对方发言完毕到你开始实施干预之间，你可能会忘记对方的具体内容。在这种情况下，你可以说："谢乐尔，你能再重复一下你刚才说的内容吗？我想跟上你的思路，但似乎忘记了你刚才说的话。"团队成员并不会期待你完美无瑕；偶尔请求他们重复之前的表述，并不会造成负面影响。

步骤 5：检验意义

在步骤 5 中，陈述你在步骤 2 中私下得出的推论，并与团队成员共同检验，看他们是否得出了不同的推论。正如我在第 8 章中所介绍的，你可以检验多种推论中的一种，例如，团队成员的表现是否与交互学习模式的行为或心智模式的要素相一致，是否就团队有效性的要素达成共识，是否就你的引导角色达成一致，或者是否就使用其他模型如流程改善模型达成一致。此外，你还可以检验团队成员是否就讨论的内容进行了推论。

公开与团队检验推论可以避免你单方面基于不准确的推论行事。这有助于避免第 8 章中提到的证实性偏见，从而防止陷入自我实现的预言中。一旦陷入这种局面，你可能会生成你所期望看到的行为。

正如我在第 5 章和第 8 章中所强调的，对于你的干预来说，避免做出不必要的高阶推论至关重要。以安德鲁和劳尔（见图 9.1）的案例为例，引导师做出的推论是安德鲁的表述看似与凯特的表述无关，这是一个低阶推论。你无须做出高阶推论来干预共同谋划的下一步行为。

然而，在某些情况下，特别是在发展型引导中，你可能确实需要做出高阶推论，比如关于团队成员的心智模式。在某些环境中，你不仅可能推断出安德鲁的表述与凯特无关，而且安德鲁之所以发表这番言论是为了故意将对话的主题从凯特的话题上移开，因为他发现这个话题具有挑战性。

但是，当做出高阶推论时，你需要分享导致你这么做的信息。这些信息可能来自之前的团队对话，在对话中团队与你一起探讨了安德鲁经常转换话题而没有与大家核对的原因。你还需要观察到该行为的模式，然后才能做出高阶推论。如果安德鲁在会议中只有一两次转移了对话的话题，那么这些信息可能不足以支持高阶推论。此外，当做出高阶推论并实施干预时，你需要与团队达成一致。我将在第13章中讨论如何订立合约。

当你对团队成员的动机和情绪做出高阶推论或归因时，你可以将推论归于这个人，但不能归咎于其个性。例如，你可以说："大卫，基于你刚才所说的，我的推论是你不同意的理由是你并不相信露辛达会帮助你完成这个项目。我的推论有问题吗？"而不是说"你根本不信任露辛达"或"你不太容易信任别人"。其中的差异非常重要。前一陈述与你所观察到的行为紧密相关，是对特定情形中可信任行为的归因，而不是对个性的一般化概括和暗示。此外，将行为归因于人的个性，你实际上在暗示他们很难改变，因为个性相对稳定。因此，相比于后者，前者更不太可能引发防御性行为。

有时，你陈述的推论可以帮助你识别出团队成员没有展现出来的行为。例如，你可以说："布雷特，你的说法听起来更像是立场而不是利益。你是否有不同的看法？"如果你想强调团队同意使用交互学习模式的行为，那么你可以说："布雷特，团队同意使用的行为之一是聚焦利益而非立场。你的表述听起来是在聚焦立场。你的看法呢？"

↗ 做好准备：团队成员的看法可能与你的不同

做好准备，因为团队成员的看法可能与你的不同。在步骤5的第2部分，你需要询问团队成员，以验证你的推论是否准确。与步骤4相似，如果你询问："我的推论有问题吗？"对方回答"是"，那么你可以紧接着询问他具体的意思。在这里，发现团队成员的理解与你的看法不同，这并非失败，反而是一种成功。

当团队成员不同意你的推论时，你需要确定是就内容还是流程进行检验，这将影响你的回应方式。如果是就内容做出推论，例如某个词语的意义，你可能会接受他的解读，特别是当他的解释在你看来合理时。你之所以接受他的解读，是因为除了他之外，其他人无法准确判断他的意图。

然而，如果是就流程做出推论，例如某个团队成员的行为与交互学习模式不符，那么你需要采用不同的解读方式。作为流程专家，你拥有相关信息，并能逻辑地解释你的推论依据。例如，在步骤5中，如果你分享了你的推论，认为阿迈勒陈述了观点但没有真诚发问，而阿迈勒并不赞同你的看法，你可以这样说："阿迈勒，你能解释一下你是如何看待你的陈述既是陈述又是真诚发问的吗？这样我才能更好地理解我们之间的分歧。"听完阿迈勒的解释后，作为流程专家，你可以解释为何你认为他的理解有偏差。当然，也有可能从他的解释中，你发现他的确有过真诚的发问，只是你错过了。

↗ 不要用提问的方式来陈述你的推论

某些引导师在实施干预时倾向于采用提问的方式。他们可能这样提问来启动干预："安德鲁，你是否意识到自己的话题偏离了主线？"埃德加·沙因总体上认为提问是有益的："因为提问能够鼓励甚至迫使客户保持自我思考。如果目标是帮助客户解决他们自己的问题并承担相应责任，那么提问就是传达这一期望的最佳方式。"

我赞同沙因关于帮助客户自行承担责任的目标。对于选择发展型引导的团队而言，如果希望提升诊断自身行为的技能，提问的方式是合适的。然而，我也看到了提问方式可能带来的潜在问题。首先，它要求你隐瞒相关信息。例如，如果你认为"我听到路易斯谈论了某些内容，这让我得出推论'路易斯不想解释他的推理'"，但你对团队说"你认为路易斯在解释她的推理吗"或"你们是怎么看待路易斯的说法的"，那么你其实没有分享相关信息，而是在旁敲侧击。除非你陈述了相关信息，否则你无法检验团队是否与你持有相同的观点。

这就引出了第二个问题：团队可能感到被操纵了。如果团队的回复是"是的，路易斯分享了他的推理"，那么除非你分享了不同的看法或放弃干预，否则你需要继续提出引导型问题，直到团队找到答案。最终，团队可能认为你在寻找所谓的正确答案，但由于某种原因，你不想与他们直接分享。

最后，使用提问方式向团队传达的信息是团队需要对其观察结果负责，但你并不需要对你的观察结果负责。这与交互学习模式的原则以及引导师应带头示范有效行为的原则不相符。因此，除非团队理解你的提问是为了帮助他们学习如何诊断自身的行为，否则，更为有效的方法是直接分享你就团队成员的行为得出的推论，并询问他们的看法是否与你相同。

↗ 考虑解释你为何检验推论

正如我在步骤 4 中所介绍的，在步骤 4、步骤 5、步骤 6 中的任何一步，你都可以解释为何需要实施干预。在步骤 5 中，阐述你所担忧的潜在后果，会是你实施干预的原因，这样做有时确实会有所助益。

你或许可以这样说："我之所以要检验这个推论，是因为虽然团队成员提出了这些问题，但并未深入追踪并得出明确结论。我认为这正是导致之前大家无法达成共识，并因此感到沮丧的主要原因。"如果团队成员做出了未经验证的推论或假设，你可以这样进行解释："我的推论是，你认为这个问题需要借助现有人手来解决。我的这个推论正确吗？我之所以提出这一点，是因为如果我们的假设最终被证明不正确，那么你们最终得出的结论将更难以实施。"

步骤 6：共同谋划下一步

在步骤 6 中，你需要与团队成员共同谋划下一步的行动方向。这个方向将取决于你们观察到的行为以及达成的共识推论。若干预的原因是团队成员做出了未经证实的推论，你可能建议他们验证这些推论。若干预源于团队成员对自身角色不明确或存在角色冲突，那么你可以提议大家花些时间明确各自的角色。而若干预的原因是观察到的行为让你推断团队成员希望减少负面情绪的表达，你可能建议他们探讨这一价值观的根源，并处理与此相关的不预期后果。

在共同谋划下一步时，有时你会提出具体的行动计划，有时你会征求团队成员的建议，或者你们共同制订行动计划。若由你提出行动计划，你可以说："我认为验证大家的推论会很有帮助。对此大家有何看法？"若要求团队成员提出行动方案，你可以说："爱德华和依兰，鉴于你们对截止时间持有不同观点，你们认为下一步我们应采取哪些行动？"若共同制订计划，你可以说："考虑到大家一致认为剩余时间不足以达成会议目标，我建议我们共同商讨如何最大化利用剩余时间。大家有没有不同意见？"

↗ 考虑解释共同谋划下一步的理由

在步骤 6 中，你需要解释要求对方采取下一步行动计划的原因，这包括调整他们的行为以符合交互学习模式的要求。然而，总体来说，步骤 6 中的解释并不应过于烦琐，特别是在步骤 4 或步骤 5 中已经进行了充分说明的情况下。若你在步骤 5 中尚未阐述未经检验的推论可能带来的潜在问题,那么可以在步骤 6 中加以说明。例如,你可以说:"我之所以提出这个建议,是因为通过验证你们的推论,我们可以确保所设计的解决方案建立在准确的信息基础上,从而提高解决方案的有效性和可靠性。"

↗ 如果他们需要支持,帮助他们设计下一步

当团队成员决定重新设计他们的行为并采取下一步行动时,他们有时需要你的支持和指导。如果他们已经了解了交互学习模式的行为规范,他们就知道如何验证推论、如何关注共同利益、如何陈述自己的观点并真诚发问。你可以协助团队成员重新设计他们的行为,担任他们的教练,或者为他们示范正确的行为方式。当然,你也可以与他们共同商讨如何给予他们最大的帮助。你可以这样说:"你们需要什么样的支持?如果需要,我可以担任你们的教练,或者为你们提供示范。"

即使团队成员重新设计了他们的行为,这些行为仍然有可能与所期望的行为不符。在这种情况下,你可以再次运用交互学习模式的循环流程,分享你的观察结果,验证你的推论,看他们是否关注立场(解释你为何这么认为),并询问团队成员是否愿意再次尝试。

↗ 如果团队成员选择不重新设计他们的行为,尊重选择

如果团队成员证实了你的观察与推论,但他们仍然选择不改变那些与交互学习模式行为不符的行为,这种情况确实罕见。当你询问他们是否愿意提供具体例子时,若有团队成员拒绝配合,你可以这样回应:"能否告诉我你拒绝分享具体例子的原因?我并非想给你施加压力,也不是想让你成为焦点,而是希望了解是否有什么误会或遗漏,导致你不愿分享具体例子,这样其他人可能无法充分理解你的顾虑。当然,最终的选择权还是在你自己手中。"如果他愿意分享他的顾虑,你可以进一步探讨他或团队的关切,并询问:"为了让你愿意分享具体例子,我们需要做些什么?"最终,为了尊重团队自由选择的权利,你必须接受他们是否愿意做出改变的决定。

将勉强的团队成员视为阻碍并非建设性的做法。这样的归因可能导致你误解他们的行为,质疑他们的动机,即使你并不清楚他们为何这么做。相反,若将他们视为有需求但尚未得到满足的人,视为你尚未完全理解他们的某些需求,你将更容易对他们产生同理心,即使他们选择不改变行为。

如何从一个干预步骤前往另一个干预步骤

虽然干预步骤被标记为4、5、6等数字，但并不意味着你必须严格按照这个顺序来实施干预。在实际情境中，你可能需要重复执行某些步骤，跳过某些步骤，或采用不同的顺序来运用这些步骤。以下是你需要考虑的关键因素。

何时跳过干预步骤

到目前为止，我详细介绍了干预三步骤的完整使用流程。每个步骤都包含两个部分：首先，你需要陈述观点；其次，你需要真诚发问。此外，对于每个步骤，你都可以根据需要添加关于观点或疑问的额外解释。

尽管每个步骤都有其特定的目的，但在某些情况下，你可以选择跳过其中一个或多个步骤，这样依然能够有效地实施干预。跳过某些步骤的理由是，不必不断重复完整的交互学习模式循环，否则可能让你感到不自在、笨拙或费力。然而，不适当地跳过某些步骤也可能带来问题。

决定何时跳过某个步骤需要基于你的主观判断。步骤4、步骤5和步骤6的目的是分享你的推理，并与团队成员核对他们的看法是否与你的有所不同。跳过步骤会带来两大风险。首先，这可能让团队成员难以理解你为何要求他们改变行为。其次，如果你跳过了检验不同观点的步骤，你可能误以为团队成员认同你的观察结果或推论。一旦你的假设不成立，那么在进入下一步行动时，可能出现团队成员不认同之前步骤的情况。

当你选择跳过某些步骤时，需要注意一些条件。

某个团队成员刚刚发言完毕。 如果他刚刚结束阐述，你可以紧接着从步骤5开始实施干预，而不需要经历步骤4。以团队会议中讨论经济形势对组织影响为例，如果塔拉说："我经历过这些，请相信我的话，马上就会有裁员发生。"在她发言结束后，如果你立即进行干预，可以跳转到步骤5，直接提问："塔拉，根据你的描述，我认为你可能有与此类似经历的相关信息可以分享。我的理解正确吗？"

然而，如果塔拉讲述了多件事情，并重复了其中你希望关注的部分，以帮助她和其他团队成员更好地理解，那么在这种情况下，你可以跳过步骤1中检验不同观点的部分。你可以这样表达："塔拉，你刚才提到了多件事情。其中你提到……我的看法是，关于之前类似的经历，你还有更多的相关信息可以分享。我的理解对吗？"

干预带来的正常请求。当团队成员刚刚结束发言，且你要求他们使用已经被大家所接受的交互学习模式的行为时，你可以直接跳到步骤6。例如，如果爱丽丝说："我们错过了截止时间，因为我们没有得到其他部门的充分配合。"你可以这样回应："爱丽丝，能否请你具体说明一下这种情况是什么时候发生的？"在这里，你的干预是要求爱丽丝提供具体的例子，并就重要词汇的含义达成共识。由于要求人们提供具体例子通常被视为普通请求，因此直接跳到步骤6的风险相对较低。其他可归于此的行为还包括解释你的推理与意图、关注利益而非立场等，具体情况需视团队文化而定。

团队成员同意重新设计他们的行为。在发展型引导中，当团队成员达成一致后，他们会主动重新设计自己的行为，你并不需要每次都征求并得到他们的许可。相反，在步骤6中，你可以直接询问："你们认为这样的改变是否与交互学习模式的行为保持一致？"

你希望重新解释一下团队成员的话语。重新解释是指用不同的方式表述团队成员的话语，但传递的含义保持不变。当你进行重新解释时，你实际上是在验证步骤4和步骤5。通过改变团队成员使用的话语，你可能加入自己的理解。例如，为了总结并捕捉对方表述的核心，你可以这样重新解释："杰西卡，我想重新解释一下我刚才听到的内容。请告诉我，我是否误解了你的意思。我的理解是，设置新的部门将把质量管理的责任从制造部门转移出去，但这并不会带来任何好处。我的表述是否准确地反映了你的想法？"

有时，重新解释是为了强调对方所强调的某些重点，或许是为了与其他人的说法进行对比。例如："杰西卡，让我试着重新解释一下你的意思，看看我是否抓住了关键要点。我会用自己的话来表达，而不是直接引用你的原话。请告诉我，我是否准确地表达了你的想法。你的意思是，与伊恩不同，你确实看到了部门之间缺乏合作，但他并没有意识到这一点，因此你感到有些沮丧。是这样吗？"

↗ 何时不跳过干预步骤

在某些情况下，跳过干预步骤可能并不明智。

团队成员彼此存在误解。当团队成员之间存在误解时，使用完整的干预步骤，包括陈述观点和真诚发问两部分，有助于增加变革的机会，而不是加深误解。特别是在冲突严重的情境中，使用所有步骤尤为重要，尤其是当团队成员以防御姿态回应时。在这种情况下，你可以通过以下方式开启步骤4："皮埃尔，我知道你刚刚发表了观点，但我想重复一下，以确保我所听到的是准确的。因为有好几次，我听到人们议论他们的言论被误引。"

复杂的干预。对于复杂干预，相比于简单干预，你需要分享更多的推理。讨论不便讨论的话题和共同谋划下一步行动都是复杂的交互学习模式中的干预。检验假设和推论也可能相当复杂。其他复杂的干预包括探讨团队成员的心智模式并进行重新架构。

团队开始尝试发展型引导。当团队开始尝试发展型引导时，使用完整的干预循环在早期阶段有助于团队成员学习所有步骤。一旦团队成员熟悉了整个循环，再省略某些步骤就不太容易引发误解了。当团队成员知道你跳过了哪些步骤，并且他们认为需要重新讨论这些步骤时，他们可以做出回应。如果跳过步骤导致问题，他们可以重新回到完整的循环中。

↗ 何时重复干预步骤

我已经介绍了交互学习模式循环是一个单向流程，包括步骤4、步骤5和步骤6，尽管有时你可以跳过某些步骤。然而，在某些情况下，你可能需要重复某些步骤。例如，当对行为模式进行干预时，你可能发现某些成员的行为，并在步骤4中对此进行检验。这实际上是在重新使用步骤4来描述你观察到的行为，并进行检验，以确保你的观点与团队中的其他人保持一致。一旦你发现这些行为并对所有观察到的信息进行了检验，你就需要继续到步骤5，验证你从观察中得出的推论。

↗ 何时改变干预步骤

有时，从交互学习模式循环的步骤5开始会更加有助于沟通。你可以先陈述你的推论，然后转向步骤4，描述你所观察到的并让你得出这个推论的行为。当你观察到一系列行为，这些行为共同构成了你实施干预的模式时，这种方法尤为适用。在这个情境下，你可以如此表达："马克，你刚刚过去的几分钟里讲述的几件事情，让我感觉到你对团队花费时间做出的决策感到沮丧。"此时，你可以跳过检验的步骤，直接进入步骤4，分享那些让你得出这个推论的行为。例如，你可以说："你提到了'这应该在一个月前就完成''伙计们，这是一个简单的决策''我没有时间处理这些事情'。"然后，你回到步骤5并询问："我的理解正确吗？"请注意，这种方法结合了改变干预步骤的顺序以及跳过步骤4中的检验部分。随着你越来越熟悉交互学习模式循环，你可以尝试跳过某些步骤或调整步骤的顺序。

↗ 如果你启动了干预，就要实施到底

无论如何实施干预，都要确保干预的完整进行。我将干预比作一架在空中飞行的飞机。只有当飞机落地，才能标志着旅程的结束。从实际操作的角度来看，这意味着以下几点：

首先，当你真诚发问或向团队提出建议时，务必确保你的提问得到回应。其次，确保你从所有被询问的对象那里都得到回答。如果你询问团队成员是否同意你的建议以开始下一个话题的讨论，不要因为部分人的同意就急于展开新的话题，你需要确保得到所有人的共识。

当团队成员回应你的提问时，如果讨论开始偏离主题，你可以要求团队先回应你的原始问题。你可以这样说："德鲁，我注意到你似乎没有直接回应我的问题。我是否错过了什么信息？如果没有，希望你能先回答我的问题。你认为我们是否应该先集中讨论当前的话题，以确保每个人都准备好再进行下一个话题的讨论？"

有时，你可能无法立即结束你开启的干预。团队成员可能以回答问题的方式开始，但在某个时刻，对话可能转向另一个话题，而你可能没有立即意识到。如果你能时刻关注团队是否仍然专注于特定话题的讨论，包括是否回应你的具体提问或请求，那么你实施的干预将更有可能成功落地，团队的整体效率也将得到显著提升。

仔细斟酌你的用词

你在实施干预时所使用的具体词汇至关重要。你对词汇选择的微妙差异会产生巨大的影响：是模糊不清还是清晰明了，是描述事实还是进行评价，是接纳包容还是疏远分离，是心怀同理心还是冷漠无情。因此，你需要谨慎选择你的措辞，确保准确传达你的意图，既不冗余也不遗漏。在实施干预时，你的表达应该明确、有效且充满同理心。以下是关于遣词造句的一些原则：

↗ 避免使用行话

有人认为交互学习模式的表述相对较为通俗，不过对于某些人来说，可能并非如此。例如，我在整本书中使用了"推论"这一术语。如果你觉得这个词听起来像是行话，或者你认为对于其他人来说可能产生理解上的障碍，你完全可以选择其他更易于理解的术

语来替代。与其说"我的推论是……",不如尝试使用"我认为……"或"听上去好像……"等表达方式。最重要的是,你的用词应该清晰明了,能够真实反映你的观点,而不是被我的术语所束缚。

↗ 选用的词语带有一个准确的含义

选用的词语必须准确传达其含义,以避免误解。确保使用的词语或短语仅有一个明确的意义,即你希望传达的信息。例如,在工会与公司管理层共同参与的培训团队中,你作为引导师的角色至关重要。当一位代表询问工作坊练习是否可以以不同方式进行时,工会代表的回应是"我不介意你们使用的方式"。然而,这引发了员工的误解和不满,因为他错误地认为工会代表对工作坊的练习方式不感兴趣。为了避免这样的误解,如果工会代表说"我对你们开展练习的方式没有特别偏好",那么就能更准确地传达其意图,并避免产生不必要的误解。因此,选择合适的词语对于清晰、准确地传达意思至关重要。

↗ 使用描述性词语

在撰写时,请尽量使用描述性词语而非评价性词语。描述性词语更有助于明确识别可直接观察到的行为,相较于判断性词语,它们也更容易得到确认。遵循"使用具体例子并就重要词汇的含义达成一致"的行为原则,例如,在讨论团队成员是否发言时,我们应更侧重于描述行为,而非判断其参与程度,这样大家更容易达成共识。

描述性词语与引导师的中立角色相辅相成。判断性词语往往包含主观判断,这可能暗示引导师对某些行为或想法的赞同或不赞同。以引导师与学校管理者处理冲突为例,当我对团队提出的两种建议方案进行干预时,我原本说:"你们得出两种方案。激进的方案是 A。另一种方案是 B。"但"激进"一词的使用显然是不当的,尽管团队成员曾使用过这一术语。将其中一个方案贴上"激进"的标签,我无形中引入了政治含义,这可能导致不同的团队成员产生不同的解读。正面的团队成员可能将其视为积极,而其他人可能视为负面。因此,使用"激进"作为方案的前缀是不必要的评价性成分。如果我采用描述性语言,可能会说:"你们提供了两种方案。一种方案是 A,另一种方案是 B。"这样的表达更加客观,更符合引导师的中立角色。

使用合适的名词

选择适当的名词或其他名词，而不是简单地使用代词。下面是一个约瑟与引导师之间的简短对话示例：

> 约瑟：我和皮特讨论了我与弗雷德之间的冲突处理方式。皮特坦言自己并不擅长解决冲突，建议我自行寻找解决办法。或许我可以考虑与杰克、贝丝、南希一起寻找解决方案。但说实话，我对从他们那里获得支持并不抱太大希望。
>
> 引导师：所以，你认为即使没有他的帮助，你也能独立应对并解决这个冲突吗？

引导师并未明确解释这里所使用的代词"他"具体指的是皮特、弗雷德还是杰克。随着代词引发的混乱不断升级，这情景让人联想到著名喜剧小品表演——雅培和科斯特洛的"谁首发"系列，其中代词的模糊性也导致了类似的误解和混乱。为了避免这种混乱，使用个人的姓名或头衔会是一个更清晰的表达方式。

使用主动语态

尽量使用主动语态，除非行动者的身份难以确定。主动语态能够清晰地表明谁是行动的主体以及采取了哪些行动，而被动语态则无法做到这一点。例如，"苏决定提升格林"是一个主动语态的句子，而"格林被提升了"则是一个被动语态的句子。使用主动语态可以向团队提供明确、有效的信息，减少潜在的模糊性，并与你认为个人应为自己的行动承担责任的信念保持一致。正如我八年级的英语老师经常强调的那样："使用主动语态，我想知道谁在做什么！"

然而，在某些情况下，刻意使用被动语态也是有益的，特别是当你不清楚问题中涉及的具体人物时。例如，如果团队中有两名成员就谁应该告诉总监团队任务无法在今天完成而产生分歧，你可以提问："当总监被告知截止时间无法达成时，可能会带来哪些问题？"这样的提问方式可以保持中立，避免直接涉及任何具体的团队成员。

使用词语时对所有成员和任务赋予相同的认可

在使用词语时，应确保对所有成员和任务给予同等的认可。为了赢得所有子团队的信任，在称呼每个子团队时，应尊重其独立身份，避免将其置于其他团队之下。原则是对每个子团队的称呼应反映其独特的身份，而不是用其他子团队来指代它们。

例如，我的同事佩格·卡尔松和我曾在某大学任教，我们所在系的教师主要由律师组成。在一次教师会议上，有教师使用了"律师出身的教师"和"非律师出身的教师"这样的称谓。尽管佩格和我一样是组织心理学家，她表示，直到加入这个系之前，她从未意识到自己属于"非律师"的群体。她甚至觉得自己成了"非宇航员""非物理学家"的一员。

关键在于，当你根据某个参照团队来识别人们的身份时，而这个参照团队并没有包含所有人，那么你就可能最小化了他们的身份。这个参照团队往往由地位较高或权势较大的成员组成，即使它并不代表大多数人的观点。在上述例子中，如果将心理学家归为"非律师"类别，这就等于用地位较高的子团队来定义地位较低的子团队。这样可能会让其他人误以为你在与地位较高者结盟，而那些地位较低的人可能质疑你对整个团队的承诺以及你作为引导师的中立性。

↗ 使用区分你的引导角色的词语

在选择词语时，要确保能够明确区分你的引导角色与团队成员的角色。在称呼团队时，使用"你们"或"团队"而不是"我们"或"我们的团队"，以突出你的引导身份。然而，如果你是决策流程的一部分，例如团队与你共同决定了会议流程，那么使用"我们"就是合适的。

↗ 避免使用祈使句（就像这句话）

祈使句往往带有强烈的命令色彩，例如"做出决策"，或者更为直接和严苛的"你必须做出决策"。然而，使用祈使句的一个问题在于，这可能让人误解为你在以第三方立场对团队进行命令，但实际上，作为引导师、咨询顾问或教练，你的角色更侧重于提供建议，而非作为决策者或命令者。

另一个问题在于，人们通常不会对直接命令他们必须做什么的语气做出积极回应。相反，他们更愿意了解可供选择的方案，以及选择这些方案可能带来的后果。因此，与团队成员交流时，解释原因和结果至关重要，即他们需要了解采取某种行为或不采取某种行为将带来的具体后果。例如，与其简单地说"你需要检查一下你的假设，然后再采取行动"，不如说："如果你基于未经检验的假设行事，可能会做出错误的选择，从而影响你做出更明智决策的能力。对此，你有什么不同的看法吗？"通过聚焦原因和结果，我们可以帮助团队成员更深入地理解他们行动背后的系统性本质。

↗ 表现幽默时要小心

要避免使用可能贬斥、低估团队成员或导致误解的幽默。尽管幽默在缓解团队紧张气氛、强调要点和协助团队成员审视行为方面极具价值，但某些类型的幽默可能降低你的有效性。例如，对团队成员使用讽刺性幽默可能损害你的信任度，因为人们可能误解你不愿支持他们。讽刺性幽默会引发问题，因为它要求听众从字面意思的相反方向去理解你的意图。例如，讽刺性陈述"我可以看到这个团队中的高信任度"实际上可能意味着"团队中的信任度并不高"。如果团队成员没有察觉到这种讽刺，并且他们确实认为团队信任度低，他们可能质疑你的评估方法。即使他们确实察觉到了讽刺，你也没有展示出如何保持透明和清晰的沟通。

小结

在本章中，我详细阐述了交互学习模式循环中的实施干预步骤：首先，陈述你的观察结果；其次，检验你所赋予的含义；最后，与团队成员共同谋划下一步行动。这个循环的核心在于公开分享你的推理过程，以便对团队成员进行检验，并确保整个团队能够协同前进。通过运用这一循环进行干预，你可以帮助团队建立高效的工作流程。

在第 10 章中，我将通过具体案例向你展示，当团队成员未能展现出交互学习模式循环的行为时，你应如何采取干预措施。

第 10 章
诊断并干预交互学习模式行为

在运用交互学习模式时，一种常见的干预情景是当团队成员未能遵循交互学习模式的行为而导致团队效率下降时，作为引导师或教练，你需要及时介入进行干预。在本章中，我将通过具体案例来展示如何运用交互学习模式循环来实施有效的干预。在此之前，我想先阐明，与传统的团队规则相比，针对这八种行为的干预措施有何独特之处。此外，为了确保干预的有效性，你需要与团队成员建立共识。

交互学习模式行为与其他基本规则有何区别

交互学习模式行为与其他常见的基本规则有所不同。许多团队都有一套基本规则，用以指导团队工作的高效进行。作为咨询顾问，你可能也会为团队提供一套建议性规则。

交互学习模式行为与其他基本规则的区别主要体现在以下方面。首先，其他基本规则主要关注程序性行为，例如"准时开始，准时结束"或"关掉手机"等。虽然这些程序性行为对团队运作很重要，但它们并不能促进团队间的有效对话。其次，有些行为虽然也涉及所期望的行为表现，但通常停留在抽象层面，如"尊重现场的每个人"或"保持建设性对话"等。这些基本规则更多地关注结果，而没有具体指出为了尊重彼此或保持建设性对话应该展现的具体行为。因此，当团队成员对何为尊重或保持建设性对话存在不同理解时，这些规则可能会引发问题。例如，对于某些团队成员来说，不表现出对个别成员的担忧可能是一种尊重；而对于其他成员来说，情况可能恰好相反。最后，还有一些团队或咨询顾问使用的基本规则是基于单边控制模式的，如"公开表扬，私下批评"。这种单边控制模式的规则往往会导致与团队期望相反的结果。

就干预交互学习模式行为订立合约

在对团队实施干预并帮助团队采用交互学习模式行为之前，你需要与团队达成共识，以便实施这种干预。

↗ 订立合约时需回答的提问

为了达成协议，团队需要回答以下三个问题：

1. 如果团队采用交互模式行为，他们的行为将更为有效，这时，团队希望你进行干预吗？
2. 团队希望自行承担其采用的交互学习模式行为的责任吗？
3. 团队希望将交互学习模式行为作为其基本规则来实施吗？

现在，让我们探讨团队对这些问题的回答如何影响你与他们的合作。

假设你的引导方式的核心是通过这八种行为来诊断团队行为并对其进行干预，那么团队对第一个问题的回答将决定他们是否真正希望你提供引导服务。这包括在你认为这些行为可以提升团队流程的有效性时，要求团队成员展现这些行为。**如果团队成员不希望你去展现这些交互学习模式行为，那么本质上，他们并不希望采用这种引导方式。**

如果团队对第一个问题的回答是"是"，那么他们对第二和第三个问题的回答将决定你是否协助他们采用交互学习模式行为的干预方式。你所展现的交互学习模式行为确实可以帮助团队成员变得更为有效，但这并不意味着他们自己会主动采用这些行为。如果团队希望你帮助他们展现这些行为，但他们不愿意为采用这些行为承担责任，那么他们期望你进行基础型引导。然而，如果团队希望你帮助他们展现这八种行为并愿意为采用这些行为承担责任，那么他们期望你进行发展型引导。如果团队希望采用交互学习模式行为并将其作为团队的基本规则，那么这意味着他们对自己的运作方式做出了正式承诺。

↗ 帮助团队决定是否采用交互学习模式行为作为其基本规则

在《专业引导技巧》的前两版中，我将交互学习模式行为称为基本规则。这个术语"基本规则"（ground rules）源自特定球场的特殊规定，这些规定原本与棒球场地（grounds）

紧密相关。不同于大多数体育项目，棒球的比赛场地可扩展至外野场的挡墙以及界外区域的座位。由于每个棒球场地都独具特色，其挡墙、围栏、界内区均有所不同，因此需要制定具体的规则来适应这些场地的特殊性，并决定如何选用合适的比赛规则。然而，在第 3 版中，我对这个术语的定义进行了修改，即只有当团队成员同意使用交互学习模式行为时，它们才能被正式称为团队的基本规则。

为了帮助团队决定是否采纳这八种行为作为其基本规则，你可以免费下载《更为聪明的团队的八种行为》这篇文章。该文章刊登在 Roger Schwarz & Associates 的网站上。你可以与团队探讨这八种行为是如何提升团队的有效性的，以及团队应如何运用它们。同时，你也需要表示愿意协助团队展现这些行为，并好奇地询问他们在实践这些行为时可能存在的顾虑。这个对话是你与团队建立合作契约的一部分，我将在第 13 章中对此进行详细的讨论。

↗ 我为何不要求团队自行制定他们的基本规则

有时，引导师和咨询顾问会询问我为何不推荐团队自行制定他们的基本规则。他们认为，团队成员对于自己制定的行为规则会更有承诺感，且能制定出更实用的规则。关于这一点，我主张引入一套行为规则，而不是要求团队成员自行制定，理由如下：

首先，作为引导师和咨询顾问，我明白团队聘请我的目的是希望我贡献流程上的专长，包括了解哪些行为可以帮助团队更有效地运作。**由于我会在诊断与干预的核心部分展示这些行为，因此改变这些行为就意味着改变我进行诊断并实施干预的方式。**

其次，根据我的经验，团队成员往往难以在行为层面识别出具体的、有助于改善团队流程的行为。此外，他们有时会设计一些旨在单方面保护自己的行为，这反而降低了团队做出自由且知情选择的能力。

再次，我并不认为需要让团队成员自行制定并对此做出承诺的基本规则。相反，我认为，如果他们能自由且知情地选择使用这些基本规则，他们自然会对此做出承诺。

最后，在基本型引导中，团队合理地要求引导师管理流程。但如果要求团队制定自己遵守的基本规则，而这些规则需要建立在具体行为上并基于研究成果，这对团队来说将是一项巨大的挑战。他们需要投入大量的时间和精力，这可能会分散他们完成你协助的主要任务的注意力。

因此，我倾向于向团队介绍八种行为，解释这些行为的工作原理，鼓励团队成员提出疑问和担忧，并识别他们认为可能遗漏或需要修正的行为。例如，团队有时可能需要添加一条基本规则来确保讨论内容的机密性。无论是基本型引导还是发展型引导，我都会采用这种方式。当然，在发展型引导中，团队和我会花更多时间来讨论这个话题。

如果你选择让团队制定基本规则或修正某些行为，并希望将这些行为作为团队诊断与干预的基础，那么这些基本规则需要与交互学习的心智模式保持一致。

如何在基础型引导与发展型引导中实施干预

无论是在基础型引导还是发展型引导中，你都需要运用交互学习模式循环对交互学习模式的行为进行干预，但干预方式会有所不同。其中一个明显的区别在于，在基础型引导中，一旦你观察到团队成员的行为与交互学习模式行为不符，你就会直接陈述你的推论。而在发展型引导中，你更可能鼓励团队成员自行发现他们与交互学习模式不相符的行为。另一个区别在于，在发展型引导中，你通常会协助团队成员深入探讨他们这些行为背后的心智模式。相比之下，在基础型引导中，你对团队成员的心智模式不会进行过多的干预。

以下是两个示例。第一个示例展示了基础型引导的应用，而第二个示例展示了发展型引导，其中团队成员需要自行进行诊断。

使用基础型引导

3. 选择如何做出回应。我认为，泰德核实其直线下属是否隐瞒了相关信息，以及自己是否是问题的始作俑者，这至关重要。此外，如果他选择离开会议现场，这仅仅是表面上解决了问题的症状，而非深入探究问题的根本原因。

2. 赋予意义。我的推论是，泰德认为大家尚未充分分享相关信息，他将此归因于团队成员可能因他的领导身份而不便分享这些信息。

1. 观察并做出选择。泰德（团队领导）表示："我认为我应该暂时离开会议现场，以便团队能够自由地进行讨论。我有种感觉，你们可能有些话没有说出来，这可能是因为我是你们的上级。"
马琳："不，我认为你应该留下来。"
苏："对啊，你留下来。这不是问题。"

4. 检验观察。"泰德，你刚才说的是：'我想我应该离开会议现场，这样团队就可以自行讨论了。我有种感觉，你们有些话没有说出来，可能是因为我是你的上级。'我复述得对吗？"[如果对，请继续。]

5. 检验意义。"我认为你的结论——'他们有些话还没有说出来，因为你是他们的上级'——是基于未经检验的推论。你是否还有其他不同的看法？"[如果泰德表示同意，请继续。]

6. 共同谋划下一步。"我想，如果你能分享一下你所观察到的，为何你认为他们有些话没有说出来，或者你为何认为这与你作为他们的上司有关，这对大家会有所帮助。然后，你可以验证你的结论是否准确。你对此有何看法？"

使用发展型引导并要求团队成员识别其行为

3. 选择如何做出回应。我认为，泰德核实其直线下属是否隐瞒了相关信息，以及自己是否是问题的始作俑者，这至关重要。此外，如果他选择离开会议现场，这仅仅是表面上解决了问题的症状，而非深入探究问题的根本原因。

2. 赋予意义。我的推论是，泰德认为大家尚未充分分享相关信息，他将此归因于团队成员可能因他的领导身份而不便分享这些信息。

1. 观察并做出选择。泰德（团队领导）表示："我认为我应该暂时离开会议现场，以便团队能够自由地进行讨论。我有种感觉，你们可能有些话没有说出来，这可能是因为我是你们的上级。"

马琳："不，我认为你应该留下来。"

苏："对啊，你留下来。这不是问题。"

4. 检验观察："泰德，你刚才说的是：'我想我应该离开会议现场，这样团队就可以自行讨论了。我有种感觉，你们有些话没有说出来，可能是因为我是你的上级。'我复述得对吗？"［如果对，请继续。］

5. 检验意义："我认为你错过了一个采用交互学习模式行为的机会。你意识到了这一点吗？或者，你希望我来分享我的看法？你是否同意这样做？"［如果泰德认识到自己做出了未经证实的推论，并将其归因于自己作为团队负责人的身份，请继续。］

6. 共同谋划下一步。"好的，这是我目前观察到的情况。接下来，你认为我们应该如何行动，或者你需要我的建议吗？"

对交互学习模式行为实施干预

如果团队成员能够运用交互学习模式行为，他们将能够提升效率。在本章的后续部分，我将通过具体实例来展示如何进行诊断并采取干预措施。对于每一种行为，我都会列举一个或多个典型示例，以阐明团队成员如何利用交互学习模式循环进行诊断并调整行为，以及具体的操作步骤。若想更深入地了解循环中每一步的运作方式，请参照图10.1。关于循环的更多细节，你可以在第7章至第9章中找到。

为了更高效地推进，我假定团队成员认可引导师或咨询顾问的观察（循环中的步骤4）及其推论（循环中的步骤5）。然而，在实际操作中，如果有人对你的描述或推论持有不同意见，你应在此处暂停，倾听他们的观点，然后再继续。

我将通过不同的例子来展示如何跳过某些干预步骤或将它们组合在一起。每个例子都可以视为你在特定情境下所采取的单独行动。你可以将这些行动结合起来，以回应团队成员之前的表达。

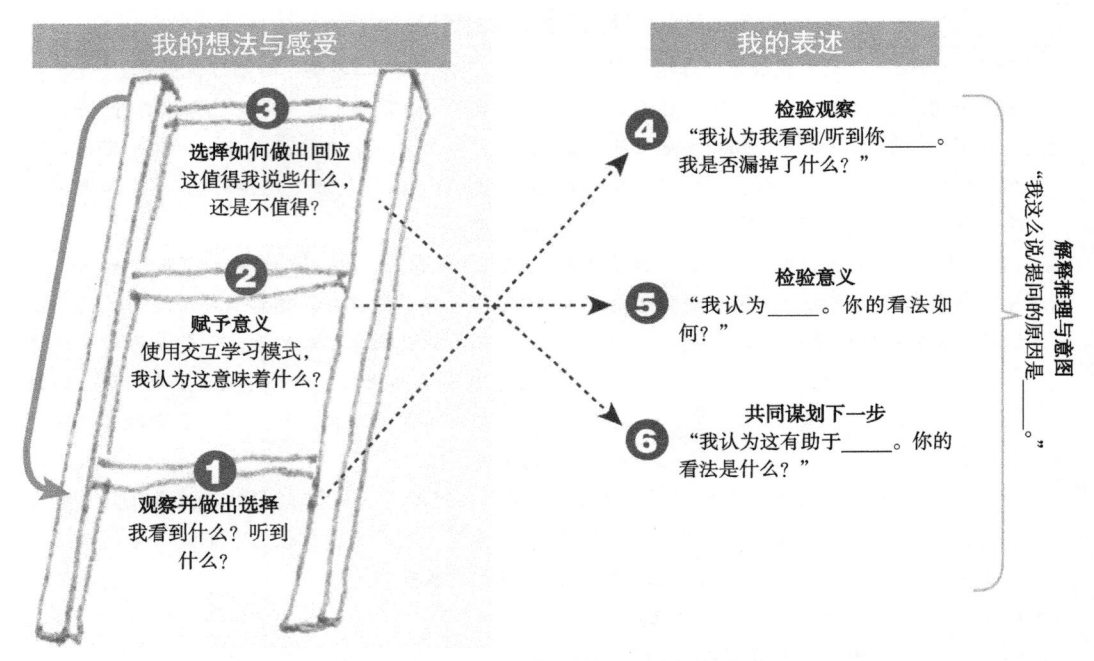

198 The Skilled Facilitator

图 10.1　交互学习模式循环的诊断与干预步骤

行为 1：陈述观点并真诚发问

要求团队成员陈述观点并真诚发问

3. 选择如何做出回应。如果帕特确实对此有看法，我认为让她明确地分享这些想法，以便让大家了解她的观点并询问其他人的看法，这是非常重要的。

2. 赋予意义。从帕特声音的变化中，我可以推测她对这个问题持有自己的观点。

1. 观察并做出选择。帕特："你真的认为 9 月推出新项目不会太迟吗"

4. 检验观察："帕特，刚才你询问是否有人认为 9 月推出新项目太迟时……"[暂不验证我理解得是否准确。]

5. 检验意义："……从你的声音变化中，我感觉你认为 9 月可能太迟了。是不是这样？"[如果帕特确认，则继续。]

6. 共同谋划下一步。"我认为如果你能向团队说明并解释你的理由，同时询问其他人的看法，这将有助于讨论的深入。你愿意这么做吗？"

行为 2：分享所有相关信息

要求团队成员分享所有相关信息

3. 选择如何做出回应。为了验证这一点，我认为有必要进一步检验这些信息。因为如果信息不够全面，那么这可能会改变人们的看法。

2. 赋予意义。艾米提供的信息为整个结论提供了有力的支撑。然而，我更加关注的是，在具体层面上，这些证据是否具有足够的说服力。

1. 观察并做出选择。艾米："根据我们收集的信息和分析结果，我坚信人们认为我们应当更加专注于核心业务。"

4. 检验观察。"艾米，你提到的这些信息是否真的支持你的观点，即人们认为我们应当更加专注于核心业务？"

5. 检验意义。[跳过步骤。]

6. 共同谋划下一步。"你能否详细分享一下具体的分析结果？这样大家就能更全面地理解你的发现。"

询问团队成员保持沉默的原因

3. 选择如何做出回应。为了验证这一点，我认为有必要与他们进行沟通。因为如果这确实与朱莉的发言有关，那么这可能是一个需要我们重视的问题。即使与朱莉的发言无关，也可能存在其他原因导致他们不愿意分享对团队有益的想法和信息。

2. 赋予意义。我对此感到好奇，想要探究他们保持沉默的原因。我的初步推断是，这可能与朱莉的发言有关。

1. 观察并做出选择。简妮福、泰德和苏已经有一段时间没有发表意见了。自从他们的经理朱莉提出"重要的是团队要超过第三季度的销售预测"这一目标后，他们就一直保持沉默。

4. 检验观察。"我想分享一下我的观察，并听听你们的看法。简妮福、泰德和苏，我注意到自从朱莉提到'重要的是团队要超过第三季度的销售预测'之后，你们已经有一段时间没有发言了。我的观察准确吗？"[如果准确，继续。]

5. 检验意义。"我认为在朱莉发言后，你们可能还有一些其他的想法或观点想要分享。我的推论对吗？"[如果团队成员赞同我的推论，继续。]

6. 共同谋划下一步。"那么，你们愿意告诉我为什么没有分享这些信息吗？"

行为 3：使用具体例子并就重要词汇达成一致

要求团队成员使用具体例子并就重要词汇达成一致

3. 选择如何做出回应。为了确保我们团队的理解与豪尔赫的意图一致，我认为有必要进一步澄清。

4. 检验观察。"豪尔赫，你刚才说'你们这群人在项目上表现得相当消极被动。若非我亲自推动，这个项目恐怕不会有任何进展'。是这样的吗？"[如果他点头表示同意，则继续提问。]

2. 赋予意义。豪尔赫并未明确指出"你们这群人"具体指的是哪些成员，也未对"消极被动"给出明确的定义。

1. 观察并做出选择。豪尔赫："你们这群人在这个项目上表现得相当消极被动。若非我亲自推动，这个项目恐怕不会有任何进展。"

5. 检验意义。[跳过步骤。]

6. 共同谋划下一步。"如果你能具体说明'你们这群人'指的是哪些成员，并给出具体的例子来说明他们如何表现得消极被动，这将非常有助于我们团队理解你的观点。之后，大家就能判断他们的看法是否与你的一致。对此，你有什么顾虑吗？"

行为 4：解释你的推理与意图

要求团队成员询问另一个人，请其解释推理与意图

3. 选择如何做出回应。为了确保唐能够全面理解桑迪的观点，并评估其合理性，我们需要进一步探讨桑迪的论据。

2. 赋予意义。桑迪的结论听起来有其依据，但她并没有明确解释为何这两者会存在冲突。

1. 观察并做出选择。桑迪："如果新的软件系统在那时候安装，我们将无法在月底前让所有团队成员接受管理冲突的培训。"唐则："我完全不同意这个说法，这两者之间毫无关系。"

4. 检验观察。[与步骤 5 结合起来阐述。]

5. 检验意义。"唐，你说你认为软件安装和团队成员在月底前接受培训之间没有任何关系。我的理解正确吗？"[如果唐确认，则继续。]

6. 共同谋划下一步。"那么，我在想，如果我们询问桑迪，她可能向我们解释她为何认为这两者之间存在冲突。你愿意这样做吗？"

要求团队成员解释其推理过程

3. 选择如何做出回应。为了让团队成员更好地理解他的决策，并评估其合理性，我认为让埃里克分享他的推理过程至关重要。

2. 赋予意义。虽然埃里克给出了他的结论，但他并没有详细解释他是如何得出这个结论的。

1. 观察并做出选择。埃里克："我已经仔细考虑过大家提到的各种情况，并认为让内部顾客承担服务费用是最合适的做法。"

4. 检验观察。[跳过步骤。]

5. 检验意义。[跳过步骤。]

6. 共同谋划下一步。"埃里克，你是否愿意分享一下你得出这个结论的思考过程？这样做可以帮助我们更好地理解你是如何根据我们提供的信息得出这个结论的。"

行为 5：聚焦利益而非立场

要求团队成员识别他们的利益

3. 选择如何做出回应。我认为让他们进一步明确各自的利益需求至关重要。这样，他们或许能够发现双方利益之间的共通点，并探讨如何找到一个能够满足双方利益的解决方案。

2. 赋予意义。当汉斯和艾伦这样表达时，他们实际上是在阐述各自的立场，而不是背后的利益诉求。

1. 观察并做出选择。汉斯："我希望将打印业务外包出去。"艾伦："不，我认为我们应该自己负责打印业务。"

4. 检验观察。"汉斯，你是希望将打印业务外包出去，对吧？而艾伦，你是想由我们自己负责打印业务，是吗？"［如果双方都点头表示同意，则继续。］

5. 检验意义。"我理解你们提出了各自的解决方案，但似乎还没有详细解释这些方案背后的利益需求。"［这里不需要进行验证。］

6. 共同谋划下一步。"那么，你们能否分享一下，对于你们来说，选择外包或自行负责打印业务的最重要原因是什么？我之所以这样问，是因为如果我们能够了解彼此的需求，或许能够找到一个既能满足你又能满足艾伦的解决方案。"

帮助团队成员思考他们的利益

3. 选择如何做出回应。我认为，如果我的推测正确，那么进行干预是至关重要的。他们可能在识别和理解利益方面需要一些指导。

2. 赋予意义。我推测，团队成员在利益上难以形成共识。

1. 观察并做出选择。当团队成员尝试就重新规划供应商采购流程达成一致时，他们频繁地回归各自立场的表述，而非聚焦在利益上。达内尔："我们必须使用与现在完全相同的软件。"艾希："不，我们应该确保有人能够从头到尾负责这个项目，避免中途换人。"达利亚："这些都不是关键，我们需要制定一个首选供应商清单。"

4. 检验观察。"如果你们觉得这样有帮助，我想分享我的观察，并提出一种不同的方法。我曾要求你们明确各自的利益点，但根据你们的回应，我注意到你们更多是在表达立场［引用团队成员的表述］。对吗？［如果团队认同你的解读，继续。］我之前已经提到，你们似乎更关注立场而非利益。"

5. 检验意义。"我认为你们可能还不清楚我所说的'利益'具体指的是什么。让我引导你们如何识别各自的利益，这或许会有所帮助。我这样说，是否偏离了主题？"［如果团队同意进行干预，则继续。］

6. 共同谋划下一步。"好的。识别利益的一个有效方法是从你们的立场或解决方案中退后一步，重新思考你们提出的解决方案。问问自己，这个解决方案对我而言最重要的是什么？换句话说，我的解决方案需要满足哪些利益？例如，达内尔，继续使用现有软件是否因为这样可以节省大家的学习时间，使大家能更快地上手？现有的系统是否与其他 ERP 系统兼容？或者是其他什么原因？对于如何识别利益，大家还有其他疑问吗？［如果没有，继续。］那么，你们是否愿意开始尝试识别各自的利益？"

行为6：检验假设和推论

要求团队成员检验推论

3. 选择如何做出回应。为了确保我的理解准确，并考虑到这对项目截止时间有直接影响，我认为有必要与爱丽丝进一步确认。

2. 赋予意义。我的理解是，爱丽丝担心旺季结束后团队会解散临时工，而招募新成员可能会对项目进度产生影响，导致截止时间不得不推迟。

1. 观察并做出选择。爱丽丝："唐，我们可能需要推迟项目的截止时间，因为我们预计在旺季结束后需要重新配置人力资源。"

4. 检验观察。"爱丽丝，我想确认一下。你刚才说的是，因为旺季结束后需要重新配置人力资源，所以我们可能需要推迟项目的截止时间，对吗？"[如果爱丽丝确认，则继续。]

5. 检验意义。"听起来你认为旺季结束后，我们可能会辞退那些参与过这个项目的临时工。是这样的吗，或者你有其他的想法吗？"[如果爱丽丝同意，则继续。]

6. 共同谋划下一步。"我认为与唐沟通此事很重要，因为他是负责人员配置和辞退临时工的。你觉得怎样？"

检验你做出的推论

3. 选择如何做出回应。我认为有必要对此进行确认，因为去除所有网点的定制服务和仅仅去除一个网点的定制服务在影响层面上存在显著差异。

2. 赋予意义。我的理解是，路易莎认为如果决定去除一个网点的定制服务，那么这样的行动可能影响到团队对其他网点提供定制服务的决策。

1. 观察并做出选择。路易莎："如果我们去除定制服务，我们的吸引力将会下降。"

4. 检验观察。"路易莎，我想澄清一下你的意思。你是说如果我们去除定制服务，无论是一个网点还是所有网点，都会削弱我们的吸引力，对吗？"[如果对，继续。]

5. 检验意义。"进一步说，你提到的'去除定制服务'是指仅针对一个网点还是包括所有网点在内？我想确保我理解准确。"

6. 共同谋划下一步。[步骤6不需要，如果你干预的对象是你做出推论的对象。]

检验其他人对你做出的推论

3. 选择如何做出回应。为了验证这一点，我需要询问德鲁，因为我的工作效果很大程度上取决于团队的接受度。

2. 赋予意义。我的理解是，德鲁认为我可能在引导过程中不必要地拖慢了团队的进度。

1. 观察并做出选择。德鲁："如果不是因为仔细审查了大家提出的所有细节，我们的会议不会拖延这么久。"

4. 检验观察。"德鲁，我想确认一下我的理解。你是说，因为我仔细审查了大家提出的所有细节，导致会议时间延长了，对吧？"[跳过检验，看德鲁是否同意。]

5. 检验意义。"基于这个理解，我推测你认为我在引导过程中可能不必要地拖慢了团队的进度。你是否持有这样的看法？"

6. 共同谋划下一步。[如果德鲁点头表示同意，引导师可以继续说："你可以具体说说，你认为我做了哪些事情或者没有做哪些事情，导致了团队的进度被拖慢吗？我之所以这样问，是因为我自己并没有意识到这些问题，但也许我确实遗漏了什么。"]

行为 7：共同谋划下一步

共同决定团队是否依然在原来的话题上并谋划下一步

3. 选择如何做出回应。为了澄清这一点，我需要确认一下，看看是拉里单方面地改变了讨论焦点，还是我错过了绩效标准与他的表述之间的某种联系。

2. 赋予意义。我并未看到绩效标准与拉里的这一表述之间有直接的关联。我关注的是拉里是否仍在讨论我们当前的话题，还是他已经转向了另一个话题。

1. 观察并做出选择。当拉里说"我认为我们需要找出谁可以填补我们空缺的职位"时，团队正在讨论绩效标准。

4. 检验观察。"拉里，我想核对一下，看看你是否已经转移了话题。我记得，我们刚才是在讨论绩效标准，而你却提到了'我认为我们需要找出谁可以填补我们空缺的职位'。是这样的吗？"[如果拉里确认，则继续。]

5. 检验意义。"我无法直接看到绩效标准与你的这一表述之间的关联，但也有可能是我遗漏了某些内容。"[跳过检验，直接陈述自己的观点。]

6. 共同谋划下一步。"你能告诉我们你的这一表述与我们当前讨论的话题有何关联吗？如果没有的话，你是否可以明确地告诉我们你希望讨论的话题是什么？"[我跳过了陈述并直接转向提问。]

要求团队成员提议共同谋划如何检验分歧

3. 选择如何做出回应。作为第三方，我或许可以实施干预并帮助他们共同寻找解决方案。我可以协助他们明确问题的现状，并探索下一步的行动计划。

2. 赋予意义。从对话中可以看出，加雷斯和莱莉雅似乎都认为自己的数据是准确无误的。然而，除非他们能够达成共识，否则我认为他们不太可能对任何解决方案做出承诺。

1. 观察并做出选择。加雷斯："产品在我们所允许的误差范围内。"莱莉雅："不，这已经超出了我们的接受范围。"

4. 检验观察。"让我来帮助你们寻找解决这个分歧的方法。加雷斯，你是说'产品在我们的误差范围内'吗？而莱莉雅，你是说'不，这超出了范围'吗？"[如果两人都表示同意，则继续。]

5. 检验意义。"听起来你们需要在这个问题上达成共识，以便找到一个双方都能接受的解决方案。我的理解正确吗？"[如果得到肯定回答，则继续。]

6. 共同谋划下一步。"那么，你们是否愿意一起制订下一步的计划，以验证产品是否确实在我们的误差范围内？"[如果两人都表示愿意，则继续。]

"很好。接下来，你们能否共同设计一个有效的测试方案？"

帮助团队管理时间

3. 选择如何做出回应。为了确保团队能有效地利用时间，我需要进行一些干预，让团队能够明确如何分配剩余的时间。

2. 赋予意义。[不需要做出推论。]

1. 观察并做出选择。团队有可能超过为这个议题预留的时间。

4. 检验观察。"我们之前约定在这个话题上投入 2 小时，直到 10:20，而现在已经是 10:15 了……"

5. 检验意义。"看起来你们还没有找到符合你们确定的目标的解决方案。各位对此有什么不同的看法吗？"[如果团队没有异议，则继续。]

6. 共同谋划下一步。"考虑到你们在每个议题上已经多花了 30 分钟，如果你们继续讨论这个话题，我担心你们可能无法按时完成议程上的最后一个项目。"[跳过检验。]"那么，你们现在有什么想法？是继续深入讨论当前的话题、转而讨论最后一个话题，还是采用其他方式？"

帮助团队成员做出检验，看是否达成一致

3. 选择如何做出回应。为了避免误解和确保每个人的意见都被尊重和采纳，我认为有必要进行干预。可能存在的情况是，伊恩或雷斯利并不赞同陈的观点，但陈却误以为他们已经同意了。

2. 赋予意义。我的理解是，陈可能并没有与所有人真正达成共识。

1. 观察并做出选择。陈："我们达成了共识。"然而，我并未听到巴特明确说明在哪些方面与大家达成了共识，同时，我也未听到伊恩或雷斯利表示他们的同意。

4. 检验观察。"陈，你说'我们达成了共识'，但我似乎并没有听到你征求大家的意见，同时我也未听到伊恩或雷斯利明确表示同意。我是不是错过了什么信息？"[如果陈确认没有遗漏信息，则继续。]

5. 检验意义。[跳过此步骤。]

6. 共同谋划下一步。[跳过陈述部分，直接发问。]"那么，你是否愿意详细解释一下你们达成的共识具体是什么内容，并再次询问伊恩和雷斯利他们是否支持这个共识？"

核对某团队成员的表态是否发自内心

3. 选择如何做出回应。为了确保她的选择是出于自由意志和充分知情，我需要进行干预。如果她的支持是基于压力而非真正的认同，这将影响团队的理解和合作。

2. 赋予意义。我猜测她可能感受到了某些压力，因此不得不做出支持的决定。

1. 观察并做出选择。安迪之前对建议表达了担忧，但现在她表示："好的，我会支持。"

4. 检验观察。"安迪，我记得你之前对实施这个建议有所担忧，并指出了一些利益点未能得到满足。例如，你曾经说过[引用安迪的表述]。我的理解准确吗？"[如果安迪确认理解正确，则继续。]"你刚才说'好的，我会支持'，但我并未听到你解释改变态度的原因。我是不是错过了什么信息？"[如果安迪确认没有遗漏信息，则继续。]

5. 检验意义。"我想知道，是什么让你改变了原先的看法？是否是你听到了什么新的信息，或者是感受到了某种压力？"[跳过检验步骤。]

6. 共同谋划下一步。[跳过陈述步骤。]"你可以分享一下，是什么促使你做出支持这个建议的决定吗？"

行为 8：讨论不便讨论的话题

识别潜在的不便讨论的话题

3. 选择如何做出回应。我认为明确这一点至关重要，因为如果我的推测正确，那么艾莉森并不清楚他们对自己团队的疑虑，而且看起来也无法或不愿就此事进行讨论。

2. 赋予意义。我推测，他们三人对人力资源团队提供的咨询服务存在疑虑，并且可能担心直接讨论这些疑虑。

1. 观察并做出选择。在会议中，斯蒂芬妮、鲍勃、胡安表达了他们的团队需要就服务质量改进寻求咨询建议的意愿。然而，每当艾莉森提出她的人力资源团队可以提供这些服务时，他们中至少一人都会以人力资源团队已忙于其他重要工作为由，婉拒了这一提议。在婉拒的过程中，他们之间会有短暂的眼神交流。

4. 检验观察。"我想分享一些我观察到的情况，并希望能听取你们的反馈。我这样做并非是为了羞辱或指责，而是希望能帮助大家建立更加有效的工作关系。在之前的会议中，我注意到斯蒂芬妮、鲍勃、胡安几位提到希望提高服务质量并寻求咨询建议。是吗？"[若得到肯定答复，则继续。]"而当艾莉森提出她的人力资源团队可以为此提供帮助时，你们中至少有一位会表示人力资源团队已经有很多其他重要工作。是这样的吗？"[若得到肯定答复，则继续。]"我还注意到，在拒绝这一提议时，你们之间会有短暂的眼神交流。这是真的吗？"[若得到肯定答复，则继续。]

5. 检验意义。"基于这些观察，我推测你们三人对人力资源团队提供的咨询服务存在疑虑。我想确认一下，这是你们的真实想法吗，还是有其他原因？"

6. 共同谋划下一步。[如果你们确认存在疑虑，我会要求你们向艾莉森解释这些疑虑。如果你们表示没有疑虑，我会说："好的，我还是感到有些困惑。如果你们告诉艾莉森她的团队已经很忙了，但你们的眼神交流并不意味着对人力资源有疑虑，那么请帮助我理解一下其中的含义。"]

小结

在本章中，我阐述了如何在推断出团队能够通过展现交互学习模式行为来提高团队有效性后，与团队成员达成共识，确定是否实施干预以及具体的干预方式。我通过实例详细说明了如何针对这八种行为逐一进行诊断与干预。你的干预行动是否能得到团队成员的认同，将直接影响其效果。至于是否选择跳过或组合干预步骤或其中的部分，这需要综合考虑多种因素。

在第 11 章中，我将详细介绍如何利用干预手段来帮助团队提升其员工在各种流程工具使用上的能力。

第 11 章
使用交互学习模式来改善其他流程与技巧

在本章中，我将阐述如何利用交互学习模式来提升团队在使用其他流程和技巧时的效果。这些技巧可能涉及体验式练习，而流程则可能涵盖精益生产、六西格玛或其他质量与流程改善方式，如战略规划、创新流程、绩效管理流程等。当然，这也可能只是众多标准问题分析与解决流程中的一个。首先，我会探讨团队在使用这些流程和技巧时为何会降低效率，这可能是因为团队所采纳的流程、技巧与交互学习模式的行为不相吻合，或者如精益生产这样的流程需要借助交互学习模式来提升效果。随后，我将展示如何通过交互学习模式循环来识别团队低效的根源，并据此实施干预措施。

在本章中，我将使用"类似流程"或"其他流程"这样的术语来指代团队为完成工作所采用的非交互学习模式的流程、技巧与练习。

使用交互学习模式来诊断并干预其他流程

当团队尝试结合交互学习模式与其他流程时，应将干预的重点放在不同流程的要素上。团队有效性的降低可能源于两个方面：一是团队未能有效运用流程；二是未能充分利用交互学习模式的要素，或两者兼有。团队在使用流程时，可能会遇到以下四种降低有效性的情形：

1. 团队运用流程的方式与其应有的方式不符。

第 11 章 使用交互学习模式来改善其他流程与技巧

2. 团队的行事方式与该流程相符，但由于该流程与交互学习模式的本质不符，导致团队的行事方式与交互学习模式也不一致。

3. 团队在使用流程时，初衷是与交互学习模式保持一致，但实际上团队的行事方式却与交互学习模式不符。

4. 团队使用的流程虽然高度推崇交互学习模式的要素，但团队的行事方式仍然与交互学习模式不一致。

为了诊断团队是否出现上述情形，你可以利用交互学习模式循环进行诊断，如同我在第 6 章所介绍的那样。图 11.1 最左侧的文字框中有"在这里插入团队的模型"的字样。你需要将团队使用的模型、流程、技巧与作为诊断基准的交互学习模式进行对比。

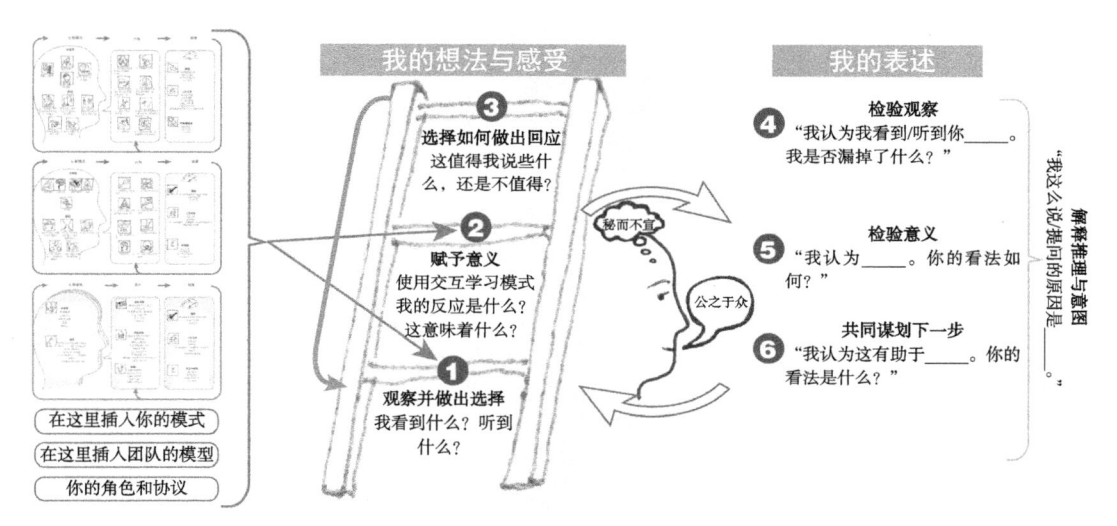

图 11.1 使用交互学习模式对流程做出诊断并实施干预

在循环的步骤 1 和步骤 2 中，请特别关注哪些行为让你推断出他们未能正确使用流程或这些行为与交互学习模式不符。如果你发现团队的行事方式与交互学习模式不一致，那么需要进一步探究其背后的原因。是因为所使用的流程造成的，还是团队的行事方式本身未能与交互学习模式保持一致，抑或是两者都有问题？

针对上述每种情形，都需要有针对性地采取干预措施。为了确定应采取哪些干预措施（这是交互学习模式循环中的步骤 3），你可以参考图 11.2 中的问题来回答。通过认真回答这些问题，你将找到降低团队有效性的根本原因，从而实施有效的干预措施。

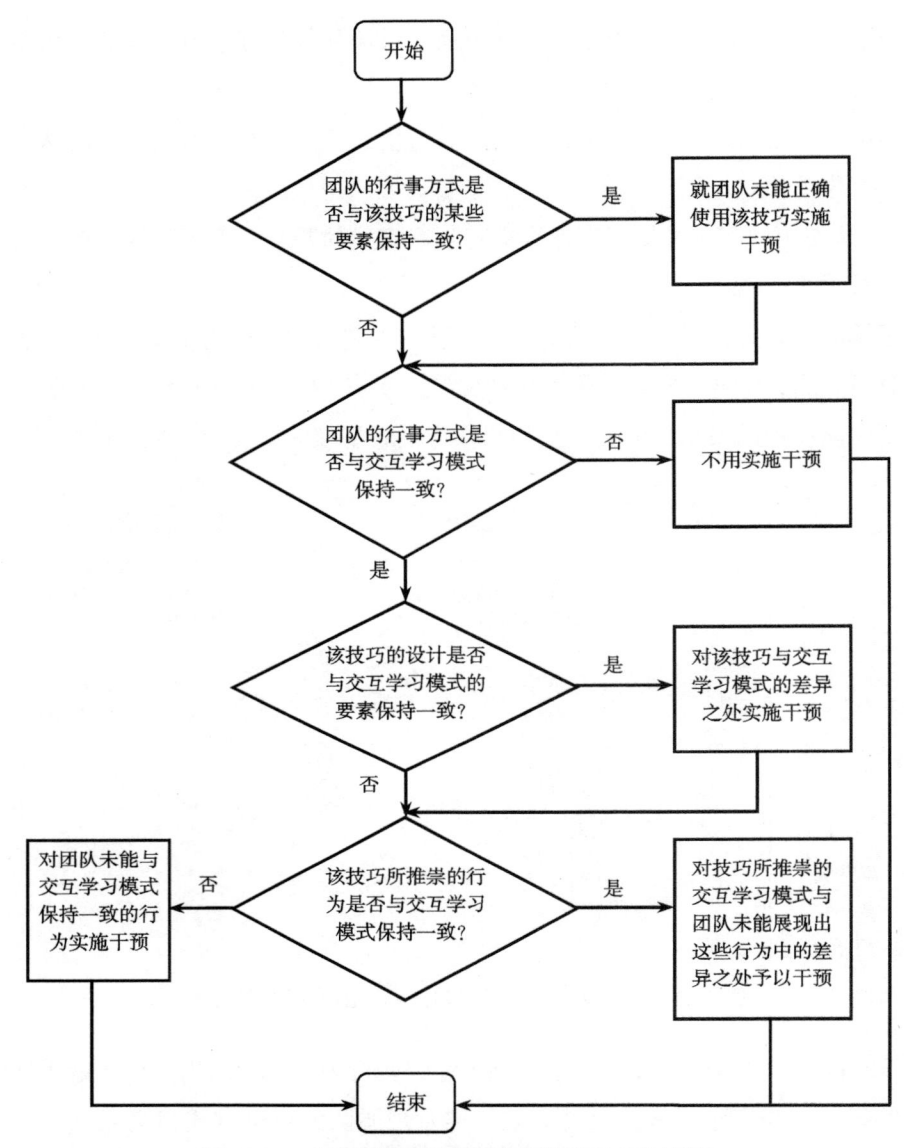

图 11.2　对于实施哪些干预的提问所给出的回答

在回答上述问题后,你计划运用这个循环进行干预。在循环的步骤 4 中,你需要陈述你所观察到的行为,并检验团队成员是否持有不同看法。在步骤 5 中,你需要陈述你的推论,并再次检验团队成员的意见是否一致,这是上述三个环节之一。最后,在步骤 6 中,你需要与团队共同谋划下一步的行动。

在之前的章节中,我已经详细阐述了当团队的行事方式与交互学习模式不一致时,如何对团队进行诊断并实施干预,这主要涉及情形三的情况。而在本章中,我将通过实例来展示如何在其他三种情形中进行诊断并实施干预。

当团队未能有效使用流程时做出诊断与实施干预

无论团队使用你推荐的流程，还是他们自己的流程，甚至是组织内已有的流程，一旦他们未能有效使用这些流程，你都需要及时实施干预。接下来，我将探讨团队未能有效使用流程的几种常见方式，并介绍如何对其进行干预。

团队使用流程的方式出现部分错误。如果你向团队介绍了特定的流程，你就应该对流程的使用方式以及团队可能出错的地方有深入的了解。例如，当我向团队介绍问题解决流程时，我强调要聚焦利益而非立场。然而，团队可能会犯以下常见错误：用陈述立场的方式来表达利益；使用短语而非完整句子，导致难以就短语含义达成共识；为每个可能的解决方案列出利弊清单，而不是专注于利益清单。

当你知道团队可能会错误地使用流程时，你可以帮助他们避免这些错误，并快速纠正误用。即使你在协助团队使用某个流程，也需要预测他们可能出错的地方。

团队成员忽略流程的步骤顺序或在不同步骤上的关注重点。许多流程包含一系列需要按特定顺序执行的步骤。还有一些流程要求团队以迭代的方式完成这些步骤。然而，团队成员有时会跳过某些步骤，过早地进入解决方案的制定或选择环节。在这种情况下，你可以采取直接的干预措施：指出团队或团队成员在何处偏离了主题，与他们核实观点，并与团队共同谋划下一步行动。

团队敷衍地参与流程。不同的团队在面对相同的流程或技巧时，收获可能会有所不同。一些团队会进行深入反思，挑战现有假设，从多个角度审视情境，并找到富有创意的解决方案。而其他团队虽然使用了相同的流程，但收获可能有限。

对于这种情况的干预更具挑战性，因为团队具有不同的技能和能量，即使面对相同的任务也是如此。当你认为团队可以为流程注入更多能量、技巧或创意时，分享你的观点并听取团队的反馈非常重要。这可以激励团队在流程中投入更多精力，而你也会因此获得更多的回报。

诊断并干预那些与交互学习模式不一致的流程

如果你已经积累了一定的引导经验，你可能已经收集了大量的工具、技巧和流程，这些都可以在不同的情况下帮助团队。如果你是新任引导师，你可能正在不断扩充自己的工具箱。面对手中的每一个工具，你可能会思考是否需要进一步扩充工具箱。这时，你需要首先问自己：这个工具是否与交互学习模式的心智模式或行为保持一致？在回答这个问题之后，再考虑是否将这个流程介绍给团队。

引导师有时会因为推荐与交互学习模式不一致的流程而导致团队效率降低。如果在引导过程中使用的流程与交互学习模式不一致，那么可能会增加防御心理、无效冲突、信任度下降、学习效果减弱、承诺减少以及决策质量降低的风险。

有些流程本质上与交互学习模式不一致。如果试图重新设计这些流程以保持一致，可能会改变这些流程的根本目的。然而，尽管许多流程与交互学习模式的一些要素不一致，但只需要稍做改进，就可以在保持目的和有效性的同时，与交互学习模式保持一致。在这里，我将提供一些与交互学习模式不一致的流程例子，并介绍如何重新设计它们。

接下来，我将区分你为团队选择的流程与团队要求你引导的流程之间的差异。团队要求你引导的流程通常是组织现有工作方式的一部分，如团队反馈系统。当然，前提是这些流程本质上与交互学习模式不冲突。相比于团队正在使用的、作为组织现有方式一部分的流程，重新设计你为团队选择的流程可能会更容易。

↗ 你所选择的流程

由于这些流程是由你选择的，因此你拥有一定的自由度，可以避免那些本质上与交互学习模式不一致的流程，同时也有能力重新设计那些存在本质不一致的流程。

利弊分析。在利弊分析流程中，团队需要在两个或多个潜在解决方案之间进行权衡。你需要引导团队列出每种可能方案中的所有优势（利）与劣势（弊），以便团队能够基于这些分析选择最佳解决方案。

然而，这个流程在本质上与交互学习模式的行为存在不一致之处。交互学习模式倡导聚焦利益而非立场，而利弊分析流程却鼓励团队成员强化其立场，这基于"要赢不能输"的假设，从而仍然固守单边控制的心智模式。因此，团队可能会发现自己陷入无效的冲突之中，进而降低学习效果。

由于利弊分析流程与交互学习模式在本质上不一致，你无法直接重新设计它。但你可以采用其他方法来达到相同的目的，并且效果更佳。例如，我在第 5 章介绍的基于利益的决策步骤 4 "聚焦利益而非立场"，就是一个很好的替代方案。

依赖欺骗或隐瞒信息的体验式练习。许多体验式练习旨在通过非团队活动来帮助团队学习和改善其流程。有些体验式练习甚至被用作会议开场的破冰活动。在网上，你可以找到数百种体验式练习的资源。

然而，值得注意的是，并非所有体验式练习都与交互学习模式保持一致。有些体验式练习可能会采用欺骗或隐瞒信息的方式。例如，遗漏拼图块的练习就是一个典型的例子。这个练习的目的是观察团队如何管理冲突，而游戏的谜底将在最后揭晓，但并不会提前告知学员。引导师会在团队成员中分配拼图块，并要求他们共同解决一个拼图谜题。然而，这个谜题实际上是无法完全解决的，因为有一块拼图块是缺失的，并且这块缺失的拼图块在另一个团队手中。每个团队必须找出自己缺失的那块拼图块，而这块缺失的拼图块在另一个团队那里。由于团队成员并不知道这一信息，他们必须依赖跨团队协作来解决这个难题。

在这个过程中，如果有人询问缺失的那块拼图块是否在这里，由于这个练习要求隐瞒信息并可能涉及欺骗，这可能会增加团队对引导师的不信任感。

尽管如此，即使这个练习要求隐瞒信息，你仍然可以通过增加一个附加条件来运用交互学习模式。你可以告诉团队这个练习需要隐瞒一些信息或采用欺骗的方式，并询问他们是否愿意参与。这样，你至少对自己无法完全做到透明这一点保持了透明，并让团队有机会做出知情的选择。

体验式练习并未赋予团队成员决定自身愿意承担风险程度的权力，尽管练习过程中，成员们不得不面对不同程度的社会或情绪风险。在此，所谓的"社会与情绪风险"指的是团队成员需要透露关于自身的信息程度，这些行为可能要求他们公开个人细节或在不适当的场合展现脆弱。例如，要求团队成员以常规方式自我介绍或执行任务的练习，风险相对较低。然而，当练习要求成员们揭示私人信息，如最大的遗憾、失败经历或最窘迫的时刻等，风险则会显著增加。在这些情境中，引导师可能会让成员回答某些问题或绘制图像，然后依据高阶推理和归因的方式来解读他们的回应，甚至可能揭露当事人未曾意识到或不愿分享的私人信息。在有些练习中，成员如何绘制一头猪或选择喜欢的人物，都可能被视为对他们个人生活某些方面的反映。然而，这些练习都面临着一个根本问题，即可能提供无效信息，这无疑会降低引导师的可信度。

在搁置那些与团队效能无关或可能对团队效能造成伤害的练习时，我们面临一个矛盾：为了让团队更好地了解自己，他们需要比平时更加透明，但这同时也带来了更大的风险。如果团队成员在心理上感到不安全，他们的学习效果就会受到影响。因此，在设计和实施体验式练习时，平衡风险与收益，确保团队成员的心理安全，是至关重要的。

在引导过程中，如果未能让团队成员自主决定是否愿意承担练习带来的情绪风险，那么你的做法就与交互学习模式的多个要素相悖。你既未对学员负责，也未表现出对他们的同理心，更未给予他们做出知情选择的权利。为了让团队成员能够明智地决定是否参与练习，他们必须事先了解你希望他们从总体上完成哪些任务，希望他们对自己或他人透露哪些信息，以及希望其他人对他们提供哪些信息。

在我的引导实践中，我很少运用体验式练习。我观察到，团队成员通过解决实际问题的经历，已经积累了足够多的真实信息，这有助于他们深入了解自身以及作为团队成员的动态因素。有些引导师认为体验式练习能提高学习效果，因为它使团队能够专注于了解流程，而不会被真实问题所分散注意力。然而，我个人倾向于认为，只有那些能帮助团队了解并改进流程，从而有效应对实际挑战的体验式练习，才是真正有价值的。避免使用体验式练习，也能减少对其学习效果及是否能在真实工作场景中可靠应用的疑虑。当然，我也承认许多引导师认为这些练习非常有益。

↗ 作为组织一部分的流程

作为引导师或咨询顾问，当你被邀请引导某场会议时，团队所使用的流程通常是其所属组织方法的一部分。当这些方法与交互学习模式存在不一致时，潜在的冲突就会浮现。如果团队尝试在整个团队中实施交互学习模式，他们可能会面临团队的价值观、假设与要求他们使用的方法之间的冲突。通常情况下，团队能够迅速识别出其中的差异。即使团队没有动力将交互学习模式作为整个团队共事的基础，但当你帮助他们使用与你的方式不一致的流程时，你必须明确这是团队的流程，而非你的流程。

那么，面对这种情况，我们应该如何应对呢？理想的情况是，在引导的规划阶段，你应该评估团队计划使用的流程是否与交互学习模式保持一致。然而，在实际操作中，你很难完全了解团队使用的所有流程，特别是当你只是与他们短期合作时。

如果团队正在尝试采用交互学习模式，你可以指出其中的不一致之处，并征求团队成员对这一局面的看法。作为实质中立的引导师，你完全有权这么做。正如我在第2章所指出的，使用交互学习模式的引导师无法对与交互学习模式相悖的团队流程保持中立。如果团队成员同意你的观点并认识到了其中的不一致，你可以进一步询问他们希望采取何种行动。如果他们希望消除这些不一致，你可以协助他们找到既符合交互学习模式又能够被组织接受的改进途径。请注意，这些修正可能会挑战组织内根深蒂固的单边控制模式的价值观与假设，或者至少会挑战设计这些流程的人的价值观或假设。

团队反馈。作为引导师、咨询顾问或团队教练，你可能需要引导团队的反馈流程。在大多数反馈流程中，团队成员完成了关于团队看法的在线调研，或者你已经与他们进行了面对面的访谈。之后，你通过演示或报告的形式向团队展示了调研结果，并引导他们讨论这些结果的含义，以及团队基于这些结果可以采取的不同行动方式。

正如我在第3章关于信息部分所解释的，信息包括反馈。然而，大多数反馈流程与保持透明、知情选择、担责与心怀好奇的核心价值观并不一致，因为团队成员提供的信息通常是匿名的。当调研结果以定量的方式呈现时，例如团队的信任度得分，团队成员只能看到团队平均分及其标准差或分数分布，而无法了解具体哪位成员给出了怎样的分数。在360度反馈中，同样存在匿名性，团队成员从同事、下属、客户和经理那里获得反馈。但在这个情境下，反馈接收者的上司身份通常是可以识别的，因为结果按类别汇总，而每位成员通常只有一位上司。这些不一致之处削弱了反馈在帮助团队提高效果方面的作用，包括增进理解和信任、担责与提升绩效。

幸运的是，你可以与团队一起重新设计反馈流程，包括360度反馈流程，使其与交互学习模式保持一致。如果团队使用调研工具，你需要了解所选方案是否能够识别每位成员的反馈。现在，越来越多的工具提供了这一选项。（如果选择这类工具，请确保它具备这一功能。）在我们为客户设计并实施的团队有效性调研中，反馈是可以识别到每个团队成员的。图11.3展示了一页来自我们客户领导力团队的真实反馈报告。

如果你熟悉电视剧《办公室》的剧情，你会发现我将该领导团队成员的真实姓名替换成了剧中的角色名。这页报告显示了每位团队成员认为团队需要达到的协作水平，以确保团队有效性。在1~5分的量表上，5分表示团队成员认为他们非常需要彼此支持以确保团队的有效性。

请注意，你可以清楚地识别出每位团队成员给出的反馈。这激发了团队成员的好奇心，促使他们相互询问为何给出这样的反馈。在我与领导力团队的反馈会议中，团队的正式领导发现代表斯科特·迈克尔的团队成员开始与他的团队讨论为什么大家并不像他所认为的那样需要彼此协作。在识别团队有效性下降的根本原因方面，这证明是一场重要的对话。如果无法识别反馈对象的身份，这样的对话可能不会发生，或者效果不如现在这般显著。

互相协助的团队成员

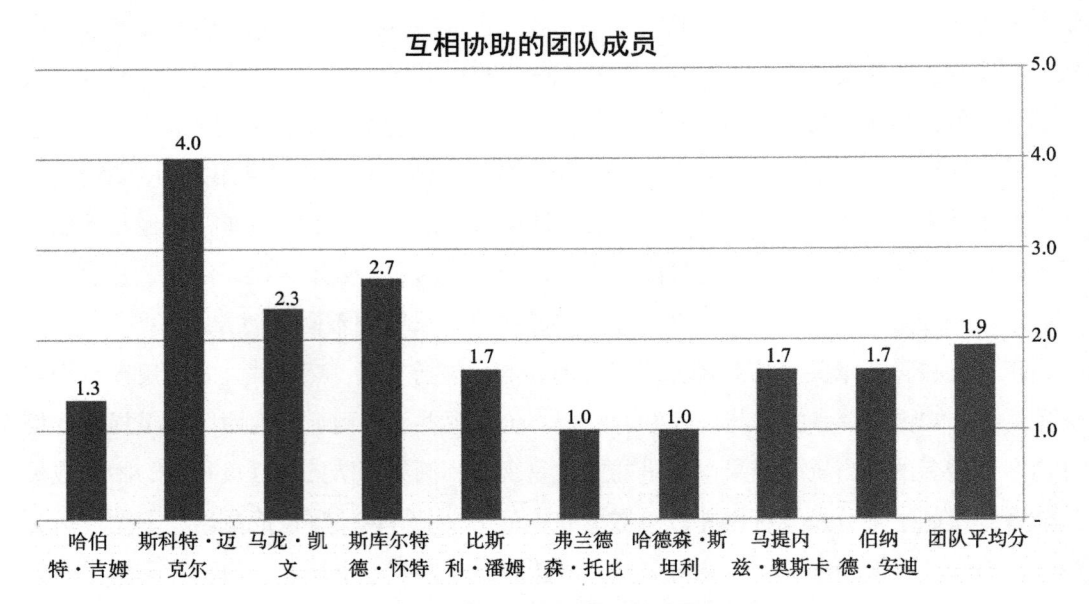

成员	分数
哈伯特·吉姆	1.3
斯科特·迈克尔	4.0
马龙·凯文	2.3
斯库尔特德·怀特	2.7
比斯利·潘姆	1.7
弗兰德森·托比	1.0
哈德森·斯坦利	1.0
马提内兹·奥斯卡	1.7
伯纳德·安迪	1.7
团队平均分	1.9

图 11.3 可识别出团队成员身份的团队调研反馈

为了确保反馈对话富有成效，团队之间应保持透明并心怀好奇。这意味着在提供反馈之前，需要向团队介绍交互学习模式，使他们能够理解保持透明和心怀好奇的核心价值观，并明确他们是否愿意在能够识别调研对象身份的情况下，相互提供反馈。

绩效管理流程。绩效管理流程是组织内的重要环节，旨在评估员工绩效并促进经理与直线下属之间的对话。在这个过程中，你可能会被邀请以培训师、咨询顾问或引导师的身份参与。

通常，绩效管理流程与交互学习模式的核心价值观保持一致，如保持透明、心怀好奇、知情的选择与担责等。然而，在我所服务的一些组织中，存在一些与这些价值观相悖的做法。例如，某些组织禁止经理透露用于评估直线下属绩效的信息来源。当直线下属询问信息来源时，经理可能会以"那不重要"或"我不能说"来回应。这种做法剥夺了直线下属了解评估背景和独立评估信息有效性的机会，可能导致他们对评估结果的不认同和忽视。

绩效管理会议也可能限制经理的好奇心。我曾被邀请帮助一个组织将绩效管理流程与交互学习模式相结合，但他们设计的会议模板却未能鼓励经理提出对直线下属看法的好奇问题。这导致经理无法充分利用机会深入了解下属的反馈和需求。

评估模板的结构设计使得经理难以保持好奇。在与直线下属开会之前，经理需要得到其上级的批准，以确定给下属的评级。这种设计背后的假设是，绩效对话不会改变直线下属的评定等级，也不应出现此类变动。为确保这一假设得到遵循，经理必须在绩效对话之前获取与员工绩效相关的所有信息。这次对话的主要目的是让员工了解自身情况，而不仅仅是为了满足经理的信息需求。如果在对话过程中，经理因好奇而发现可能提升评定等级的信息，他需要明确说明改变的原因。

如果你遇到这些与交互学习模式不一致的情况，类似于之前提到的团队反馈问题，你可以采取类似的干预措施。当你认为团队所要求的培训、咨询或引导流程与你在团队中所倡导的流程在价值观上存在显著差异时，你需要认真考虑是否继续推进这个项目，以及如何调整项目的实施方式。

领导力培训。 领导力培训是提升团队效能的重要环节，可能涉及组织安排的内部或外部咨询顾问所讲授的各种行为和技巧。然而，我经常发现这些技巧要素与交互学习模式存在不一致之处。例如，我在第 5 章所介绍的给予负面反馈的"三明治"方式，以及在讨论中要求你的发言留在最后，以避免不恰当地影响下属的观点。

在这种情况下，你的责任是敏锐地指出这些不一致之处，并与团队展开对话，探讨他们的想法。你需要引导团队做出知情的选择，思考如何推进对话，确保其与交互学习模式保持一致。

有时，客户会寻求我的帮助，希望打造一个基于交互学习模式的组织，并邀请我一起审视组织的培训项目。他们希望能够明确哪些项目与交互学习模式相符，哪些则存在偏差。他们承认，这种做法确实存在问题，因为人们往往没有意识到这些培训课程不仅在内容上存在差异，更在价值观上有所出入。这种不一致性导致组织在领导力的传达上给员工提供了模糊的信息。更为严重的是，如果员工未能意识到这些不一致之处，并尝试运用相互矛盾的技巧，这种做法不仅效率低下，还可能引发冲突，而非促进改善。

诊断并干预支持交互学习模式的流程：精益与其他持续改善流程的方式

有些流程本应与交互学习模式保持一致的心智模式和行为，但团队所采纳的流程未能体现这一点。这种情况在精益、六西格玛等持续改善流程的方式中尤为常见。精益团队专注于如何利用一套技术性的问题解决技巧来持续优化某些运营流程。

尽管精益方式的两大支柱是持续改善和尊重员工，但采用精益方式的团队往往更侧重于技术层面。一些精益专家发现，许多精益实践者并未理解如何在精益实践中体现尊重员工，他们认为精益方式在这方面存在缺失。至少有一位专家解释了为何在精益的情境中难以实现尊重员工。

精益团队通常较少关注团队工作的有效流程，尽管这是持续改善流程的基石。这并不奇怪，因为持续改善方式主要基于工程原则，而持续改善咨询往往带有工程或技术背景。

在我过去为组织提供咨询服务的经历中，我注意到实施持续流程改善的组织所展现出的一种模式。这些组织的咨询顾问，无论是内部还是外部的，经常告诉我这些方式起初有效，或者对那些被称为"低垂的果实"的问题有效，因为这些问题相对容易解决。然而，当需要解决具有挑战性且不便讨论的话题时，团队在设计流程改善方案时经常会面临越来越大的挑战。一位精益专家主张他所推崇的所谓精益行为，因为他注意到精益团队仍在使用低效的团队流程，而这在精益标准中被视为浪费时间。

精益方式的初衷是针对这些问题的根本成因发力以便解决这些问题，但精益团队发现他们所使用的团队流程阻碍了精益方式的有效实施，这实在是一个讽刺。例如，在那些所有团队成员都认为他们的责任是找到并纠正质量问题的团队中，精益流程更有效。在交互学习模式的团队中，这体现为从只有一个领导的文化转变为每个人都是领导的文化。

这就是为何交互学习模式能让精益方式和其他持续改善流程更为有效的原因。交互学习模式提供了解决挑战性问题的具体心智模式和技能，因此能够将尊重他人付诸实践。简而言之，正如精益通过提升质量并减少运营流程中的浪费一样，交互学习模式也能提高质量并减少团队流程中的浪费。

你可以帮助精益团队采纳交互学习模式，将尊重他人的理念融入实践，并与詹姆斯·沃马克及其同事提出的精益十四项原则相结合。这些原则可归纳为四大类别，下面将给出一些具体的例子。

- 精益原则的第一大类别着眼于长远，倡导建立学习型组织的长期策略。学习型组织的核心在于团队成员运用交互学习模式来反思情境和行为，识别并改变限制团队有效性的假设，从而打造更高效的团队和组织。
- 第二大类别强调"合适的流程将产生正确的结果"。涵盖交互学习模式的心智模式和行为的团队有效性模型，为塑造团队流程提供了有效的团队流程和团队设计。
- 第五项原则倡导建立避免修复问题的文化，确保一次做对，这与交互学习模式的"欲速则不达"原则相呼应，体现了系统论的思维方式。

- 第七项原则提倡使用视觉化控制手段，使问题无处遁形。这是激发团队关注并回应潜在问题的方法。交互学习模式对应的策略是"讨论不便讨论的话题"。与生产流程相似，团队流程也有可观察的行为，但缺乏将其转化为可视控制手段的简单方法。要求关注未被注意到或未解决的问题，旨在提高全体团队成员的关注度。
- 第九项原则致力于培养能理解工作、践行信念并传授给他人的领导。这与交互学习模式的"陈述观点并真诚发问"、"解释你的推理与意图"和"检验假设和推论"行为相契合，有助于领导更好地理解和推动工作。
- 第十一项原则强调通过挑战并帮助合作伙伴与供应商改善来体现尊重。这与交互学习模式的"检验假设和推论"行为一致，通过识别不准确或不必要的假设来促进改善。精益视挑战为尊重的表现，这与交互学习模式的保持透明、心怀好奇、担责和同理心的心智模式相吻合。
- 第十二项原则提倡亲自到现场深入了解情况，这与交互学习模式的知情选择和"使用具体例子并就重要词汇的含义达成一致"行为相一致。
- 第十三项原则强调在做出决策时要深思熟虑，全面考虑所有可选方案，但实施决策时要迅速。这也与交互学习模式的"欲速则不达"原则相契合。交互学习模式强调达成完全一致作为可能的决策规则，确保每个人对决策实施做出承诺。通过共享所有相关信息，包括假设和推论，共同谋划下一步以满足利益需求。当团队成员观点不同时，他们可以利用交互学习模式共同检验并确保解决方案满足流程和人员需求，这符合第八项精益原则。

当然，采用精益方式与采用交互学习模式一样，都需要转变思维方式以塑造领导风格。如同许多组织需要付出努力才能学会一样，仅仅展示精益行为而不理解并践行其背后的精益哲学是无法打造出精益组织的。由于精益的"尊重他人"原则与交互学习模式高度契合，帮助精益团队建立交互学习模式的心智模式将提升他们实施精益原则的能力。

小结

在本章，我详细阐述了如何利用交互学习模式来提升团队所使用流程的有效性。通过交互学习模式的循环，你可以观察并赋予团队流程意义，进而实施干预措施，助力团队优化流程。只要确保所选流程与交互学习模式保持一致，就能显著提升团队的有效性。

我也给出了团队有效性降低的实例，比如未能正确使用流程、流程与交互学习模式不一致，或者即使流程支持交互学习模式，团队却未能展现出交互学习模式的心智模式或行为。

在接下来的第12章中，我将深入探讨如何解决团队的情绪问题。

第 12 章
诊断并干预你和团队的情绪

在本章中,我将详细阐述如何应对团队中出现的情绪,特别是那些具有挑战性的情绪。首先,我将介绍情绪的生成机制以及人们如何表达情绪。随后,我们将探讨团队中情绪的讨论如何引发你的情绪,并影响你实施引导的能力。同时,我也会探讨如何实施干预,帮助团队成员有效表达他们的情绪。在本章结尾部分,我将分享当团队成员对你的表述不满时,你应该如何回应,并如何利用这个机会从中吸取教训,无论是对团队还是对个人而言。

挑战

你所担任的引导角色中,有一项重要任务就是帮助团队解决那些困难且充满冲突的问题。在解决这些问题的过程中,团队成员可能会经历愤怒、害怕、惊讶和悲伤等各种情绪。情绪是指一种感受及其与这种感受紧密相连的想法,它伴随着心理和生理状态,促使人们采取相应的行动。你的挑战在于,帮助团队成员识别他们的情绪及其来源,以提升团队的有效性,而不是削弱它。

实现这一目标并不容易。正如你所帮助的团队一样,我所教授和教练的许多引导师和咨询顾问也发现,应对情绪化场景并非易事。考虑到大部分人在面对心理威胁或窘迫时,会倾向于采取单边控制模式的心智模式,这也可以理解。

面对一个情绪化的团队时,你可能也会有类似的反应。你可能会害怕,如果团队失去控制而你却不知所措。你的情绪可能会占据主导,使你无法冷静思考。应对团队成员情绪的一部分挑战，也在于如何管理好自己的情绪。我将在本章后部分详细讨论这一点。

应对情绪的能力，就是丹尼尔·戈尔曼所称的"情商"。戈尔曼基于皮特·沙洛维及约翰·迈尔的研究成果，创造了"情商"这一术语。他将情商定义为：觉察并管理自己的情绪，运用情绪激励自己达成目标，对他人充满同理心，并能有效应对与他人之间的情绪互动。

幸运的是，如今人们越来越重视工作场所中的情商。组织领导者认识到，如果团队无法有效应对情绪问题，将对团队绩效产生负面影响，并影响团队成员未来的合作体验以及他们的职业和个人发展。你可以帮助团队成员从害怕面对情绪问题，转变为利用情绪提升工作和人际关系的质量。

在考虑如何产生情绪以及如何对其进行干预之前，有必要再次强调：团队引导并非心理咨询。处理引导、咨询、教练过程中的情绪，是为了帮助团队在工作中变得更有效，而不是改变团队成员的个性，或仅仅关注情绪本身。更确切地说，你对团队成员情绪的干预，必须与提升团队有效性的要素紧密相关。

人们的情绪是如何产生的

理解自己或团队成员的情绪是如何产生的以及如何应对情绪，可以帮助你有效开展工作。下面我将非常简单地总结一下近年来有关情绪的研究成果。

↗ 将所见所闻转换为所感所思

人类大脑如何将所见所闻转化为所感所思，仍是研究领域的未解之谜。研究人员曾提出两分模型（dichotomous model），认为大脑的不同区域分别负责情绪与认知，即感觉与思维。在这个模型中，情绪相关的大脑部分反应迅速，不追求精确；而思维相关的大脑部分反应较慢，更注重细节差异。对于"害怕"这一情绪而言，杏仁核——大脑皮层下两个杏仁状的区域，在初期反应中扮演着关键角色。

前额皮质负责高阶思维，在后续反应中占据重要地位。基于这一发现，丹尼尔·戈尔曼提出了"杏仁核挟持"（amygdala highjack）的概念，意指杏仁核对感知到的威胁做出的迅速反应，可能导致我们的情商降低。然而，近期研究对简单的两分模型提出了质疑。有观点认为，大脑中并没有专门负责单一情绪的区域；相反，多个不同区域可能产生相同的情绪效果；而诸如害怕或愤怒等情绪，是由多个目的各异的大脑网络协同构建的。杏仁核等区域对情绪至关重要，但它们并非情绪产生的唯一条件，也不是唯一因素。尽管关于人类情绪产生的机制仍存在许多未解之谜，但我们有时确实难以有效管理情绪。因此，我们仍面临相同的挑战：如何整合思维与情绪，以提升个人和他人的效能。

导致情绪产生的因素

在团队会议中，许多因素可能导致你或团队成员变得情绪化，或采取单边控制模式的回应方式。了解这些引发情绪的因素，有助于你做出恰当的回应，并提前做好心理准备。

会议讨论的主题内容。某些主题，如工作场合中的绩效评估、组织再造、解雇、并购、暴力、性骚扰等，容易引发害怕、愤怒、羞辱或内疚等情绪。

你与团队关系的本质。即使你澄清了团队对你的合理期望，团队仍可能对你抱有不切实际的期待。如果你未能帮助团队解决问题或提供专业建议，这会让团队成员感到矛盾。他们既期待你的帮助，又可能因你未能解决问题而感到失望。

干预的深度。深入干预如心智模式时，可能需要人们揭示隐私信息，如假设、价值观、观点和情绪等。这种信息的揭露可能使人们感到脆弱。例如，某个团队成员可能分享他与上司的不良关系，并因此感到失去同事支持、害怕权威反驳或丢面子的风险。当你要求他分享这些信息时，他可能会感到受到威胁并产生情绪化反应。

激活过往情绪化反应的经历。员工过去的经历可能引发当前的情绪化反应。当当前局面与过往情形相似时，过去的情绪可能会被再次激活。

文化多样性。具有不同文化、种族或性别的人们在面对相同事件时，可能会赋予不同的含义并产生不同的情绪化反应。例如，一些亚洲文化非常重视颜面保护。在某些对话中，如果团队成员感到自己的颜面没有得到保护，亚裔团队成员可能会比美国团队成员产生更强烈的情绪化反应。

关于我们自身的故事。每个人都会构建关于自己以及自己应该如何的故事。当我们远离或不符合自己的故事时，可能会感到焦虑、愤怒或悲哀。例如，在我的咨询服务刚起步时，我认为自己应该像资深顾问那样精明强干。当我无法对客户做出有效干预时，我会变得焦躁不安。在客户面前犯错后，我会长时间反思，这使我分心并降低效率。

团队如何表达情绪

在《尼各马可伦理学》中，亚里士多德将应对情绪的挑战界定为："任何人都会生气，这不难。但要在适当的时机、对适当的人、以适当的方式、出于适当的目的，并且达到适当的程度发脾气，这就不容易了。"你的任务在于帮助团队成员识别、表达和讨论他们的情绪，从而提升而非降低团队的有效性。

人们表达情绪的方式主要有两种：直接和间接。直接表达情绪时，他们会直接描述自己的感受，例如，"我真的很生气"或"如果我讲真话，我害怕某些人会反戈一击"。

间接表达情绪同样有两种方式：言语和非言语。间接的言语表达可以有很多形式，如提高或降低音量、在压力下迅速改变观点、口头攻击对方或否定对方的观点等。非言语表达的例子包括怒视某团队成员或将目光移开、蜷缩在椅子中或挺直腰板、双臂交叉或挥舞、面部肌肉紧绷、叹气等。

在间接方式中，你和其他团队成员可能难以识别出情绪，除非你主动询问他们或做出推断，即使只是基于低阶推论。人们会用不同的方式表达相同的情绪，甚至同一个人也会在不同的时间以不同的方式来表达相同的情绪。例如，我可能会用敌意的方式来表达愤怒，而你可能选择通过退出对话来表达不满。此外，特定的行为也可能代表不同的情绪。例如，某人用发火来表达愤怒，但对另一个人来说，发火可能表示他感到焦虑。因此，你无法仅从一个人的行为中准确地推断出他的情绪。

作为单边控制模式的一部分，行事防御是团队成员采用间接方式表达情绪的常见方式。防御行为旨在减少与否定或扭曲现实相关的焦虑或压力，例如否定他人、责备他人、隐瞒信息、压抑情绪等。

当直接表达情绪与交互学习模式的心智模式和行为保持一致时，这种表达方式是有效的。一个人是否有效表达其情绪，并不取决于他表达情绪的频次或强度。

文化差异不仅影响团队成员产生情绪的方式，还影响他们表达情绪的方式。有些组织认为讨论情绪不方便，但他们没有认识到有效讨论情绪与团队有效性之间的联系。因此，在这些组织中工作的人们可能会感到回避情绪讨论的压力。相反，有些组织认为不解决负面情绪，特别是那些导致防御行为的情绪，会降低团队成员保持工作关系和完成任务的能力。研究结果也支持这一点。在这些组织中工作的人们不会感到回避情绪讨论的压力。

此外，组织中的团队文化也会影响团队成员是否表达情绪以及如何表达情绪。即使所在组织的文化认为表达情绪不合适，组织中的团队仍可以认为将情绪纳入讨论中是健康的。

团队成员的文化构成也会影响其情绪表达方式。假设来自某特定文化的团队成员以某种特定方式表达情绪是危险的，因为不同的文化在表达情绪时可能更直接、更具同理心，或者更委婉。这也适用于组织中受教育程度、社会经济层次和层级不同的员工。

管理你自己的情绪

当团队讨论米歇尔和乔的角色与责任时，米歇尔开始对乔的工作表现提出批评。乔立刻怒火中烧，回应米歇尔说，如果她能胜任工作的话，团队就不会遇到这么多问题。紧接着，沃尔特也加入争论，指责乔没有资格在此抱怨。这些激烈的言辞让团队成员的情绪越来越激动。

我曾教授或指导过的引导师和咨询顾问都遭遇过类似的困难情境，这种情境往往会导致团队成员情绪失控。当你的情绪成为障碍时，你很难有效地帮助团队成员管理他们的情绪。如果你也陷入了情绪化的状态，你需要采取措施来调控自己的情绪并恢复你的效能。

↗ 放慢自己

首先，要放缓节奏。当观察到团队情绪逐渐升温时，不必急于介入。冲动地基于焦虑或愤怒进行干预，往往会比不干预更加糟糕。通过放慢自己的节奏，你将有机会运用情绪来指导自己的思考，而不是受其摆布。尝试深吸一口气，然后从 1 数到 10。这个方法依然有效。这给了你暂时中断纯粹情绪化反应的机会，将思考与情绪相结合。

↗ 对自己心怀同理心

请记住，同理心的核心也包括对自己心怀同理心。对于大多数人来说，应对情绪化的局面是一项艰巨的任务。对自己心怀同理心，意味着要认识到自己也是这个过程中的学习者，有时候你也会感到焦虑、无助、恐惧、困惑等，这些都是成长与发展中不可避免的一部分。即使你是一个追求完美的"复原者"，也要明白，如果事情的发展不如你所期望，自我贬低并不会为你带来额外的优势。关注你的内在对话，如果你告诉自己必须扭转局面，这可能意味着你的自我同理心正在减弱。

↗ 关注、体验并表达自己的情绪

关注自己的情绪。因为情绪与你的身体反应密切相关，你的身体通常是最先感知到压力的线索。你越了解自己的情绪信号，如手心出汗、脉搏加速、拳头紧握、胃痉挛等，你就越有可能及时利用这些早期警告信号来评估当前局面。

给自己的情绪命名。是愤怒、恐惧、羞愧、惊讶、悲伤，还是愉悦，抑或是这些情绪的混合？虽然这些都是基本情绪，但它们之间以及它们的混合也有不同的程度和表现。例如，愤怒可以包括沮丧、憎恶和恼怒；恐惧则可能表现为焦虑、紧张或谨慎。增加对情绪的词汇掌握可以让你更容易地表达情绪，这也将使你更容易与情绪共处。

在命名情绪时，允许自己体验情绪，而不是对其进行评判。在引导、咨询和教练的过程中，拥有多种情绪是非常自然的，不要因此责怪自己。如果你对自己说"我感到焦虑"，这实际上可能会为你增加一层新的情绪，使你更难识别最初的情绪并干扰你的思考。相反，试着重新调整你的思维方式，以好奇或对自己保持同理心的态度去面对情绪：嗯，这很有意思。我现在感觉如何？

↗ 识别来源

识别情绪来源。通过保持好奇心和同理心，反思自己的情绪来源：我为何会有这样的反应？

深入探究，是什么具体行为或言论触发了你的情绪？是当前的对话，还是之前与团队成员的交流，抑或是与其他人的工作关系所带来的？

审视情境，明确是什么激发了你的问题。清晰了解问题的本质有助于快速识别。例如，若你为自己设定了不切实际的高标准，并持续提升期望，导致团队成员对此产生情绪化讨论，你可能会因此产生情绪化反应。此时，自问：我的情绪反应是否与当前局面相契合？对团队成员的行为感到恼怒与对他们的行为感到愤慨，这两者是有区别的。保持对自己的好奇心和同理心，有助于明确情绪的来源。

利用对这些问题的回答，来诊断当前的情况。你的情绪可能反映了团队中某一位或多位成员的感受。例如，若你对某团队成员的言论感到不适，并认为这与团队内部的某些互动有关，那么很可能其他成员也有类似感受。寻找可观察的信息来验证或否定你的猜想。若你发现情绪与团队当前状况无关，这将帮助你反思自己的反应。（这凸显了与伙伴共同引导的重要性；他们可以在关键时刻介入引导。）若你独自引导，需承认自己也可能是问题的一部分。若已做出反应，让团队知道，并承认错误、公开道歉。这对于团队而言，也是一次宝贵的学习机会。

提醒自己具备的技能

当团队成员情绪化时，作为引导师或咨询顾问，你有时会感到焦虑，主要是因为不确定该如何应对。此时，交互学习模式为你提供了一个有效的工具，帮助你引导团队成员妥善处理情绪。运用这个模式的循环和八种行为，你可以验证自己的推论，询问他们为何会有这样的感受。当团队成员表达情绪后，了解可采取的标准干预措施至关重要，这将为你提供有力的支持。

决定如何干预

当你决定干预时，你需要考虑许多方面。

寻找礼物

多年前，我参与了一场即兴剧场的表演课程。在即兴演出中，演员们需要在现场与其他人共同创造场景、表演或唱歌。由于每个演员都不知道对方会说些什么或做些什么，除非实际发生，因此，对话是即兴产生的。每个演员都依赖于其他人的表述来构建有意义的场景，这有时也带来了不少乐趣。

从即兴表演导师格雷格·霍恩那里，我学到了一课：为了保持即兴表演的流畅，你需要将接收到的信息视为礼物。你的伙伴所给出的台词是你继续表演的唯一线索，你必须对此做出回应。你可以在这些台词的基础上继续发挥，但前提是必须利用你接收到的台词。否则，即兴表演就会中断。当你将其他伙伴提供的台词视为礼物时，你会找到接纳并在此基础上发挥的方法。

在引导角色中，这一原则同样适用。团队成员的发言是你必须处理的信息。你的干预与团队成员的对话必须紧密相连。你可以对此进行点评并要求团队成员进行解释，但前提是你必须接纳这些言论，并将其作为实施干预的基础。

借助交互学习模式，通过仔细聆听并对团队成员的发言保持好奇心，你可以获得用于加工的原材料。例如，当劳拉提高音量说："唐尼，你老是这样。你总是把自己置于团队之前!"你可以这样回应:"劳拉,你似乎有些不快,是吗?"如果她点头,你可以继续:"你能向唐尼解释一下他做了些什么或没做什么让你感到不快吗?"然而,如果你感到害怕、愤怒或窘迫,并只关注自己的情绪,那么你就会错过人们的发言,也会忽略那些可用于干预的"礼物"。

有一次,我的同事无意中发表了贬斥某个种族的言论,而团队中恰好有人属于那个种族。我因此感到窘迫,赶紧低下了头,错过了观察团队成员反应的机会。几分钟后,我恢复了情绪,进行了干预。我告诉团队,当她发表那些言论时,我感到窘迫,所以错过了大家的反应。然后我询问他们对这一言论的看法。团队、我的同事和我展开了讨论。一些团队成员表示,在她发言后,他们并没有关注她之后的发言,因为她的发言让他们感到困惑。通过这次讨论,团队、我的同事和我才回到任务上。

当然,困难在于当团队成员变得情绪化时,他们提供的诊断与干预信息可能不够清晰。这些信息可能以大声叫嚷、愤怒或愠怒的形式表现出来。但只要你愿意接纳这些信息,你就能帮助团队揭示那些阻碍其有效性的重要问题。

↗ 面对冲突

当团队中出现冲突时,情绪化的氛围可能让人想要逃避。你可能会让团队稍做休息,转换话题,或者暂停讨论以平息局面。然而,逃避冲突意味着错过了帮助团队解决问题的宝贵机会。

在我引导一个非营利自愿者服务组织的讨论时,我深刻体会到了这一点。该组织因领导团队的疲惫和热情减退而陷入困境。由于招募不到足够的自愿者,他们不得不亲自承担大部分服务任务。最终,管理团队决定集体辞职,而组织却找不到合适的替代人选。他们认为,一旦他们离开,整个组织将面临关门的危机。于是,他们召开了一次委员会会议来应对这一紧急状况。

遗憾的是,我在那次会议中没有足够关注大家的情绪,加上我的引导能力有限,导致团队没有直接面对冲突的核心问题。会议最终未能达成共识。

交互学习模式强调直面冲突与差异的重要性。通过公开承认团队中的冲突,并鼓励成员展开对话,我们可以帮助团队探讨冲突的起因、成员的感受以及冲突管理的方式。越早面对冲突,我们就有越多的时间让团队讨论并解决问题。

↗ 跟踪干预

干预并非魔术。它不会立即带来你所期望的显著变化。在特定话题上持续进行干预，才能真正帮助到团队，这是引导过程中的自然规律。

你可能会遇到困境，觉得干预难以继续，因为团队成员保持沉默或回避你的问题，这可能会让你感到沮丧。有时，你可能不得不放弃某些干预，因为团队的回应可能是愤怒或泪水。

重新思考你的干预方式。当询问引导师或咨询顾问为何未能完成某个困难的情绪干预时，他们通常表示担心团队成员或整个团队会陷入窘迫，而他们觉得自己无法处理这种局面。他们承认，通过放弃干预，他们是在保护自己和客户。

转变对冲突干预的看法，可以让你更加自如地实施干预。我时常提醒自己，团队之所以聘请我作为引导师，正是因为他们面临难题，难以自行解决。如果我因为初步干预未能立即见效就选择退缩，那只会加剧问题的难以解决性，让他们认为在困难情境下，交互学习模式的心智模式或行为——我实施干预的基础——难以发挥作用。持续干预不仅保留了团队成员的自由和知情选择权，还能展示这种做法的可行性，并在他们面对挑战时为他们注入信心。

实施元干预。当客户未直接回应你的初步干预或采取防御态度时，与其重复相同的干预方式，不如尝试元干预。这是一种对先前干预的再干预，有助于团队与你共同探讨如何更有效地进行干预，从而找到问题的根源。在元干预中，你与团队一起探讨为何会对初步干预做出某种回应，并深入挖掘背后的原因。

例如，当某个团队成员在你要求识别利益后依然保持沉默，你可以尝试元干预："吉尔，我注意到你在我提到识别利益时仍然保持沉默，能分享一下你这样做的原因吗？"

当然，元干预可能会触及一些不便讨论的话题，但这正是深度干预的价值所在。它鼓励团队成员探讨他们为何不同意项目目标或质疑其他团队成员的表现。如果团队选择放弃初步干预，转而专注于元干预所揭示的问题，这对我而言反而是种成功。因为元干预的问题能够引导团队超越表面现象，深入探讨背后的问题和成因。

对情绪实施干预

重申一下之前的要点，引导师的角色主要是协助团队识别、表达和讨论情绪，进而提升团队的整体效能。为实现这一目标，你可以采取两种干预策略：一是帮助团队成员更有效地表达情绪；二是指导团队成员学习如何运用不同的思考方式，如调整他们的心智模式，以便更有效地管理情绪。第一种干预方式适用于基础型引导和发展型引导；而第二种方式则更适用于发展型引导。

帮助团队成员有效地表达情绪

你可以协助团队成员更有效地表达他们的情绪，方法是通过展现交互学习模式的行为来引导。在基础型引导中，你需要鼓励成员们勇敢表达自己的情绪，识别出那些可能引发不满的言论，并重新帮助团队成员学会如何准确地表达他们的情绪。以下是一个针对某领导团队讨论削减预算的基础型引导实例。对话内容呈现在右侧栏目，而我的分析则出现在左侧栏目。

在发展型引导中，你不仅要帮助团队成员学会如何表达情绪，还要确保他们的表达与交互学习模式的核心价值观和行为保持一致。这与基础型引导中主要依赖引导师的情况有所不同。发展型引导中的干预将继续沿用基础型引导的例子，以展示如何从基础型引导顺利过渡到发展型引导。

对情绪实施干预：使用基础型引导

对话的分析	对话
	丹：我认为柏高的部门员工过多，因为效率已有显著提升。为了符合预算，我们可以考虑减少员工数量，同时保证产出不受影响。
	柏高：（提高声音对丹说。）我非常反感你的这些观点。你的言论仿佛在暗示除了你们部门，其他每个部门都需要证明自己存在的必要性。我们有充分的理由保持现有的人力配置。（手臂在丹面前挥舞。）你清楚这些，但你只关注自己的小圈子，而不是整个公司的利益。你的行为简直就像个孩子。
引导师观察到柏高提高了音量，手指指着丹，说出"我非常反感"。基于这些表现，可以推测柏高的情绪状态。引导师选择对柏高的情绪进行干预，而不是针对那句未加解释的"你就像个孩子"，因为这可能只是整体问题的一部分。	**引导师**：柏高，你提高了音量，还在丹面前挥舞手臂，表达了你对听到这些言论的厌恶。你现在感觉如何？
引导师描述了观察到的行为，并与大家核实看法。由于柏高刚刚结束发言，引导师决定跳过检验观察结果的步骤，直接分享关于柏高感受的推论，并进行验证。	**柏高**：我可以告诉你我的感受：我很生气。为什么总是这样？丹只考虑自己的利益。
引导师注意到柏高所描述的愤怒情绪："很生气"。柏高将这个问题视为一种模式，归因于"丹只考虑自己的利益"。	

引导师要求柏高描述让他感到生气的原因	**引导师**：好的。我不明白的是，丹说了什么让你感到如此生气。在你说"非常反感"之前，你具体想到了什么？能详细说说吗？
引导师注意到，柏高认为丹明知自己的说法不对，却仍然试图保护下属。	**柏高**：丹明明知道，提升效率的关键不在于削减部门人数，而是将人力资源重新配置到更具盈利潜力的服务领域。即使效率有所提升，我们也从未考虑过裁员。他认为这样做只是为了保护自己的人，这是丹一贯的做派。
引导师进一步澄清柏高生气的原因，并与他就这一归因达成共识。	**引导师**：所以，你生气的原因是认为丹明知这些，却仍以此为理由提议削减你部门的人手。 **柏高**：我就是这么想的。
引导师询问柏高是否愿意与丹一起检验他的推论和归因。	**引导师**：那么，你能具体说说是什么信息让你得出这样的结论的吗？我这么问是想了解这是你的推测还是丹真的这样告诉了你？ **柏高**：这是我从他的言论中推测出来的。
引导师要求柏高与丹一起检验他的推论。	**引导师**：那么，你愿意与丹分享你是基于哪些信息做出这样的推测的，并听听他的解释与你的推测有何不同吗？ **柏高**：好的。
引导师澄清了柏高发怒的原因，并与他就这一归因达成了一致。	**引导师**：所以，你感到愤怒是因为你认为丹明知这些，却试图用这个理由来削减你部门的人手。 **柏高**：对，这就是我的想法。
引导师描述了两个问题：一个与内容相关，另一个与情绪相关，并明确区分了这两个问题。	**引导师**：在某些情况下，感到愤怒并恰当地表达是合理的。这里有两个相关问题。一是丹是否清楚提升效率的目的，以及他是否在试图保护自己的下属。二是基于你对第一个问题的思考，你回应丹的方式。我想先讨论你的回应方式，因为我觉得你的回应可能带来了一些未曾预料的后果。然后我们再回到第一个问题上。对此，你有什么担忧吗？ **柏高**：没什么担心的。
引导师识别出柏高的意图，并检查它是否与预期的后果相符。	**引导师**：当你对丹生气时，你对他说："你只关心自己的小圈子，而不是整个公司的利益。你的行为简直就像个孩子。"你当时的意图是什么？ **柏高**：我很生气，我想引起他的注意。
引导师决定不对丹的反应进行干预，包括未经检验的推论，即柏高不想听丹说些什么。	**引导师**：你的确引起了丹的注意，但也可能带来了一些未曾预料的后果。你愿意听听丹对此的反应吗？ **柏高**：好的，丹，你感觉如何？

对话的分析	对　话
引导师表达了他想分享自己想法的意愿，并解释了为何先让柏高表达的原因。	**丹**：我对你的说法感到愤怒，因为我觉得你的指责不公平，而且你似乎并不想听我的解释。所以我选择不再回应。我真的不愿意再听到你的那些话了。 **引导师**：柏高，你可以让丹知道你听到了他的感受，并明确了你的意图。你听到丹说了些什么？ **柏高**：丹，你说你对我感到愤怒，因为我指责你不公平，而且你感觉我不愿意听你的解释，所以你不想再和我说话。是这样吗？ **丹**：是的。 **引导师**：我之前提到，你不仅引起了丹的注意，还可能带来了一些未曾预料的后果。我想听听你如何看待这些后果？ **柏高**：嗯，我猜我试图引起丹的注意，确实做到了这一点，但之后丹因为生气而不愿意再听我说话。
引导师征得柏高的同意，并要求他重新设计他们的表述。	**引导师**：你分析得很对。你没有达到预期的沟通效果。那么，你有没有想过用其他的方式来表达你的感受，既能让他知道你的想法，又不会让他关闭沟通的大门？ **柏高**：我会这么说："丹，我对你很生气。你提到可以削减我部门的人手而不影响产出。但记得我们之前讨论过提升效率时，你同意将节省下来的人手重新调配到更有盈利潜力的服务领域。你现在的说法似乎与此不符。你是否还记得我们的这个共识？"如果丹同意，我会说："这就是让我感到生气的原因。"
引导师核实了柏高的说法，并与团队一起确认了是否存在任何问题。	**引导师**：这样的表达方式与交互学习模式是一致的。大家对此有何看法？

帮助人们减少防御性思维

在上述例子中，基础型引导和发展型引导确实有助于团队成员有效地表达情绪。然而，这两种引导方式并不能直接改变成员们情绪背后的防御性行为，原因在于它们并未触及问题的核心——成员们的心智模式。引导师的工作应聚焦于如何协助成员们跨越防御性行为的障碍，而非仅仅"教授他们如何讨论这些防御性行为以消除之"。

通过协助团队成员识别并调整其心智模式，随着时间的推移，他们的观念将逐渐转变。这种转变将使他们更少感受到威胁，进而减弱情绪的强度，从而避免触发防御性行为。此类引导干预对引导师的专业素养提出了较高要求。接下来，我们将继续之前的对话。

使用发展型引导识别防御思维

对话分析	对　　话
引导师核实了柏高的陈述，并与团队一起检查是否存在问题。	**引导师**：这样的表达方式与交互学习模式是一致的。大家对此有何看法？（团队成员摇头，说"没有"。）
引导师重新回到了他最初识别出的第一个问题上。	**引导师**：柏高，让我们重新聚焦在丹是否了解提升效率的真正目的，以及他是否试图保护他部门的下属这个议题上。你愿意随我回到这个议题上继续探讨吗？
	柏高：好的。
在思考过程中，引导师开始评估柏高是不是他自己情绪的制造者，因为他对丹的陈述做出了未经证实的假设。	**引导师**：我关注的是，你是否确信丹知道他的两种说法之间存在矛盾。假设你的观点是正确的，即丹确实知道这些，那么我能够理解你为何会感到愤怒。你是如何确定丹明白提升效率的真正目的并非削减人手的？你是否与丹直接核实过这一点，还是这只是你的推测？
	柏高：所有人都应当知道。我们在许多会议上都已经讨论过这个问题了。
引导师通过提问来澄清柏高的反应。	**引导师**：你是说你和丹直接沟通过这一点，还是通过其他途径得知的？
	柏高：没有，我并没有直接和他核对过。我只是觉得，如果丹连这点都不知道，那他就完全不在状态了。
引导师分享了他的观察和推论，并与柏高进行了检验。	**引导师**：让我梳理一下导致你生气回应的思维模式，并听听你的反馈。丹认为效率提升后，你部门的人手可以减少。你的推测是丹明白这不是提升效率的真正目的，因此你对他做出了愤怒的回应。你把他的行为归因于他想保护自己的地盘，并认为这是他的典型做法。然而，你并没有与丹核实这个推测，反而假设它是事实，并用这个未经证实的推测来加强你对丹的愤怒。我是否准确地描述了刚才发生的事情？
	柏高：是的，非常准确。

对话的分析	对　　话
引导师识别出了数位团队成员共同的行为模式。之后，引导师详细说明了改变这种不良模式的价值，并鼓励团队做出明智的选择。	引导师：我们可以在这里稍做停留，讨论一下如何减少这种思维模式的影响。我之所以提出这一点，是因为我注意到在多个场合中，不同的团队成员——包括丹、艾米和你自己，都因为这种思维模式而遭受了类似的困境。我的观察对吗？（如果团队成员点头，则继续。）我认为这有助于提高你们应对困难问题的能力，比如合理的工作负荷和部门间的协调等。选择权在你们手中。大家对我的建议有什么看法吗？

↗ 应对热点按钮

热点按钮，是指那些对我们而言具有强烈情感色彩的特征或情境，它容易激发我们的防御性反应。有些人的热点按钮可能是感觉没有获得应有的尊重、顺从或关注，而另一些人则可能在认为自己的能力、承诺、智力或诚信受到质疑时触发这一按钮。对于另一些人来说，这可能意味着感到被操纵或控制。由于自身的热点按钮，我们可能会误解他人的言行，即使他们表现得非常有效，我们也可能做出低效的回应。这些热点按钮往往基于我们过去的经验或主观臆断的故事。

作为发展型引导师，我们的任务是帮助团队成员有效地应对这些触发防御性思维的情况。首先，我们需要与他们一起识别出这些热点按钮，并协助他们调整思考方式。有时，当面对某些情绪激动、声音提高的人时，团队可能会发现难以做出有效的回应。尽管提高嗓门或叫嚷并不是理想的沟通方式，那些这么做的人应该为自己的行为负责。但那些热点按钮被激活的人，往往会认为对方缺乏对自己头衔或个人尊严的必要尊重，并可能想要加强对对方的控制。

在发展型引导的过程中，我们会帮助团队成员重新界定他们对这些大声叫嚷者的看法。首先，我们建议他们不要将对方视为缺乏礼貌，而是看作技能不足。其次，我们要认识到大声叫嚷者并非真的想让大家感觉郁闷，他们可能只是希望解决问题，但缺乏适当的方法。换句话说，他们的真正目的并不是提高嗓门本身。

接下来，我们会引导参与者重新思考他们在冲突中的角色。由于他们希望有效地管理冲突，我们会建议他们将自己视为帮助那些不擅长处理冲突的人。

帮助团队表达积极情绪

尽管许多团队在应对消极情绪方面感到困扰，如害怕、愤怒、遗憾、窘迫等，但实际上，某些团队在处理积极情绪方面也同样面临挑战，如快乐、高兴、自豪、满足与友善等。情绪并不仅仅局限于好或坏、积极或消极的简单分类。我使用"积极情绪"这个词来指代我们通常与正面体验相关的情绪。帮助团队成员学习如何表达积极情绪至关重要。作为引导师，你可以通过多种方式帮助团队成员实现这一目标。

帮助团队庆祝进展

帮助团队庆祝取得的进展是一个有效的方式。认可并庆祝团队的成就对于提升团队的士气至关重要。当团队使用新的引导技能解决困难问题时，他们本身就值得赞扬。这包括鼓励团队成员使用交互学习模式的心智模式和技能来应对挑战性局面。你并不需要组织大型庆祝活动，只需鼓励团队成员分享他们对所取得成绩的感受。这将为团队留下共同努力、取得成果的难忘记忆。这些成就将激发团队的能量，使他们满怀信心地迈向下一个阶段。

展现幽默

担任引导师并不意味着你必须一本正经或毫无风趣。当团队成员说出或做出有趣的事情时，不妨开怀大笑。当然，这并不意味着你要加入嘲弄团队成员的玩笑中，或者对团队因真正问题而产生的防御性行为进行嘲讽。相反，你应该在引导过程中适时地融入自己的幽默感。

对我而言，幽默是人性的一部分，也是对自己低效行为的一种调侃。确实，帮助团队是一项严肃的任务，但这并不意味着我们不能对自己的低效行为开开玩笑。与团队一起对自己所带来的意外后果进行嘲讽，并不会降低问题的严肃性，反而能为大家提供更多的视角。当我们对自己开玩笑时，我们会更加同情和理解自己。幽默有时候是一种强大的工具，能帮助我们更好地应对困难。在交互学习模式中，与他人一起开怀大笑是重要原则之一，但请记住，这并不意味着嘲笑对方。

↗ 寻找积极情绪

有些团队的文化可能并不重视或认为需要表达积极情绪。例如，数年前我作为某个团队的成员时，曾亲眼目睹团队领导宣布一位成员获得享有盛誉的奖项。尽管大家都认为这位成员实至名归，并对他的获奖感到高兴，但当领导宣布这一消息时，却没有人鼓掌或欢呼。事实上，也没有人发表任何祝词。我当时的未经检验的假设是，团队成员可能对公开表达积极情绪感到不自在。

如果你观察到团队成员没有表达积极情绪，你可以分享你的观察并推测他们对此的解读。你的干预可能会引发一场关于团队价值观和规范的重要对话。

当人们对你生气时

有时，你可能会成为团队情绪的宣泄对象，他们对你发脾气，可能认为你行事无效，或者将自身的情绪转移给你。一旦你觉察到团队成员对你有负面情绪，验证你的推论至关重要。如果推论正确，你将面临"引导师被将军"的局面，就像在象棋中，一旦王被将军，除非摆脱此局面，否则其他棋子都不能移动。同样，在引导角色中，你也难以有效开展工作，除非解决这一问题。你可以尝试这样询问："从大家紧皱的眉头和不断摇头中，我感觉到你们对我有所不满，是吗？"如果团队成员表示同意，你可以继续探索他们不满的原因："我不想做任何让大家不快的事，但也许我无意中做了些什么。你们能告诉我具体是哪些行为或话语让你们感到不快吗？"在团队成员描述你的行为后，共同判断他们的描述是否准确。如果属实，再反思你的行为是否与交互学习模式的核心价值观和规则相符。

若你行事有效，可帮助团队成员探讨他们情绪背后的原因，如本章开头所述。若行事低效，你应承认自己是团队成员情绪反应的起因，并承诺改变行为。在基础型引导或咨询中，只需识别未来需做出的改变。

在发展型引导中，道歉后可询问团队成员为何在团队犯错时不发声。重要的是，你要明确你的目的并非推卸责任，而是帮助团队更加独立，让他们能够探讨为何没有自我干预，即使他们认为有必要。（例如，"谢里尔，我注意到有几次团队讨论偏离主题，而你本可以干预却没有。如果你认为有必要干预，我想知道你为什么没有这么做？"）

吸取教训

我们并非完人。如果你尚未开始引导工作，那么请做好面对阻力的心理准备。若你已踏上这条道路，相信你也会对此深有感触。有时，你的直觉会告诉你有些不对劲，但你却难以确切识别出团队中的具体问题。又或者，你虽然发现了问题，却感到无从下手。在这些情况下，不妨向团队寻求帮助："我遇到了一些困扰。我感觉团队可能存在问题，但我无法确切找出问题所在，也无法指出导致我得出这一结论的具体行为。不知哪位可以为我指点迷津？"请注意，虽然频繁的这样干预对团队并无益处，但偶尔为之，却可以利用团队的智慧来帮助你发现你可能忽略的信息。

即使你的引导工作未能取得预期效果，你仍然可以为团队和自己创造学习机会。通过公开承认自己的不足，你展示了勇于承担责任的态度，而没有陷入防御性的姿态。尽管我始终努力避免行事无效，但我惊讶地发现，一些团队成员对我在团队面前公开反思自己的无效行为印象深刻，认为这是他们学习经历中最为宝贵的一部分。

通过我们的引导工作，我们可以反思自己对情境的反应，深入了解情绪的来源，并学习如何有效地应对情绪。这种自我认知的深化不仅有助于我们的个人成长，更有助于提升我们服务团队的能力。

小结

在本章中，我深入探讨了如何有效应对引导过程中出现的情绪问题，这不仅包括团队成员的情绪，也包括我们自身的情绪。有效应对情绪是一项艰巨的任务，因为当情绪超越理性思维时，其背后往往隐藏着深层的心理原因。帮助团队妥善管理情绪，意味着我们需要教导团队成员如何运用情绪和思维来增进彼此的理解，而不是逃避情绪或让情绪主导对话。同时，这也包括协助团队成员更有效地表达他们的情绪。作为引导师，你和团队成员同样会面临各种情绪反应，因此，在工作中，你需要采取多种策略来管理自己的情绪。

当你对团队成员的情绪进行干预时，你可以帮助他们学会如何有效地表达情绪，并学习如何减少引发情绪性反馈的防御性思维。你还可以协助团队更有效地表达积极情绪。最终，管理自己的情绪包括做出有效的回应。例如，当团队成员对你发脾气时，你需要将这种情况转化为一个学习机会，无论是对你还是对团队而言。显然，与团队就你对情绪采取的干预措施达成明确的共识至关重要。在第 13 章中，我将详细描述如何与团队就彼此的合作方式达成清晰明确的协议。

第 3 部分

同意一起工作

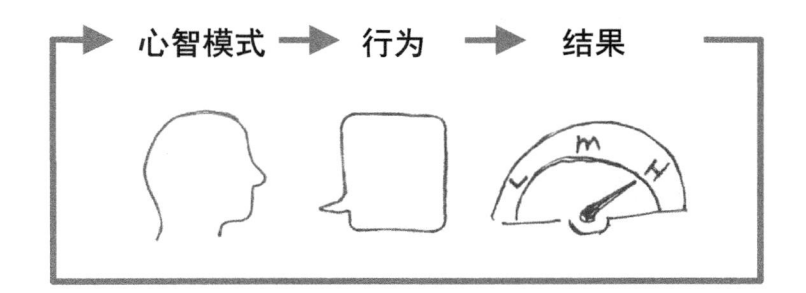

心智模式 → 行为 → 结果

第 13 章
订立合约
决定是否与团队一起工作及如何工作

在本章，我将讨论你和你的客户所需经历的订立合约阶段，你们需要就大家是否一起工作以及如何一起工作来帮助团队实现其目标达成一致。在每个阶段，我将讨论由此所带来的问题以及如何解决这些问题。

在同意与团队一起工作之前，你需要理解谁在寻求帮助，团队期望达成什么目标，哪些因素阻碍这些目标的达成以及团队如何看待你提供的帮助。同样，团队希望知道你的经验以及你将如何帮助他们来达成这点。**借助订立合约这一流程，你和客户可以通过探讨这些疑问来建立工作关系，你们就是否一起合作以及如何合作达成一致。**

在订立合约流程中，你和客户营造了你们工作关系的基础。**订立合约基于这样的前提：你的主要客户即你的引导对象享有与你订立合约的相关信息。**你和客户之所以愿意在订立合约的流程上投入时间，因为你们都认识到低效的合约订立所引发的后续问题。

为何订立合约

订立合约有数个目的。其一，确保团队和你理解统领你们工作关系的条件并做出承诺。这意味着要在以下方面澄清彼此的期望：工作的目标与边界，你的角色，团队成员以及团队正式领导的角色，决策方式，如何对团队实施干预，团队将使用哪些基本规则、如何保密及何时工作结束等。

其二，因为订立合约是正式引导、咨询或教练的缩微版，这给团队成员和你提供了机会去观察彼此的工作方式并就你们是否愿意携手合作做出知情的选择。团队成员将观察你如何对团队实施干预，你也可借此机会观察他们彼此之间如何互动以及他们与你的互动方式等。这些信息将有助于预测项目实施过程中可能浮现出来的问题以及你可能需要做出的干预。

其三，订立合约的流程让团队和你就你履行引导之责建立必要的信任。该信任源自多种感受。团队成员可能担心你是否会一视同仁地对待他们，你是否能给他们带来所期盼的未来，你能否帮助他们应对他们难以有效处理的艰难对话等。一方面，对于团队可能出现的改善局面，他们会激动不已；另一方面，他们又因需要寻求你的帮助并因你就团队的现状所给出的提问而感到脆弱。同样，一方面你可能因为有机会与新的团队开展合作而感到欢欣鼓舞，另一方面你也急于了解你帮助他们提升的方式并对你们彼此是否情投意合而感到忧心忡忡。虽然你注意到团队行事低效，但大家发现你不仅能够帮助他们讨论重要的话题，而且并没有因讨论的方式而责备他们，而是将同理心与担责结合在一起，你们彼此的信任由此得以建立起来。当你对他们所处的情境了解之后，而他们也了解到你的引导方式，那么你对于自己能否帮助到他们以及他们认为你的方式能否发挥作用的担心也就烟消云散了。

我认识到我在引导中所面对的许多问题其实来自我在订立合约时所没有解决的问题。订立合约低效将给后续的工作带来许多麻烦。

订立合约的五个阶段

我们通常认为订立合约发生在你与客户所在组织中的某位希望寻求你帮助的人士的最初会面时，以及客户团队和你就引导目标与你们一起开展工作的条件达成一致时。其间介绍了订立合约流程中肯定会出现的内容。另外，你有可能需要在整个引导流程中不断订立合约或重新订立合约。订立合约的阶段与主要任务如表 13.1 所示。

表 13.1　订立合约的阶段与主要任务

阶　　段	主要任务
1. 与主要团队成员进行最初的接触	1. 接触并与主要客户团队以及财务客户的成员进行交谈 2. 做出最初的诊断 3. 讨论引导的方式 4. 就是否进入第二阶段达成一致。如果是……

续表

阶　　段	主要任务
2. 规划引导	1. 约定第二阶段的会议 2. 会议开始前，就规划会议的目的与议程向计划团队发出函件 3. 会议开始前，识别财务客户并安排其与主要客户团队和你分享信息 4. 就整个团队或主要客户团队的代表做出诊断 5. 就引导目的、目标，议程、基本规则与其他要素达成一致 6. 向整个客户团队发出初步协议的邮件
3. 与整个主要客户团队达成一致	1. 在正式引导之前，识别任何条件出现的改变 2. 就目标达成一致并识别期望，解决疑虑 3. 就议程与时间分配达成一致 4. 就流程达成一致，其中包括基本规则 5. 界定角色
4. 在引导中重新订立合约	1. 继续核对因低效合约订立或环境改变所引发的引导挑战 2. 向整个主要团队提出这些问题并订立合约或重新订立合约，如果需要的话
5. 完成引导并做出评估	评估引导的有效性，包括订立合约的流程

图 13.1 说明了订立合约涉及的五类客户。因为协议界定了团队与你如何一起开展工作，最终引导直接涉及的所有团队成员都需要成为协议的一部分。这可以确保所有团队成员做出知情的选择。

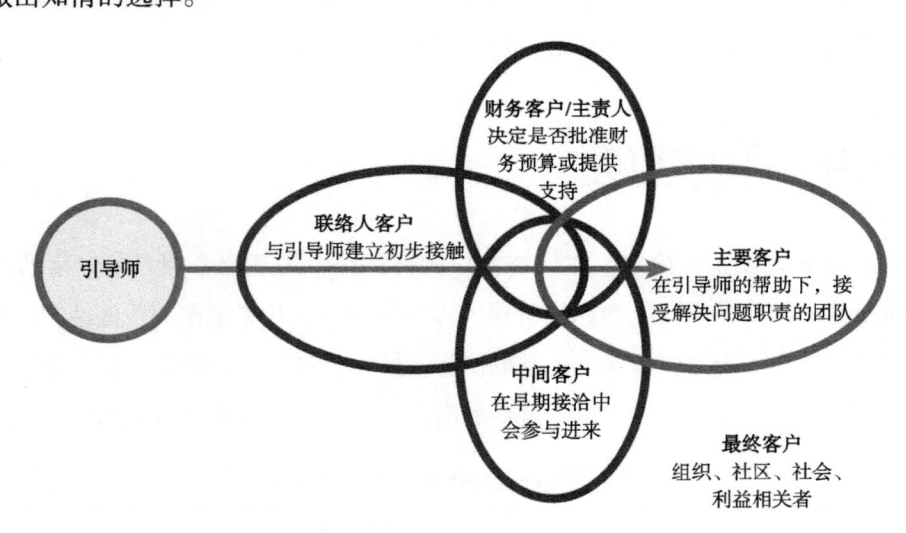

图 13.1　订立合约涉及的五类客户

阶段一：与主要客户团队成员进行最初的接触

当有人联络并邀请你担任所在团队的引导师时，阶段一开始了。他们可能通过电子邮件、短信或电话联络到你。这一阶段通常会以电话、视频或面对面交谈的形式进行。无论是何种形式，对话可能短至 15 分钟，也有可能长至 1 小时。这取决于联络人是否为你所引导的团队成员之一、局面的复杂程度，以及客户对于引导的理解程度，更与你的引导方式有关。

阶段一的目的有几个。其一，这让你判定联络人是否为寻求你帮助的团队成员之一，由此你可以决定是否需要继续初步接触以及如何进行。这可以让你识别出谁是你的财务客户，也就是负责支付引导费用的人。其二，这可以让你对客户的情况做出初步诊断，理解在多大程度上这位联络人可以描述清楚团队所期望的结果以及在多大程度上客户已经找到满足需求的方式。其三，该对话可以让潜在客户了解你的引导方式。其四，你和联络人可以利用你们从对方那里了解到的信息来判定是否需要进入订立合约的阶段二。

↗ 识别不同类别的客户

当开始订立合约时，你将遇到在订立合约流程中扮演不同角色的人。重要的是你需要识别这些人所扮演的角色，从而确保你所订立的合约是与那些拥有相关信息且具备与你订立合约能力的人士沟通并且只与他们沟通。你有可能遇到五类不同的客户角色。

主要客户指的是承担解决这个问题职责的团队，也是你最终有可能实施引导的对象。为了确保主要客户团队和你就当前局面拥有相关和有效信息且该团队就是否与你一起合作做出知情的选择，只有主要客户团队能够决定是否与你一起共事。

但是，正如埃德加·沙因所注意到的那样，你会遇到其他类型的客户，他们也可能是主要客户团队（见图 13.1）的成员之一，也可能不是。联络人客户是与你初步接触的人员。联络人客户有可能是员工或行政助理，但不是主要客户团队的成员，他们需要代表主要客户与引导师或咨询顾问建立初步接触。中间客户作为联络人客户与主要客户的桥梁，将参与早期订立合约的讨论之中。你可能从行政助理（联络人客户）那里接到电话，询问你是否有空来帮助他的经理解决团队中正在经历的冲突。当你与经理交流时，你发现这位经理是中间客户，他不是为自己寻求帮助，而是为了团队中的某位员工。人事经理经常担任中间客户，为他们所支持的领导或团队寻找一位咨询顾问。财务客户/主责人是决定是否需要出资购买引导服务并为引导服务提供支持的人士。他们可能是两种不同的人。

最终客户是那些"利益相关者，他们的利益需得到保护，哪怕他们并未直接接触到咨询顾问或经理"。最终客户包括整个组织，使用组织提供的产品或服务的顾客，以及整个社区或社会。正如图13.1所表明的那样，一个人有可能以多种不同的角色出现。

↗ 与联络人客户一起工作

因为只有主要客户团队拥有与你订立合约所需要的信息并具备此能力，所以快速决定联络人客户是否为主要客户团队成员之一，这非常重要。

通过询问团队将怎样使用你提供的服务以及致电人是否为团队成员之一，你可以做出决定。一旦做出决定，你可通过系列提问并分享相关信息。下面列举了你可用于向联络人客户提出的问题。

1. 谁在寻求引导服务？
2. 你是团队成员之一吗？
3. 团队是否愿意为引导空出特定的时间段而做出承诺？
4. 团队为引导服务已经做出哪些规划？
5. 团队期待达成的结果是什么？是什么原因导致团队希望这么去做？
6. 团队在寻求规划还是解决问题/挑战或二者兼有？你可以描述一下团队希望做出的规划或举例说明团队所经历的问题/挑战？

如果你了解到联络人客户不是主要客户团队的成员，那么你需要询问谁是主要客户团队成员，解释你为何需要与主要客户的团队成员进行交流，并给联络人提供有关你的足够多的信息以便他与主要客户分享，这样，他们可决定是否与你接触。

↗ 识别主要客户团队

决定谁是主要客户并不是一件容易的事情。在我经历的某个案例中，某组织的经理肯给我致电，希望我向公共工程总监哈里斯提供帮助，因为某些员工感到哈里斯在解雇一名非洲裔员工时的处理方式带有种族歧视的嫌疑。肯表示哈里斯愿意寻求帮助并询问我是否愿意过来一趟，访谈一下员工并给他（肯）提供一份报告。我介绍了我的角色并解释，向其提供一份报告与我担任引导师的角色不一致。随后我说道，如果哈里斯有意与我合作，我愿意与他交谈一下。我解释道，如果我真的与哈里斯一起工作，那么肯可以自行与哈里斯交流一下引导的结果，但我不会与肯讨论引导的内容。因为肯已经介绍了哈里斯与其团队存在的问题，我将我的主要客户团队界定为哈里斯和他的团队。

在另一个案例中，在某全球性银行担任人事高管的沃伦致电给我，询问我是否可以帮助高管爱德华多及其直线下属海伦。向海伦汇报的员工认为海伦有些唯我独尊，而爱德华多认为他需要改善他与海伦的工作关系。在这个案例之中，爱德华多就是我的主要客户，因为他表明了他在这个问题中的部分责任，他与海伦的工作关系出现了问题。海伦的员工也是主要客户，因为他们希望讨论他们与海伦之间的无效关系。但是，海伦只是潜在的主要客户，因为她还没有表达愿意就其上司所发现的问题采取措施。原则是，**除非主要客户就引导师的协助做出自由并知情的选择，否则他们就不是主要客户。**

当没有主要客户时。在某些案例中，联络人客户有可能代表还并不存在的主要客户。某医疗保健基金会的执行理事询问我是否有意担任某大型委员会的引导工作，该委员会需讨论与健康政策有关的话题。该委员会将由公立与私立组织的领导人组成，讨论的报告将被用于起草法律。基金会将任命委员会委员，但到目前为止，没有任何一位委员得以任命，委员会主席也还没有选举出来。另外，基金会的任何成员，包括执行理事，将不担任委员会的成员，所以现在没有主要客户。我与执行理事就我如何与委员会开展引导进行了交流。但我表示，一旦委员会成员得以任命，他们需要决定是否继续与我一起工作。

这样的局面不常见。负责项目的组织规划人员经常试图在团队成立之初就马上找到可为团队提供引导服务的第三方引导师。

发现联络人不是主要客户后，你可能这么说："我想和你就引导师做些什么先进行一个大体的沟通。但是，为了确定我是否能为你们的组织提供帮助，我需要和团队负责人交流一下。这会给他和我提供一次机会来确保我们清楚地理解了这一局面。这么做，你看有问题吗？"

基于主要客户负责寻求帮助的原则，如果他们有兴趣的话，我倾向于主要客户给我致电。这可以避免我致电主要客户，而该客户却还没有做好准备与我做进一步的沟通。

当联络人客户是主要客户的团队成员时。当联络人客户是主要客户的团队成员之一，你会发现自己非常幸运，因为你没有必要陷入寻找谁是主要客户的泥沼之中。你可使用下面所列举的最初对话与提问来了解客户的情况，识别影响引导成功的可能因素，确定你是否具备引导的技能和兴趣并与客户讨论你的引导方式。

诊断主要客户所处情境的提问

关注机会的提问

1. 你们希望的产出是什么？这种产出现在是否以某种形式存在？如果是，它是什么样子的？
2. 是什么原因让团队现在希望有此产出？这会给你们的团队和组织中的人或事带来什么影响？
3. 为了达成这个结果，你们或其他人预料将遇到的障碍是什么？你们团队或组织的哪些优势会有助于达成该结果？

识别问题

4. 向我介绍一下团队现有的问题。有具体例子吗？
5. 你认为团队成员做了什么（或没有做什么）导致了问题的出现？有具体例子吗？
6. 问题普遍吗？总是发生还是在特定条件下发生或只针对特定个人发生？
7. 问题何时发生？在那个时刻还发生了些什么或在问题发生前出现了什么？
8. 在哪些方式上团队成员造成了问题的出现？在哪些方面你造成了问题的出现？

问题对于团队三种结果的影响

9. 这些问题带来的后果是什么？这些问题是如何影响团队生产高质量产品或服务的能力的？如何影响大家的工作关系的？如何影响满足团队成员个人需求的？有具体例子吗？

潜在的设计原因——流程、结构、组织情境

10. 你认为问题的成因是什么？你看到了些什么或听到了些什么让你这么认为？
11. 在哪些任务上团队互相协作？他们如何管理彼此的协作关系？他们是如何解决问题并做出决策的？他们如何沟通并管理冲突？在组织中与其他人如何协调？这些与你所描述的问题有何关联？如果有的话，如何关联？
12. 团队是否有清晰的目标？这些目标可以激励团队成员吗？团队是否招募到了合适的团队成员？团队成员对于彼此的行为有何期盼？大家在工作中共享的核心价值观与假设是什么？这些与你所见到的问题有何关联？如果有的话，如何关联？
13. 在哪些方式上组织可以帮助或阻碍团队？所隶属的组织是否有清晰的愿景与使命？组织文化是否支持团队？团队成员如何获得奖励？团队是否收集到足够的信息来开展工作？他们能否获得足够的培训与其他资源？他们是否有合适的实体空间去开展工作？这些与你描述的问题有关系吗？如何关联？
14. 团队的成立时间有多久？团队成员或领导人出现过变化吗？
15. 你认为团队中的其他人会如何识别问题及原因？是否有不同的看法？

变革的动力与资源

16. 你采取了哪些措施去改善这种局面？结果如何？
17. 为何团队成员希望和引导师一起工作？他们的动力如何？
18. 团队的长处是什么？团队的行事方式是如何有效的？

与引导师共事的经历以及现在所需的帮助

19. 之前与其他引导师合作过吗，无论是解决这个问题还是其他问题？引导师所扮演的角色是什么？结果如何？引导师做了些什么在团队成员看来非常有帮助？
20. 你们为何现在需要找另外的人？在团队或组织中发生了什么或将发生什么？

21. 是什么原因让你给我打电话？谁提议的？其他团队成员对此可以接受吗？
22. 你是如何看待我去帮助团队达成其目标的？
23. 你们会使用哪些标准来判定你们是否希望聘请我来作为你们的引导师？你们需要收集哪些信息来做出这个决定？
24. 谁批准这次引导的费用？

衡量成功的标准与投资回报

25. 如果达成了目标，你将如何向团队介绍其中的价值？对于组织的价值？可带来的财务结果是什么？
26. 你们怎么知道自己成功了？
27. 你们如何衡量这点？
28. 如果不成功的话，会带来什么成本？

某些主要客户并不确定他们需要什么样的帮助。其他一些客户已经界定了问题或识别出机会，或者识别出需要你去引导的具体流程，并希望知道你是否能交付他们所期盼的服务。如果是后一种情况，假如你与他们一起探讨他们是如何得出诊断结果并提议流程的，你对客户的帮助会更大。这让你去就当前的局面做出自己的判断并与客户交流你们的观点是否有所不同。

例如，某位经理要求我与他及委员会一起工作来制定某郡的拨款优先次序。这位经理告诉我，委员会对项目拨款采取"撒胡椒面"的方式而没有就更大的目标达成一致。在我们的对话中，经理说他与委员会的关系紧张。委员会不仅绕开他自行招聘人员，而且把他摈除在重要的决策之外。我清楚地看到这位经理与委员会之间的紧张关系让团队难以设定拨款的优先次序。经理赞同我的看法，但他并不情愿讨论他们之间的关系，他担心这会让局面更加恶化。在讨论如何缓解他的担心之后，他同意讨论他与委员会之间的关系问题。假如我接受经理对于问题的界定，我本应与委员会一起工作而无须全面理解问题所在，但这会阻碍他们完成任务。

为了确保客户不至于曲解你提问背后的理由，你应与他们分享你的推理，这非常重要。客户在简要描述他们的情境之后，你可以这么说："为了发现我是否能帮助你们以及如何帮助你们，我这里有几个问题需要问，这样我可以更好地理解你的情况以及你是如何看待这一情况的。随后我会与你分享我的看法并听取你的反应。下一步这么做，你看如何？"

↗ 做出最初的诊断

无论团队在寻求解决问题还是试图抓住机会（例如，兼并另一家组织或扩充其产品线与服务领域），你都可与你的主要客户在最初的对话中使用表 13.3 中列举的提问。这些提问可以帮助你识别客户的问题或机会（对于团队的影响变革的潜在原因）。这些提问可用于探讨客户变革的动力与资源、他们过往与引导师合作的经历，以及现有的需求是如何演变而来的。你没有必要要求客户回答所有这些提问，你可以根据客户所处的情境选择其中的一些。你也需要根据引导的具体目的修订某些提问。

这个阶段的目标不是对客户所处的情境做出完整的诊断，诊断无法在一次对话中完成。此阶段的任务是开始诊断并判定引导是不是帮助客户的合适方法。一位富有经验的引导师需具备足够的灵活度，可从客户讲述故事之初就开始做出诊断，而不是要求客户按照预设的提问做出回答。事实上，**诊断与干预的总体原则是从客户的利益与关注处开始的**。

有关问题、对于结果的影响及潜在成因的提问都建立我在第 6 章所介绍的团队有效性模型的基础之上。这些提问可以帮助你快速理解团队的初步情况。这些提问并未回应模型的某个特定要素。相反，这些提问让客户有机会去介绍他们所看到的问题。

通过了解之前引导师与团队的工作方式以及团队对于引导师作用的看法，你可以马上识别出团队对你的期望。你可以开始探讨相比于过往的引导师来说，你是否能更好地满足团队的期望。

了解客户是如何联络你的，也能提供有用的信息。知道谁把你引荐给客户，可以从中了解客户的期望。了解联络你是谁的想法，这个想法被接受的程度，谁参与到联络你的决定之中，这些信息对你所需的支持以及所主持的引导提供帮助。

↗ 介绍你的引导方式

在对话中的某个时刻介绍你的引导方式，这非常重要。这样，客户可以就是否继续选择与你合作做出知情的选择。介绍时包括详细说明你将如何帮助团队达成目标，如有必要，解释你为何会这么做，你是如何看待引导师这个角色的，你是如何区分基础型引导与发展型引导的，基于客户的情况，解释你如何将此与客户的工作关联。挑战在于向客户介绍你的引导方式，这样，客户可以对你的介绍以及你为何这么做建立清晰的图像。这些都无须使用引导术语。

在介绍引导方式的结尾部分，你可以参照客户向你提出的一些问题，也可以参照你在对话中的行为来解释你将如何与团队一起共事。你可以这么说：

我想介绍一下我作为引导师将如何与你们一起共事并得到你们的回应。作为中立的第三方，我不会就你们所讨论的内容发表看法，但我会帮助团队开展高效对话来获得这一成果。为了做到这点，我会做一些事情来促使其发生。例如，你们提及团队成员会经常坚持他们所偏好的解决方案，而这会给决策带来麻烦。我能帮助团队成员的一件事就是请他们从解决方案上后退半步，识别他们的解决方案试图满足的潜在需求是什么。这样，他们可以得出适合整个团队的更好的解决方案。

我将帮助团队有效地管理时间。这意味着如果我认为团队成员讨论跑题的话，我将指出这点，但团队可以自行决定如何分配他们的时间。当我认为团队成员并未就重要词汇的含义达成一致时，诸如什么是战略或权威等，我将帮助他们达成共识。这样，他们不至于产生误解。我将帮助团队成员解释其发言背后的推理过程，这样，每个人都可以更好地理解彼此的看法。当我解释我为何这么提问时，我会先解释我的理由，如果我认为人们对于彼此或当前局面做出假设时，我会帮助他们检验这些假设，这样，他们可以知悉这些假设是否正确。这将提升团队基于有效的信息来做出决策的能力。我会和你们就刚刚做出的推论做出检验，我会提问你是否询问过艾伦，看他是否认为你对团队从头管到脚或你只不过在猜测他会这么看你。

简而言之，我会帮助团队成员就他们的想法保持透明并对他人的想法心怀好奇，这样团队可做出知情的选择并在理想的情况下让大家对此做出承诺。你们对我引导团队的方式有何看法？

如果团队在寻求发展型引导，我会提供更细致的解释并与客户团队展开对话，从而了解他们是否希望学习这一方式来提升自身的能力。

评估你的兴趣与能力

假设你的引导方式适合客户的需求，那么在最初的对话中，你可以告诉主要客户你是否有能力帮助客户以及你对此是否有兴趣。引导师有时候会有他们偏爱的工作以及他们不太愿意从事的工作。某些引导师不愿选择与那些希望达成的目标与他们所坚信的价值观与信念不一致的团队一起工作。如果你坚定地认为妇女可自行决定其生育权，那么对于那些致力于禁止堕胎的团队引导工作，你会感到索然无味。与之类似，如果你认为生命开始于融合的一刹那而且生命权优先于妇女的生育权，那么你对于试图寻求增加妇女堕胎途径的团队引导工作不会感兴趣。无论你的价值观或信念是什么，了解这些对于你明确是否与特定团队开展合作或你能否坚守中立的立场非常重要。

↗ 总结并就下一步达成一致

当你就最初的诊断拥有足够的信息时，你就可以与团队成员分享并询问他们的看法是否有所不同。假定这些问题适合引导并且你有兴趣、有能力提供帮助，你可以介绍你将如何有效地帮助团队并听取团队的反应。

这也是讨论客户团队做出的决策或可能的举措有可能削弱其达成目标的能力并询问团队是否需要重新思考这些决策的时候。例如，你有可能注意到团队没有分配足够的时间在其所希望达成的目标上，或者你指出如果某些人员没有被邀请的话，这有可能削弱团队讨论其所希望达成共识问题的能力。

如果团队决策有可能削弱团队的有效性，除非改变决策，否则你不愿意实施引导，那么请说出来并分享你的理由，询问客户他们是否愿意就此展开讨论。

最后，你和客户就下一步的举措达成一致。如果客户有意寻求你的帮助，那么下一步就是请客户与所在的整个主要团队讨论此事。如果团队感兴趣，联络人可安排你与主要客户团队代表或整个主要客户团队举行电话会议或当面会议。

阶段二：规划引导

规划阶段与你在阶段一中和主要客户团队成员的对话类似。差异在于你是与整个团队对话并且你在实实在在地规划引导。比较理想的情况是，规划会议面对面举行，但也可使用视频会议或电话会议系统。规划会议通常持续两小时。

此阶段的目的：① 继续探讨客户所需的帮助以及影响引导的因素；② 提出初步议程；③ 就引导的条件达成一致。在规划会议中，客户团队和你继续讨论你们在最初对话中所讨论的话题。你们也讨论并就引导的条件及后勤问题达成一致。提问清单如下所示。

订立有效合约的提问

1. 谁是主要客户，谁将出席会议？
2. 会议的目标是什么？
3. 会议的议程是什么，哪怕是最初的会议？
4. 团队会议的举办地点？举办时间？
5. 不同人担任什么样的角色？
  a. 引导师？
  b. 正式领导？
  c. 团队成员？
  d. 其他可提供信息的人？
  e. 观察员？
6. 团队需遵循的基本规则？
  a. 在会议中与会者所承诺遵循的基本规则有哪些？
  b. 团队是否有兴趣使用交互学习模式的行为？
  c. 团队可做出决策吗？如果可以，决策使用的决策规则有哪些？
  d. 团队内部达成的保密协议是什么？
  e. 引导师与团队达成的保密协议是什么？
7. 在引导中，团队如何评估进展？
8. 引导师如何就其表现接受反馈？
9. 引导师的费用是多少？
10. 合同生效的时间是什么时候？
11. 在什么条件下合约得以改变？
12. 如何让所有团队成员知晓初步合约？什么时候知晓？

在规划会议前，你给主要团队成员发出简短的函件（通过最初的主要团队联络人）并要求其转发给所有应邀请出席规划会议的人员。这份函件解释了举办规划会议的原因、会议的目标并提供了规划会议的建议议程（不是引导的议程）。如果他们愿意，我通常会附上我的两篇文章。第一篇为"如何聘请团队引导师"，该文介绍了在聘请引导师时需关注的因素。第二篇为"更为聪明团队的八种行为"，该文介绍了我作为引导师所使用的交互学习模式的行为以及我要求团队所展现出来的行为。

订立会议电子邮件样本

致：高管团队
抄送：朱利叶斯·马克思，CEO
自：罗杰·施瓦茨，总裁
事由：高管团队的规划会议
时间：2016 年 10 月 14 日

我期待与你们在 2016 年 11 月 14 日早上 9:00—11:00 举行会议，这是为了规划你们在 2016 年 12

月5—6日举行的高管团队会议。上周，朱利叶斯·马克思给我致电并询问我是否可以主持这次规划会议的引导工作。朱利叶斯介绍了团队的当前情况以及团队的需求，我解释了我将如何帮助团队达成其目标。

我之所以举行这次规划会议出于三个目的：① 让大家有足够的时间决定你们是否需要我来引导这次会议；② 作为团队，对于我的引导能否提供你们所需要的帮助有足够了解；③ 如果我们决定一起共事，我们需要识别目标、总体议程、一起工作的方式以及后勤事务等。以下是我建议的规划会议的议程，请告知我你们是否认为需要做出调整，这样我们可以在会议一开始就讨论这些调整。

我附上了两篇文章"如何聘请团队引导师"及"更为聪明团队的八种行为"的复印件。第一篇文章简要介绍了我与团队一起共事的方式；第二篇文章介绍了我帮助团队成员一起有效工作的一套行为。请在参加会议之前阅读这些文章，这样我们可以一起探讨你对我们一起共事的任何疑问或担心。

高管团队规划会议建议议程2016年11月4日，上午9:00—11:00：

1. 介绍。
2. 对于以下议程我们需要做出哪些调整？
3. 向所有人介绍最新情况：本次会议将进行哪些对话？（朱利叶斯，然后是罗杰。）
4. 大家如何描述高管会议的目的？
   a. 是什么原因导致你们现在想举行这次会议？
   b. 大家所面对的机会与挑战有哪些与这次会议有关？
   c. 你们认为如果这次会议得以成功举行，需达成哪些成果？
5. 有关我的引导方式你们有何提问？
   a. 你们为何考虑邀请我来引导这次会议？
   b. 过去你们与其他引导师合作过吗？如果有的话，他们做了什么在你们看来是有用的或没用的？
   c. 你们如何看待我来帮助团队达成目标？
   d. 基于我们的讨论，你们希望我来引导这次会议吗？
   e. 关于由我来引导和引导预算，你们还需要得到其他人的批准吗？
6. 这次会议的总体议程与计划是什么？
   a. 为了达成这次会议的目标，团队需要在这次会议中回答哪些提问？
   b. 开始和结束的时间是什么时候？
   c. 这次会议在哪里举行？
7. 谁会出席这次会议？
   a. 为达成会议目标，需要谁来参加以确保团队得到相关信息与支持？
   b. 团队成员需要做哪些准备以便有效地使用时间？
   c. 在什么条件下我们需要同意重新商定会议的议程安排？
8. 在会议中，引导师、团队领导、其他人的角色是什么？
   在会议中，团队希望尝试交互学习模式的行为吗？
9. 还有哪些方面我们没有讨论但需要现在解决的？
10. 下一步我们需要采取什么行动？

哪些人需参与规划会议

如果可能的话，最好让所有的主要客户团队的成员参与规划会议。这可以让你观察（或听取）整个团队是如何一起共事的，你所引导的团队是什么模样的。这也增加了机会，你可以听到并了解任何团队成员就引导目的、流程及你的引导角色应该是什么样的所表达的不同看法。

在基础型引导中，如果整个团队无法出席规划会议，你可以要求团队推选出部分成员作为代表出席。关键是这些人要有代表性，对此我随后会给出解释。在发展型引导以及长期的基础型引导（持续多次的基础型引导）中，团队需要对时间做出主要承诺。重要的是，在初步接触之后，所有客户团队的成员要参与到订立合约的流程中。无论是何种情况，除非整个团队出席会议，主要客户团队代表与你达成的协议都是初步的协议。

找到代表性的子团队。如果整个主要客户团队无法出席规划会议，出席会议的子团队能代表整个团队就显得非常重要。 所谓代表性，我指的是子团队囊括的对象能反映出与引导有关的整个团队的差异范围和特征。这增加了机会，让你和规划子团队拥有所有的相关信息，以便起草可获得整个团队支持的引导议程。如果子团队不具代表性，那些观点被忽略的人将不会出席这次会议，更不用说获得他们对于决策的支持了。

子团队并不需要在每个方面都能代表整个团队；他们只需要在那些事关引导的方面具有代表性就可以了。例如，某教育委员会及其督察有一次要求我去引导事关督察绩效的会议，这是在委员会投票（4∶3）决定减少督察薪水的补充议案后举行的。在这个案例中，客户要求我与子团队一起工作，该团队由督察与主席组成。但是，让代表其他的两个利益相关者与会也非常关键：在降薪上投赞成票及反对票的成员。因为主席对于降薪投赞成票，我们为此增加了一位成员，他可代表那些对降薪投反对票的人。

团队正式领导将规划委派给其他人负责所带来的问题。 如果团队的正式领导将规划委派给其他人负责，有时也会出现问题。政府部门的部长将60位领导人的会议规划委派给副部长与规划经理负责，他们两人都是主要客户团队的成员。与规划经理的初次见面之后，我勉强同意他们两人提出的规划会议的议程，但我坚持一定要在最后的规划会议中与部长见面讨论。在最初的两次规划会议中，规划经理和副部长都强调部长希望这次会议能将重点放在长期规划的讨论上。但在最后的规划会议中，当副部长、规划经理和我向部长汇报了我们的初步计划之后，部长强调基于最近的重组，他们需要关注如何打造一支高效团队。结果是，我们不得不重新设计会议议程，浪费了组织更多的时间和精力。

回过头去看，我也是订立合约问题的始作俑者之一。与副部长与规划经理讨论时，我试图尊重组织内部对于职责的分工，但我没有检验他们有关会议关注点的假设是否与部长一致。如果在规划流程之初就碰头或给部长发送邮件来检验假设是否成立，那么我们本可以早一点儿发现彼此的不同并就此达成一致。

在某些案例中，规划被委派给内部咨询顾问负责，但他并不是主要客户团队的成员之一。某医药公司的内部组织发展咨询顾问要求我来担任他所支持的领导团队的引导师。他知道我的工作方式并欣赏我的引导方式，但当我建议下一步是与领导团队的负责人或与整个团队交流时，他婉拒了我的请求。他表示代表客户及团队订立合约是他的工作。我的回应是，我关注的是如何确保他的客户和我以及最终整个团队享有相关信息，从而决定我们是否一起共事以及如何共事。如果是这样，我所知道的唯一方式是让我们直接沟通。我还建议他作为与会者也参加这次谈话。

但是，他依然坚持他可以代表他的客户及整个团队，在我们达成一致之前我不能与他们见面讨论。我只好婉谢了这次合作机会。

此阶段的原则是必须允许引导师有机会直接了解并探讨导致正式领导要求提供引导服务的相关信息、利益与假设。如果没有这个途径，引导师很有可能做出不知情的选择并给团队和他本人带来问题。

与团队成员单独会面以及保密的问题。有时候客户要求我与某位团队成员单独会面后再与整个团队会面。如果团队正在经历冲突或信任危机，你就有可能接到此类请求。一次，有人邀请我去引导某公共健康研究组织的执行总监与关键人物参加的会议。执行总监寻求我的帮助的部分原因是发生在组织中的数起事件让她感到人们并不信任她。甚至在规划会议之前，这位执行总监告诉我大家希望与我单独会面讨论会议的相关话题。

在另一个案例中，有人邀请我去引导开发商与镇议会之间的纠纷解决会议。开发商起诉镇议会没有批准土地细分规划。如果这次引导成功的话，开发商将撤回起诉。镇议会希望与我单独会面，一则考察我能否为他们所接受，二则分享他们的担心（法律允许举行闭门会议）。开发商的律师也希望与我单独会面，看我能否为她的客户所接受。

许多引导师喜欢在与整个团队见面之前单独会见个别团队成员。如果你与团队成员单独会面，你会马上陷入纠缠之中并强化团队低效的互动因素。引导师与团队成员把这次会议看成引导师了解不同成员是如何看待团队及他们所面对的挑战和机会的。引导师将这些会议看成诊断访谈的良机，这可为团队的会议议程甚至为引导师可做出的干预提供很多启示。引导师的理由是，相比于全体会议，团队成员在单独会面中会更为坦诚，尤其是当他们获得保密的承诺后。如果是这样，那么引导师的做法是对的。但在单独与团队成员见面后，引导师将变成团队成员有关团队希望、梦想与担心的焦点。引导师可能比团队自身更了解团队。

但是，如果你承诺在这种情况下守口如瓶，你就创造了窘境三角形，这会导致你与交互学习模式的核心价值观如保持透明、知情的选择和担责等不一致。窘境三角形的第一条边是这样的：如果你承诺对单独会面的谈话内容守口如瓶，那么你就无法与团队分享那些人告诉你了什么，而且你也无法分享这是谁说的。这意味着如果你在引导中使用这些信息做出了干预或提议了流程，你就无法与大家分享这么做的理由，也无法通过保持透明的检验。因为团队成员知道你与他们中的某些人在会议前见过面，因你缺乏透明，这会很容易让团队成员对其他人说了些什么才让你采取这种方式实施干预做出高阶推论。简而言之，你是潜在冲突与团队不信任的制造者。

对于窘境三角形的第二条边来说，哪怕获得许可，你能分享单独会面中获得的信息，但你没有让团队成员对于彼此担责，因为你代替他们出面提出了他们自身的问题。简而言之，你把团队成员的责任背负在自己的肩头。

如果你没有与团队成员单独会面，你可回避上述这些问题，但却面临窘境三角形的第三条边：除非开始实际引导，否则你会担心自己无法找到团队中的重要问题或互动因素，或者你担心有些问题可能根本不会被团队成员提出来。

管理保守秘密窘境的第三条边。我们可以找到管理单独会面的方式。如果团队成员要求单独会面，这有可能是他们正在面对冲突与不信任，所以他们并不知道如何安全地提出这些话题。解决方案是共同创造条件让团队成员在团队面前说出他们想要表达的想法，虽然他们感到无法表达出来。

你可以要求先与大家作为一个团队一起交流。你可以提出团队和你所面对的窘境，与大家交流在全体规划会议或所有人的引导会议中分享信息的担心，并询问他们这些担心背后的原因。如果团队成员愿意分享他们的担心，你可这样提问："为了让你愿意在整个团队面前提出这些担心，你需要什么样的支持？"如果团队成员，包括正式领导，同意创造条件（如不会因为你提出这些话题而打击报复你），那么他们可以讨论在此之前他们选择保持缄默的话题。

但是，如果团队成员依然坚持不希望在整个团队前面讨论这些话题，你可能同意与他们单独会面或与分支团队会面，如果规划团队：① 同意私下会面中所讨论的内容和在整个团队中分享达成一致；② 同意提出这些话题的责任依然在全体团队成员的手中。举行单独会面的目的是让你教练大家是否提出这些话题以及如何提出这些话题。你帮助他们探讨如何提出他们希望讨论的话题，包括他们对于这种引导方式的担心。你可以与他们做角色扮演，从而找到这么做的合适的表达方式。你可以对所有团队成员做出相同的承诺："我无法代表你提出你的担心，一旦你提出担心，我将尽我所能确保你感到心理安全并让对话带来有效产出。"

最终，每个团队成员就分享什么、不分享什么做出知情的选择。作为引导师，我们的角色是尊重选择，哪怕我们能够带来不同的影响。一旦我们要求团队成员去自行控制想去分享什么，不想去分享什么，将知情的选择、担责与"欲速则不达"的原则结合在一起所带来的不那么引人注目却非常有力的影响使我们可以更好地帮助团队。这可能需要更多时间，但可确保团队在做出选择之后前进的速度更快。

↗ 决定使用哪些基本规则以及如何使用

基本规则是你和团队共事时团队承诺使用的规则。因为交互学习模式可被用作基本规则，你和团队需做出三项决定。

三项决定。团队成员必须决定他们是否采用你在干预时所依据的八种行为。这个决定与他们是否希望与你共事真的密切相关，因为如果不展现出这八种行为，你就无法使用交互学习模式。如果团队告诉我，他们不想采用八种行为作为他们的基本规则（虽然这从未发生过），我会尽力发现团队的担心是什么，如果我不能解决他们的担心，我将拒绝这项工作。

团队成员需要做出的第二项决定是他们是否在你的引导过程中践行这些行为准则。如果团队成员对于展现这些行为心怀疑虑，团队可以在实践并更好地理解这些行为之后重新做出选择。

基于之前做出的两项选择，团队和你可做出第三项决定：是否需要添加或修改基本规则。某个团队可能添加一项基本规则，如要求对会议现场讨论的内容予以保密等。重要的是基本规则的改变或添加需要与交互学习的核心价值观和假设保持一致。哪怕团队成员没有将八种行为视作基本规则，如果该行为降低了团队的有效性，那么你依然可以对其实施干预。

为了帮助团队成员就他们是否使用八种行为做出知情的选择，你可以在规划会议之前发出的邮件中附上"更为聪明团队的八种行为"这篇文章。你可以要求他们阅读这篇文章，随后在规划会议中讨论他们提出的疑问与担心。如果他们愿意的话，你可以解释这八种行为是你引导中的重要部分以及你推荐他们展现这些行为。

我为何不要求团队自行制定基本规则。基于团队成员会支持自行制定的基本规则的看法，某些引导师要求团队制定其会议中用到的基本规则。这会带来两个潜在问题：① 团队制定的基本规则与有效团队所需的基本规则有可能不符或过于抽象，以至于这些规则无法使用；② 引导师没有对其诊断或实施干预的行为保持透明。

我认为团队通常并不具备能力去识别可帮助其改善流程行为的基本规则。要求他们制定基本规则所带来的结果是非行为似的陈述，如"尊重他人"，但这对不同的团队成员而言有不同的含义；诸如"公开表扬，私下批评"的建议与交互学习模式并不相符；而一些程序性规则如"关闭手机"等，虽有必要，但并没有将注意力放在如何关注团队成员之间的互动上。

当团队聘请我们担任引导师时，我们以团队流程专家的形象出现在众人面前。为团队提供一套为研究所验证且能提升团队流程有效性的一套行为，这是我们的责任。团队没有必要自行制定基本规则并对此做出承诺；相反，他们需要对于使用这些规则做出自由并知情的选择。

↗ 书面提交初步共识

假定你们同意一起共事，在规划会议或会议结束之际，规划团队和你需要就表13.4中所讨论的问题达成初步共识。下一步就是发出备忘录，说明你对于协议的理解，如果他们的理解与你有所不同的话，要求他们联系你。下面提供了基本引导的协议样本。如果规划团队是一个完整团队的子团队，我的备忘录会发给主要客户团队中的所有团队成员，哪怕他们并未参加规划会议。如果规划团队是为所属团队做出规划，我通常只会把备忘录发给规划团队成员。无论是何种情况，如果备忘录的接收对象还没有收到"更为聪明团队的八种行为"这篇文章，我会附上复印件并解释我将在引导中使用这些行为。如果规划团队同意，那么整个团队都将在引导中使用这些行为。

书面提交初步共识可让你清楚地表明这并不是最终协议，除非所有团队成员已经点头认可。这也让所有的团队成员在你引导之前能阅读该协议并提出他们的疑问或担心。

基本型引导的初步协议样本

罗杰·施瓦茨及其同伴

随心而动

高管领导团队与罗杰·施瓦茨咨询公司达成的协议

本邮件总结了我们在规划会议中就高管团队的会议所达成的共识。

时间与地点

本次会议将在椰林度假村举行，时间为12月5—6日，上午9:00—下午5:00。

出席与重新安排

高管团队将参与这次会议：朱利叶斯·马克思、玛格丽特·杜蒙、蒂娜·冯、杰弗里·斯巴丁、伊曼纽尔·拉芙丽、格洛丽亚·泰斯德尔、鲁弗斯·菲尔福莱。为了确保所有参与者的观点得以讨论并且会议中所做出的任何决策获得必要支持，参与者同意全程出席且不会退席。如果有人无法参加，我们同意重新安排这次会议举办的时间。

初步目标与议程

这次会议的目标是就团队目的、主要任务、团队结构与运作流程达成共识，以改善团队的有效性。为了达成目标，团队将讨论并回答五大类提问：① 高管团队的目的是什么？② 哪些任务需要我们互相支持、共同担责并集体做出决策？③ 为了解决问题，做出决策并管理冲突，我们需要哪些具体流程？④ 我们对于彼此所需表现出来的具体行为有何期待？⑤ 我们将如何规划并管理我们的日常会议？基于我们的规划会议，下面是初步议程，其中包括预估的时间。

会议开始时，我们将介绍所有的与会者；回顾初步议程并做出修改，如果需要的话；回顾你们初步同意作为基本规则的交互学习模式行为；回顾我们的角色。在会议结束时，我们将讨论下一步计划并对本次会议做出评估。这个目标与议程依然只是初步建议，除非得到整个团队的确认或修正。

咨询顾问的角色与收费

我将担任引导型咨询顾问，其中包括两部分。我将尽我所能帮助团队的对话获得高效产出，包括：① 不让讨论跑题；② 了解你们的观点有何相同与不同；③ 理解你们讨论背后的假设；④ 识别尽可能满足你们利益的解决方案。另外，正如我们所同意的，我将分享我在团队有效性上的专长，如果这与你们的讨论有关的话。当做出决策时，你们将决定是否采纳我的建议以及如何使用我的建议。

> 罗杰·施瓦茨咨询公司的两天引导收费是_____美元，还需要加上差旅费用。
>
> **提前准备**
>
> 请完成并回复附上的问卷，这可为你将在会议中讨论的提问提供初步回答。另外，如果你没有阅读过"更为聪明团队的八种行为"这篇文章，请抽空阅读。
>
> **变更通知**
>
> 如果这封邮件与我们规划会议中所达成的协议不相符的话，请马上联络我。如果你们之中有任何人不能出席的话，朱利叶斯将联络我。如果情况或环境要求我们修改达成的协议，我们将共同决定如何做出改变。
>
> 期待与各位在12月5—6日见面。
>
> 罗杰·施瓦茨
> 总裁兼CEO

阶段三：与整个主要客户团队达成一致

除非与整个主要客户团队一起规划，在订立合约的阶段三，你可与整个团队达成一致。这一步通常发生在你所引导的会议之初，也就是整个团队第一次出现在你面前时。在你们达成协议之前，做好第一步非常重要。

↗ 与规划会议的代表简短会面

在引导开始时，你需要与规划会议的代表简短交流一下，了解是否发生了什么会影响合约订立或引导改变的后勤问题。对于发展型引导或长期的基本型引导而言，此次对话与团队每次即将举行的会议有关。

为了解决某学校行政管理人员与教师之间发生的巨大冲突，我曾主持发展型引导。会议开始之前，我询问大家是否有什么新的消息。有人告诉我，执行理事即冲突的焦点人物已经宣布辞职并将在这个学年底生效。基于这一信息，我在开场时询问大家，他的辞职对于我们接下来的引导会有哪些影响，并询问我们是否需要改变之前订立的合约。与之类似，在与某全球性物流公司合作时，我从早上6:00的CNN新闻中了解到我的客户刚刚依据《破产法》第11章申请了破产保护。我们的会议将在8:00开始，会议前我询问副总裁，他的团队是否出席这次会议。如果会议继续举行的话，我们需要如何进行。

如果客户和你还没有就如何开始第一次会议的细节达成一致，是时候开始做以下这些事了：就如何开始会议达成一致，介绍你作为引导师的身份，介绍其他与会者，介绍导致会议举行的原因，等等。

↗ 与整个团队达成一致

在短期的基础型引导中，对话发生在会议之初，也就是所有客户和你介绍完自己，规划团队的代表和你介绍了促成本次会议的规划流程。你们回顾了初步协议中的每个关键要素并询问大家是否还有疑问或担心：① 会议目的与目标；② 议程与时间分配；③ 每个议程的流程；④ 基本规则；⑤ 角色（包括你的角色、正式团队领导及其他人的角色）。

这是一个关键时刻。如果规划分支团队和你满足了整个团队的利益，那么整个团队将很快就初步协议达成一致。但是，如果规划分支团队未能合适地表述整个团队的完整利益，你将面临与整个团队重新订立合约的局面。只有做到这点，团队才可开始他们的工作。我自己曾身陷这种局面中（其中我也有责任），这种感觉并不好，尤其是当团队人数众多或对子团队达成的协议严重关切时。避免这种局面的唯一方法是确保你与代表性分支团队一起规划。

↗ 就基本规则达成一致

如果整个团队参加规划会议，你可以马上提醒大家你将如何使用交互学习模式的基本规则来实施干预并询问他们是否同意在这次会议中将其作为基本规则。

在基础型引导中，如果整个客户团队没能参与规划会议，那么询问大家是否阅读过给他们提供的文章。如果他们已经阅读过，询问他们对于使用基本规则有何疑问或担心。对他们的提问或疑问做出回应后，简要地介绍一下交互学习模式的八种行为，包括你将如何使用它们以及他们如何展现这些行为。随后询问他们是否愿意在引导中展现这些行为。

在我的引导中使用交互学习模式行为的这些年来，很少有团队成员对于展现这些行为表现出担心。（其中部分原因是聘请我的客户对于我的引导和行为比较了解。）如果有人表现出担心，你可以使用交互学习模式行为来展现出你的好奇心，理解他们的担心，识别他们对八种行为或对其期盼做出的错误假设，共同谋划解决方案来满足团队的利益。

当与团队一起努力解决团队成员间的严重冲突时，我在合约中会要求他们花费更多的时间去讨论这些行为。某城市议会最近扩大规模并将几个陷入冲突的党派纳入其中，他们希望解决这个问题。议员们同意花费数小时来了解如何使用交互学习模式行为并开始采用引导的方式解决冲突。在引导中，有些议员展现了这些行为并在事后表示这些行为帮助他们更有效地开展工作。

↗ 解决团队成员的担心

从心理上来讲，对于那些还没有参与到规划中的团队成员来说，这是引导的关键时刻。看到了书面的初步协议后，他们可能关注这些目标和议程是否可以发生改变。他们是否能够影响流程以及他们的利益是否得到关注。他们也可能关心你作为引导师能否帮助他们满足自身的利益。

有时候团队成员会急于奔向需要引导的内容并想压缩或减少与整个团队订立合约的开场时间。他们可能觉得征求每个人的同意是在不必要的问题上浪费时间，他们对此深感挫折。他们很可能担心如果你就初步协议询问大家的意见，这会让各种反对意见全冒出来，而团队永远也无法就引导的内容展开讨论。

你可以对这些担心做出回应。你可以指出，如果整个团队对初步协议没有意见的话，那么对话将非常简短。如果有意见而团队没有识别出来或予以解决的话，那么这些意见可能在会议之中浮现出来，或者更为糟糕的是，当会议结束之后，有的团队成员声称他们不会对流程做出承诺。在会议之初就多花些时间，会降低团队在后期投入额外时间的概率。正如系统思维的表述所指出的那样"欲速则不达"。

阶段四：在引导中重新订立合约

阶段四就是引导本身，不再属于订立合约的阶段。我之所以将该阶段囊括在订立合约的阶段，是因为在几乎所有的引导中，团队和我会修改合约中的某些要素。

在引导中，会有人提出疑问从而导致合约的要素得以修改。以下列举了一些疑问。"如果有人还没出现，我们是否需要准时开始？""如果有人需要提前离开，我们是否可以早一点开始？""如果有人没有出席，我们是否照常举行会议或继续保留相同的话题？""我们是否需要修改议程的顺序？""如果我们没有足够的时间来完成所有的议题，我们是否需要修改议程？"

另外，如果你引导的团队会议不止一天，那么你可能在第一天结束的时候做一个调研，了解哪些方面做得不错，哪些方面需要在第二天做出调整。在调研时，你可以询问团队：① 我们今天哪些方面做得不错？② 下一次我们需要哪些不同的做法？这些调整可自然地导入新订立的合约。

总的来说，在订立合约阶段，寻找合约中那些不适合团队的要素及适合的要素，这对团队会有所帮助。

阶段五：完成引导并做出评估

在阶段五，你和客户将完成引导并做出评估。

↗ 完成引导

决定基础型引导合约何时宣告完成不是一件难事，通常在实际引导起步时，就可以确定下来。在基础型引导合约中，尤其是短期引导，通常是围绕你需要与客户一起工作的具体日期来设计。当你在这些日期中结束了引导工作后，合约也就宣告完成了。如果你的合约是帮助团队直到他们就具体的问题做出决策，那么当团队做出决策后，合约宣告完成。

决定发展型引导合约何时宣告完成更为困难，也很少在引导开始之初就得以确定。客户通常并没有事先明确他们眼中的交互学习模式的心智模式以及技能需达成的水准。只有通过践行交互学习模式并评估其进展，团队才得以做出知情的选择。结果是，作为发展型引导师，你需要不断地帮助团队考虑他们还可以在提升其交互学习心智模式及技能上走多远。

有时候，团队或你希望在另一方认为所需完成的工作完成之前终止合约。例如，客户可能希望转移讨论话题的优先次序或对你的能力表示不满，或者你推断出客户对于引导并没有做出足够的承诺。当你与发展型客户订立合约时，如果任何一方决定提前终止合约，你可以要求与客户团队再见一次面，帮助客户和你理解终止合约的原因并给双方提供机会对你的行为做出反馈。

↗ 评估引导

对于评估而言，实际引导与合约是两个不同的话题但互为关联。评估实际引导涉及探讨团队成员和你是如何互相促进或削弱团队的有效性的。评估合约涉及在多大程度上合约的条款满足了客户和你的需求（哪些成员需要参与，团队与引导师会面的频率等）。

正如我在阶段四中所提及的那样，评估实际引导或合约可以发生在引导的任何阶段。对于长期引导来说，设定固定时间来评估引导会有帮助，这样客户和你可以决定在满足客户需求上你的表现如何并做出相应的调整。

为了评估引导，我与客户订立的合约中会约定在每次会议结束之际做一个调研。

小结

在本章，我介绍了客户和你使用的流程，就你们是否一起共事以及如何共事达成一致。订立合约阶段的五个阶段：① 与主要客户团队成员进行最初的接触；② 规划引导；③ 与整个主要客户团队达成一致；④ 在引导中重新订立合约；⑤ 完成引导并做出评估。

引导中出现的许多问题与订立合约的低效密切相关。订立合约流程使客户与你之间建立了有效工作关系并增加了有效引导的机会。

在第 14 章，我们将探讨是否与合作伙伴一起工作以及如何工作，这样你们可以更好地帮助共事的团队。

第 14 章
联袂引导

本章将介绍你和合作伙伴如何一同工作来帮助团队。本章分为三部分。在第一部分,我将介绍联袂引导的优势与劣势以及什么时候使用联袂引导。在第二部分,我将介绍你和合作伙伴如何分配、协调引导工作。在第三部分,我将介绍你和合作伙伴如何反思你们的工作并不断提升。

给团队提供引导、教练、咨询服务,这些都是智力上极具挑战性的工作。你需要在关注内容的同时关注流程,言语与非言语行为,那些发言的人以及没有发言的人,团队中现在发生了什么并与过往发生的事件以及将来可能发生的事件进行对比。当考虑所有这些情况时,你会思考是否做出干预、如何做出干预、何时做出干预、对谁做出干预,以及干预将给团队带来什么样的影响等,然后实施干预。经常出现的情况是,你不得不用比阅读这段文字更少的时间完成上述所说的一切。

因为这项工作极具挑战性,你有时需要与其他人联袂开展引导工作。在联袂引导中,你们服务的通常是同一个客户。

决定是否联袂引导

当合作伙伴配合良好,不仅他们两人受益,而且他们所服务的团队也将因此受益。如果他们配合不佳,每个人都会受到伤害。这部分内容主要来自威廉·法伊以及约翰·琼斯的研究成果,而我主要介绍如何管理合作伙伴之间的紧张关系。紧张关系主要源自合作伙伴间的差异以及有两位引导师在现场这个简单的事实。选择合作伙伴的依据是,与合作伙伴携手可在更大范围内实施干预并可展现单独一人所不具备的更多技能。为了确保携手合作有效，合作伙伴的干预方式须保持一致。即便他们之间存在差异，他们也必须将差异用于提升团队而不是阻碍团队。

↗ 你们的心智模式是保持一致还是相互冲突

选择合作伙伴最重要的因素就是你和你的合作伙伴是否拥有一致的心智模式。如果你们对于引导的核心价值观与假设不同，那么你们在帮助团队时可能实施完全不同的干预方式，而且你们在协调彼此的引导来帮助团队时将遭遇挑战。

在早期的联袂引导中，我发现了这点。我曾和一位同事一起引导市议会及城市经理的会议。在会议早期的某个节点上，团队成员对于需要解决哪些问题出现争议。我的同事宣布休息并告诉他希望看到经理是如何推进会议进程的。在他看来，这是经理的选择。我对局势的看法与他有别，我的考虑是让整个团队拥有相关信息。我倾向于让整个团队做出选择。我的看法引起我的引导伙伴的更多疑虑，而我们必须在很短时间里解决分歧。我们达成的妥协是与经理商量此事并随后在整个团队面前提出这个问题。但这个解决方案是在我们两人各自的核心价值观与假设中寻求妥协。此项妥协很快被证明是我们两人在引导中诸多分歧中的第一个分歧。绝大部分分歧来自我们互为对立的心智模式。我们将注意力从关注团队上转移到关注我们两人之间的冲突上。

如果你是基于交互学习的心智模式而你的合作伙伴不是，那么许多冲突自然而然就会出现了。举一个简单的例子，你的合作伙伴可能坚持根据事先确定的会议议程时间表来讨论各项议程，而你则寻求与团队共同掌控流程并询问团队成员是否愿意改变计划。如果你的合作伙伴假定他所看到的情况是正确的，他会认为就他的推论做出检验的做法毫无必要，虽然他可能是基于高阶推论行事，但并没有公开做出检验。如果你的合作伙伴看重尽量减少负面情绪的表达，他可能制订了回避团队成员情绪的解决方案，而你则有可能直面这些情绪，认为这会触及问题的根本。一项有关共同领导团队的研究发现，价值观和信念的差异被认为是大家无法继续合作的最主要的原因，其中的角色关系与联袂引导师类似。

有时候，哪怕合作伙伴的心智模式与你不同，但你依然选择与之合作，因为你认为差异可以帮助你们。但是，你必须决定你和潜在合作伙伴在核心价值观与假设上的差异是否值得你以牺牲团队的进步为代价来换取你的收获，这点很重要。

你们的关注点或风格是互补还是互为对立

哪怕你和你的合作伙伴有相同的心智模式，你们依然可能关注团队的不同方面。你们中的一人可能更关注如何帮助某个团队成员改进其沟通技巧；而另一个人则关注如何改进团队的工作结构与工作流程。当关注个人与关注团队合作的引导师一起从事引导时，他们可以互相弥补彼此的盲点以及可能出现的错误干预措施，而不是强化错误。如果联袂引导师的价值观一致，有可能出现这种情况。

你的合作伙伴也会有不同的引导风格，也就是他们在运用其心智模式与聚焦讨论时所用到的特定方式。风格在多个维度上有所不同，其中包括是严肃还是风趣、如何应对挑战、干预的节奏等。

在这里，不同的风格可以帮助团队，只要你与合作伙伴的风格彼此兼容。只要情境许可，你们两人可以使用不同的干预节奏并体现不同的幽默。但是，差异过大的风格可能让团队成员感到无所适从，因为他们需要不断适应两种截然不同的对立风格。

你或团队会感到手足无措吗

当单独引导时，有时你可能有手足无措之感，你似乎感到团队中发生了太多的事情，而你却无法理解，更不用说采取干预措施了。另外，你可能关注你对于当前局面的看法是否符合现实或被扭曲，哪怕你与团队检验了你的推论。当团队中的活动和能量明显偏高时，上述情况就会发生，而且伴随着在不同层面同时且快速出现某些现象，团队中的高冲突局面就是一个例子。但是，如果每次互动都充斥着团队中的人际争执，你也会对一些看似不激烈的活动感到不知所措。联袂引导可减少你不知所措发生的概率并可给你提供机会来利用合作伙伴核对现实。如果引导的团队人数众多或引导计划安排需要腾出时间与分支团队互动，那么联袂引导是能发挥作用的。

如果过度引导，你和合作伙伴的附加能力有可能给团队带来负担。作为引导师，我们希望自己能提供帮助，我们经常通过实施引导来体现自己的成就感。但是，有时候其中的一位合作伙伴可能几乎没有机会去实施引导，因为另一位合作伙伴已经实施了必要的引导了。如果合作伙伴试图去满足自身的需求而不是客户的需求，他们可能开展一些并非十分必要的引导并拖慢团队的进程。只要你或合作伙伴将团队的需求放在首位并做好合适的分工，你们两人就都会有大量的引导机会，那么这个问题就会迎刃而解。最后，你可以重新框定有所作为的定义，以避免将不必要的引导作为定义的一部分。

你们的联袂引导是利于团队学习与支持团队还是带来竞争与控制

联袂引导可以帮助你提升专业技能，这是你通过向采用不同引导方式、引导技巧或引导风格的合作伙伴学习而获得的。在休息期间或引导结束后，你们可以讨论不同的引导方式并了解你们为何这么引导。这样，你们可以对具体的信息做出反思并学习如何在引导上开展合作。

有这样一种说法："你做任何事情的方式就是你做每件事情的方式。"换言之，在不同的情境中，在我们生命的不同阶段，从本质上来说，我们都是基于相同的心智模式来产生相同的行为与结果的。当读到本书的这一行时，你对此不会感到惊讶万分。你的引导方式、咨询方式或教练方式有可能基于驱动你每天行动的相同的心智模式，对你的合作伙伴而言，亦如此。

这意味着在你的"引导之外的生活"中出现的任何带有负面色彩的个人问题最终都会体现在你的引导角色中，只要你所处的情境激发了这些问题。此时面临的挑战包括你如何应对位高权重者，如何应对模糊不清的局面，如何面对控制，如何做出承诺，如何处理地位差异以及亲密关系等。例如，如果你与位高权重者交往时出现过问题，那么你可能不恰当地挑战或规避团队的正式领导。如果你感到难以应对控制的局面，那么当你的合作伙伴在实施干预时，你会经常打断他。

联袂引导也会带来这些问题，但如果你和合作伙伴愿意并能够帮助彼此，那么你们可以从中收获颇丰。如果你们两人愿意与对方分享这些个人挑战，那么你们可以帮助彼此更为了解那些影响你们工作的问题是什么，并且一起探讨如何改变由此而产生的行为以及价值观和假设。例如，联袂引导和联袂教授引导，我了解到我看似意图良好的干预其实降低了我的合作引导师或合作教师与团队建立关系的能力。与之类似，我的一位同事了解到，她设计的干预方式其实降低了与她看法有别的团队的能力。通过这样的互相帮助，我们真的肩负起了交互学习发展模式的引导师的责任。

当然，问题是你用于学习的原料也是削弱你和合作伙伴共事能力以及从实践中学习的原料。你的单边控制心智模式以及你的个人问题也可导致你将合作关系看成你和合作伙伴互相竞争而非共同学习的机会。一旦这个问题出现了，团队也将蒙受损失。

你们是内部引导师还是外部引导师，或者都不是

内部引导师任职于你提供服务的同一家组织。外部引导师为自己或其他组织工作。如果你是内部引导师，你可能希望寻求外部引导师的帮助来解决那些疑难杂症；如果你

是外部引导师，你可能希望寻求内部合作伙伴的帮助来提升组织的能力并更好地理解组织文化。

内部引导师与外部引导师各有所长，我将在第 15 章介绍这些。这些所长包括接触客户的途径、理解组织文化并能挑战客户。

同样，差距既可给你和合作伙伴乃至团队带来好处，也可能成为负担。如果存在分歧，你的外部合作伙伴可能认为你在流程问题上聚焦不够，过于顺从位高权重者，或者被组织文化所羁绊。相反，你可能认为你的外部合作伙伴太过理想化和挑剔，未能理解组织文化以及团队完成工作所需满足的需求。

↗ 产生的这些利益物超所值吗

除了引导师、咨询顾问及教练向团队注入能量之外，合作伙伴在彼此的协调中也可赋予彼此能量。其一，你需要花费时间与合作伙伴商讨并决定你们的工作风格是否兼容；其二，如果你们决定采取联袂引导的方式，你们需要规划如何管理你们之间的差异；其三，你们需要合理分工并找到协调彼此分工的方式。

例如，会议开始前，你和合作伙伴可规划如何共同做好开场白以及在会议中如何切换彼此的引导工作。那些难以预估的协调部分既可以事先做好规划，也可以在引导现场采取及时协调的方式。试举一例。当你的合作伙伴采取干预措施时，如果你们同意在翻页板或白板上做好记录，你们需要找到一种方式来确保你的记录或记录的时间与你的合作伙伴实施的干预保持一致。更为艰难或频发的问题是如何协调彼此做出的干预，这样你们就可以共同帮助团队取得进步而不是让团队陷入对峙中。此时协调比较艰难，因为这通常需要临场发挥并持续进行。

除了分工与协调需耗费精力外，联袂引导也会吞噬心理能量。你或合作伙伴可能担心另一方犯下大错。最终，你们不得不对协作中固有的紧张局面感到纠结不已：你们中的每一方都必须抽出部分精力来照顾彼此的协作，这样你们才可联袂获得单独一人所无法取得的效果。

↗ 有关是否联袂引导的提问

让你和潜在的合作伙伴发现彼此相同与不同之处的一个好的方式就是直接讨论这些问题。你们可以使用下面的表述来指导你们之间的对话，这样你们就能共同决定你们能否一起有效共事并就一起工作的方式达成协议。请记住，为了获得有用信息，你们需要讨论这些提问，基于可直接观察的行为，使用具体的例子介绍你们彼此的所思与表述方式。

决定是否一起合作的表述

方式与风格
1. 指导我工作的主要价值观、假设、原则是……
2. 在我的引导角色中，其他人所持有的主要价值观、假设、原则中我非常不认同的是……
3. 当与团队订立合约时，我通常会……
4. 当与团队开会时，我通常会……
5. 当与团队结束会议时，我通常会……
6. 当有人发言太多时，我通常会……
7. 当团队保持缄默时，我通常会……
8. 当某个人缄默很长时间时，我通常会……
9. 当某个人感到不安时，我通常会……
10. 当某个人迟到时，我通常会……
11. 当某个人早退时，我通常会……
12. 当团队成员表现得过于礼貌且不会质疑彼此时，我通常会……
13. 当团队中出现冲突时，我通常会……
14. 当团队在言辞上攻击其中的一位成员时，我通常会……
15. 当某位团队成员中伤我或暗示我的能力不足时，我通常会……
16. 当团队成员聚焦立场时，我通常会……
17. 当团队成员看似跑题时，我通常会……
18. 当有人中伤他人时，我通常会……
19. 对于这种类型的团队我偏好的干预方式是……
20. 这种类型的团队通常需要但我没有实施的干预方式是……
21. 与这种类型的团队合作让我感到最为满意的事情是……
22. 与这种类型的团队合作让我感到最为纠结的事情是……
23. 与这种类型的团队合作让我感到最不舒服的事情是……
24. 我实施的干预需结合担责与同理心，我在同理心上［低、中、高］，我在担责上［低、中、高］。例子是……
25. 我的典型"干预节奏"是［快、慢、其他］。例子是……

经验与背景
1. 讨论你的引导经验。你与哪些团队合作过？团队遇到的内容与流程问题是什么？
2. 讨论你的最佳引导经验与联袂引导经验。是什么原因导致其如此成功？
3. 讨论你最糟糕的引导经验与联袂引导经验。是什么原因导致其如此失败？
4. 讨论你的哪些引导行为在引导伙伴看来是比较独特的。
5. 介绍你和其他合作伙伴在合作中出现的问题。
6. 介绍你在引导实践上需要提升的方面。你期待我如何去帮助你做出改善？
7. 你的哪些问题可能阻碍你我之间的合作或与客户的合作？
8. 基于你对我的了解，你对于我们的合作有哪些担心？

合作伙伴间的协调

1. 在团队会议中,谁会坐在什么地方?
2. 谁来开场?谁来收尾?
3. 我们两人是否需要在所有时间同时出现?如何处理中场休息?
4. 记录者需要做些什么?
5. 如何分工(如主角—配角、工作任务—工作关系、干预者—记录者)?
6. 哪些干预或行为可以被彼此接受或不接受?
7. 何地、何时、如何处理我们之间出现的挑战?
8. 哪些差异我们愿意展现在团队面前?哪些差异我们不愿展现在团队面前?
9. 我们将如何协作来履行我们共同认可的指定角色?
10. 对于联袂引导的每一方而言,哪些属于不可协商的?什么原因导致不可协商?

分工与协作

如果决定联袂引导,你们需要确定你和合作伙伴在引导中如何分工及如何协作。随后我将讨论六种方式来应对分工与协作中出现的挑战。

干预者—记录者

在干预者—记录者的安排中,当一位合作伙伴做出干预时,另一位合作伙伴则在电脑上(以便让整个团队看到)、白板上、翻页板或其他设备上记录要点。以头脑风暴为例,如果需要团队产生许多想法而你不希望因此拖慢讨论进程,这样的分工是有帮助的,否则他只能写完一条后再询问第二条想法是什么。当然,无论是干预者还是记录者,都需要核对记录的陈述是否与团队成员的发言相符。

协调干预者和记录者两个角色还需要你和合作伙伴以及团队成员就何时将大家的发言记录在翻页板上达成一致。此时可以直接说"让我们把延误的所有潜在成因都记录下来"。这个问题不复杂,但如果没有解决,就会带来问题。在翻页板上记录一位成员的想法,这意味着他的想法颇有价值。如果团队成员的想法没有被记录下来,而且他也不知道背后的原因,他会感到挫败并开始不信任干预者与记录者。所以,如果记录者不想记录,你需要给出简单的解释这么做是合适的。例如,记录者可以这么说:"丹,我问的是成因,而你的表述更像解决方案。你有不同的看法吗?[如果没有]你能想到一些成因吗?"这么做,记录者可临时变成干预者。

主角—配角

在主角—配角的安排中，一位合作伙伴在所有的引导中担任主角，而另一位则担任支持角色。除非必要，否则他不会出手干预。当团队流程不复杂，一位引导师足以应对时，或者合作伙伴担心干预过多时，这种方式可以奏效。这种方式可给担任配角的引导师提供调整的机会。

在此方式下协调性挑战在于担任配角的引导师可能对主角刻意回避的行为实施干预。例如，作为主角，你可能不要求团队成员澄清彼此对于跑题的不同看法，而是试图让团队回到正题上。如果担任配角的引导师插进来并要求澄清其中的不一致，这会把团队带离正题。之所以出现这类问题，是因为配角正在积极寻找主角所错失的机会。为了减少这类问题的出现，你和合作伙伴可充分商讨彼此关注的干预方向，这样你们可以达成共识，明确在哪些条件下你将不会实施干预。

线上—线下

所谓线上—线下，是指一位合作伙伴实施干预（线上），而另一位则安静地做些与引导有关的事情。这些事情可能是如何描述复杂的团队模式，当团队进程落后于时间表时如何分配余下的时间，或者只是安排一些活动。这种分工是有用的，尤其是当你和合作伙伴需要解决一些在观察与干预中难以关注到的问题时，这些问题可能并不适合向团队提出来，或者不能有效利用团队的时间。

工作任务—工作关系

在这一安排中，合作伙伴积极观察并实施干预，但其中的一人会关注所谓的任务流程，而另一位则关注工作关系。例如，如果团队设置了绩效目标，则关注任务流程的合作伙伴会确保团队讨论不要跑题，缜密思考需要达成哪些目标并建立清晰的目标来实现对内容的关注。相反，关注工作关系的合作伙伴通过询问自己"团队成员的表述、风格、讨论的实质可以告诉我们他们对于内容、大家或我们两个人的感受是什么"，来留意团队中人员与情绪之间的互动。你可以把工作—任务关系的分工看成关注团队行为对于绩效及工作关系的独立影响。

工作任务—工作关系经常是让合作伙伴分工的自然方式。研究表明，某些人更多关注工作任务，而有些人则更多关注工作关系。对工作任务与工作关系的偏爱是相对而言的。你更多选择工作任务导向还是工作关系导向，取决于你的合作伙伴偏好什么。这种方式可以让你与合作伙伴充分利用你们的各自优势。当团队同时讨论工作任务与工作关系的问题时，这种方式颇为奏效。

团队通常会更容易接受任务导向的干预而非工作关系导向的干预，在基础型引导中尤为如此。关注工作关系的引导师需要清楚地表明工作关系问题是如何影响团队有效开展工作的。

↗ 干预—反应

在干预—反应方式中，一位合作伙伴关注如何对一位或多位团队成员实施干预，而另一位则关注其余的团队成员。如果其中的一位团队成员是干预的主要对象，而其他团队成员对于他发表的言论有强烈看法（或对干预有强烈看法），此种方式就会发挥作用。这一协调面临的挑战涉及是否需要改变干预的重点——从关注一位团队成员的反应转向关注其余团队成员的反应，还涉及什么时候转移关注重点——是让第二位合作伙伴马上指出反应还是直到第一位合作伙伴完成其干预后指出。

↗ 没有明确的分工

没有明确的分工并不意味着没有分工。这意味着你和合作伙伴关注那些需要关注之处而无须事先与对方沟通。使用这种方式，你们可以快速完成彼此的角色转换来适应团队的需求及合作伙伴的需求。你也可以迅速做出回应并尽量充分利用合作伙伴的技能。

作为结构化最低的分工方式，这也是最难协调的方式。你和合作伙伴所面对的风险是，你们有可能对同一个问题做出干预而忽略其他问题，如未能在翻页板上记录团队成员的想法或两人同时下线，从而导致大家暂时放弃对于团队的关注。如果你和合作伙伴共事多年，曾经历不同场合，可预判彼此的举动并自动做出调整，如同即兴表演中的演员对另一方给出的台词马上做出回应一样，那这种方式就适用。我和数位同事有此默契。我们对于彼此的引导如此熟悉、如此默契，在协调引导中，我们所需要做的不过是给彼此一个会意的眼神而已。

我介绍了你和合作伙伴六种不同的分工方式。没有必要在整个引导或会议之中使用其中的一种。如果你和合作伙伴一起有效共事，那么你们可以在这些分工方式中随时切换来满足团队的需求。

在分工中分配角色

当你和合作伙伴选定各自的分工角色（干预者—记录者、工作任务—工作关系等）时，你们一起决定谁将扮演什么角色。在做出这个决定前，以下因素需要考虑。

↗ 未来干预所需的技能

你们选定自己所扮演的角色，谁在干预上更为擅长，谁就可以担任主角。即使无法预测你们所需做出的干预是什么，你们也可以很快识别出在特定会议中你和合作伙伴需要实施干预的模式。知道实施干预的模式后，你和合作伙伴可以决定谁更适合在干预中担任主角。

↗ 与问题有关的内容熟稔程度

合作伙伴对于客户所面临的问题的内容方面的熟稔程度是不一样的。例如，我曾和熟悉财务的伙伴一起担任引导师。当我们共同引导的团队讨论的话题与财务有关时，他总是在干预者—记录者、工作任务—工作关系、干预—反应或主角—配角等角色中扮演第一个角色。讨论集中在财务层面时，他可以应对自如，而我则有可能放慢团队的脚步，不断要求团队成员澄清术语的定义。（在此我的假设是团队成员就术语的定义达成一致，而他们只需为我解释清楚即可。）当然，如果合作伙伴对于某个话题的知识及兴趣诱使他陷入内容的讨论之中，知识不是那么丰富的合作伙伴可选择扮演主动干预的角色。

↗ 内部引导师—外部引导师的差异

与之类似，内部合作伙伴可以轻而易举地在技术话题的讨论中实施干预。相反，如果你和合作伙伴想挑战团队，尤其是在事关团队成员的核心价值观与看法的话题上，而无须让大家对内部引导师的可信度提出质疑或让他看起来不是那么忠诚，这时，外部合作伙伴可主动上前实施干预。但在发展型引导中，让内部合作伙伴挑战团队的假设则是更为有力的做法，因为这可以将可信度与忠诚度等问题摆到桌面上讨论。如果做得好，你和合作伙伴可利用团队成员对于内部合作伙伴的反应来讨论为何团队成员挑战组织的假设会被看成不忠诚。

↗ 节奏

你和合作伙伴可转换彼此的角色，如果有一方感到疲惫，另一方可接手主持引导。你可以利用你们的不同节奏来满足团队的需求。例如，当团队落后计划安排或临近会议结束之际，节奏比较快的合作伙伴可主动实施干预。当团队成员纠结于如何理解彼此时，节奏比较慢的引导师可主动实施干预。

↗ 培训与发展

有时一位合作伙伴会选择扮演帮助团队培养某种特定技能的角色。显然，最适合教授这个话题的人选可担任该角色。

与合作伙伴建立健康关系

在良好的关系中，你和合作伙伴就何时纠正彼此的干预、如何纠正、强化另一方做出的干预、当你陷入团队的冲突中如何施以援手等达成一致。你这么做是在保持自己个性的同时整合自己的技能。这事关边界的设定。如果你和合作伙伴习惯性地打断对方并纠正另一方做出的干预，那么你们两人都会丧失彼此的独立性并给团队带来混乱。相反，如果你们从不对另一方做出回应，你们也无法获得协作带来的全面利益。在你们开始服务团队之前，你们可以讨论并达成一致。

↗ 就尊重区域达成一致

干预的一个重要部分是知道什么时候不做出干预。组织理论家切斯特·巴纳德使用"无关痛痒区域"来指代在某个范围内员工虽遵循命令却不考虑命令带来的好处是什么。我使用尊重区域来描述在某个区域内，联袂引导中的一位引导师尊重另一位引导师的干预方式，虽然前者可以做出不同的干预。如果没有就此达成一致，你和合作伙伴可能不断地纠正彼此实施的干预，这会让你服务的团队感到困惑不已。为了避免给人留下吹毛求疵或装腔作势的印象，你们两人不会就彼此的干预做出修正，这就剥夺了团队从联袂引导中获得好处的机会。

你可以给自己提出一系列问题来决定合作伙伴的干预是在尊重区域之内还是之外。如果你对于上述问题的回答都是"是"，那么你对合作伙伴的干预采取纠正措施可让你们的利益最大化，当然，合作伙伴也可对你采取同样的措施。

客户会受到伤害吗？ 你和合作伙伴最基本的一项职责是确保团队不要受到伤害。造成伤害的方式可能是欺骗或贬低团队成员、违背诺言或不遵守法律。你的干预超出你的技能水平也会给团队带来伤害。如果你推断出合作伙伴在做这些事情，你有必要对此实施干预。

干预是否与交互学习的心智模式或行为不一致？ 与交互学习的核心价值观与假设、行为不一致，会削减团队的有效性以及你作为联袂引导师、咨询顾问或教练的可信度。虽然一些微不足道的差异可被归入尊重区域中，其他不一致则需要实施干预。

干预会改变引导角色吗？ 偏离你的引导角色与你的客户所认可的协议不一致，除非团队与你以及合作伙伴明确同意你们中的一人可以暂时偏离该角色。偏离你的引导角色包括如团队成员、团队决策者、内容专家或团队与其他人之间的中间人那样行事。

干预会阻碍团队实现其目标吗？ 阻碍团队实现其目标的干预包括跑题，所使用的方式或工具华而不实，所安排的练习虽然有趣却对完成任务或满足团队建立有效工作关系的需求没有太大贡献。

↗ 就你们何时支持对方的干预达成一致

与尊重区域相反，其中一位合作伙伴做出干预，而另一位合作伙伴则不置一词，当你或合作伙伴强调另一方做出干预时，这时支持性干预发生了。当最初做出干预的合作伙伴期待你的支持时，你却认为他不需要这样的支持，所以你没有施以援手，冲突可能出现了。在其他情形中，一位合作伙伴提供支持，而最初的合作伙伴认为这毫无必要。另外，为了避免出现期望中的差异，你和合作伙伴可以讨论何时实施干预，如何支持对方实施干预或如何寻求另一方的支持。

↗ 不要拯救彼此

有时候你或合作伙伴可能陷入与客户团队的冲突之中。例如，合作伙伴的干预方式可能割裂团队并造成部分团队成员对其扮演的角色表示担心；或者出现某个团队可能将其拖入冲突之中而他还没有意识到这点的局面。

当他陷入冲突之中时，你该怎么做？自然的反应是实施干预并提供保护或把他从冲突之中拯救出来。这可以保护合作伙伴的颜面并缓解你对于成为他与团队冲突的受害者的担心。遗憾的是，这会削弱合作伙伴的能力并强化团队对于他无能的看法。团队成员可能质疑，如果没有你的帮助，他无法从冲突中从容而退，团队会认定他们对其应对冲突能力的负面评价是准确的。

更有效的回应，也就是避免强化团队负面观点的做法是等待合作伙伴寻求帮助。等待他发出信号可增加其管理自己与团队之间冲突的机会并提升其在团队面前的形象。让他选择何时需要接受帮助，这增加了合作伙伴做出自由的选择并避免在团队面前留下无助形象的可能性。

在某些情况下，合作伙伴与团队之间发生的冲突首先被另一位合作伙伴所察觉。假定某高管研讨会的一位领导在休息时走到你的面前告诉你："听着，你的伙伴蒂娜是个不错的家伙，但她把团队中不应该讨论的话题给捅出来了，大伙对她有看法。不要告诉她这是我说的，当她开始挑战团队时，你要把讨论的话题重新拉回来，好吗？"为了避免解救蒂娜并与客户合谋或像中间人那样行事，你可以向客户解释，除非蒂娜与那些相关人员直接交流，否则她无法获得相关信息，也无法就是否或如何改变她的行为来做出知情的选择。无论你是否认为蒂娜行事有效，这都依然适用。最理想的情况是，让蒂娜与整个团队对话，因为这涉及所有团队成员。一旦谈话是面向整个团队进行时，她可以寻求你的帮助。

↗ 与合作伙伴公开协调

因为干预基于诊断基础之上，为了协调你们的引导，你和合作伙伴需要找到方式来一起商讨团队中发生了什么。除了心灵感应之外，我只知道合作伙伴在团队面前协调有两种方式：他们或公开讨论或使用某种秘密语言把讨论隐藏起来。

事实上，引导师在客户团队面前公开协调拥有漫长的历史，这可追溯到引导这一领域的起源上。

库尔特·勒温与 T-团队。培训团队（T-团队）的起源揭示了采用公开方式的利弊，这也是许多引导技巧的起源。T-团队的原则是在 1946 年夏天由社会心理学家库尔特·勒温及其同事所创建。勒温随后担任 MIT 的教授，他应邀帮助康涅狄格州跨种族委员会。当时该委员会正在发愁，因为他们的员工不知道该如何帮助社区克服偏见与歧视。遵循其格言"如果没有研究，就没有行动；如果没有行动，就没有研究"，勒温提议举办为期两周的工作坊来同时培训三个团队的委员会员工并为推动变革提供所需的研究数据。心理学家将领导三个团队中的每个团队，而研究人员则会观察每个团队。

每天晚上，研究人员与团队领导会面并讨论他们所记录下来的对于团队与领导之间互动的观察。一天，数位与会者要求参与晚上的会议。绝大部分研究人员和团队领导担心这会对与会者带来伤害，因为他们可能听到有关自己行为的讨论，但勒温却支持提供反馈。他找不到任何理由需要让研究人员与领导对与会者隐瞒信息，他认为反馈会有所帮助。

结果发现，晚上的这次会议给所有与会者带来了相当不错的激励效果。当领导与研究人员分析团队中发生的事情时，当事人会打断他们的发言并提供自己的解读。团队成员发现，当他们心无芥蒂地参与讨论时，他们了解了有关自己行为的更多重要信息，如其他人对于他们的反应方式、团队整体如何表现等。研究人员、团队领导与参与者一起发现了学习的有力方式。通过观察领导如何讨论他们的工作，团队成员了解到团队如何行事以及团队领导如何推动改变。通过参与讨论，团队成员对领导的诊断做出澄清并帮助领导选择合适的干预方式。

在团队面前公开协调。勒温的发现说明，当两位发展型引导师在团队面前协调彼此的工作并鼓励团队成员一起参与时，团队成员与两位引导师都促进了学习的发生。发展型引导的目标是让团队成员自行引导他们的流程。你和合作伙伴通过帮助团队成员观察并质疑你们的联袂引导工作中后台的运作部分得以在改变中先行一步。

公开协调是有风险的。如果团队对你或合作伙伴感到不满，他们可能利用你的坦诚来指出你或合作伙伴难以胜任工作。在某些场合中，合作伙伴的坦诚难以帮助团队成员达成其目标。如果你和合作伙伴花费了太多时间去协调彼此做出的干预，那么团队会认为这是在浪费他们的时间。另一个挑战出现在你和合作伙伴就有没有展现有效行为出现不同看法时。在开始的数次会议中，如果合作伙伴没有达成一致意见，团队会因缺乏团结而出现分歧。合作伙伴需要小心，不要贬斥团队成员的能力。对团队成员心怀戒心很容易找到理由，你可以声称他们还没有做好处理这些事情的准备或认为这是浪费时间。

在基础型引导中，即使联袂引导师的坦诚无法直接帮助团队达成其主要目标，但这可以提升信任程度。当合作伙伴公开协调彼此的工作而不是使用含糊不清的动作如点头、皱眉或挥手等时，团队成员更容易信任他们。这就如同小声嘀咕或传递纸条，这些秘密信号只会让团队成员质疑你或合作伙伴是否对他们隐瞒了某些信息。

但有时候信号虽然有用，不过不是因为你或合作伙伴希望隐瞒你们的沟通内容，而是因为你们担心公开协调会让团队成员分心。那怎么解决这个问题呢？

一种方式是基于交互学习模式行为中"分享所有相关信息"这一原则，你可告诉团队成员他们可能观察到你们的协调行动（如点头或挥手等信号）并指出这么做的目的是避免干扰团队，而不是有什么秘密不想让团队知道。为了让他们放心，你可以承诺只要有人提出这样的要求，你会分享你们的私下讨论。最后，团队成员答应，如果他们感到秘密协调让他们分心的话，他们会告诉你或合作伙伴。这种方式维系并提升了信任度。其背后的原则是合作伙伴采取协调工作的方式需要与核心价值观及客户的目标保持一致。

与合作伙伴的总结

每次会议结束后，你和合作伙伴做一次你们自己的总结，这会颇有帮助。如果合作伙伴和我在会议结束后马上开始这样的对话，我会记得对话的许多细节。

除了讨论团队中所发生的一切，你们还可以讨论一起共事的方式以及还有哪些地方你们需要改善。一种方式是分析会议中的关键事件，比较一下你和你的合作伙伴事前达成共识的处理方式与你们实际的处理方式之间的差异。在一次引导会议结束后，我询问合作伙伴我是否对他的引导部分补充太多，我担心他将这些补充看成麻烦。他认为这些补充是合适的，也符合我们事先达成的协议。他希望我继续这么做。但在另一个场合中，当我提出相同的疑问时，对方觉得我的引导让她失去关注点。

你和合作伙伴可以讨论你们彼此的行为、感受、想法，发现问题的成因并处理这些问题，以免这些问题给团队之间的互动因素带来负面影响。地位、控制、能力及支持等问题也是值得讨论的。总体原则是合作伙伴有效性部分取决于你构建有效对话的能力，以及管理影响你们工作关系问题的能力。

在发展型引导中，你和合作伙伴可能与团队成员分享你们的总结。这可以帮助你们理解团队成员是如何回应你和你的合作伙伴的行为的，并且在团队面前示范你们是如何分享那些与团队一起更为有效开展工作的心得的。

小结

在本章，我介绍了你和合作伙伴应如何共事来更好地服务团队并改善你们的自身技能。我首先介绍了联袂引导的利弊。在决定是否使用联袂引导这种方式时，衡量原则是一起协作的合作伙伴应能在更大范围内做出诊断并实施干预。相比于单独引导、咨询或教练，联袂引导可展现出更高的专业水准。请记住，与合作伙伴一起有效共事的前提是大家的核心价值观与假设保持一致。

我还介绍了当你们做出分工之后，你和合作伙伴应如何分工、协调，以及你们扮演角色时需考虑的因素。本章最后一部分介绍了你和合作伙伴应如何保持一个健康的边界，以及你们应如何在团队面前协调你们的工作。最后，我们讨论了你们将如何使用你们的总结来改善协作的有效性。

在第15章，我将讨论如何使用引导技巧帮助组织实现改变。

第 15 章
在自己的组织中担任引导角色

本章探讨的主题是当你在自己的组织中担任引导角色时所面临的问题。我会介绍内部角色的优势和劣势、内部引导角色的发展之路、塑造该角色的策略以及当你还不完全胜任这个角色时该如何改进你的角色。假如你现在还不是内部的引导师、咨询顾问、教练或培训师,你可以跳过这章。

如果你是内部的引导师、咨询顾问或教练,并且已经阅读了本书前面的章节,你也许会思考:交互学习模式确实可以改善组织绩效,但是作为内部员工,我该如何使用这种方式呢?我并不拥有外部引导师、咨询顾问或教练所享有的自由和权力,如果我也像他们那样说话,这些风险是我不能承受的。

对于内部引导师、咨询顾问和教练来说,他们有效行为的组成与外部人员一模一样。交互学习的价值观和假设既可以指导内部人员,也可以指导外部人员。正是这些相同的核心价值观和假设让组织内部成员得以产生高效行为。虽然内部人员和外部人员面临的挑战不同,但他们都可展现出相同的行为。

内部引导角色的优势和劣势

当我与内部引导师和咨询顾问讨论他们的角色时,他们都会谈到自己所遇到的限制。很多限制都是真实存在的。但如果你是一位内部引导师,相对于外部引导师,你也享有一些优势。借助弗利兹·斯蒂尔的研究成果,接下来我将从多个视角讨论内部引导角色,我会比较内部与外部引导师的结构性差异以及这些差异所带来的优劣势。

↗ 接触途径

相对于外部引导师而言，内部引导师可通过不同途径接触组织，而组织也有不同的途径来接触内部引导师或外部引导师。

接触组织的途径及收集组织信息。作为内部引导师或咨询顾问，你非常了解组织的历史、结构、动态及人员情况。有时你对潜在客户群也非常了解。所有这些信息可以让你很快理解客户团队的处境，并且鼓励他们基于组织的文化情境来分析他们的决策。但是，对团队状态的熟悉程度也会让你认为手头上的信息、假设及推论是正确的，即使你还没有对其做出检验。考虑到你是文化的一部分，你也很难看到深嵌在其中的假设。

工作的接触途径及其延续性。因为你是内部引导师，相比于外部引导师，团队更容易找到你。接触途径包括给你写留言条、发邮件、给你打电话或到你的办公室找到你。你更容易从头到尾参与一个项目，并且看到项目的长期结果。一般来说，与外部的引导师相比，团队认为内部引导师更易于提供及时帮助。

但是，相对容易接触的途径也会带来冲突。团队也许期待你可以随叫随到，并且无须订立正式的协议。你也许会在一个团队上投入比预期更多的时间。如果你的经理期待你在引导或咨询上花费更少时间，那么矛盾会加剧。因为你可以随时提供支持，所以很难界定项目何时结束，也很难确认项目协议中提及的条款是否已经完成。

当引导组织中一定级别的员工时，你难以在他们面前展现可信度或保持可信度。相对于外部引导师或咨询顾问而言，人们认为内部引导师属于组织中的特定层级。所以，一个级别明显高于你的团队会担心你能否胜任引导工作，而一个级别远低于你的团队会担心你是否代表高级领导的期盼而不是满足团队的需求。

↗ 内部人员形象

被视作内部人员，你可以享有几个潜在优势。团队会认为你是"我们中的一员"。大家会珍视你对组织和他们的了解。因此，团队从项目一开始就感到与你一起工作比较自在。如果你在其他的角色中已经示范了你的引导技能，团队会认为你是一个值得信赖的人，特别是当团队成员曾直接观察过你在其他角色上的表现时。如果你是提供引导、咨询和培训服务的内部员工团队之一，你的声誉会让客户团队对你感到放心，即便他们个人没有和你一起工作过。

同时，成为"我们中的一员"也是一个负担，因为客户认为你离问题太近而无法保持中立，或者对客户的假设采取视而不见的态度或无法挑战客户的思维模式。

内部引导师告诉我，相对于外部引导师，他们在建立可信度上会经历一段艰难的时间，因为团队引入外部引导师就是为了帮助他们解决具体问题。当你提出的问题挑战了组织或团队的文化时，这种情况尤为明显。团队成员最微妙同时也是最强烈的期待之一就是大家按照组织的文化行事。虽然大家对文化的某些方面并不赞成，但在某种程度上他们依然珍视组织文化，因为它是可以预测的并且满足了他们的部分要求。所以，当你指出团队成员在文化中不良部分的责任时，大家会认为你在不适当地挑战组织的文化。

↗ 职业安全感

作为内部引导师，你可享有相对的职业安全感，因为你会定期收到薪水并且不用花太多时间去做市场推广即可拥有潜在客户。从理论上来说，一旦职业安全受到威胁，为一家组织提供服务所带来的安全感提升其实也会导致风险的增加。如果一个重大项目遭遇问题，外部引导师会失去一位客户，而你将面临丢掉工作或丧失影响力的危险。所以，作为内部员工来说，如果你的干预涉及一个团队或领导时，你会更为关注自己的财务安全，即使你的行为与交互学习模式保持一致。

在实践中，我还从未遇到过一位有水平的内部引导师或咨询顾问仅仅因为向客户提出一些困难的议题而被炒掉或被迫离职。（如果你是例外，请告知我。）但是，与我合作过的内部引导师中有人决定离开所在组织，因为他们发现自己无法帮助组织实现巨大转变。

如何塑造你的内部引导角色

作为内部引导师，你面临的很多挑战源于这个角色在你的组织中是如何演变的。幸运的是，你可以通过塑造你自己的角色来解决这些问题。为了理解如何做到这点，我们首先需要知道你的角色是如何演变的。

↗ 你和其他人创造了你的角色

如同组织中的其他角色一样，你的内部引导角色也经历了一个迭代的过程。在这个过程中，你以及其他同事一起分享了你们期待去影响自己的工作方式以及为此付出的努力。这些人包括你的直属上司、同事、你的主要团队客户，以及主要客户团队的上司。因为以上每类人在某种程度上都需要得到你的帮助，他们对于你如何履行你的内部引导角色都有发言权并会表达他们的期待。

这些人也许试图去影响你，无论是采取直接方式还是间接方式。你的经理也许会直接告诉你不能与组织中的某个团队合作。或者他会直接通过行动暗示你应该对主要客户团队的成员做出评估，因为这是绩效考核的需要。类似地，某人或许会直接告诉你"不要拒绝任何来自组织层级较高的客户团队所委派的任务"，或者表达一个含糊不清的期待"当我们需要你时，我们希望你能提供帮助"。

当然，你也对如何履行自己的内部角色有所期待，并且你会将这种期待传递给其他人，无论是采取直接还是间接的方式。你也许会告诉客户团队你不会在他们和上级之间担任调解人，但你可以帮助团队学习如何向上级提出一个艰难话题。或者你会告诉你的经理团队，保密条款让你无法与他分享大家在会议中发言的具体内容。

当与你合作的人与你沟通他们的期望时，你的角色会发生改变，反之亦然。你们对于彼此的期望越相似，你们之间的冲突就越少。产生角色冲突的原因之一是当你和许多人一起共事时，也许他们对于你的某些期望并不相容。

让事情变得更为复杂的是，对你角色的期望会受到组织、人际关系和个人因素的影响，这包括你们人际关系的本质、你的个性和个人风格，如你是否有幽默感或你是否严肃。

↗ 你的其他角色影响你的内部引导角色

最后，你在组织中所担任的其他角色也会让你的内部引导角色变得更加复杂。引导角色也许是你众多角色中的一个，如你还担任人事经理、精益改进经理或六西格玛经理等，或者你还需要担任常规的管理或非管理职位。组织中的任何一个成员都可以担任内部引导角色，不管他在组织中担任何种角色。

当与你共事的人期待你表现出一些"非引导角色"的要素时，冲突出现了。例如，如果你所担任的非引导角色在组织的层级中高于你的客户团队，那么他们也许会期待你将他们的信息传达给组织更高层级的领导。而你的经理也许期待你去评估团队成员的表现并将其作为绩效评估流程的一部分。如果你是人事总监，客户团队也许期待你就人事的相关事宜做出决策。如果你是财务总监，客户团队也许期待你就财务事宜做出判断。

因为你所引导的对象并没有将你视为履行两种不同角色的人：在组织中的常规角色和引导角色之间的角色冲突由此产生。他们只认为你不过是在执行多个任务而已，你不仅可以做到并且应该在任何时候同时执行所有这些任务。挑战在于你需要帮助与你合作的对象学会以不同的角色来看待你，并且你需要解释当你担任引导角色时，如果你所表现出来的行为涉及你的其他角色，这会带来问题。

塑造你的引导角色

你可以改变你的引导角色，让它变得更加高效。人们基于他们的价值观、假设和兴趣对你的引导角色建立期待，通过与他人讨论这些内容，解释你自己的价值观、假设和兴趣，你可以塑造自己的角色。在这部分，我将描述塑造角色的策略，其中的部分内容源于弗利兹·斯蒂尔。

表 15.1 介绍的策略可以帮助你提升作为内部引导师的有效性。这意味着你需要依据交互学习模式的核心价值观、假设来界定自己的角色。这就产生了矛盾。从短期来看，如果你没有按照核心价值观和假设行事，那么你可以有更多机会帮助团队。但是，如果这么做，你就无法示范有效行为并帮助团队取得进步。以下的策略可以解决这个问题，在不违背核心价值观和假设的前提下，你就能提升你的引导角色的有效性。

表 15.1　塑造你的内部引导角色的策略
- 决定何种引导角色是合适的
- 在潜在冲突发生前讨论这些角色
- 就引导角色的转换寻求支持
- 讨论过往你与客户团队遇到的问题
- 愿意放弃你的引导师角色
- 使用订立合约的流程
- 尊重交互学习的核心价值观、假设和基本规则；针对客户的实际情况，为客户量身定制解决方案

决定何种引导角色是合适的

担任一个并不适合自己的引导角色很容易让你陷入困境。与引导咨询顾问、培训师或领导不一样的是，引导师是实质中立的。实质中立是一个相对概念。你也许会好奇作为内部的引导师，你如何在组织内部的任何议题上保持完全中立。判断是否中立有两个标准：① 你认为个人对于引导内容所持有的观点不会影响你所实施的引导；② 客户团队认为你在引导内容上的个人观点不会对你的引导带来重大影响。

除非你与合作的团队交流很少，担任引导型咨询顾问甚至引导型领导也许是比引导师更为合适的角色。在这两个角色中，你可以如同引导师那样在实质上提供相同的帮助，

与此同时，你还可以与团队分享你的个人观点以及你在话题上的专长。

↗ 在潜在角色冲突发生前讨论它们

与团队讨论他们对于你的引导角色的期望，在冲突发生前讨论比冲突发生后讨论更容易。例如，与你的经理讨论你是否需要担任客户团队与其经理之间的调解人，在经理要求你这么做之前讨论，这显得更为容易。你需要提前预测角色可能引发的冲突。挑战在于与所有各方达成共识，以确保大家的期待是可以并存的。这种对话最好在订立合约期间举行。

如果你在组织中还担任其他非引导角色，你也许会面临这样的压力：将你在引导角色中获得的信息运用于你的非引导角色。假设你是一位组织发展经理，同时也是一位引导师，你正在引导一个你的上级管辖的特别行动团队。你的经理告诉你，她非常关注特别行动团队的进度问题。为了解决她的担忧，你担任调解员的角色并且将信息直接传递给团队。或者你通过不停地表达你在内容方面的建议来加快团队的进度。这些行为都属于引导角色之外的行为。

为了与你的角色保持一致，你可以向经理表达意见，希望她直接向团队表达她的看法。如果你担心你的上级会认为你没有有效开展工作，你可以与她检验你的担心。这样，你可以了解她或者对于引导流程抱有不切实际的期待，或者她对于你的引导角色还不太了解。

另一个角色冲突源于你被迫从引导角色中获得信息，而这与你的非引导角色相关。假如你获得一些信息，若基于非引导角色，你会采取相关行动，若基于引导角色，你该怎么办？例如，我的一位同事担任组织的内部引导师和人事总监。当他引导一个质量改进团队的讨论时，他们开始讨论与加班有关的部门政策。引导师很快认识到，如果按照他们的意见执行的话，那么该部门制定的政策将与整个组织制定的政策相违。如果他以人事总监的身份参与到讨论之中，那么他会与该部门的领导讨论明显的违规行为。如果你在现场，你会因为这些信息是基于你所扮演的引导角色而获得的而采取不同行动吗？别忘了，你需要考虑保密协议。

这个故事提出了一个两难选择。客户对你的信任的一部分源于你对于引导团队之外的成员没有任何影响力，至少从理论角度来看这是成立的。但如果你基于非引导角色根据这些信息采取行动，那么你对团队在施加影响。在这个案例中，你的影响可能对团队有利。但在另一个情境中，你的影响可能给团队带来负面影响。如果你面对这些信息没有采取行动或团队也没有对此采取行动,那么你就在明知有些人事政策没有得以遵循的情况下,对此采取了放任自流的态度。从另一个角度来说,如果你基于非引导角色根据这些信息采取行动,团队成员将来也许会隐瞒某些信息,因为他们担心你会基于非引导角色采取行动。

解决这个两难选择的方法在于尊重知情的选择这个核心价值观。如果该组织始终如一地坚持遵循这个核心价值观,团队成员会认为你可以基于非引导角色采取行动,也就是说客户团队所倡导核心价值观会依此行事。

你还可以采取另一种方法来处理这个两难选择,即与团队成员订立清晰的协议并就你如何处理这些信息给他们提供知情的选择,这样他们在讨论中可以决定是分享还是隐瞒某些信息。预测冲突性议题意味着在它发生前和团队订立协议。

↗ 就转换引导角色达成一致

如果引导是你常规组织角色的一部分或之外添加的一部分,恰好你拥有相关主题方面的信息,若分享这些信息,那么你就偏离了你的引导师角色。在你放弃引导师角色之前,与团队达成协议,这非常重要。

某团队正在讨论如何在部门中建立自我管理的工作团队:团队成员将决定如何规划、分配及协调团队内部的工作。为了全面推进这一转变的实现,团队也许需要修订团队成员绩效评估的方法。如果你既是团队的引导师,又是人事总监,在这种情况下,如果你和团队事先订立好协议,暂时离开你的引导师角色,这是合适的。基于你所扮演的人事总监角色,你可以介绍团队客户修订绩效评估系统的流程。

你可以这么说:"你们提出了一个事关人事政策的问题,而我作为人事总监拥有相关信息使我相信这些信息对你们有帮助。我想分享这些信息。如果我暂时离开引导师角色来分享这些信息,大家介意吗?"分享了信息并回到你的引导师角色后,你可以告诉大家:"我回到了引导师角色。"

↗ 讨论过往你与客户团队遇到的问题

如果你一直使用单边控制模式,你现在的客户与潜在的客户都会认为你在实行单边控制模式,因此他们不会完全信任你。想要确定情况是否真的如此,你可以检验你的推论,是否由于在工作中发生了什么事情导致他们不再信任你?如果是,你可以解释你这么问的原因。同样,如果知道自己有些时候言行与交互学习模式不一致,你可以分享相关信息，解释为什么你现在知道这是低效行为了，并且告诉他们你将如何采取不同的行事方式。主动提供这些信息可以让团队了解你觉察到了自己的低效行为，并且有能力改变这些行为。分享信息也显示出你可以心无芥蒂地与他们讨论自己的行为。这样一来，潜在客户就容易提出他们认为不便与你讨论的问题。通过开诚布公的讨论，潜在客户对你的信任度开始提升。

愿意放弃你的引导角色。 当你无法做到与交互学习模式的价值观和假设保持一致时，如果你愿意放弃自己的引导角色，那么冒险公开讨论角色冲突将变得更为容易，哪怕你需要面对位高权重者。让人感到颇具讽刺意味的是，你主动后退也许会增加机会，这样一来，你最终可能不必这么做。

但是，在某些情况下，你依然会发现，除非不断地违反交互学习模式，否则你无法担任引导角色。对于某些人来说，放弃内部引导角色，这也许意味着离职或离开组织。从财务角度而言，这是内部引导角色所面对的最为严重的后果。但是，继续担任内部引导角色并在同时违反交互学习模式，这就回到了本章之初所讨论的那个问题。如果这样做下去，你帮助团队的难度将越来越大。

使用订立合约流程

使用订立合约流程是界定你的引导师角色并消除我讨论过的潜在问题的直接方式。作为内部员工，你也许希望（或被迫）缩短合约订立流程。

你也许认为你对客户团队的成员已经足够了解，或者客户团队对于他们希望做的事情似乎没有异议，或者客户团队说他们没有时间召开规划会议，对此你感到压力倍增。遗憾的是，缩短合约订立流程总会在事后带来问题。客户因没有充分理解你的角色，或者你不赞同某个引导或咨询流程的某些部分，而你和客户对此并不知情。

当和内部客户讨论规划会议时，你可以解释这有助于提升团队的能力并有效利用引导或咨询的时间。如果客户坚持说规划会议没有必要，因为团队已经就目标和其他事宜达成了共识，那么你可以询问他为什么他认为规划会议没有必要，并且解释如果他们的假设是正确的，那么会议将非常简短。但是，如果客户还是不同意召开规划会议，那么你需要做出权衡：是继续引导或咨询（也许不是那么有效）的风险大，还是不同意做引导或咨询的风险大。

↗ 尊重交互学习的核心价值观、假设和基本规则并量身定制技巧

交互学习的心智模型、行为和基本规则是其核心。方法和技巧都是为了将心智模式、行为和基本规则串联起来加以使用。作为内部引导师,你也许会发现本书中的某些方法和技巧无法适用,而且你的组织不会因适应这些方式而做出改变。

我在本书中介绍的方法和技巧并不是与交互学习模式保持一致的唯一方式。不过,我使用过它们并且非常有效。使用交互学习模式意味着改变与发现适合你们组织的技巧和方法,并与交互学习模式的心智模式、行为和基本规则保持一致。

↗ 首先与你的经理订立合约

需要订立合约的人之中最重要的角色之一,也是首先需要订立合约的人就是你的经理。如果你的经理了解了你的引导角色以及你与合作团队直接订立合约的重要性,那么你可以减少发生在你所服务的团队、你的经理和你之间的误解。你可以和你的经理讨论以下一系列问题并达成共识。

团队将如何对我的引导服务提出申请? 如果客户一开始接触的是你而不是你的经理,你更有可能准确代表你所使用的引导方法并能对此做出承诺。你的经理和你也可以就他直接收到的服务请求如何处理达成一致。例如,你的经理会大致地向提出需求的潜在客户介绍你的角色并且要求潜在客户与你讨论具体事宜。

在何种条件下我将拒绝或接受服务申请? 有许多合适的理由来拒绝团队的申请:你也许没有足够的技能或时间来帮助团队,或者你在引导话题上无法保证中立等,或者团队要求你去展现的行为与交互学习模式不一致,或者团队没有足够的动力或时间来达成其目标,或者由于团队内或外的其他原因导致团队无法达成目标。

如果出于这些合乎情理的理由你无法拒绝团队提出的申请,至少你可以告诉团队你会和他们合作,但你要解释清楚你认为哪些因素可能阻碍团队达成目标。

谁会决定我是否可以与团队合作? 理想的情况是,你来决定是否和团队开展合作,因为你拥有担任引导角色的相关信息。否则,你可以和经理共同做出决定。

在某些情况下,你的经理可能希望你拒绝某项申请,但从你的角度来说,该申请满足可接受的所有条件。你的经理也许认为团队对于组织而言不是那么重要或不值得投入时间。或者,他希望你接受另一个服务申请,虽然该申请没有满足必要的条件,但该申请能够缓解团队成员的压力以便给团队提供一个快速修复方案。

在和团队签约和解约方面我的限制是什么? 如果有的话,你和你的经理需要就你和

团队签约和解约方面的限制达成共识。例如,她是否批准一个需要承诺更多服务时间的申请?她是否批准针对组织一定层级或一定区域的申请?你是否可以就高风险的发展型引导的申请订立合约而无须事先得到批准?在某些情况下,你需要和客户解约。在解约前,如果有此要求的话,你需要和你的经理开展怎样的对话?

我需要和你或组织中的其他人分享哪些团队信息? 考虑到保密要求,有几个利益相关者需要考虑:客户团队、你本人、你的经理或你所在组织。如果你在引导工作中获得了某种信息,需要你与你的经理分享,那么与团队合作前就知道这点非常重要。这样你可以和团队分享这些信息以便他们做出知情的选择。

我需要去评估客户团队成员的表现吗? 如果客户之外的人员,如你的经理要求你对团队成员做出评估,那么你将面临角色冲突。团队成员信任你作为引导师(或其他引导角色)的部分原因是你不会在组织中行使你的权力来对他们施加任何影响。对团队成员做出评估意味着你行使了那一权力(如果你有的话),这会改变团队的动态因素。即使你从正面评估了团队成员,这种情况也会发生。

如果被引导的团队成员在团队工作上投入了大量的时间,那么评估流程的需求就显得格外强烈。例如,我曾经和联邦某政府机构及其全国工会打造一个合作项目。一个人数不多的工会—管理层委员会几乎是全职运作这个项目。经理希望当地的内部引导师来评估委员会成员的表现。实际上,经理认为大家表现良好,并且希望得到一些评估数据用于给他们发放奖金。

如何评估我作为引导师角色的表现? 如果与你没有直接接触,人们很难就你的引导角色予以评估。团队引导的假设是,高效的团队流程产生了高质量、可接受的团队决策。但因为团队保留自己对于行动的选择权,所以团队的表现并不由你的表现决定。也许你的表现不错,但团队依然没有达成任何一个目标。同样,你也许表现不佳,但团队依然达成了它的目标。

评估引导师角色的有效方法是观察他的表现或回顾引导、咨询或教练中的记录。(这需要获得团队的同意,就录音或观察团队的结果予以保密。)这两种方法都使用可直接观察的数据来生成有效信息。录音允许你和经理回顾引导信息,这可以避免回忆中的错误并为发展型评估提供帮助。如果你的引导角色只是你职责中的一小部分,那么评估对于你的最终奖励就不那么重要了。

当我担任引导角色时,我如何安排我的其他角色? 如果你的引导角色以兼职的方式开展,那么你可以降低角色风险,方法是就你在担任引导角色时如何处理非引导角色的职责达成一致。例如,在条件允许的情况下,你可以将其他职责授权他人,或者你和你的经理可以达成共识，你只对你的非引导职责负责。

如果我也是引导团队的成员之一，我该如何安排？ 有时你会收到请求，与包括你的经理在内的团队合作。如果你以不同于其他团队成员的方式对待经理，这将降低你的可信度和有效性。即使你和你的经理同意你会一视同仁，但当你和整个团队订立合约时，提出这个问题并且让团队决定他们是否希望邀请你来担任引导角色，这点非常重要。

为了确保其他人理解和尊重合约，我们每个人需要做些什么？ 如果你的经理理解你的引导方式，他可以帮助潜在客户了解你是如何开展工作的。与你的经理讨论他是否愿意这么做非常有用。类似地，你也需要帮助主要组织成员了解你的引导角色。你和你的经理可以一起决定采取哪些行动来达成这个目标。

如果我们两个人中有人认为另外一个人违反了我们的合约，我们该怎么做？ 最后，如果你和经理中有人认为另一方违反了合约，事先就此达成共识会很有帮助。在订立合约时就此达成共识，一旦出现真正的冲突，事情就会变得容易处理了。

由外到内改变你的引导角色

你在引导角色之外的行事方式将提升你在引导上的有效性。当你没有担任引导角色时，以下这些方法可改进你的引导角色。

↗ 帮助他人了解你的引导角色

角色冲突的发生是因为与引导师合作的人员不知道引导师是什么或做什么。实际上，很多人将引导师等同于调解员或仲裁人。你可以创造机会来帮助大家来了解引导师角色或者任何其他引导角色，这有助于降低冲突。一旦人们了解了你的引导角色，当你允许团队做出一个"糟糕"的决策时，他们就不再认为你没有尽心尽力。教导他人也能产生潜在客户，因为员工了解了引导师或教练可以如何帮助他们。但教导是一个过程，并不是一个事件。它意味着你需要不断寻找机会来帮助他人了解这个角色和它带来的好处。

↗ 变成一个非正式的变革催化师

通过变成一个非正式的变革催化师，你可以尝试去影响那些阻碍你有效完成引导工作的情境因素。在某些情况下，组织中阻碍你履行引导角色的因素与造成团队问题并需要你去实施引导的因素是同一个。

正如团队有效性模型所显示的，情境因素属于组织的文化。文化对于组织成员有着强大而全面的影响力。组织文化难以改变。但是，尝试去影响团队文化或组织文化，可以引发巨大的改变，对于你的引导角色也是这样。当然，在你担任非正式的变革催化师时，你需要使用交互学习模式的价值观和假设，这非常重要。

↗ 示范这种行为

有人认为甘地曾经说过这句话"做出改变使之成为你想看到的世界"。当然这并不是他的原话，他的原话是"如果我们能改变自己，世界也将发生改变。当一个人改变了他的个性，世界对待他的态度也相应地发生改变……我们不需要等待他人的行动"。成为变革催化师的核心就是示范这种行为。作为内部引导师，你要求组织中的其他人遵循交互学习模式的价值观、假设和行为，收起他们原有的正常行为并冒险尝试新的行为，期待这些冒险可产生更多有效行为并带来高质量的决策、更好的学习效果及更好的工作关系。

如果你在非引导角色中示范了这些心智模式和行为，客户会把你看成可信赖的人，尤其是当他们直接观察了你的行为之后。如果你没有展现这些行为，客户可能询问你，如果你本人都没有展现这些行为，你又该如何主张他们使用交互学习模式呢？

示范交互学习模式非常重要。人们期待引导师的帮助来看到更多有效行为产生的可能性。团队成员知道如何按现状行事。他们所不知道的是如何改变他们的思维模式和行为方式从而生成他们所期盼的工作关系。当你在非引导角色中示范了这种行为，你就成了引导型领导，正在创造他们所寻找的工作关系。

如果你认为以引导型领导的方式示范交互学习模式面临风险，你的这种感受非常自然。我的许多客户和同事是内部引导师，最初他们担心如果他们使用这种方式，尤其是面对那些位高权重者，那些人会认为他们的行为不适当或者具有挑战性。这种风险是存在的。但是，总体而言，我的客户和同事发现他们可以降低风险，他们采用的方式是清晰地解释他们的动机、说出他们的担忧（不知道其他人如何解读他们的行为），并且询问其他人是否真的认为他们的行为低效。人们比较容易忽视没有使用引导技巧——不检验假设、隐瞒相关信息、没有真诚发问所带来的风险。运用交互学习模式并不要求你摆脱担心，或者相信担心并不存在，它只要求你前进时依然需要考虑这些担心，如果担心的确有关的话，将这些担心变成对话的一部分。

小结

作为内部引导师、咨询顾问、教练或培训师,当你在组织中和团队开展合作时,你将面临各种问题。这些问题包括你担任内部引导师角色时的优势和劣势、内部引导师角色的演变方式、塑造该角色的策略,以及当你不能完全履行这个角色时你该如何改进。

虽然组织成员对于你这位内部引导师的期待与外部同人有别,但本章所介绍的一个基本原则是:对于内部引导师、咨询顾问和教练来说,构成他们有效行为的要素与外部引导师、咨询顾问和教练并无任何本质的不同。交互学习模式的心智模式和行为方式是内部引导师与外部引导师的共同指引。正是相同的心智模式和行为方式让组织中所有成员产生高效行为。通过担任引导型领导来示范交互学习模式,你可以提升团队对你的信任,同时帮助组织看到采用这种模式所带来的效果。

在第 16 章,我们将探讨如果客户团队成员无法共处一室时该如何与团队开展合作。

第 4 部分
与技术同行

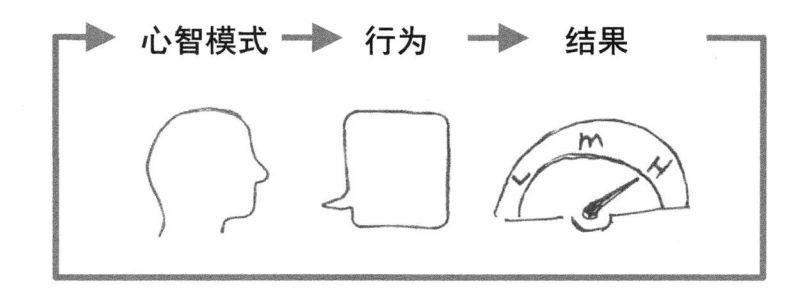

心智模式 ➡ 行为 ➡ 结果

第 16 章
使用虚拟会议技术

在本章，我将介绍何时使用虚拟会议，如何在不同的虚拟会议技术中做出选择，了解使用虚拟会议技术做引导时所面临的特殊挑战，以及如何有效地解决这些挑战。

所谓虚拟会议技术（也称在线会议、电子会议、分布式会议或远程会议），是指所有成员在同一指定时间同时在线举行的同步会议，但这些成员并未同处一间有形的会议室中或同处一个时区。你可以使用虚拟会议技术与那些平时未采用虚拟方式沟通的团队或那些自认为属于虚拟团队的人员（团队中的成员很少真正碰面）开会。本章不会讨论非同步会议，非同步会议是指团队成员可能不会在同一时间在线。本章也不会讨论如何创建一个有效的虚拟团队（在很大程度上取决于非同步会议）。所有这些话题都很重要，但不在本章讨论范围之内。

虚拟会议技术日新月异，但本章不会不断变化，即便你借助虚拟技术来阅读。作为虚拟引导技术的先驱，亚利桑那大学的研究人员从 20 世纪 80 年代中期就开始引导虚拟会议，该技术领域依然处于迅猛发展阶段。本章将讨论使用虚拟技术所引发的问题，包括如何与交互学习模式保持一致等。然后，你可以上网查询或向其他人咨询各种最新虚拟会议技术的不同版本及用途。

选择使用何种虚拟会议技术

你可以使用不同技术来主持虚拟会议。无论你和团队决定使用何种技术，这都将给你们带来机会和挑战。

虚拟会议技术的类型

虚拟会议技术的使用范围相当广泛。下面的清单说明了每种技术的用途。

- 音频会议：参与者可以通过共同的音频链接倾听彼此，但不能看见彼此。
- 视频会议：参与者可以通过共同的视频链接来听见和看见彼此。
- 屏幕共享：参与者可以看到引导师（或者咨询顾问）或其他团队成员的电脑屏幕，并且彼此分享对于屏幕的控制。
- 网络会议：这个技术将音频或视频会议与文字聊天、屏幕分享和其他几个简单的内容（例如，分享发言者的白板或者简单的投票工具）结合起来，例子包括GoToMeeting 和 WebEx。
- 电子会议系统（EMS）。电子会议系统（也被称为团队支持系统或 GSS）是特别设计的会议系统，可帮助团队有效使用技术，无论团队成员是同处一间会议室（在同一地点）还是身处不同会议室（在不同地点）。通过为团队提供构建流程所需的电子工具，电子会议系统可提升团队问题解决及决策的效率，包括头脑风暴、讨论、分析和投票、跟进行动、回顾文件和简报及会议中的文件。总而言之，电子会议系统的设计目的就是通过提升流程收益并降低流程损耗来提升流程有效性。会议中最常见的两个问题：其一是糟糕的会议结构与低效的会议流程，其二是过高或过低评价团队成员的贡献，此时评价因素不是依据他们发言的质量而是依据他们的正式职位、性别、种族等。第一个问题可以通过具体的工具或活动为团队的工作任务构建结构得以解决。第二个问题可以通过匿名投票的方式得到解决，这样团队成员的身份就不会被公布出来，虽然电子会议系统确实具备区分发言的个人或子团队的功能。
- 混合技术。有些会议技术结合了上述两项或多项技术。例如，电子会议系统技术可以与 GoToMeeting 或商用 Skype 一起使用，这样可以将结构化的会议流程与音频、视频结合起来。同样，电子会议系统可以在智能手机上使用，这样可以将音频和视频功能和结构化流程结合起来。

在本章随后的篇幅中，我将集中讨论是选用电子会议系统还是采用面对面讨论的方式。

决定使用哪项技术

当你和团队在决定使用哪项技术时，你们是在几个互相矛盾的标准中做出最合适的选择：① 对于团队任务最有效的技术；② 所有参与者都可以使用的技术；③ 参与者可以有效使用的技术。以下是需要回答的提问。

参与者可使用哪些技术？无论技术多么有效，如果参与者无法使用，那一切都是徒劳。例如，参与者也许没有网络会议所需要的网络摄像机，或者他所处的区域没有互联网。即使参与者可以使用这些技术，但这些技术未必能提供可靠的服务，可能因为网速不够快，或者硬件、操作系统已经过时。为了避免把时间浪费在团队无法使用的技术上，我们需要了解技术使用者的要求，并且马上了解你和团队将要使用的技术能否满足这些要求。

团队人数多吗？当参与者人数增加时，组织希望使用的技术可有效地连接每位参与者，通过有效组织使团队成员更好地理解技术，以便更好地实施。这通常意味着你们需要放弃视频会议转而使用网络会议或电子会议系统。与音频会议或电子会议系统允许的与会人数相比，使用视频会议系统并能看到出席者的人数（假定大家都有独立的网络摄像头）要少得多。在音频会议、视频会议甚至面对面的会议中，超过15人的团队很难在同一个议题上听到彼此的观点，与会者会变得漫不经心。引导师通常会将团队分成几个小组来解决时间有限或与会者参与度不高的问题，每个小组会同时讨论同一个话题或相关议题。小组会归纳团队内部的不同意见并向整个团队陈述他们的观点。电子会议系统还有一个功能就是可以提供即时输入（通常被称为平行输入）来有效管理这些任务，哪怕与会者人数众多，这个功能依然可以做到这点。

会议需要什么样的流程工具？我父亲是工程师出身，他曾经对我说"要使用正确的工具干活"。如果你的流程要求大家观看视频或文件，网络会议系统将是一个合适的选择。但如果参与者必须同步使用一份文件或者生成决策流程所需要的看法，电子会议系统将是最好的选择。电子会议系统可以将问题解决和决策流程的不同要素结构化，这些要素包括头脑风暴、组织和提炼观点、排定优先次序、筛选选择方案并建立共识等。

为了有效使用技术，参与者和你的技能需要达到什么样的水平？为了有效使用会议技术，大家必须具备使用这些技术的技能。随着技术水平的提升，虽然使用这些虚拟技术所需具备的技能要求不断下降，但随着技术由面对面会议转向音频会议、视频会议以及电子会议系统，对于掌握相应技术所需具备的技能水平的要求却不断增加。提前询问团队成员是否使用过相关会议技术或者在电脑上、手机上使用过类似的功能很有必要。如果他们有过类似经验，询问他们能否得心应手地使用这些技术，他们的回答有助于你判断该项技术最终将有助于推进会议流程还是阻碍会议流程。

↗ 电子会议系统技术和交互学习模式之间的匿名问题及不一致之处

电子会议系统将匿名用户作为其兜售的主要功能。他们的解释是，当用户匿名发表他们的看法或投票时可以增加团队成员之间的互动，改善某些团队成员的意见获得更多关注与采信而其他人的发言被忽略的局面。简言之，它可以将发言场所变得更公平，可带来更多富有创意、更高质量的决策。

除非你没有阅读之前的章节，否则你马上知道交互学习模式认为匿名用户这种做法与担责不一致。虽然匿名发表的意见有助于减少因评估参与者的意见所带来的无关紧要的分歧，因为这可以让大家避免从发言人的姓名上去联想他的发言背景，但匿名是需要付出代价的。另外，保持匿名不能针对问题的根源，而只是绕开了问题并让问题在随后的某一天里在另外的场景中重新浮现出来。相反，交互学习模式旨在解决团队中降低有效性的不便讨论的议题。

在电子会议系统的早期开发阶段，我和一些电子会议系统的软件设计师一起合作过并且表达过我的担心，也就是电子会议系统的设计不允许使用者通过姓名来识别他们的身份。至少有一位系统设计师提供的软件允许团队成员识别每个与会者的个人身份。有些电子会议系统虽然不允许识别与会者的个人身份，但是允许与会者所在的团队识别成员的个人身份。在这种情况下，你可以给每位成员指派一个独有的团队名字，也可能是他本人的姓名。

虚拟会议所带来的挑战

团队在哪里开会，大家彼此如何相互交流，以及他们需要掌握哪些技能和流程来完成任务，这些因素都会影响会议流程的设计。让虚拟会议变成可能的技术创造了一个不同的会议"空间"，这改变了人们彼此之间的沟通方式，但人们需要掌握额外的技能来完成任务。

接下来我们了解一下虚拟会议将带来哪些挑战，这需要引起团队和你的注意。

在虚拟会议中，你跟进团队中正在发生的事情的难度更大。不同地点的与会者难以看到会议中发生的一切，因为他们不是身处一间有形的会议室中。如果你参加面对面的会议，你可以马上扫视一下整个房间和坐在你旁边的与会者，并且利用其他线索来了解团队正在讨论什么话题。但在虚拟会议中，告诉你团队正在讨论哪项议程的自然线索更少。这就要求引导师在任何时候都需清楚团队当前所处的流程环节。

很难就意见和提问收到反馈。虽然在面对面会议中也有这个问题，如人们不善于在陈述观点的同时结合提问，但在虚拟会议中，这个问题更加严重。虚拟会议难以让与会者听见其他人说些什么或辨别清楚谁在发言，并且确保团队对于每个人的发言或疑问给出回应。在电子会议系统中，虽然引导师可以代替参与者进行干预，但参与者很难让团队就你的点评给予回应，或者指出团队忽略了你的意见。最后，如果团队使用的是过时的会议技术如半双向技术或某种扬声器，那么使用不同麦克风的人不能同时听到彼此的发言。

更加容易分心及一心二用。在面对面的会议中，参与者经常接听电话来处理其他业务，即使团队规范要求不可以使用这些设备。团队成员可以通过言语或非言语信息轻而易举地表达他们的不满。但在虚拟会议中，你更难让所有参与者全神贯注于会议之中并指出他们与团队规范不符的行为。

更加容易漫不经心。即使大家没有分心，他们也有可能变得漫不经心。一旦需要付出很多努力才能专注到会议的内容和流程上，那么人们就容易变得漫不经心。所以，如果我们以为会议流程是高效的，但其实未必。

你可能忘记谁在出席会议。当大多数人在一个会议室中开会而还有一批人在另外的会议室中，大多数人会很自然地忘记了在其他会议室的与会者。当远程的与会者无法通过视频连接起来时，情况更是如此。

对他人的责任感更低。电子会议系统的一个主要功能是团队成员所发表的意见处于匿名状态（这至少是一些软件的默认设置），这将带来意想不到的后果，那就是责任感降低了，而担责是交互学习模式的核心价值观之一。

信息更容易出现过载。当人们使用会议技术工具时，他们可以迅速生成大量的信息。会议技术工具就像类固醇上的便利贴。团队成员在同一时刻产生了大量信息却难以有效组织或识别出来，这给团队达成共识带来更大挑战。

有效建立团队或修复团队将变得更加困难。在团队中建立信任对于团队的发展至关重要，而建立信任也是虚拟团队所需面对的重大挑战。当团队有效关注具有挑战性的议题时，他们会观察并检验自身对其他言语和非语言行为所做出的推论。虚拟团队给大家带来更大风险，因为大家很难看到这些行为并且做出回应。这就让解决诸如信任、防御和其他不便讨论的议题变得难上加难。总而言之，虚拟团队的专家建议不要使用虚拟会议来启动一个新团队。在虚拟团队中重建信任将变得更加困难。

电子会议系统技术让及时干预与会者与交互学习模式不符的行为变得更加困难，因为电子会议系统可以让参与者同时输入他们的意见并回复彼此的意见，引导师难以实时解读所有的信息，如果他面对的是单一团队的话。这让与会者与交互学习模式不符的行为变得更多，并且带来单边控制的负面结果。当与会者通过匿名方式发言时，这个问题会更加严重。

技术不可预测。虽然技术变得越来越稳定，大家依然可能遇到连接不稳定或连接中断的问题，软件也可能出现冻结或需要重启，而且整个系统也有可能出现崩溃。作为主持虚拟引导次数最多的人，我曾经历过上述所有问题。制订备用计划很有必要。

设计和引导虚拟会议来迎接这些挑战

作为引导师、咨询顾问或培训师，你的任务是共同规划和设计会议，并且在会议中通过你的引导师角色来解决上述提到的挑战。解决虚拟会议挑战的方法与面对面会议的一样，我不会在此重复一遍。在这里，我会重新回顾以前的章节并且介绍在虚拟会议之中你可以采取的其他或者不同的行动。

引导角色

虚拟会议需要你拓展引导角色并基于拓展的角色掌握额外的技能。**大多数在线引导技能与正常引导技能一样，但还需额外增加几项技能。**

我的同事马克·阿德金斯和我列举了电子会议系统和非电子会议系统会议中共有的12项引导功能，其中只有三项功能仅限于电子会议系统会议之中。

1. 适当地选择和准备技术。
2. 对于理解技术及促进技术的理解与技术输出感到自在。
3. 了解技术及其功能。国际引导师协会（IAF）的一份杂志《团队引导》上的一项研究得出了类似的结论，增加了能借助网络与对方沟通这样的在线引导能力。

需要澄清的一点是，虽然虚拟会议有其专有的引导功能和技能，但这是在适用所有引导角色的一整套能力之外新增加的要求。也就是说，那些能让你在线上有效行使引导师角色的技能，也能让你在线下有效行使引导师角色。

与合作伙伴一起引导

由于虚拟会议的额外要求，与合作伙伴联袂引导是一个有用的方法。如果你确实与另一位引导师合作，你需要决定如何分配和协调你们的角色。在虚拟会议中，通常让一位引导师作为团队流程的合作者而另一位引导师担任技术的合作者。

作为团队流程的合作者，你会执行面对面引导的任务，正如我们在本书中所讨论的那样。包括保证团队成员的表现与团队的任务和基本原则保持一致，帮助团队基于大家的发言来提炼精华、赋予意义并做出决策，共同修改议程以便让它符合团队的需要。作为技术的合作者，你的关注点是会议技术，包括在会议前用适当工具准备好技术，在会议中为不同的团队任务匹配合适的技术，帮助团队成员使用技术，用技术监督问题并对成员在使用技术中出现的问题做出回应。如果你计划与一位合作伙伴一起合作，这将成为与团队订立合约所需商讨的一部分。

↗ 订立合约

你在面对面引导中关注的订立合约的提问也适用于虚拟会议。除了会议在哪里召开这类提问之外，就团队需要使用的虚拟会议技术，你还需要关注额外的提问。

- 虚拟会议当前使用的技术是什么？它使用的浏览器和应用软件的版本是什么？
- 考虑到团队目标、建议的日程和流程、参与者人数及参与者所处的位置、可以使用的硬件及网络链接这些因素，什么样的虚拟技术比较适合？
- 每位与会者将使用所有技术还只是一部分（如利用视频在线技术接入会议）？
- 万一技术出现问题，备用方案是什么？
- 在会议中你会聘请引导合作伙伴吗？如果有的话，你们每个人的角色是什么？

↗ 设计会议

在订立合约的最初阶段就开始设计虚拟会议，然后在规划会议中可以继续进行阶段二的设计，在规划会议结束后，你和合作伙伴可继续设计会议流程的细节。请记住，如果你规划虚拟会议，那么阶段二的规划会议将以虚拟方式进行。

以下是对设计虚拟会议的六条建议，它们可以解决我在上文中所描述的虚拟会议的挑战。

1. 识别每位参与者在会议中的利益点并且设计会议时通盘考虑这些利益点。研究发现，如果参与者无法在会议中清晰地表达他们的利益点，他们会选择拒绝参加虚拟会议。与面对面会议不同，虽然虚拟会议貌似能带来更高的出席率，可一旦你认为会议无法满足你的需求，你更容易选择不出席会议。从理想的角度看，这意味着所有成员应该出席规划会议。如果在设计阶段所有与会者的利益点都被考虑进来，那么与会者在会议中没有积极投入的概率就会大大下降。

2. 假设大家学会使用技术需要更长的时间。 对与会者而言，任何新的技术都有一个学习曲线，哪怕是面对面开会团队所使用的流程也是如此。当你在一群人中尝试了某项技术后，你可以更好地预计需要花费多少时间。在那之前，与之前在类似环境中使用过类似技术的同事沟通一下，以便对所需时间做出实际的估计。

3. 设计会议的日程， 让大家清晰地知道你在每步会用到的技术、工具及所需时间。电子会议系统技术运用一些特殊的工具来引导团队解决问题和做出决策。通过确认这些工具和所需时间，你可以让团队更好地理解会议进程，同时减少因跑题带来的投入度不高的问题。

4. 分发会议中会出现的人物照片和简单介绍。 除非你是和一个定期碰面的紧密团队合作，提供与会者的照片和简介可以提醒大家谁参加了会议，并且将他们的面孔与人名和声音联系起来。在电子会议系统中，你可以在会议开始前上传这些信息以便让大家浏览。

5. 尽可能使用视频。 沟通研究发现，当人们从面对面沟通转为视频或声频并最终变成文字沟通时，用于理解当时情况的信息就减少了。让大家能够通过视频看到对方可以让你和参与者对彼此做出推论并且检验这些推论。它也让人们知道某个人是否出席会议并且全神贯注。但是，确保视频技术稳定工作并不容易，特别是当团队人数增加时。所以，引导师通常在会议开始时运用视频来做介绍，然后转为使用电子会议系统或声频。

6. 做好技术备用方案。 会议设计必须包括一个备用方案，以防万一。技术故障包括有个别成员无法接入，或者无法使用某种功能，系统因无法解决的系统问题而崩溃。拥有随传随到的技术支持也非常重要。

在会议中

作为引导师，你的职责是优化自己和团队的技术应用并减少由此带来的挑战。有些虚拟会议的挑战可以通过设计来解决，但还有一些挑战需要在会议阶段解决，或者需要在两个阶段解决。就你在虚拟会议中担任引导师，给你以下八点建议，它们可以用来解决我上文所描述的挑战。

1. 使用备用渠道来处理技术问题和非议程问题。 在会议一开始，清楚地向参与者解释应如何就技术和非议程问题寻求帮助。通过使用不同的流程，如一个专属的文字聊天框，技术合作者可以很快了解参与者的要求，而且这不会影响参与者完成手头上的任务。

2. 如果你必须在让摄像机关注所分享的信息、发言者或其他参与者间做出选择，选择关注所分享的信息。 相比于看到发言人或其他与会者，分享的信息更加有利于参与者参与讨论。参与者在看到分享的信息的同时，仍然可以听见发言人的发言。

3. 在会议中经常使用议程表，让与会者知道他们现在处于会议议程的具体位置。 当使用电子会议系统时，如果与会者没有及时从一项议程转向另一项议程，他们就无法参与到当前的任务中。对于任何有效的会议来说，清楚地知道并且宣布这些转换，十分必要。

4. 称呼与会者的姓名并让大家发言前报出自己的名字。 除非每个人都在视频上，这样可以让每个人了解谁出席了本次会议。这也可以让大家将发言者之前的发言与现在的发言联系起来，并且通过了解谁在回复这些发言从而更加理解会议内容。

5. 经常检查成员的状态。 在虚拟会议中，你无法扫视会议室，无法了解哪位与会者出现分心，哪些人感到沮丧或感到困惑。但是，作为引导师，你可以通过快速投票来了解大家的状态。

6. 当团队没有对他人的发言做出回应时，实施干预。 在电子会议系统中，你很容易不去实施干预，因为参与者提供大量反馈的速度非常快。所以，观察有人提问却没有得到团队的反馈显得更为重要。

7. 当团队成员没有采取交互学习模式的行为时，实施干预。 当然，这是你作为引导师角色的核心部分。但是，你去干预与交互学习模式不符的行为时比较困难，因为参与者以很快的速度提供了大量反馈。

8. 让大家描述同一地点成员的非语言行为。 如果你没有使用视频或者无法看到所有的人，请大家描述同一地点成员的非语言行为，我通常会这么说："我无法看到会议室中大家的反应，你可以描述他们的面部表情吗？"人们通常会反馈："乔和我在微笑，但博迪在摇头。"

虚拟会议可以让团队身处不同地点的情况下完成任务。虽然面对面的交流可以让参与者交换信息并且得到虚拟会议所无法提供的体验，但虚拟会议技术依然在持续改进。电子会议系统为很多团队任务提供了有用的结构。研究表明，通过采用电子会议系统，结构化的言语与电子沟通提高了输出质量，减少了完成任务所需的时间，并且提升了规划流程的满意度。

小结

在本章，我介绍了几种虚拟会议技术。当团队无法面对面开会时，你可以与团队使用这些技术，如声频会议、视频会议、屏幕共享、网络会议及电子会议系统。我介绍了以上各种技术的功能以及如何确定选择哪项技术。我也介绍了虚拟技术面临的挑战以及如何通过订立合约来设计会议流程并在会议中处理这些挑战。

后　　记

《专业引导技巧实践指导》（The Skilled Facilitator Field Book）一书面世以来，受到越来越多的人的关注。有人曾在微信朋友圈中留言，评论该书为近年来他们所阅读的最好一本引导书籍。还有北京的朋友告诉我，他本人所在的读书会将《专业引导技巧实践指导》中所提及的有效团队的基本规则作为该群共同遵守的群规。对于这样的评论与反馈我并不感到意外，因为原著水平之高毋庸置疑，而作为该书的译者，我们也确实下过一番功夫。如在翻译过程中，我曾发现原著两处不起眼的疏漏。经过与罗杰·施瓦茨核对，他同意我的发现并表示非常惊讶，因为这是第一次有人指出这一疏漏。

在翻译罗杰·施瓦茨与其同事著述的《专业引导技巧实践指导》一书时，我一直有一个愿望，那就是翻译《专业引导技巧》（The Skilled Facilitator）一书，因为这本书被公认为引导技术的黄金标准。如果仅仅出版《专业引导技巧实践指导》一书，会给读者留下遗珠之憾。其实，无论是从出版的时间顺序还是从出书的逻辑来说，当然是先有《专业引导技巧》，后有《专业引导技巧实践指导》。可能有的读者会感到奇怪，出版社为何要先出版《专业引导技巧实践指导》一书呢？其实，这貌似不合逻辑的背后却有着一个不为人所知的小故事。最初，当益言普道首席顾问王志刚老师和我商量翻译罗杰·施瓦茨的著作时，我们首先考虑的当然是《专业引导技巧》。令人遗憾的是，当电子工业出版社与 Wiley 联系后发现，该书的版权已经出售给另一家出版社了。无奈之下，我们两人只得动手先翻译《专业引导技巧实践指导》一书。"山重水复疑无路，柳暗花明又一村。"2016 年春天，当我与罗杰·施瓦茨联络时，意外地获悉他将于 2016 年秋天出版《专业引导技巧》一书的第 3 版，这实在是出乎意外了！我只能将这看成上天的眷顾，坦率地说，当时我真没想到自己还有机会亲手将他的这部扛鼎之作介绍给中国读者。当然，这对于读者、原书的作者及出版社来说都是幸事。显而易见的是，两本著作由同一译者翻译利于保持作品的风格统一。无论是过去还是现在，我看到过太多的译作，虽原著为一人所写，但由于译者不同，译作阅读起来却判若两人，毕竟不同的译者对于同样的一段原文的处理是不一样的。当然，这对我本人来说也是幸事，因为这让我有机会再次悉心体会罗杰·施瓦茨的精髓。

实话实说，翻译这本著作比起上一本来要轻松一些。理由非常简单，这是罗杰·施瓦茨一人之作，理解他一个人的思路比理解多人的思路要容易一些。或许有了第一部作品打底，在翻译他的这部作品时，少有遇到笔头艰涩的情况。无论是在翻译上一部作品，还是翻译这一部作品，我都尝试着在日常的引导工作中将他所推荐的团队有效性的基本规则付诸实践。一次又一次我体会到这些基本规则的威力和有效性。这些规则看似平淡无奇，但当你真的悉心体会时，你会常常感到其中的力量。

我曾比较过他著述的《专业引导技巧》第 2 版与第 3 版的不同。我个人认为，第 3 版的一个重要改进之处是更为清晰地阐述了心智模式、团队有效性模型、团队基本规则以及诊断—干预模型之间的关系。这利于读者更好地理解并使用专业引导技巧。

许多朋友在本书的翻译过程中提供了大力支持。首先，非常感谢益言普道合伙人吴凤荣老师与骆超老师，正是由于他们的鼎力协助与积极参与，本书最终得以面世。同时，杨志敏、沈志武、李文娟、刘剑、陈梅、覃雪梅、李甜、胡秀林、田思忆、范江林、叶擎、姚岚、江茜也参与了部分内容的翻译并提供了大力支持，在此一并表示感谢。同时也向出版社的编辑表示感谢。阅读此书的朋友不难发现，本书表格、图片甚多，相比于其他引导书籍，编辑需要付出更多的劳动。在此也向关心并购买本书的读者表示感谢，也非常期待这本书能真正帮助到大家。

刘滨
2017 年中秋

反侵权盗版声明

电子工业出版社依法对本作品享有专有出版权。任何未经权利人书面许可，复制、销售或通过信息网络传播本作品的行为；歪曲、篡改、剽窃本作品的行为，均违反《中华人民共和国著作权法》，其行为人应承担相应的民事责任和行政责任，构成犯罪的，将被依法追究刑事责任。

为了维护市场秩序，保护权利人的合法权益，我社将依法查处和打击侵权盗版的单位和个人。欢迎社会各界人士积极举报侵权盗版行为，本社将奖励举报有功人员，并保证举报人的信息不被泄露。

举报电话：（010）88254396；（010）88258888
传　　真：（010）88254397
E-mail：　dbqq@phei.com.cn
通信地址：北京市万寿路173信箱
　　　　　电子工业出版社总编办公室
邮　　编：100036